Der völkerrechtliche Status von Bosnien-Herzegowina
nach dem Berliner Vertrag vom 13.7.1878

Rechts- und SozialWissenschaftliche Reihe

Herausgegeben von Wilhelm Brauneder

Band 32

PETER LANG
Frankfurt am Main · Berlin · Bern · Bruxelles · New York · Oxford · Wien

Lothar Classen

Der völkerrechtliche Status von Bosnien-Herzegowina nach dem Berliner Vertrag vom 13.7.1878

PETER LANG
Europäischer Verlag der Wissenschaften

Bibliografische Information Der Deutschen Bibliothek
Die Deutsche Bibliothek verzeichnet diese Publikation in der Deutschen Nationalbibliografie; detaillierte bibliografische Daten sind im Internet über <http://dnb.ddb.de> abrufbar.

Schriftenreihe
des Ludwig-Boltzmann-Instituts für vergleichende Rechtssystemforschung, Wien
(gefördert von der Ludwig-Boltzmann-Gesellschaft, Wien)

Gedruckt mit Förderung des Bundesministeriums für Bildung, Wissenschaft und Kultur in Wien.

ISSN 0938-7277
ISBN 3-631-52344-0

www.peterlang.de

Meinen lieben Großeltern
Herrn Dr. med. Josef Steinhausen und
Frau Elisabeth Steinhausen geb. Brocher

Inhaltsverzeichnis

Teil 1: Einleitung

Im Rahmen dieser Arbeit geht es um die Frage des völkerrechtlichen Status von Bosnien-Herzegowina nach dem Berliner Vertrag vom 13.7.1878.

In der juristischen[1] Sprache wird Status in sehr unterschiedlichen Zusammenhängen verwendet, bezeichnet jedoch immer eine Rechtsstellung, einen Rechtszustand, eine Situation also, an die eine Rechtsordnung bestimmte Rechtsfolgen anknüpft, eine Lage aus der sich Rechte und Pflichten ergeben[2]. Je nach dem, welche Rechtsordnung an den Status anknüpft, handelt es sich um einen innerstaatlich relevanten oder um einen völkerrechtlichen, einen internationalen Status. Untersuchungsgegenstand dieser Arbeit ist der international - rechtliche Status Bosniens und[3] der Herzegowina. Der „Sandschak“[4] von Novibazar[5], der zum Zeitpunkt des Berliner Kongresses nicht zur osmanischen Provinz Bosnien – Herzegowina gehörte[6] und mit dieser nur verwaltungsmäßig[7] verbunden war, wird nur insoweit in die Untersuchung einbezogen, als sein Status Relevanz für die Ausgangsfrage besitzt.
Im Vordergrund der vorliegenden Untersuchung steht die Konkretisierung des Gebietsstatus[8], mithin der völkerrechtlichen Zuordnung des

---

[1] „Status“ ist wegen seiner Determinierung auf den rechtlichen Aspekt daher eindeutiger als die neutralen Begriffe Lage, Zustand oder Situation, die offen lassen, ob sie im rechtlichen oder faktischen Sinn zu verstehen sind.

[2] Klein: Statusverträge im Völkerrecht, Rechtsfragen territorialer Sonderregime, S. 21

[3] Das Territorium Bosnien-Herzegowinas nach dem Berliner Kongress von 1878 ist bei Geiss: Der Berliner Kongreß 1878, Protokolle und Materialien, S. 427 und im Anhang von: Bauer: Zwischen Halbmond und Doppeladler abgedruckt.

[4] Grundlegende Verwaltungseinheit des osmanischen Reiches: Kornrumpf: Die Territorialverwaltung im östlichen Teil der europäischen Türkei vom Erlass der Vilayetsordnung (1864) bis zum Berliner Kongreß (1878) nach amtlichen osmanischen Veröffentlichungen, S. 13

[5] „Bezirk“ mit annähernd 10.000 km² Fläche; durch seine Lage trennte er Serbien und Montenegro voneinander

[6] Früher bildete es einen Bestandteil des vilajet Bosnien, Schlaeppi: Oesterreich-Ungarn in Bosnien und der Hercegovina von 1878-1914, S. 62

[7] Batowski: Die territorialen Bestimmungen von San Stefano und Berlin, S. 59

[8] Zum weiteren Inhalt desselben bei Klein: a. a. O., S. 22

bosnisch- herzegowinischen Territoriums zu einem oder mehreren Völkerrechtssubjekten nach Abschluss des Berliner Vertrages. Mit der Klärung des Gebietsstatus einher geht die Auseinandersetzung mit der Frage, wessen Staatsgewalt nach dem Ende des Berliner Kongresses die Personalhoheit[9] über die bosnisch-herzegowinische Bevölkerung ausübte.

Das Erkenntnisinteresse dieser Arbeit ergibt sich aus den kontroversen Auseinandersetzungen in der seinerzeitigen Staatenwelt wie der damaligen und der heutigen Staats- und Völkerrechtswissenschaft um die Oberhoheit
über Bosnien–Herzegowina nach dem Berliner Kongress.

A) Die Entwicklung des Gebietsstreits vom Vertragsschluss bis zur „bosnischen Annexionskrise“

Der Berliner Kongress[10] und als dessen kodifiziertes Ergebnis der am 13.7.1878 paraphierte Berliner Vertrag wurde bzw. wird als historisch herausragendes Ereignis der Jahre 1815 bis 1914 gewürdigt[11]. Die Verhandlungen dieses letzten Kongresses europäischer Großmächte werden als Paradebeispiel diplomatischer Staatskunst beschrieben[12]. Einerseits wird die Evidenz des Berliner Kongresses bei der Lösung der orientalischen Frage[13], andererseits seine Verdienste um die Herstellung eines, nach der Orientkrise ins Wanken geratenen Gleichgewichts auf dem Balkan i. e. S.[14] und die Aufrechterhaltung der Machtverhältnisse in Eu-

---

[9] Zum Streit, ob eine Herrschaft nur über Personen oder auch über ein Gebiet einzuräumen ist, näher bei Verdross/Simma/Geiger: Territoriale Souveränität und Gebietshoheit, zur völkerrechtlichen Lage der Oder-Neiße-Gebiete S. 35-37

[10] Zur Geschichte und zum Verlauf: Münch: Berlin Congress (1878), 18 ff., Medlicott: The Congress of Berlin and after, a diplomatic history of the Near Eastern settlement 1878 – 1880, vor allem Kap.III „The Congress“, S. 36-136; Spalaikovitch: La Bosnie et l` Herzégovine, etude d` histoire diplomatique et de droit international, S. 1-133

[11] Geiss: Der Berliner Kongreß- Eine historische Retrospektive, S. 32; derselbe: Der Berliner Kongreß 1878, Protokolle und Materialien, S.V (Vorwort), S. IX

[12] Geiss: Der Berliner Kongreß- Eine historische Retrospektive, S. 32 Fn. 6

[13] Rutkowski: Der Plan für eine Annexion Bosniens und der Herzegowina aus den Jahren 1882/83; Baumgart: Vom europäischen Konzert, S. 19-55; Ziegler: Völkerrechtsgeschichte, S. 225, 298

[14] Geiss: Der Berliner Kongreß- Eine historische Retrospektive, S. 32

ropa im weiteren Sinne herausgestellt[15]. Die Ereignisse dieses letzten Kongresses der europäischen Großmächte im 19. Jahrhundert und seine hinsichtlich der Balkanstaaten im Berliner Vertrag getroffenen Entscheidungen werden darüberhinaus als Manifestation einer Strukturveränderung im modernen Völkerrecht gewürdigt[16]. Innerhalb der Völkerrechtswissenschaft wird der Berliner Kongress als Übergang vom alten kontinentalen Völkerrecht dynastisch legitimistischer Prägung zu einem neuen durch das Prinzip der Staatengleichheit bestimmten und die Anerkennung liberaler Verfassungsgrundsätze voraussetzenden Völkerrechtssystem gepriesen[17]. Im Gegensatz zum spezifischen Anspruch eines Statusvertrags[18], vorhandene territoriale Statusprobleme zu lösen bzw. neue zu vermeiden, kennzeichnete der Vertragsschluss von Berlin eine zeitliche Zäsur zwischen einer einträchtigen Zuordnung Bosnien–Herzegowinas zum Osmanischen Reich und höchster Unsicherheit hinsichtlich seines völkerrechtlichen Status nach seiner Unterzeichnung. Bis zum Berliner Kongress wurde weitgehend einhellig von der Zugehörigkeit Bosniens und der Herzegowina zum Staatsgebiet des Osmanischen Reiches und der Unterwerfung der bosnisch-herzegowinischen Bevölkerung unter türkische Staatsgewalt ausgegangen.
Die Vertragsbestimmung des Art. 25 des Berliner Vertrages[19], wonach „die Provinzen Bosnien und Herzegowina von Österreich-Ungarn besetzt und verwaltet werden“, wurde jedoch bereits unmittelbar nach ihrem Beschluss Gegenstand unterschiedlichster Interpretationen. Das Klärungsbedürfnis hinsichtlich der in der 8. Sitzung des Berliner Kongresses vom 28. Juni 1878 beschlossenen Vertragsbestimmung des Art. 25 dokumentiert sich in der Abgabe von Interpretationserklärungen noch während der

---

[15] Ausführungen der k.u.k. Regierung vom 9.3.1878 zum Ziel des Berliner Kongresses, Europäischer Geschichtskalender, 1878, S. 224

[16] Maiwald: Der Berliner Kongress 1878 und das Völkerrecht, die Lösung des Balkanpro-blems im 19. Jahrhundert, S. 7

[17] Buchbesprechung von Markert, Werner, Maurach, Reinhart zu Maiwald, Serge: Der Berliner Kongreß 1878 und das Völkerrecht, in: Archiv des Völkerrechts 1949/Bd.2,
S. 382

[18] Zu den konstituierenden Begriffselementen eines Statusvertrages bei Klein: Statusverträge im Völkerrecht, S. 23

[19] Parry: The Consolidated Treaty Series, Bd. 153, S. 172 ff.

Konferenzverhandlungen der europäischen Großmächte[20]. Fortlaufend führte jede mit Bezug auf Art.25 erfolgte österreichisch–ungarische Maßnahme zu heftigsten Widerständen sowohl innerhalb der Doppelmonarchie[21] als auch in Bosnien-Herzegowina sowie im Ausland.
Bereits der in Vollziehung des Art. 25 des Berliner Vertrages erfolgte Einmarsch österreichisch-ungarischer Truppen in Bosnien-Herzegowina rief schwersten militärischen Widerstand paramilitärischer, vom Osmanischen Reich und Serbien unterstützter, einheimischer Verbände hervor. Gleichsam zog schon die Ankündigung eines provisorischen Wehrgesetzes für Bosnien-Herzegowina im Spätherbst 1881 die seit der Okkupation heftigsten bewaffneten Zusammenstößen zwischen der Gendarmerie und der einheimischen Bevölkerung[22] nach sich und verursachte der Erlass des Gesetzes zur Aushebung der Bosniaken und Herzegowiner zugunsten der k. u. k. Armee vom 24.10.1881 ernsthafte Verstimmungen zwischen der Hohen Pforte und Österreich-Ungarn[23]. Die in einem Handschreiben enthaltene österreichisch-ungarische Annexionserklärung von Kaiser Franz Joseph[24] betreffend Bosnien und die Herzegowina vom 5.10.1908 provozierte im In - wie im Ausland auf die türkische Souveränität insistierende und bis hin zur Anfeindung gereichende ablehnende Reaktionen[25]. Auch die am 7. Oktober 1908 durch den österreichisch–ungarischen Botschafter bei der Hohen Pforte überreichte Verbalnote, mit der er ihr die Annexion unter Angabe der im Handschreiben des Kaisers konkretisierten Gründe, die die k. u. k. Monarchie zur Inkorporation veranlasst hatten, notififzierte[26], verhinderte nicht das Ausufern der An-

---

[20] Insbesondere die vom englischen Unterhändler Lord Beaconsfield zu Beginn der Sitzung vom 5. 7.1878 abgegebene Erklärung, wiedergegeben unten S. 91

[21] Die inländische Reaktion unterschiedlichster gesellschaftlicher Richtungen wird dargestellt bei: Ströher: Die Okkupation Bosniens und der Herzegowina und die öffentliche Meinung Österreich-Ungarns ,sowie Haselsteiner: Öffentliche Meinung oder Meinungspluralität ? Zum Widerhall der Okkupation in der deutschsprachigen Presse der Donaumonarchie

[22] Die Niederschlagung erforderte eine Verdoppelung der vor Ort stationierten Truppenstärke auf 76.000 Mann, Schulthess: Europäischer Geschichtskalender, 23. Jahrgang 1882, S. 252/257 Rutkowski: Der Plan für eine Annexion Bosniens und der Herzegowina aus den Jahren 1882/1883, S. 113

[23] Hierzu im Ganzen Rutkowski: a. a. O., S. 112-S. 142

[24] Wortlaut wiedergegeben auf S .158

[25] Tolstoi: Die Annexion Bosniens und der Herzegowina, S. 7/8

[26] Reibstein: Völkerrecht , Bd. II, S. 603

nexionskrise zur ernsthaftesten Bedrohung des Weltfriedens seit Jahrzehnten[27].

Die Unsicherheit bzgl. der völkerrechtlichen Lage Bosnien-Herzegowinas in der Staatenpraxis, der fortdauernde Widerspruch der Türkei und die drohende Ausartung der Krise zur Vorwegnahme des 1. Weltkrieges wurden erst durch den Vertrag vom 26.2.1909[28] zwischen Österreich–Ungarn und dem Osmanischen Reich sowie durch die anerkennenden Notenwechsel zwischen Serbien, Deutschland, Italien, England, Rußland und Frankreich mit der Doppelmonarchie überwunden[29].

B) Der Literaturstreit um den völkerrechtlichen Status Bosnien-Herzegowinas nach dem Berliner Vertrag

Gleichsam umstritten war und ist der nach dem Berliner Kongress bestehende völkerrechtliche Status der beiden osmanischen Provinzen in der damaligen wie der heutigen Literatur.
Welch schwieriges Unterfangen die völkerrechtliche Qualifikation darstellt(e), vergegenwärtigt sich im Abrücken des herausragenden Völkerrechtlers Bluntschlis von seiner ursprünglichen Auffassung, die vom Berliner Kongress approbierte „Okkupation“ versetze die betroffenen Länder in eine Lage von so abnormer Natur, daß sie unter keine einzige bekannte juristische Kategorie subsumierbar sei[30]; später wich er von dieser Einordnung ab und qualifizierte diese als abhängige Länder mit eigenem Charakter, welche jedoch kein integraler Bestandteil Österreich–Ungarns seien[31]. Von Holtzendorff nennt dieses Verhältnis „politisches Interimistikum“, bei dem das Recht und die Tatsachen im Widerspruch stehen[32]. Milobar interpretiert Art. 25 des Berliner Vertrages wiederum als Über-

---

[27] Verosta: Theorie und Realität von Bündnissen, S. 317 ff.; Jellinek: Balkankrise und Völkerrecht, S. 508
[28] Parry: The Consolidated Treaty Series, Bd. 208, S. 355 ff., Art. II im Text wiedergegeben auf S. 239/240
[29] Schätzel: Die Annexion im Völkerrecht, Archiv des Völkerrechts 1949, Bd. 2, S. 14
[30] Bluntschli: Le congrès de Berlin, Revue de droit international, Bd.XIII, 1881, S. 585
[31] Bluntschli: a. a. O., S. 586
[32] Von Holtzendorff: Handbuch des Völkerrechts, 2. Bd., S. 246 Fn. 4

tragung einer „provisorischen" Souveränität über die okkupierten Provinzen[33].

I. ü. divergiert die Völkerrechtswissenschaft in ihren Antworten auf die Frage nach dem völkerrechtlichen Status Bosnien-Herzegowinas nach 1878 zwischen der Annahme der Souveränität des Osmanischen Reiches[34] auf der einen und derjenigen österreichisch-ungarischer territorialer Souveränität auf der anderen Seite. Darüber hinaus wurde vereinzelt die Ansicht, dass Bosnien-Herzegowina einen neuen Staat verkörperte, vertreten[35].

Die fortdauernde türkische Souveränität wurde hierbei vereinzelt als nudum ius[36] bezeichnet, welches „seine praktische Bedeutung doch darin zeigt, daß es einstweilen Österreich-Ungarn verhindert hat, die okkupierten Provinzen zu inkorporieren"[37]. Simma erkennt die völkerrechtliche Lage Bosnien–Herzegowinas als ein Problem des Auseinanderfallens von territorialer Souveränität und Gebietshoheit[38]. Österreich–Ungarn habe seit 1879 die alleinige und volle Gebietshoheit über diese Gebiete ausgeübt, weshalb deren Souveränität auf ein nudum ius eingeschrumpft sei.

Zuweilen wird der Status Bosnien–Herzegowinas auch als „territorium separatum" beschrieben[39]. Die völkerrechtlichen Vereinbarungen hätten zwar den staatsrechtlichen Konnex mit der Türkei geschont, aber den organischen Zusammenhang der beiden Provinzen mit dem türkischen Reiche gelöst. Dieser staatsrechtliche Konnex zeichne sich dadurch aus, dass nach Beendigung der Okkupation Bosnien-Herzegowina wieder Provinzen des türkischen Reiches geworden wären[40].

---

[33] Milobar: Der Berliner Kongreß und die Bosnische Frage, S. 186
[34] Schneller: Die staatsrechtliche Stellung von Bosnien und der Herzegowina, S. 214
[35] Calvo: Le droit international thèorique et pratique, Bd. I, S. 317
[36] Martens: Völkerrecht, das internationale Recht der civilisirten Nationen, 1. Bd, S. 363
[37] Jellinek: Die Lehre von den Staatenverbindungen, S. 115 ff.
[38] Simma: Universelles Völkerrecht, § 1041, S. 657
[39] Wurmbrand: Die rechtliche Stellung Bosniens und der Herzegowina, S. 24, 83
[40] Derselbe: a.a.O., S. 16

Innerhalb der Rechtsauffassung, die eine territoriale Souveränität Österreich-Ungarns vertrat, wurde sowohl die Herrschaft des Gesamtstaates[41], repräsentiert durch den gemeinsamen Monarchen, der über Österreich und Ungarn wachte, als auch ein Kondominium von Österreich und Ungarn angenommen. Letztere Vertreter gingen davon aus, dass der Kaiser und König zwar der gemeinsame Monarch Österreich–Ungarns war, jedoch in jenen Ländern die Staatshoheit namens beider Staaten ausübte[42].

Von einzelnen Vertretern der Literaturansicht, die die Territorialverhältnisse Bosnien-Herzegowinas nach 1878 als Kondominium beschreiben, wird diesem Begriff ein von seinem gewöhnlichen völkerrechtswissenschaftlichen Gebrauch abweichender Sinngehalt beigelegt. Wird gemeinhin unter einem Kondominium eine gemeinsame Gebietshoheit über eigenes Gebiet der beteiligten Staaten[43] verstanden, so weichen Teile der Literatur in ihrer Analyse der Territorialverhältnisse von Bosnien-Herzegowina hiervon ab[44]. Bosnien-Herzegowina gehörten danach weder zum österreichischen Staatsgebiet, noch zum ungarischen[45], sie wurden weder von der österreichischen noch von der ungarischen Regierung verwaltet, sie bildeten ein Sondergebiet unter einer besonderen Verwaltung, und dieses Gebiet unterstand danach dem Kondominium Österreichs und Ungarns. Brauneder ordnet die gemeinsame Verwaltung durch Österreich und Ungarn ab 1879 als Kondominium ein, obwohl er

---

[41] Die Annahme einer Gesamtstaatsherrschaft oder eines Kondominiums divergiert je nach eigener Auffassung zur überwiegend verneinten Frage nach der Existenz eines österreichisch-ungarischen Gesamtstaates; gegen Gesamtstaatslösung: Redslob: Abhängige Länder, S. 209, Ulbrich: Österreichisches Staatsrecht, S. 60 ff.; v. Löwenthal: Die rechtliche Natur von Österreich-Ungarn, S. 611 ff.; für einen Gesamtstaat Schätzel: Das Recht des völkerrechtlichen Gebietserwerbs, S. 220; übersichtliche Darstellung zur Rechtsnatur der österreichisch–ungarischen Gesamtmonarchie insbesondere bei Brauneder: Österreichische Verfassungsgeschichte, S. 183

[42] Bernatzik: Das Annexionsgesetz und die staatsrechtlichen Verhältnisse Bosniens und der Herzegowina, Morgenblatt der Neuen Freien Presse vom 21.9.1909, S. 2

[43] Ipsen: Völkerrecht, S. 69 Rdz. 26

[44] Kleinwaechter: Die Annexion Bosniens und der Herzegowina, S. 138 ff., 156; Steinbach: Die Annexion Bosniens und der Herzegowina, S. 479 ff., 481

[45] Andereseits wird die Sonderstellung der beiden Provinzen „innerhalb“ der Monarchie betont, Steinbach: a.a.O.

an anderer Stelle die verbleibende osmanische Souveränität erkannt hatte[46].

Weiterhin wurde in der Völkerrechtslehre ein Kondominium von Österreich-Ungarn mit der Türkei angenommen[47]. Die tatsächliche Machtinhaberschaft Österreich-Ungarns in Bosnien-Herzegowina auf der einen und die Art. 25 ergänzenden Bestimmungen des Abkommens zwischen der Türkei und Österreich-Ungarn vom 21.4.1879[48], insbesondere der Einleitung der bilateralen Konvention, wonach die Souveränitätsrechte des Sultans durch die Besetzung nicht berührt werden sollten, auf der anderen Seite, begründete nach dieser Ansicht auch völkerrechtlich eine gemeinsame Oberhoheit von Habsburgern und Osmanen. Die Annahme einer k. u. k. Souveränität hinsichtlich Bosnien–Herzegowina nach Abschluss des Berliner Vertrages wird sowohl mit dem Argument einer verschleierten Abtretung[49] als auch einer Annexion[50] begründet. Innerhalb der letzten Gruppe wird vereinzelt auf eine zeitliche Festlegung der Annexionshandlung verzichtet und lediglich darauf verwiesen, dass Österreich-Ungarn „1878/1909“ die Gebiete Bosnien und Herzegowina erwarb[51].

---

46 Brauneder: Österreichische Verfassungsgeschichte, S. 181 sowie S. 155

47 V. Liszt -Fleischmann: Das Völkerrecht, 12. Auflage 1925, S. 45 und S. 161; Kunz: Die Staatenverbindungen, 2. Bd., S. 224 ff.

48 Parry: The Consolidated Treaty Series, Bd. 155, S. 60 ff.

49 V. Liszt: Das Völkerrecht 1906, S. 102

50 Schätzel: Die Annexion im Völkerrecht, Archiv des Völkerrechts1949, Bd. II, S. 14

51 Bindschedler, Rudolf L.: „Annexion“, in: Wörterbuch des Völkerrechts, 1. Bd., S. 69; Scheuner: Die Annexion im modernen Völkerrecht, S. 81; Menzel: Das Annexionsverbot des modernen Völkerrechts, S. 6

Teil 2: Geltung und Inhalt der Souveränität nach zeitgenössischem Völkerrecht

Fragen und Kriterien der völkerrechtlichen Zuordnung eines Gebietes zu einem bestimmten Staat und der Unterwerfung von Personen unter die Gewalt eines konkreten Staatswesens werden in aktuellen staats- wie völkerrechtswissenschaftlichen Abhandlungen[52] am Maßstab der Anforderungen der Souveränität abgehandelt[53]. Gebietszugehörigkeit und territoriale Souveränität eines Staates werden häufig in synonymer Bedeutung verwandt[54]. Sowohl die in der zeitgenössischen Staatenpraxis als auch in der Literatur geführte Diskussion um die Oberhoheit über Bosnien–Herzegowina wird ausschließlich an der Souveränitätsfrage aufgehangen[55].

Dem rechtshistorischen Betrachter drängt sich aber die Erkenntnis auf, dass das Souveränitätsverständnis im Laufe der Zeit wesentliche Wandlungen durchgemacht hat. Diese Wandlungen des Sinngehalts der Souveränität könnten zu unterschiedlichen Voraussetzungen für Bestand wie auch Erwerb souveräner Rechtsmacht über Territorium und Bevölkerung führen und wesentlichen Einfluss auf den völkerrechtlichen Status Bosnien –Herzegowinas gewinnen.

---

52 Kempen: Der völkerrechtliche Status der Inselgruppe Spitzbergen, S. 58 ff.; zu Vorbehalten gegenüber der praktischen Verwendbarkeit des Begriffs in neuerer Zeit Rousseau: Droit international public, 5. Aufl., S. 88/89

53 Darüber hinaus existiert eine unüberschaubare geschichts-, wie politikwissenschaftliche Literatur, deren Verständnis vom gleichnamigen Souveränitätsbegriff im Rahmen dieser juristischen Auseinandersetzung keine Evidenz beizumessen ist.

54 Ipsen: Völkerrecht, S. 125 Rdz.2; Bothe/Vitzthum: Völkerrecht, S. 402 Rdz.2; Klein: Statusverträge im Völkerrecht, S. 22; Bleckmann: Allgemeine Staats- und Völkerrechtslehre, S. 137

55 Wurmbrand: Die rechtliche Stellung Bosniens und der Herzegowina, S. 23

A) Ursprung, Inhalt und Wirkungen der Souveränität

Ursprung, Verlauf und Werden des Inhalts der Souveränität sollen daher im Folgenden dargestellt werden[56].

I) Die Entwicklung des Souveränitätsverständnisses von Bodin bis zum 18. Jahrhundert

Umstritten ist bereits, wer die Charakteristika des Souveränitätsbegriffs moderner Prägung erstmalig erarbeitet hat. Die überwiegende Ansicht schreibt Jean Bodin[57] die Priorität der Erarbeitung von Kriterien der Souveränität zu[58]. Zwar beschäftigten sich bereits vor Bodin Gelehrte mit den Kriterien, welche die höchste weltliche Gewalt ausmachen. Die Lehre von den „souveränen" Rechtsgemeinschaften findet sich schon bei den Glossatoren und Postglossatoren, z. B. bei Bartolus, als die Lehre von den „civitates superiorem non recognoscentes"[59]. Bereits um 1200 finden wir eine theoretische Begründung der „Souveränität" des französischen Königs. Ebenso kennzeichnet seit dem letzten Drittel des 13. Jahrhunderts in Frankreich das Wort „souverain" den Status eines Inhabers von Herrschaftsgewalt über Land und Leute[60]. Papst Innozenz III. spricht in der Dekretale per venerabilem[61] von dem „König, der einen Höheren in zeitlichen Dingen nicht anerkennt". Bodin füllte jedoch erstmalig den Souveränitätsbegriff mit den bisher nur zur Umschreibung des Phäno-

---

56 Eine umfassende Darstellung zum juristischen Souveränitätsverständnis bieten Gunst: Der Begriff der Souveränität im modernen Völkerrecht und Quaritsch: Staat und Souveränität, die Grundlagen, zur geschichtlichen Entwicklung des Begriffes

57 In seinem Werk von 1576 : Les six livres de la République

58 Stern: Das Staatsrecht der Bundesrepublik Deutschland, Band I: Grundbegriffe und Grundlagen des Staatsrechts, Strukturprinzipien der Verfassung, S. 50/51 § 2 IV 2; Quaritsch: Staat und Souveränität, S. 39; vereinzelt wird vertreten, daß der Abt des russischen Klosters Volok Lamski, Josif Ssanin, bereits 1503 in dem Werk „Proswetitel" (Aufklärer) eine umfassende Souveränitätstheorie der Moskauer Herrscher geschaffen habe: Vorwort von Peter Cornelius Mayer-Tasch zu der von Bernd Wimmer besorgten deutschen Übersetzung des Werkes von Bodin, I.-III. Buch, S. 10; Sujew: Das Prinzip der staatlichen Souveränität-das wichtigste Prinzip des Völkerrechts, S. 106

59 Kunz: Die Staatenverbindungen, Handbuch des Völkerrechts, S. 23

60 Quaritsch: Staat und Souveränität, S. 249

61 Liber Extra 4,17,13, zitiert nach a. a. O.

mens einer höchsten Gewalt i. w. S. verwandten Charakteristika. Hing bis in spätmittelalterliche Jahrhunderte die Befugnis zur „souveränen" Ordnung der inneren wie der äußeren Angelegenheiten nicht von der Innehabung der höchsten Rangstelle ab[62], so stellte Bodin gerade diesen Konnex her. Der Sinngehalt des Souveränitätsbegriffs selbst war bis zu Bodins Ausführungen darüber hinaus durch willkürliche Implikationen, konstitutive Akte, insbesondere die päpstliche Approbation und die Zugehörigkeit zur universitas christiana, gekennzeichnet[63]. Bodin hingegen leugnete die Möglichkeit vorgeordneter irdischer Instanzen mit theologisch verwurzelten Führungsansprüchen und Folgepflichten. Der Souveränitätsbegriff wurde Gegenstand empirisch rationaler Feststellungen und deren juristischer[64] Subsumtion und gewann seine eigene abstrakte Bedeutung und Größe[65] im Staats- wie im Völkerrecht. Die Souveränität wurde im Einzelfall anhand formaler, d. h. universal anwendbarer Kriterien überprüfbar[66]. Allumfassendes und allgemeingültiges Merkmal der Souveränität war nach Bodin die „Befugnis zu Erlass und Aufhebung von Gesetzen"[67], welches sämtliche weiteren Souveränitätsmerkmale, wie die Macht zur höchstrichterlichen Entscheidung[68] sowie zur Entscheidung über Krieg und Frieden[69] bzw. Ernennung und Bestätigung der Beamten, umfasste[70]. Eine derartige Befugnis verneinte Bodin bei Unterwerfung unter die Gesetzgebung, Rechtsprechung sowie Befehle eines

---

62 Preiser in Besprechung von Waser: Quellen zur Schiedsgerichtsbarkeit im Grafenhaus Savoyen 1251 bis 1300, S. 322

63 Quaritsch: Bodins Souveränität und das Völkerrecht, S. 271

64 Nach Kempen: Der völkerrechtliche Status der Inselgruppe Spitzbergen, S.60 Fn. 236 war die Souveränität Bodins noch mehr eine politisch-soziologische Leitidee als ein Rechtsbegriff

65 Quaritsch: Staat und Souveränität, Band 1, S. 39

66 Quaritsch: Bodins Souveränität und das Völkerrecht, S. 272

67 Bodin: Les six livres de la République, französischer Faksimiledruck von 1583, I. Buch, 10. Kapitel, S. 220; Sechs Bücher über den Staat, I. Buch, S.153; de Republica libri sex, Paris 1586, S. 291, 292; die erste Seitenzahl benennt fortfolgend die Fundstelle innerhalb der französischen Edition, die zweite Seitenzahl diejenige der lateinischen Ausgabe, die dritte Seitenzahl die der deutschen Übersetzung

68 Bodin: a.a.O., S. 231; a.a.O., S. 160; a.a.O., S. 301

69 Bodin: a.a.O., S. 224; a.a.O., S. 155; a.a.O., S. 295

70 Bodin: a.a.O., S. 231; a.a.O., S. 160; a.a.O., S. 300

Dritten[71]. Die durch die Souveränität inbegriffene Freiheit fand nach dem französischen Legisten ihre Grenze in der Bindung an das göttliche Recht, an das Naturrecht, an die von den Menschen gemachten, allen Völkern gemeinsamen Gesetze sowie an die von diesen geschlossenen Verträge[72]. Da nach damaliger Ansicht zum Naturrecht auch das Völkerrecht gehörte[73], deutete die von Bodin erkannte Begrenzung der Souveränität durch das Naturrecht und die vom Souverän geschlossenen Verträge bereits das heute hervorstechende Merkmal der ausschließlichen Bindung des Souveräns an das (Völker-) Recht[74] an.

Bei Vitoria wiederum klang bereits die Gleichsetzung souveräner Herrschaft mit einer vom Willen fremder Mächte unabhängigen Staatsgewalt an. Zwischen politischer bzw. zeitlicher und geistlicher Gewalt differenzierend[75], thematisierte dieser die Vollkommenheit und Abgeschlossenheit eines zeitlichen Gemeinwesens, das in keiner Weise einem anderen unterworfen ist[76].

Das Begreifen der Souveränität als Freiheit nicht vom, sondern nur im Völkerrecht[77] wurde von de Vattel im 18. Jahrhundert wieder aufgegriffen, jedoch setzte sich mit Hobbes, Spinoza und zuletzt Hegel und seiner Schule die Ansicht durch, die dem Staat eine absolute, durch keine über ihm stehende Autorität eingeschränkte, Hoheitsgewalt zuschreiben wollte[78]. Souveränität konnte nach Hobbes erst dann vorliegen, wenn die Staatsgewalt, summa potestas, d. h. unteilbar und

---

[71] Herzöge, Grafen und andere „mögen noch so viel Macht besitzen, wenn sie den Gesetzen, der Rechtsprechung und den Befehlen eines anderen unterworfen sind, sind sie auch nicht souverän". Bodin: a.a.O., S. 214; a.a.O., S. 149; a.a.O., S. 286

[72] Bodin, a.a.O., 8. Kapitel, S. 131; a.a.O., S. 84; a.a.O., 8.Kapitel, S. 213

[73] Kunz: Die Staatenverbindungen, S. 25; die Abgrenzung, welche Rechtsinstitute vom ius gentium und welche vom natürlichen Recht beherrscht werden, ist Grotius zu verdanken: Wehberg: Die Unterscheidung zwischen Natur und Völkerrecht in der Lehre von Hugo Grotius, S. 228; Verdroß: Die völkerrechtliche und politische Souveränität der Staaten, S. 704

[74] Zum Kriterium der Völkerrechtsunmittelbarkeit auch unten S. 14/15, 27

[75] Vitoria: Relectiones, De potestate ecclesiae I, Quaestio III, zum Unterschied der Gewalten: S. 204/S.205, zu deren Über-, Unterordnungsverhältnis: Quaestio V,1.Satz, S. 231, 4. Satz, S. 236, 10. Satz, S. 245

[76] Vitoria: Relectiones, De potestate ecclesiae I, Quaestio V, 3. Satz, S.238/239; auch de potestate civili, Sätze 4-7, S. 123-130, 14. Satz, S. 141

[77] De Vattel: Le droit des Gens in Schätzel: Die Klassiker des Völkerrechts, Bd. III, I/1, § 4: „Toute nation qui se gouverne elle-même sous quelque forme que ce soit sans dépendance d`aucun étranger est un État souverain".

[78] Dahm/Delbrück/Wolfrum: Völkerrecht, Band I/1, S. 215

Staatsgewalt, summa potestas, d. h. unteilbar und unbeschränkt ist. Das Erfordernis der summa potestas ließ hierbei für eine Begrenzung durch das Völkerrecht keinen Raum. Die rationalistische Lehre des 17. Jahrhunderts prägte also den Begriff der absoluten Souveränität des Staatsoberhauptes[79]. Im 18. Jahrhundert fand die Meinung Verbreitung, dass das Recht seiner Geltung nach lediglich eine Schöpfung der Obrigkeit ist[80].

II) Die Ansichten der zeitgenössischen Literatur zum Inhalt der Souveränität

Im 19. Jahrhundert wurde zunehmend[81] die bislang mit der Fürstensouveränität in Verbindung gebrachte unbegrenzte Machtstellung auf den nunmehr als Völkerrechtssubjekt anerkannten Staat transformiert, womit zugleich die Theorie von der einzelstaatlichen Souveränität entstand[82].

1.) Die Souveränität als faktische Herrschaft

In Anlehnung an die Definition von Hobbes wurde in Teilen der Literatur nunmehr die Souveränität des Staates als ein Zustand beschrieben, demzufolge „die Herrschergewalt im Verhältnis zu allen anderen Gewalten die höchste, oberste, die unwiderstehlich zwingende ist“[83]. Konstituierendes Element des Zustands der eine Menschengruppe staatlich beherrschenden Gewalt waren nach verbreiteter Meinung ausschließlich

---

[79] Hobbes in „Leviathan“, S. 120/128; im Gegensatz zu Hobbes: de cive, S. 65, für den Souverän nur ein Mensch sein konnte, erkannte Bodin, a.a.O., II. Buch, 1. Kapitel, S. 251; a.a.O., S. 174; a.a.O., II.Buch, 1. Kapitel, S. 319, neben dem Fürsten auch das Volk oder eine Minderheit desselben als theoretisch denkbaren Souverän.

[80] Krabbe: Die moderne Staats-Idee, S. 29

[81] Ausnahme ist z. B. das Militärabkommen zwischen Österreich-Ungarn und der Türkei von 1854, welches von den Rechten des „Sultans als Souverän“ sprach, Parry: The Consolidated Treaty Series, Bd. 112, S. 42 ff.

[82] Das Erstarken der Lehre von der Staatssouveränität zur herrschenden Ansicht wird teilweise Gerber: Grundzüge eines Systems des deutschen Staatsrechts, S. 22, vereinzelt auch Jellinek: Die Lehre von den Staatenverbindungen, S. 25 zugesprochen.

[83] Lingg: Die staatsrechtliche Stellung Bosniens und der Herzegowina, S. 486

die tatsächlichen[84] Zustände, das tatsächliche Übergewicht der Macht. Die Souveränität als Spiegelbild faktisch omnipotenter Machtverhältnisse bildete lediglich einen Reflex der jeweiligen Intensität der faktischen Gewaltverhältnisse auf einem Territorium. Bei ausschließlich faktisch omnipotenter Staatsgewalt war zwingend von der Souveränität des herrschaftausübenden Staates auszugehen. Die Souveränität bezogen auf Bosnien und die Herzegowina nach dem Berliner Kongress von 1878 leitete sich nach dieser Ansicht nicht aus der Interpretation von Rechtsquellen, insbesondere des Berliner Vertrages sowie der bilateralen Konvention vom 21. April 1879, ab[85]:

„Die Konzessionen, daß in den Moscheen für den Sultan, als Nachfolger des Kalifen, Gebete abgehalten werden dürfen, daß türkische Münzen freien Umlauf haben sollen, fällt nicht ins Gewicht gegenüber dem entscheidenden Umstande, daß der Kaiser von Österreich alle administrativen, gerichtlichen, finanziellen und militärischen Hoheitsrechte in den beiden Provinzen nur im eigenen Namen ausübt[86]". Weiter betonte Neumann: „Der Kaiser und König übt in den beiden Provinzen alle Souveränitätsrechte im eigenen Namen, selbständig, unabhängig aus"[87].

Ebenso setzte von Liszt die Ausübung der Gebietshoheit durch Österreich –Ungarn und die Souveränität gleich und verwarf die türkische Souveränität[88].

Die ausschließliche Evidenz der tatsächlichen Zustände und die Irrelevanz des Rechts wurzelt in dem das 19. Jahrhundert prägenden Dogma der absoluten Souveränität des Staates. Ebenso wie die Souveränität dem Staat alleine aufgrund der von ihm geschaffenen Zustände zufällt, verdankt auch das Recht seine Geltung ausschließlich der Schöpfung des Staates[89]. Ein souveräner Staat kann danach ausschließlich nach seinem eigenen Willen berechtigt und verpflichtet werden[90]. Damit ist ihr zugleich die Verneinung einer Legitimation des Staates und seiner Ge-

---

[84] Lingg: a.a.O.,S. 487

[85] Lingg: a.a.O.,S. 487

[86] Neumann: Grundriss des heutigen europäischen Völkerrechts, S. 196 ff.

[87] a. a. O.

[88] V. Liszt: Das Völkerrecht, 1898, S. 60; so auch Redslob: Abhängige Länder, S. 218/219; Lingg: Die staatsrechtliche Stellung Bosniens und der Herzegowina, S. 484/490

[89] Krabbe: Die moderne Staats-Idee, S. 29

[90] Jellinek: Die Lehre von den Staatenverbindungen, S. 34/57

bietsherrschaft durch das Völkerrecht immanent. Nicht das Völkerrecht verleiht dem Staat nach diesem vom Imperialismus seiner Zeit nachhaltig beeinflußten Dogma seinen Status, sondern der Staat „legitimiert" sich quasi selbst durch die von ihm auf dem Territorium geschaffenen Zustände. „Der Zustand, der zwischen den Staaten obwaltet, ist mithin ein vollkommen rechtloser"[91].

Die dieser Lehre implizite, radikale Konsequenz des Leugnens der gesamten Völkerrechtsordnung führte zur Einsicht in die Fehlerhaftigkeit des Dogmas von der einzelstaatlichen Souveränität[92].

2.) Die Souveränität als höchste Rechtsmacht des Staates

Mit dem Aufkommen des Positivismus geriet dann auch die Fixierung der Souveränität auf die tatsächlichen Begebenheiten in einen unauflösbaren Widerspruch zum positivistischen Bestreben, die Rechtswissenschaft von politischen und anderen vor- und außerrechtlichen Erwägungen zu emanzipieren[93]. Dies führte bereits im ausgehenden 19. Jahrhundert zu Versuchen, die als unbeschränkbar, absolut behauptete Souveränität zu relativieren[94]. Dieses Bestreben ebnete der im ausgehenden 19. Jahrhundert an Verbreitung gewinnenden Lehre von der Souveränität als höchste Rechtsmacht des Staates den Weg. Die Frage nach den räumlichen Grenzen des Staates wurde zunehmend nicht mehr als eine Frage, die auf die natürliche Wirklichkeit gerichtet ist, sondern als eine Rechtsfrage begriffen[95].

Dies dokumentierte sich in dem im ausgehenden 19. Jahrhundert vordringenden Verständnis der Souveränität als einer Eigenschaft[96] der Staatsgewalt, derzufolge sich eine Staatsgewalt innerhalb ihres Territoriums als die oberste, allseits unabhängige, unbeschränkte und auch

---

[91] Lasson: Prinzip und Zukunft des Völkerrechts, S. 22

[92] Kunz: Die Staatenverbindungen, S. 30

[93] Ipsen: Völkerrecht, S. 10 Rdz. 27; die Schärfe der Trennung von Sein und Sollen ist der Fortentwicklung des positivistischen Ansatzes durch die normativistische Lehre von Kelsen: Reine Rechtslehre, 1. Aufl., Vorwort S. III, zu verdanken.

[94] Kunz: Die Staatenverbindungen, S. 30

[95] Bluntschli: Das moderne Völkerrecht der civilisirten Staten als Rechtsbuch dargestellt, 1868, S. 54; Resch: Europäisches Völkerrecht der Gegenwart, S. 36

[96] V. Gerber: Grundzüge eines Systems des deutschen Staatsrechts, S. 22

rechtlich unbeschränkbare Gewalt manifestierte[97]. Souveränität bemaß sich danach nach der rechtlichen Freiheit, einem „iustus titulus“[98]. Bei der Souveränität handelte es sich danach immer um rechtliche Unabhängigkeit und Allmacht des Staates[99], die aber insbesondere bei völkervertraglichen Beschränkungen[100] entfallen konnte. Danach konnten die einer Besatzungsmacht völkervertraglich auferlegten Beschränkungen einer souveränen Rechtsposition des faktischen Gebietsherrschers entgegenstehen[101]. Nicht die tatsächlichen Verhältnisse, sondern die Kodifikationen begründeten insoweit die Souveränität des Staates.

3.) Die Souveränität des Rechts

Anders als die Lehre von der faktischen Qualität und über die Souveränität als höchste Rechtsmacht des Staates hinausgehend anerkannten Anfang des 20. Jahrhunderts die Vertreter der Rechtssouveränität[102] eine vom Staat[103] abstrahierte höchste Rechtsordnung als Souverän. Wie jede andere natürliche bzw. juristische Person hatte danach auch der Staat nur insofern Rechte und Befugnisse bzw. Autorität, als dies aus einer positiven Rechtsordnung hervorging[104]. Souveränität ist nach der Lehre von der Souveränität des Rechts Recht höchsten Ranges. Ausgehend von der höchsten Rechtsautorität der Völkerrechtsordnung forderte

---

97 Bluntschli: Das moderne Völkerrecht der civilisirten Staaten als Rechtsbuch dargestellt, 3.Aufl., S.86; Wurmbrand: Die rechtliche Stellung Bosniens und der Herzegowina, S. 14/15, 23

98 Wurmbrand: a. a. O., S. 23

99 Jellinek: Allgemeine Staatslehre, S. 481 ff.; Quaritsch: Staat und Souveränität, S. 43

100 Wurmbrand: a. a. O., S. 15

101 Schneller: Die staatsrechtliche Stellung von Bosnien und der Herzogowina, S. 170/171

102 Hiezu die Werke von Duguit: L`État, le droit positif et la loi positive, 1901 und Krabbe: Die Lehre der Rechtssouveränität, 1906; ebenso Verdross: Die Einheit des rechtlichen Weltbildes, S. 10 ff.

103 Der Staat wird lediglich als eine durch das Völkerrecht personifizierte wirksame Rechtsordnung wahrgenommen; insbesondere Kelsen: Reine Rechtslehre, S. 293, derselbe: Stichwort „Souveränität“, Wörterbuch des Völkerrechts, 3. Bd., S. 279

104 Krabbe: Die Lehre der Rechtssouveränität, S. 5

Krabbe, die Bezeichnung internationales Recht durch „supranationales Recht“ zu ersetzen[105].

III) Das heutige Souveränitätsverständnis

Die neue Völkerrechtstheorie der „Wiener Schule“ vom Primat des Völkerrechts alternierte im Gegensatz zu ihrem geistigen Vater Kelsen, der die Souveränität des Staates eliminierte, die Souveränität des Staates derart, dass sie mit der Ordnungsvorstellung einer Priorität des Völkerrechts harmonisierte. Für Verdross bedeutet Souveränität. „daß nach dem Völkerrecht einem bestimmten Staate auf einem bestimmten Gebiete grundsätzlich die ausschließliche Kompetenz zusteht“[106]. Völkerrechtliche Souveränität ist danach die Bezeichnung einer bestimmten völkerrechtlichen Zuständigkeit, die sich aus dem Völkerrecht ableitet und nur in dem von ihm abgesteckten Rahmen zu Recht besteht[107]. Die Souveränität wird heute daher als ausschließliche und alleinige Völkerrechtsunmittelbarkeit eines Staates charakterisiert[108]. Damit ist die in der zeitgenössischen Literatur erkannte völkerrechtsbegrenzende Souveränität des Staates verdrängt worden durch die Auffassung, dass die Souveränität des Staates in vielfältiger Hinsicht durch das Völkerrecht begrenzt wird[109].

---

[105] Krabbe: Die moderne Staatsidee, S. 278 fordert die Bezeichnung internationales Recht durch „supranationales Recht“ zu ersetzen; I. d. S. auch Kelsen: Reine Rechtslehre,
S. 338/341, der den irreführenden Ausdruck „Staatssouveränität“ durch „Völkerrechtsunmittelbarkeit“ ersetzen will

[106] Verdross: Völkerrecht, 2. Auflage Wien 1950, S. 10 schreibt die Urheberschaft der Völkerrechtsunmittelbarkeitsdefinition der Souveränität zwar Kelsen und Anzilotti zu, in der Literatur überwiegt aber die Annahme der Vaterschaft von Verdross: in seinem Werk „Die Einheit des rechtlichen Weltbildes als Grundlage der Völkerrechtsverfassung“ Tübingen 1923, S. 34: Gunst: Der Begriff der Souveränität im modernen Völkerrecht,
S. 69

[107] Verdross: Die Verfassung der Völkerrechtsgemeinschaft, S. 118

[108] Die Staatsgewalt ist darüber hinaus nach innen wie nach außen zum Teil auch durch das Verfassungsrecht gebunden: Randelzhofer: Staatsgewalt und Souveränität, S. 700

[109] Ipsen: Völkerrecht, S. 38 Rdz. 67; Seid l-Hohenveldern: Völkerrecht, S. 3 Rdz. 8; Ver-dross: Die völkerrechtliche und politische Souveränität der Staaten, S. 706; Miehsler: Südtirol als Völkerrechtsproblem, S. 45/46

Die bereits von Bodin[110] der Souveränität beigelegten Merkmale der Unabhängigkeit von Weisungen Dritter, heute als sog. äußere Souveränität des Staates bezeichnet, und der höchsten Gewalt im Inneren, sog. innere Souveränität, werden zu wechselseitigen Bedingungen souveräner Rechtsmacht: „Die Souveränität nach außen besteht, wenn der Staat nach innen unabhängig von Weisungen eines oder mehrerer Staaten Recht setzen und vollziehen kann“[111]. Umgekehrt gilt, dass der Staat sich nach außen als Wirkungseinheit i. S. e. Einheit der Entscheidung im Inneren präsentieren muss, um im Verkehr mit anderen Staaten ohne weiteres als Träger von Rechten und Pflichten auftreten zu können.
Die Darstellung zum Souveränitätsverständnis verdeutlicht, dass dieser essentiell unterschiedlichsten Einflussfaktoren, „Zeitgeist“ wie Erkenntnisstand seiner Betrachter, unterworfen war und ist. Wie gesehen führten die unterschiedlichen Charakterisierungen der Souveränität auch zu wesentlichen Differenzierungen hinsichtlich der Voraussetzungen souveräner Gebietsherrschaft.

B) Anwendung des zeitgenössischen oder des heutigen Begriffsinhalts?

Fraglich ist, welches Souveränitätsverständnis der wissenschaftlichen Diskussion der Ausgangsfrage zugrundezulegen ist. Zu prüfen ist, inwieweit heutige Erkenntnisse zur Souveränität, insbesondere ihre Charakterisierung als Völkerrechtsunmittelbarkeit, die im Gegensatz zur im 19. Jahrhundert in der Literatur zwar umstrittenen, aber verbreiteten Gleichsetzung mit einer faktischen Herrschaft steht, auf den historischen Sachverhalt angewendet werden kann.

---

[110] Quaritsch: Staat und Souveränität, S. 255

[111] Randelzhofer: Staatsgewalt und Souveränität, S. 700; Rousseau: Droit international public, 5. Aufl., S. 88/89 ersetzt die Souveränität durch die Unabhängigkeit

l) Die Anwendung zeitgenössischen Völkerrechts gem. intertemporalrechtlicher Grundsätze

Es ist heute allgemein anerkannt, dass die Begründung eines subjektiven Rechts oder eines Rechtsverhältnisses nach den Normen zu beurteilen ist, die zur Zeit ihrer Begründung in Geltung standen[112]. Nach intertemporalrechtlichen Grundsätzen ist die völkerrechtliche Beurteilung territo
rialer Souveränität ebenso nach zeitgenössischem Völkerrecht zu beurteilen[113]. Die Rückwirkung von Normen des Völkergewohnheitsrechts wie grundsätzlich auch des Vertragsrechts zur Beurteilung eines vergangenen Gebietserwerbs wird einhellig abgelehnt[114]. Dieser Grundsatz läßt sich auf rechtsvergleichender Ebene aus den entsprechenden allgemeinen landesrechtlichen Grundsätzen des intertemporalen Schuld- und Sachenrechts ableiten[115].
Bereits vor seiner ausdrücklichen Aufnahme in das Völkerrecht durch den Schiedsentscheid von Max Huber vom 4.4.1928[116] in dem Rechtsstreit zwischen den Vereinigten Staaten und den Niederlanden um die Insel Palmas hatte dieser intertemporale Grundsatz im Völkerrecht überdies in der Staatenpraxis Anwendung gefunden. Schon der Schiedsspruch vom 3. Oktober 1899 zum britisch–venezuelanischen Grenzstreit[117] betonte, dass die Erwerbung des strittigen Gebietes „at the time of the acquisition“ zu beurteilen ist. Bereits in Art. III des zwischen diesen beiden Ländern am 2.2.1897 geschlossenen Schiedsabkommens war dieser rechtliche Maßstab angeklungen[118]. Ebenso hatte Venezuela von der britischen Partei unwidersprochen im Rahmen des Verfahrens vor

---

[112] Verdross/Simma: Universelles Völkerrecht, S. 417, § 650
[113] Mengel: Der entscheidungsrelevante Zeitpunkt für die völkerrechtliche Beurteilung von Streitigkeiten territorialer Souveränität, S. 92/93
[114] Krause-Ablaß: Intertemporales Völkerrecht, S. 91
[115] Näher mit Literaturverweisen bei Baade: Intertemporales Völkerrecht, S. 243 Fn. 50, 51, S. 245 Fn. 59
[116] International Court of Justice: Reports of International Arbitral Awards II, S. 845
[117] Parry: The Consolidated Treaty Series, Bd. 188, S. 76 ff.
[118] „The Tribunal shall investigate and ascertain the extent of the territories belonging to, or that might lawfully be claimed by, the United Netherlands or by the Kingdom of Spain respectively at the time of the acquisition by Great Britain of the Colony of British Guinea, and shall determine the boundary line between the Colony of British Guiana and the United States of Venezuela“, Parry: a. a. O., Bd. 184, S. 189 ff., 191/192

dem Schiedsgericht behauptet, dass bei der Entscheidung grundsätzlich das zur Zeit des Erwerbs von Britisch-Guiana durch Großbritannien geltende Recht zugrunde zu legen sei[119].
Ebenso beurteilte Papst Leo XIII. in seinem Vermittlungsvorschlag zum Streit zwischen Spanien und Deutschland um die Karolinen–Inseln vom 22.10.1885 die Wirksamkeit der spanischen Okkupation aufgrund des früheren Völkerrechts[120]. Der intertemporale Rechtsgrundsatz kam auch in der Erklärung des Haager Schiedsgerichtshofs vom 23. Oktober 1909 im Fall Grisbadarna[121] zum Ausdruck, wonach zur Abgrenzung der Küstengewässer zwischen Norwegen und Schweden für das Jahr 1658 die Prinzipien des in dieser Epoche geltenden Rechts anzuwenden seien[122]. „Sachverhalte, aufgrund deren ein Recht erworben oder ein Rechtsverhältnis begründet wird, sind also nach denjenigen Normen zu beurteilen, die zu jener Zeit galten“[123]. Die Gültigkeit eines Gebietserwerbs richtete sich folglich nach dem zur Zeit seiner Vornahme geltenden Recht.
Der Souveränität kam unbestreitbar auch innerhalb der klassischen Völkerrechtsordnung eine, in der zeitgenössischen Literatur anerkannte, herausgehobene Stellung zu. Sie bildete danach einen allgemeinen, der Rechtsquelle des Völkergewohnheitsrechts zugehörigen Grundsatz des Völkerrechts[124]. Als Völkerrechtsinhaltsbegriff spiegelte sich die Souveränität zugleich im damals geltenden Völkerrecht wider[125].
Aufgrund der „besonders engen Anbindung des Völkerrechts an seinen sozialen Unterbau“[126] bedeutet das Gebot des mit historischem Verständnis arbeitenden Rechtshistorikers, der Synthese von positivem Völkerrecht und seinem tatsächlichen, zeitgenössischen Umfeld besondere

---

[119] Zum Ganzen auch Baade: Intertemporales Völkerrecht, S. 240/241
[120] Krause-Ablaß: Intertemporales Völkerrecht, S. 87
[121] „Il faut avoir recours aux principes de droit en vigueur à cette époche“, aus Reports of International Arbitral Awards XI, S. 159; Nachweise aus dem älteren Schrifttum auch bei Strupp: Der Streitfall zwischen Schweden und Norwegen, S. 114
[122] Weitere Beispiele dargestellt bei Krause-Ablaß: Intertemporales Völkerrecht, S. 86
[123] Ipsen: Völkerrecht, S. 215; Baade: Intertemporales Völkerrecht, S. 239
[124] Resch: Europäisches Völkerrecht der Gegenwart, S. 5
[125] Kunz: Die Staatenverbindungen, II. Bd., S. 37; Gunst: Der Begriff der Souveränität im modernen Völkerrecht, S. 20
[126] Erstmals Huber: Beiträge zur Kenntnis der soziologischen Grundlagen des Völkerrechts und der Staatengesellschaft, 1910, S. 9; auch Preiser: Die Völkerrechtsgeschichte, ihre Aufgaben und ihre Methode, S. 64

Sensibilität zu widmen und die kritisch festgestellte geschichtliche Wirklichkeit des positiven (Völker-) rechts stets zu wahren[127].

Zweifelhaft erscheint aber, ob damit auch zwingend der dem Souveränitätsbegriff durch die damalige Völkerrechtswissenschaft vermittelte Sinngehalt ausschließlicher Maßstab für Bestand und Erwerb souveräner Gebietsherrschaft sein muß. Der Souveränitätsinhalt steht zwar in enger Abhängigkeit zum positiven Völkerrecht, ist jedoch in seiner Ausformung nicht als positives Völkerrecht zu qualifizieren. Der Inhalt der Rechtsbegriffe – auch alle jene konkreteren Rechtssätze, die aus dem positiven Völkerrecht und weiteren Prämissen methodisch korrekt gewonnen werden können – gehören zwar zur geltenden Rechtsordnung[128]; „in jedem geschichtlich bedingten Recht ist aber zwischen dem wissenschaftlichen Verständnis der Juristen vom positiven Recht und diesem selbst zu unterscheiden“[129]. Das wissenschaftliche Verständnis kann allenfalls die Vorstellung des Interpreten vom Inhalt des geltenden Rechts wiedergeben und lediglich Hilfe bei der Suche des Rechtshistorikers nach der maßgeblichen Beurteilungsgrundlage sein. Die völkergewohnheitsrechtliche Geltung der Souveränität erstreckt sich insoweit nicht auch auf die wissenschaftliche Interpretation ihres Sinngehalts.

II) Zulässigkeit und Grenzen der Anwendung moderner Rechtsdogmatik bei der rechtshistorischen Auslegung

Nach Bydlinski ist die Normkonkretisierung vielmehr wesentliche Verfahrensweise der Rechtsdogmatik[130]. Dogmatik bezeichnet insbesondere eine Tätigkeit, die in der Entfaltung inhaltlich bestimmter Begriffe, d. h. der weiteren Ausfüllung von Prinzipien besteht[131]. Sie versucht durch die

---

[127] Betti: Methode und Wert des heutigen Studiums des roemischen Rechts– Die rechtsdogmatische Methode, Tijdschrift voor Rechtsgeschiedenis 1937, S. 148

[128] Zur Unterscheidung geltendes Recht und geltende Rechtsordnung s. Bydlinski: Juristische Methodenlehre und Rechtsbegriff, S. 10

[129] So auch Betti: Methode und Wert des heutigen Studiums des roemischen Rechts, S. 146/147

[130] Bydlinski: Juristische Methodenlehre und Rechtsbegriff, S. 8/9, 11

[131] Larenz/Canaris: Methodenlehre der Rechtswissenschaft, S. 50; i. d. S. auch Coing, Helmut: Juristische Methodenlehre, 1972, S. 4; a. A.: Bydlinski: Juristische Methodenlehre und Rechtsbegriff, S. 18

Erarbeitung nachprüfbarer Kriterien[132] die – in jeweils konkreter Gestalt auftretende – Grundfrage zu beantworten, was in bestimmten, real vorgekommenen zwischenmenschlichen bzw. übertragen auf das Völkerrecht zwischenstaatlichen Situationen hic et nunc, d. h. zu dieser Zeit und in dieser Rechtsgemeinschaft, rechtens ist[133]. Im Hinblick auf die Ordnungsfunktion der Souveränität ist und war die völkerrechtliche Dogmatik besonders gefordert, weil sie die Kompetenz- und Integrationsinteressen am Gebiet, an den Staatsangehörigen und an der staatlichen Organisation schützt[134].

Die aufgeworfene Frage bezeichnet einen, weder einzig im Hinblick auf den Souveränitätsbegriff, noch[135] ausschließlich für die Völkerrechtsgeschichtsschreibung, virulenten Problemkomplex, sondern tangiert die rechtshistorische Didaktik im Umgang mit Wandlungen des Sinngehalts von Rechtsbe-
griffen schlechthin. Ob und inwieweit bei der rechtshistorischen Auslegung die Benützung heutiger dogmatischer Rechtsbegriffe und Denkformen berechtigt ist, ist umstritten[136].

1.) Das rein kontemplative Erkenntnisinteresse des Rechtshistorikers

Dagegen könnte die kontemplative Ausrichtung der Arbeitsaufgabe des Historikers sprechen. Diese erschöpft sich darin, die Auffassung aufzudecken, der die Zeitgenossen sich in der Bewertung ihrer Rechtsgebilde bewusst waren[137]. Vor diesem Hintergrund wird zu bedenken gegeben, „ob es angemessen ist, moderne von ihrem historischen Boden losgetrennte Begriffsinhalte „anzuwenden", d. h. in ein ehemaliges Recht zu „verpflanzen", dem sie nicht bodenständig und vertraut waren"[138]. Dies

---

[132] Wieacker: Zur praktischen Leistung der Rechtsdogmatik, S. 316, 332, 335
[133] Bydlinski: Juristische Methodenlehre und Rechtsbegriff, S. 9
[134] Bleckmann: Allgemeine Staats- und Völkerrechtslehre, S. 96
[135] Preiser: Die Völkerrechtsgeschichte, ihre Aufgaben und ihre Methode, S. 64
[136] Betti: Moderne dogmatische Begriffsbildung in der Rechts- und Kulturgeschichte, S. 87
[137] Betti: Allgemeine Auslegungslehre als Methodik der Geisteswissenschaften, S. 443
[138] Betti: Moderne dogmatische Begriffsbildung in der Rechts- und Kulturgeschichte, S. 90

könnte angesichts des besonders engen Anschlusses[139] des Völkerrechts an seinen sozialen Unterbau für das klassische Souveränitätsverständnis in besonderem Maße zu beachten sein. Vereinzelt wird deshalb angenommen, es wäre der Rechtsgeschichte Gewalt angetan, indem man versuchte, sie innerhalb des Gitterkreises der „heutigen" Rechtsdogmatik einzuschließen[140]. Unbestreitbar ist jedenfalls, dass die Grenze für die Berechtigung der Benützung moderner Rechtsdogmatik dort liegt, wo die Auslegung die überlieferten Rechtssätze einer Umdeutung unterzieht, die mehr oder weniger bewusst auf ein Umverstehen ihres Sinnes abzielt oder gar eine Rechtsfortbildung auf dem Weg falscher Analogien betreibt[141]. Nicht zu leugnen ist aber auch, dass die wissenschaftliche Lösung völkerrechtshistorischer Fragen zwar einerseits historische aber andererseits auch juristische Sensibilität erfordert[142]. Der Selbstbeschränkung des Interpreten auf eine „zweckfreie" Erforschung der Vergangenheit könnte demnach der mit anderen rechtshistorischen Disziplinen gemeinsame Doppelcharakter der Völkerrechtsgeschichte entgegenstehen. Nietzsche betonte, dass das Interesse der juristischen Erkenntnis immer gegenwartsbezogen und kein bloßer Schmuck und Luxus eines müßigen Kontemplativen sei, sondern ein Experiment des Erkennenden[143], der auf die Eigengesetzlichkeit des geistigen Verhaltens achten solle.

Bei der juristischen Auslegung wird die Sinnadäquanz des Verstehens vor allem dadurch erreicht, dass der Interpret das Auslegungsobjekt, die Rechtsnormierung an das Subjekt heranbringt und es der Lebensaktualität des Subjekts teilhaftig werden läßt[144]. Die Lebensaktualität des Interpreten verkörpert sich insbesondere in dessen eigener rechtsdogmatischer

[139] Erstmals Huber: Beiträge zur Kenntnis der soziologischen Grundlagen des Völkerrechts und der Staatengesellschaft, 1910, S. 9; auch Preiser: Die Völkerrechtsgeschichte, ihre Aufgaben und ihre Methode, S. 64

[140] Betti: Moderne dogmatische Begriffsbildung in der Rechts– und Kulturgeschichte, S. 90/91

[141] Betti: Moderne dogmatische Begriffsbildung in der Rechts– und Kulturgeschichte, S. 96, derselbe: Allgemeine Auslegungslehre als Methodik der Geisteswissenschaften, S. 445

[142] Ziegler: Völkerrechtsgeschichte, Vorwort und S. 2/3

[143] Nietzsche: Fröhliche Wissenschaft, § 123, § 324

[144] Betti: Zur Grundlegung einer allgemeinen Auslegungslehre, S. 53/54

Begriffssprache; die Achtung der Eigengesetzlichkeit des juristischen Interpreten könnte deshalb die Verwendung des dogmatischen Erkenntnisstandes des Auslegungssubjekts nahelegen. Diese Argumentationskette beruht
aber auf der zu hinterfragenden Prämisse, dass der Jurist stets, auch soweit er sich auf dem Arbeitsfeld des Rechtshistorikers bewegt, vom juristischen Erkenntnisinteresse getragen wird.

a) Gadamers einheitlicher hermeneutischer Ansatz

Diese Prämisse findet ihre umfassende Begründung insbesondere in der Ansicht von Gadamer[145], dass alle, auch die rechtshistorische Auslegung, eine ihren Gegenstand notwendig verändernde Applikation sei. Historische Erkenntnis sehe in jedem Fall die Vergangenheit in ihrer Kontinuität mit der Gegenwart[146]. Um den ursprünglichen Gehalt der Rechtsnorm zu erfassen, müsse der Rechtshistoriker zwar sich seinem eigenen Vorverständnis gegenwärtig werden und beides voneinander abstrahieren. Dieser müsse aber die gleiche Reflexion leisten, die auch den Juristen leitet. Er müsse aber auch dem historischen Wandel gerecht werden, den eine Rechtsnorm durchgemacht hat und die ursprüngliche Anwendung mit der gegenwärtigen Anwendung der Rechtsnorm verstehend vermitteln[147].

Ob diesem Bild eines einheitlichen hermeneutischen Aufgabenkreises zuzustimmen ist, hängt davon ab, ob die Erfüllung einer normativ-juristischen Auslegungsaufgabe gegenüber dem rechtshistorisch arbeitenden Interpreten Sinn gibt. Unbestritten ist, dass die juristische Hermeneutik auf eine der Konkretisierung des Rechts dienende Applikationsleistung abzielt[148]. Ihr Ziel besteht darin, die Eignung des Auslegungsobjekts zur rechtmäßigen Richtschnur des Gemeinschaftslebens und – verhaltens zu bewerten. Die juristische Auslegung geht also über

---

[145] Gadamer: Wahrheit und Methode, S. 317
[146] Gadamer: Wahrheit und Methode, S. 310
[147] Gadamer: Wahrheit und Methode, S. 308
[148] Gadamer: Wahrheit und Methode, S. 310, 316, 322; Engisch: Die Idee der Konkretisierung in Recht und Rechtswissenschaft unserer Zeit, S. 96 ff.; Betti: Die Hermeneutik als allgemeine Methodik der Geisteswissenschaften, S. 48/49

die bloß betrachtende und zurückschauende Wertung hinaus[149], um die zu gewinnende Richtlinie des Verhaltens in das Leben der sozialen Beziehungen nach Maßgabe einer vorgebildeten Beilegung vorbestimmter typischer Interessenskonflikte einzufügen[150]. Das Versetzen einer Rechtsnorm, eines -begriffs in einen andersartigen als jenen Sinnzusammenhang, in dem dieses Auslegungsobjekt ursprünglich eingebettet war, seine Transformation in eine andere kulturelle, soziale Umwelt und insbesondere Rechtsordnung, versteht sich lediglich vor dem Bestreben, „Rechtsnormen die Fähigkeit zu erhalten, sich rechtlich durchzusetzen und hierdurch Geltung zu verschaffen"[151]. Die juristische Auslegung hat damit i. e. S. die applikative Aufgabe, das Gesetz oder eine andere Rechtsquelle „auf dem Wege des Verstehens am Leben zu erhalten und so die ununterbrochene Wirksamkeit von Richtlinien des Verhaltens, Normen und normativen Interessenwertungen für das Leben von Gemeinschaften sicherzustellen"[152]. Eine applikative Verpflichtung gibt daher nur Sinn gegenüber dem zur Anwendung geltenden Rechts Berufenen[153].

Die rechtshistorische Auslegung kann im Gegensatz zur juristischen Interpretation nicht mehr vom Anwendungsinteresse geprägt sein[154]. Gegenüber dem klassischen Völkerrecht kann heute folglich mangels Geltung seiner Rechtssätze keine applikative Verpflichtung mehr bestehen. Gadamers Theorie von der Einheitlichkeit des hermeneutschen Ansatzes ist folglich abzulehnen, weil durch die Auflösung der Unterscheidung von juristischer und rechtshistorischer Auslegungsmethode das „Pathos der Distanz"[155] zwischen Historie und Aktualität in bedenklicher Weise angetastet wird.

---

[149] Betti: Zur Grundlegung einer allgemeinen Auslegungslehre, S. 51 und derselbe: Das Problem der Kontinuität im Lichte der rechtshistorischen Auslegung, S. 16/17

[150] Betti: Das Problem der Kontinuität im Lichte der rechtshistorischen Auslegung, S. 27

[151] Betti: Zur Grundlegung einer allgemeinen Auslegungslehre, S. 56

[152] A. a. o.

[153] Betti: Moderne dogmatische Begriffsbildung in der Rechts- und Kulturgeschichte, S. 93

[154] Wieacker: Zur Methodik der Rechtsgeschichte, S. 366; dort auch mit weiteren Argumenten gegen Gadamers Ansicht

[155] Wieacker: a. a. O., S. 369

b) Die „duplex bzw. multiplex interpretatio"

Insoweit ist der überwiegenden Ansicht zu folgen, wonach gleich einem Historiker auch der Rechtshistoriker in seiner hermeneutischen Aufgabe einer rein erkenntnismäßigen Einstellung verpflichtet ist[156]. Der Erkenntnis von Ziegler, der historisch arbeitende Jurist müsse sich also ebenso an den Maßstäben der zünftigen Historiker messen lassen[157], ist daher beizupflichten. Die Möglichkeit einer zwei – oder eventuell mehrschichtigen und nebeneinander gültigen Auslegung von Rechtsbegriffen, Gesetzestexten, sog. „duplex bzw. multiplex interpretatio", spricht ebensowenig gegen die Unterscheidung von juristischer und historischer Betrachtung[158]. Sie ist logische Folge der Akzeptanz des eigenständigen Anspruchs des rein kontemplativen, auf Erkenntnis abzielenden Auslegungsziels des Rechtshistorikers und des normativ–juristischen Interpretationsziels des Dogmatikers und zieht zwangsläufig das Phänomen einer doppelten Begriiffsbedeutung nach sich[159]. Aufgrund der engen Verknüpf-ung des Begriffsinhalts mit seiner sozialen, kulturellen Umwelt sowie mit der jeweiligen Rechtsordnung passt sich dieser bei Einfügung eines Rechtssatzes bzw. Rechtsgebildes in einen andersartigen Sinnzusammenhang an[160]. Dies ist möglich, weil Rechtsbegriffen und in besonders transparenter Form[161] obersten Rechtsgrundsätzen, die zwar selbst keine positiven Rechtssätze darstellen, wohl aber eine positiv gewordene Rechtsanschauung zum Inhalt haben, wie die Souveränität, ein über ihre sprachliche Fassung hinausgehender werthaltiger Sinngehalt, ein Wertschätzungsüberschuss, innewohnt[162].

---

156 Betti: Allgemeine Auslegungslehre als Methodik der Geisteswissenschaften, S. 444; Wieacker: Zur Methodik der Rechtsgeschichte, S. 366

157 Ziegler: Völkerrechtsgeschichte, S .3

158 Wieacker: Zur Methodik der Rechtsgeschichte, S. 369

159 Betti: Allgemeine Auslegungslehre als Methodik der Geisteswissenschaften, S. 610; auch derselbe: Allgemeine Auslegungslehre als Methodik der Geisteswissenschaften, S. 444

160 Betti: Das Problem der Kontinuität im Lichte der rechtshistorischen Auslegung, S. 25, 38 und derselbe: Zur Grundlegung einer allgemeinen Auslegungslehre, in: Antikes Recht und allgemeine Rechtslehre, S. 132

161 Betti: Das Problem der Kontinuität im Lichte der rechtshistorischen Auslegung, S. 23

162 Betti: Das Problem der Kontinuität im Lichte der rechtshistorischen Auslegung, S. 20

2.) Moderne Rechtsdogmatik als Hilfsmittel der kontemplativen Aufgabe

Nicht trotz, sondern durchaus in Harmonie mit seiner Pflicht, den historischen Sinn lebendig zu erhalten, wird dennoch ein Rückgriff des Rechtshistorikers auf moderne dogmatische Denkformen zugelassen, wenn deren Einsatz dem rechtshistorischen Interpreten den Zugang zur Vergangenheit erst ermöglicht bzw. wesentlich vereinfacht und die Dogmatik lediglich den Charakter eines Hilfsmittels annimmt und die untersuchten Rechtsgebilde nicht überwältigt[163]. Eine rechtstechnische Auslegung, die unterstützt wird vom Begriffsinstrumentar der Rechtsdogmatik, ausgestattet mit Denkformen, Denkgewohnheiten und Haltungen, setzt den Rechtshistoriker in diesen Fällen erst in die Lage, das praktische Problem und den Zusammenhang der im Spiel stehenden Interessen zu beleuchten[164]. Zuzustimmen ist daher Betti darin, dass der Interpret ohne eine eigene dogmatische Begriffsbildung die Augen verlöre, um die geschichtliche Wirklichkeit erfassen und unter historischem Aspekt hinterfragen zu können[165].

Beizupflichten ist Betti weiterhin, dass die dogmatische Bearbeitung eines vergangenen Rechts durch dessen Zeitgenossen deshalb dem Juristen bei seiner historischen Darstellung zwar Erkenntnisgegenstand sein kann, jedoch keine verbindliche Erkenntnismethode, die seine Schauweise als Maßstab oder Vorbild beherrschen und beschränken dürfte[166].

---

[163] Betti: Moderne dogmatische Begriffsbildung in der Rechts- und Kulturgeschichte, S. 87 ff.; Preiser: Ursprünge des modernen Völkerrechts, S. 379 Fußnote 24; seitdem die relative Selbständigkeit der einzelnen Epochen der Völkerrechtsgeschichte erkannt worden ist, ist überdies nach Preiser: Die Völkerrechtsgeschichte, ihre Aufgaben und ihre Methode, S. 45 die Gefahr einer unzulässigen Übertragung von Rechtsbegriffen und ihrer Inhalte gebannt

[164] Schwarz: Begriffsanwendung und Interessenwertung im klassischen römischen Recht, S. 201–210

[165] Betti: Moderne dogmatische Begriffsbildung in der Rechts–und Kulturgeschichte, S. 92

[166] Betti: a. a. O., S. 94; derselbe: Allgemeine Auslegungslehre als Methodik der Geisteswissenschaften, S. 441

3.) Rechtshistorische Ermittlung des Inhalts eines Rechtsgrundsatzes

Fraglich ist, wie die Ambivalenz des Bestrebens, auf der einen Seite neuzeitliche Begriffsdogmatik anzuwenden, und auf der anderen Seite die Eigenständigkeit der historischen Ordnung zu wahren, im Einzelfall aufzulösen ist.
In Anlehnung an die Didaktik anderer geisteswissenschaftlicher Disziplinen[167] versucht der Rechtshistoriker aus dem ewig wechselnden geschichtlichen Bild stets wiederkehrende Züge zu erkennen und hieraus ein übergeordnetes Ganzes zu ermitteln[168]. Überträgt man dies auf die rechtshistorische Arbeit, so hat dieser aus den je nach zeitlichem und sozialem Umfeld verschiedenen Rechtsgrundsätzen und ihren Interpretationen das allen im Kern gemeinsame Prinzip zu ermitteln. Dieses Prinzip spiegelt sich zeitlich ungebunden in jeder Rechtsordnung wider. Eine derartige prinzipielle Bedeutung weisen auch dogmatische Denkformen auf, die nicht Ergebnis zeitbedingter Überlegungen sind, sondern aus denen die zeitlose Logik des Rechts selbst spricht; „eine innere, bündige Logik, welche die durch zeitgenössische Juristen gefundene Lösungen der Probleme des Zusammenlebens objektiv leitet“[169].

Unwiderlegliches Indiz dieser inneren Logik von Rechtsgebilden ist jedenfalls ihre bewährte Eignung, die richtige Qualifikation typischer Tatbestände zu ergeben, ebenso die richtige Diagnose der gelösten Probleme des Zusammenlebens, insbesondere der erkennbaren Interessenregelung zu treffen[170]. Zur Wahrung der Eigenständigkeit der historischen Ordnung wird zweitens gefordert, dass die modernen dogmatischen Denkformen im vergangenen Recht einen ihnen günstigen und vorherbestimmten Boden finden müssen.

---

[167] Der Religionshistoriker sucht nach Wach: Religionswissenschaft: Prolegomena zu ihrer wissenschaftstheoretischen Grundlegung, S. 178 aus den ihm bekannten Theologien das Prinzip, nach dem sie gebildet und organisiert sind, das Identische in Form und Charakter, das „Gerüst“ von religionswissenschaftlichen Grundbegriffen zu gewinnen, die ihm die historische Arbeit erleichtern können; zur Didaktik auch Betti: Jurisprudenz und Rechtsgeschichte vor dem Problem der Auslegung, S. 373

[168] Aubin: Zur Frage der historischen Kontinuität im Allgemeinen, S. 232

[169] Betti: Moderne dogmatische Begriffsbildung in der Rechts– und Kulturgeschichte, S. 95

[170] Betti: a. a. O., S. 96

a) Ermittlung des maßgeblichen Souveränitätsinhalts

Im Gegensatz zur Gleichsetzung der Souveränität mit der faktischen Herrscherposition auf einem Gebiet ermöglicht das heutige Verständnis einer durch das Völkerrecht begrenzten Souveränität eine spezifisch völkerrechtliche Zuordnung eines Territoriums zu einem Völkerrechtssubjekt. Eine eigenständige Bewertung und Lösung des Streits zwischen der Türkei und Österreich–Ungarn um die beiden osmanischen Provinzen scheidet aus. Die Untersuchung zur Oberhoheit über Bosnien-Herzegowina wird zur Frage militärstrategischer wie machtpolitischer Dominanz degradiert. Für eine spezifisch völkerrechtliche Beurteilung zwischenstaatlicher Streitigkeiten ist lediglich die Souveränität i. S. e. ausschließlich völkerrechtsunmittelbaren Herrschaft eines Staates geeignet[171].

aa) Die Rechtsüberzeugung der zeitgenössischen Staatenpraxis zum Souveränitätsinhalt

Das Zugrundelegen des heute umfassend geteilten Bildes der Souveränität i. S. d. ausschließlichen Völkerrechtsunmittelbarkeit und der durch das Völkerrecht verliehenen Legitimation erfordert weiterhin, dass dieses im vergangenen Recht einen günstigen und vorherbestimmten Boden vorfindet. Danach muß zunächst das heutige Sinnbild der Souveränität i. S. e. ausschließlichen Völkerrechtsunmittelbarkeit in sachlicher Hinsicht im damaligen Recht eine „fruchtbare“ geistige Grundlage besessen haben[172]. Die auf Bodin zurückgehende Erkenntnis, dass die Staaten dem Völkerrecht unterstellt, durch es berechtigt und verpflichtet sind, wurde durch die Lehre von der Souveränität als höchste Rechtsmacht des Staates aufgegriffen und verhalf damit der Überzeugung der Äquivalenz von Souveränität und ausschließlicher Völkerrechtsunmittelbarkeit zumindest in der Literatur zum Durchbruch.

Über die Verbreitung der Rechtsansicht in der Literatur hinaus ist erforderlich, dass in der positiven Rechtsanwendung der Tatbestand, die

---

[171] Bindschedler: Betrachtungen über die Souveränität, S. 170, 174

[172] Allgemein zur Kontinuität „neuer Rechtssätze“ zu älteren, aus der Vergangenheit übernommener Rechtsgrundsätze insbesondere bei Rothenbücher: Über das Wesen des Geschichtlichen und die gesellschaftlichen Gebilde, S. 92

Rechtslage, die Rechtsnorm vorhanden sind, deren Wesen den heutigen Juristen nur durch die Vermittlung erprobter dogmatischer Denkformen aufgeht und klar wird[173]. Ob die Auffassung der Lehre von der Souveränität als höchste Rechtsmacht des Staates im damaligen Recht hinreichenden Widerhall gefunden hat, bemisst sich nicht nach ihrer Verbreitung in der damaligen Literatur. Ausschlaggebend ist vielmehr, dass es sich bei dieser Ansicht um in die Rechtswirklichkeit umgesetztes, d. h. im zwischenstaatlichen Verkehr tatsächlich praktiziertes Recht handelt[174]. Dem Erfordernis des steten Vergleichs der von der Wissenschaft aufgestellten Grundsätze mit dem im zwischenstaatlichen Verkehr praktizierten Recht liegt die Vermutung zugrunde, dass die der Praxis zugrunde liegende, vor allem im tatsächlichen Verhalten der maßgeblich Beteiligten, erkennbare Auffassung die „richtige" Theorie ist[175]. Auf die Richtigkeit der im Schrifttum geläufigen Feststellung, dass der souveräne Staat nach der dominierenden Auffassung der Staats- wie Völkerrechtswissenschaft des 19. Jahrhunderts durch den absoluten, von völkerrechtlichen Begrenzungen befreiten Staat gekennzeichnet war[176], ist infolgedessen nicht weiter einzugehen.

Evident ist aber, ob der theoretisch vom Dogma der absoluten Souveränität propagierte Gedanke der ausschließlichen Selbstverpflichtung des Staates in der Staatenpraxis des ausgehenden 19. Jahrhunderts umgesetzt wurde. Der in der Diskussion der Frage der Oberhoheit über Bosnien-Herzegowina auffällige stete Rückgriff der europäischen Mächte auf den Wortlaut von Art. 25 des Berliner Vertrages sowie der Konvention Österreich-Ungarns mit der Türkei vom 21.4.1879 spiegelt jedoch die Divergenz von gemeinhin propagiertem Dogma der absoluten Souveränität und der tatsächlich geübten zwischenstaatlichen Praxis der Evidenz völkervertraglicher Regelungen wider. Zwar erkannten auch in Österreich-Ungarn nach dem militärischen Niederringen der in Bosnien-Herzegowina gegen die k. u. k. Truppen kämpfenden aufständischen

---

[173] Betti: Moderne dogmatische Begriffsbildung in der Rechts- und Kulturgeschichte, S. 95

[174] Preiser: Die Völkerrechtsgeschichte, ihre Aufgaben und ihre Methode, S. 48; Jellinek, G.: Staatslehre, S. 325

[175] Vorwort von Ziegler/Lüderssen zu Preiser: Macht und Norm in der Völkerrechtsgeschichte, S. IV

[176] Kunz: Die Staatenverbindungen, S. 26

Verbände chauvinistische Stimmen keine rechtlichen Verpflichtung gegenüber der Türkei an, jedoch traten die außenpolitischen Vertreter der Doppelmonarchie derartigen Strömungen entgegen. Der k. u. k. Außenminister Andrássy vertrat im Ministerrat vom 24. August 1878 die Ansicht, dass weder über den Berliner Vertrag hinausgegangen noch hinter demselben zurückgeblieben werden dürfe[177]. Auch das österreichische Abgeordnetenhaus hielt es in seiner Debatte über den Berliner Vertrag vom 27. Januar 1879[178] für notwendig, „daß die Ausführung des Art. 25 des Berliner Vertrages vom 13. Juli 1878 auf die durch die Okkupationszwecke gegebenen Maßregeln streng beschränkt bleibe".

Dieses Verhalten repräsentiert[179] die regelmäßig im „englischen Zeitalter" tatsächlich geübte zwischenstaatliche Praxis der Evidenz völkervertraglicher Regelungen wie des Völkerrechts überhaupt. Die Sanktionswirkung des Völkerrechts selbst formierte bereits damals die zur Einhaltung drängende, bei Abweichen mit der Gefahr der Ächtung verbundene Kontrolle durch breite Kreise der Staatengemeinschaft. In der Praxis des ausgehenden 19. Jahrhunderts war die Idee der völligen Befreiung des Souveräns von rechtlichen Bindungen der für die rechtliche Bindung eintretenden Ansicht unterlegen.
Somit ist die Lehre von der völkerrechtlich begrenzten Souveränität in der Rechtsüberzeugung der Staatenpraxis des 19. Jahrhunderts verankert[180].

---

[177] V. Wertheimer: Graf Julius Andrássy, sein Leben und seine Zeit, 3. Bd., S. 157
[178] Schulthess: Europäischer Geschichtskalender, Zwanzigster Jahrgang 1879, S. 313
[179] Preiser: Die Völkerrechtsgeschichte, ihre Aufgaben und ihre Methode, S. 49 gibt in diesem Zusammenhang auch die auffällige, nur aus dem Bewusstsein völkerrechtlicher Verpflichtung erklärbare Selbstbeschränkung der Staaten im Kriegsführungsrecht des ausgehenden 19. und einsetzenden 20. Jahrhunderts durch die militärischen Disziplinarordnungen und die „Kriegsartikel" zu bedenken
[180] Ebenso v. Martens: Völkerrecht– Das internationale Recht der civilisirten Nationen,
S. 187

C) Ergebnis

Die „völkerrechtsunmittelbare“, d. h. alleine dem klassischen Völkerrecht unterstehende Herrschaft eines Staates über ein Territorium und dessen Bevölkerung charakterisierte folglich im „englischen Zeitalter“ die souveräne Rechtsmacht eines Staates.

Teil 3: Erwerb der Oberhoheit über Bosnien-Herzegowina durch Österreich-Ungarn aufgrund Art. 25 des Berliner Vertrages v. 13.7.1878?

Fraglich ist, welchem Staat die oberste Rechtsmacht über Bosnien-Herzegowina nach Abschluss des Berliner Vertrages vom 13. Juli 1878 zukam.

Das Osmanische Reich könnte seine Souveränität über Bosnien-Herzegowina an Österreich-Ungarn bereits mit dem Austausch der Ratifikationsurkunden[181] am 13.7.1878 durch Gebietszession gem. Art. 25 S. 1 verloren haben. Dieser Artikel bestimmte:

„Les provinces de Bosnie et d` Herzegovine seront occupées et administrées par l` Autriche - Hongrie“[182].

Nach einhelliger Ansicht stellen sich die Rechtswirkungen einer Gebietszession freilich nur ein, wenn diese absolute, dingliche Rechtsmacht dem handelnden Staat tatsächlich zustand und keine sachlich inhaltlichen Beschränkungen derselben gegeben waren[183].

---

[181] Streitig ist hierbei, ob die Gebietshoheit auf den Zessionar bereits mit dem Austausch der Ratifikationsurkunden oder erst mit dem Zeitpunkt der effektiven Ausübung der Hoheitsgewalt übergeht; dies hängt mit der ebenso umstrittenen Frage zusammen, ob es sich bei Zessionsverträgen um Verpflichtungs- oder Verfügungsverträge handelt, hierzu: Ipsen: Völkerrecht, S. 267 Rdz. 55; die erste Auffassung vertreten: Wengler: Völkerrecht, Bd. 1, S. 245; der zweiten Ansicht zugeneigt: v. d. Heydte: Völkerrecht, Bd. 1, S. 74 ff.; Klein: Statusverträge im Völkerrecht, S. 215/216

[182] Parry: The Consolidated Treaty Series, Bd. 153 , S. 172 ff.,181 deutsche Übersetzung bei Grewe: Fontes Historiae Iuris Gentium, III Bd./1, S. 46

[183] Klein: Statusverträge im Völkerrecht, S. 81, 185; Bleckmann: Allgemeine Staats- und Völkerrechtslehre, S. 235/236

A) Osmanische Verfügungsbefugnis bzgl. Bosnien-Herzegowina im Zeitpunkt des Berliner Vertragsschlusses

Zu prüfen ist, ob die Hohe Pforte im Zeitpunkt des Austausches der Ratifikationsurkunden des Berliner Vertrages verfügungsberechtigt war. Dies ist der Fall, wenn das Osmanische Reich die Souveränität hinsichtlich Bosnien-Herzegowina besaß. In der wissenschaftlichen Auseinandersetzung mit dem völkerrechtlichen Status Bosnien-Herzegowinas nach dem Berliner Kongress wird überwiegend mit der Prämisse der territorialen Souveränität des Sultans vordem gearbeitet. Soweit im Rahmen einer Untersuchung zur Souveränität hinsichtlich Bosnien-Herzegowina für den Zeitraum nach dem 13.7.1878 überhaupt eine Auseinandersetzung mit dem völkerrechtlichen Status vor dem Berliner Kongress vorgenommen wird, beschränkt man sich i. d. R. auf die Feststellung, dass Bosnien-Herzegowina 1463 durch die Türken erobert wurde und seitdem eine Provinz des ottomanischen Reiches war[184].

I) Ewigkeitsgarantie ungarischer Souveränität aufgrund historischer Gebietsherrschaftsphasen?

Angesichts der insbesondere auf österreichisch-ungarischer Seite virulenten Verbindung der völkerrechtlichen Gebietszugehörigkeitsfrage mit moralisch-historischen Begründungsmustern soll im Folgenden kurz das Gewicht sog. „historischer Rechte" für die Verfügungsmacht des Souveräns konkretisiert werden.
Vorrangig von Seite der Magyaren wurde in die Diskussion um den neuzeitlichen Gebietsstatus der Hinweis auf eigene, historische Gebietsherrschaftsphasen eingebracht. Insbesondere die nach dem Handschreiben des Kaisers vom 5.10.1908 in den Staatsorganen der beiden Staatshälften geführte Diskussion um eine den historischen Verhältnissen gerecht werdende Eingliederung in den Staatsaufbau der k. u. k. Doppelmonarchie verdeutlicht die Versuche, historische Bezüge in die Diskussion um den völkerrechtlichen Status nach 1878 einzubringen. Der ungarische

---

[184] Redslob: Abhängige Länder, S. 229; Steinbach: Die Annexion Bosniens und der Herzegowina, S. 482/483

Motivenbericht zu der dem ungarischen Reichstag unterbreiteten Gesetzesvorlage betreffend Bosnien und die Herzegowina leitete eine moralische Berechtigung aus „jenem alten Rechtszustand und der Verbindung, welche diese Provinzen mit den Ländern der ungarischen heiligen Krone verknüpften", her[185]. Dieser als Souveränitätsrechtsübung der ungarischen Könige bezeichnete Zustand begründe einerseits den Ausschluss cisleithanischer Ansprüche im Rahmen des Ausgleichs zwischen den beiden Staatshälften der k. u. k. Monarchie und vermehre auch bei der Geltendmachung des internationalen Rechts die sich ergebende moralische Berechtigung Ungarns hinsichtlich der zuvor förmlich annektierten Gebiete Bosniens und der Herzegowina[186]. Die Intensität des Einbringens etwaiger, lange zurückliegender Herrschaftsphasen in den Streit um die Frage der Gebietszugehörigkeit vermittelte den Eindruck, dass auch die völkerrechtliche Frage nach ihrem Gebietsstatus maßgeblich von sog. „historischen Rechten" abhing[187]. Den Begründungen aktueller Gebietsansprüche anhand historischer Rechte tritt die heute ganz herrschende Meinung mit dem Hinweis entgegen, dass heutige Rechte nicht mit Vorgängen vor 300 oder 600 Jahren begründet werden können[188]. Soweit man in der Auseinandersetzung mit der Gebietszugehörigkeit Bosnien-Herzegowinas im ausgehenden 19. Jahrhundert ausschließlich sein Augenmerk auf die lange zurückliegende Herrschaft der ungarischen, venezianischen Vorfahren stützte, verdrehte man damit vergangene souveräne Herrschaft zu einer ewig währenden Rechtsmacht. Mit

---

[185] Wiedergegeben bei M., St. ... r.: Ungarn und Bosnien, S. 347

[186] Ebenso der ungarische Entwurf zum Angliederungsgesetz aus dem Jahre 1909: „Der Reichstag nehme zur Kenntnis, daß der Monarch als König von Ungarn seine Souveränitätsrechte auf Bosnien und die Herzegowina mit Rücksicht auf die alten Bande erstrecke, welche seine Vorfahren an diese Länder knüpfte", abgedruckt in: Bernatzik: Das Annexionsgesetz und die staatsrechtlichen Verhältnisse Bosniens und der Herzegowina, Morgenblatt der Neuen Freien Presse vom 21.9.1909, S. 1

[187] Ähnlich berief sich auch die national-konservative, in Wien erscheinende Zeitung „Vaterland" in seiner Ausgabe vom 17.4.1878, entnommen bei Ströher: Die Okkupation Bosniens und der Herzegovina und die öffentliche Meinung Östereich-Ungarns, S. 175, „daß bereits vor der Zeit, da der islamische Glauben an den Propheten gestiftet wurde, diese beiden Provinzen stetig österreichische Reichslande bildeten und der Banus von Bosnien schon 800 Jahre vor dem österreichisch-ungarischen Engagement kroatischer Wahlfürst war sowie der Ungarkönig Koloman bereits 1102 zum König von Kroatien, Dalmatien und Bosnien gewählt wurde

[188] Münzel: Läßt sich die Unabhängigkeit Kosovas völkerrechtlich begründen?, S. 103

ähnlicher Begründung könnte Deutschland Rom, Luxemburg oder Prag als alte Residenzstädte des heiligen römischen Reiches deutscher Nationen herausverlangen. Das in Gebietsstreitigkeiten regelmäßig vorgebrachte Argument des „historischen Rechts“ des Anspruchsstellers auf das streitige Territorium ist deshalb für die völkerrechtliche Untersuchung des territorialen Status von Bosnien-Herzegowina irrelevant. Nur soweit das fremde Souveränitätsrecht aktuell, also im Zeitpunkt des Vertragsschlusses, noch Bestand hatte, hinderte dies demnach die Verfügungsmacht des Zedenten.

Nicht zu verkennen ist überdies, dass die bosnische Geschichte zum Teil sehr kurze, ständig wechselnde Fremdherrschaftsphasen durchlebte und es insoweit ebenso viele Staaten gab, die aus dieser historischen Tatsache aktuelle Ansprüche herleiten könnten.

II) Der völkerrechtliche Status von der ersten Erwähnung Bosniens bis zur osmanischen Eroberung

Die erste bisher bekannte Erwähnung Bosniens findet sich in „de administrando imperio“ des byzantinischen Kaisers Konstantin VII Porphyrogennetos von 948[189]. Dort wird neben Hum auch Bosnien als eigene politisch – territoriale Formation mit den Städten Desnek und Katera erwähnt. Im Jahre 925 gelang es den Kroaten ein unabhängiges Kroatien zu errichten[190]. Kroatiens König Kresimir besiegte im Jahre 968 die Truppen des bosnischen Bans und Bosnien fiel damit unter kroatische Herrschaft[191]. Um das Jahr 1027 wird dann eine kurze Herrschaft des byzantinischen Kaisers Basilius II. Bulgaroctonos angenommen. In den Jahren

---

[189] Lovrenovic: Bosnien und Herzegowina, eine Kulturgeschichte, S. 38; das Gebiet (Bosna) und die Bewohner (Bosnier) erhielten ihren Namen nach dem im Tal gelegenen Fluss Basante oder Basinius, der an die Aussprache der Ansiedler angepaßt wurde, Klaic: Geschichte Bosniens von den ältesten Zeiten bis zum Verfalle des Königreiches, S. 58

[190] Novotny: Quellen und Studien zur Geschichte des Berliner Kongresses 1878, I. Bd., S. 21; eingehender zur bosnisch-herzegowinischen Geschichte bei Hösch: Geschichte der Balkanländer, von der Frühzeit bis zur Gegenwart, Bartl: Grundzüge der jugoslawischen Geschichte

[191] Klaic: Geschichte Bosniens von den ältesten Zeiten bis zum Verfalle des Königreiches, S. 61

1082 – 1085 gelang es dem König von Dioclea, dem heutigen Montenegro, Bodin, Serbien und Bosnien zu unterwerfen.
Mit einem unklaren Grad politischer Selbständigkeit befand sich Bosnien bereits zu dieser Zeit unter der ständig wechselnden Oberherrschaft der benachbarten Herrscher von Kroatien, Duclea und Raszien[192].
Der „historische", nördliche Teil Kroatiens fiel 1102 an das katholische Ungarn Kolomans[193]. Fortan hing die Oberhoheit über Bosnien-Herzegowina maßgeblich davon ab, inwieweit sich die Großmachtpolitik der ungarischen Könige durchsetzen konnte. Ebenso wie im gesamten als „Archiregnum Hungaricum" bezeichneten „Blocksystem", differierte auch die Machtpräsens der ungarischen Könige in der mittelalterlichen Geschichte Bosniens und der Herzegowina. Die Intensität der ungarischen Einmischung in Bosnien hing maßgeblich von den an das katholische Ungarn herangetragenen päpstlichen Ersuchen, die von Rom als häretisch gegeißelte bogumilische Glaubenslehre zurückzudrängen, ab[194].
In einem näheren Verhältnis zum ungarischen König erscheint Bosnien erstmalig unter König Béla II., dem Blinden und Herrscher über Ungarn, Kroatien, Dalmatien und Syrmien[195]. Die jedenfalls in kroatischen und ungarischen Titeln präsente Benennung im Jahre 1135 zum König von Rama dokumentierte den ungarischen Anspruch auf die Souveränität über Bosnien[196]. Als Beweis des ungarischen Souveränitätsrechts wird die Praxis von König Béla II. und einzelner Nachfolger gesehen, dass ein Ban[197] oder Herzog mit einzelnen Landesteilen, Städten oder Burgen beschenkt oder belehnt und diesem der Auftrag erteilt wurde, das ihm verliehene Geschenk oder Lehen zu erobern[198]. Gerade diese lehensrechtliche Vergabepraxis dokumentierte die damalige souveräne Herrschaft des ungarischen Königs über Bosnien-Herzegowina. Der stetige Wech-

---

[192] Lovrenovic: Bosnien und Herzegowina, eine Kulturgeschichte, S. 38/39
[193] Martins: Die religiöse Vielfalt in Südosteuropa, Gedanken zum bosnisch-herzegowinischen Mittelalter, S. 14
[194] Bauer: Zwischen Halbmond und Doppeladler, S. 17
[195] Klaic: Geschichte Bosniens von den ältesten Zeiten bis zum Verfalle des Königreiches, S. 64
[196] in den urkundlich vorhandenen bosnischen Titulaturen kommt Rama nicht vor, weshalb die Identität von Rama und Bosnien angezweifelt wird, näher hierzu M. St .... r: Ungarn und Bosnien, S. 348
[197] Vizekönig
[198] M. St .... r: a. a. O., S. 348

sel im Besitz brachte es mit sich, dass die heimischen Magnaten, Herzöge und Könige u. a. den ungarischen König häufig zur Hilfe rufen mussten. Die militärische Abhängigkeit der bosnischen Magnaten auf der einen und das Lehensverhältnis auf der anderen Seite kulminieren während der Regentschaft von Bela II. in einer ungarischen Gebietshoheit auf dem bosnisch-herzegowinischen Herrschaftsverband.
Die Regentschaft des legendären Ban Kulin (1180 – 1204) brach mit der Tradition der Anlehnung an das ungarische Königreich. Sowohl der 1189 mit Ragusa (Montenegro) abgeschlossene Handelsvertrag als auch die eigenständige religiöse Entwicklung innerhalb des bosnischen Katholizismus und die häufigen ungarischen Vorsprachen in Rom mit dem Ziel der Unterstellung des bosnischen Bistums unter die Oberaufsicht des ungarnfreundlichen Erzbischofs von Split dokumentiert das bosnische Selbstständigkeitsstreben auf der einen und das ungarische Interventionsbegehren auf der anderen Seite[199]. Der Herrschaft von Ban Kulin ist jedenfalls eine politisch – territoriale Konsolidierung Bosniens zu verdanken[200].
Andererseits wurde unter Ban Kulin der Vorwand für mehrere Kreuzzüge in Bosnien–Herzegowina gegen die bogumilische Sekte seitens der ungarischen Könige gelegt[201]. Aufgrund der steten ungarischen Interventionen wurde das ganze 13. Jahrhundert durch dynastische Auseinandersetzungen und politische Schwankungen beherrscht[202]. Erstmals um 1238 besetzten die Ungarn Vrhbosna, die südliche Zentralregion Bosniens[203]. Nach dem Rückzug der ungarischen Armee 1241 gewann der bosnische Ban wieder die Oberhoheit. Nach dem abermaligen Einfall der Ungarn wurden mehrere der nördlichen Gebiete des heutigen Bosniens Mitgliedern der ungarischen Königsfamilie übertragen.

---

199 Malcolm: Geschichte Bosniens, S. 32-34; dortselbst, S. 12 findet sich zudem eine Karte mit den Grenzen Bosniens im Mittelalter sowohl unter Ban Kulin als auch unter König Tyrtko

200 Lovrenovic: Bosnien und Herzegowina, eine Kulturgeschichte, S. 222

201 Ban Kulin wurde die zunehmende Durchdringung der bosnischen Katholiken mit der häretischen Lehre der seinerzeit aus Bulgarien eingewanderten Bogumilen vorgeworfen

202 Lovrenovic: a. a. O., S. 39

203 Malcolm: a. a. O., S. 34

Ban Stjepan II. Kotromanic (1322 – 1353), durch Heirat mit dem ungarischen und polnischen König Ludwig I. dem Großen verwandt, vereinigte das alte bosnische Banat mit den nördlich gelegenen und den von Kroatien eroberten westlich des Banats liegenden Territorien und annektierte den größten Teil von Hum (Herzegowina) [204]. Krotomanics Neffe und Nachfolger Stephen Tvrtko I. (1353 bis 1391) schob die Grenzen weiter hinaus[205]. Er eroberte Travunja (das heutige Trebinje), Podrinje an der oberen Drina und das Küstenland südlich von Ragusa, insbesondere Dubrovnik[206]. Ein mit Ungarn abgeschlossener Vertrag sicherte ihm das Banat von Oberbosnien und Usora, während er Hum an den ungarischen König abgeben mußte. Die damaligen staatsrechtlichen Abhängigkeitsverhältnisse dokumentierte die Flucht Tyrtkos I. an den ungarischen Hof vor einzelnen bosnischen Adligen und die mit Hilfe der ungarischen Krone erreichte Rückkehr an die Macht.

Rückschlüsse auf eine ungarische Oberhoheit über Bosnien–Herzegowina ergeben sich während der Herrschaft Stjepans II. und Tyrtkos I. vor dessen Erhebung zum König auch aus dem bosnischen Wappen. Die durch eigene Dynastien beherrschten, mit Ungarn im Lehensverhältnis stehenden Länder führten jeweils im Schildfeld das dynastische Wappen des Ungarnkönigs[207]. Obgleich sich ein endgültiges Urteil über die Souveränität ausschließlich anhand der heraldischen Einstufung verbietet, so deutet dennoch die Präsens des Souveränitätssymbols des ungarischen Königreiches in den Wappen Stjepans II. und Tvrtkos I. auf die Anerkennung der direkten Oberhoheit der ungarischen Könige hin. Die aus dem Lehnswesen gegenüber den ungarischen Königen entstehenden Verpflichtungen der bosnischen Herrscher zur Unterstützung des ungarischen Lehnsherren nicht nur in Streit und Krieg, sondern auch zur Loyalität und Friedenspflicht[208] dokumentierten die Oberhoheit der Ma-

---

[204] Malcolm: a. a. O., S. 35

[205] Martins: Die religiöse Vielfalt in Südosteuropa, Gedanken zum bosnisch-herzegowinischen Mittelalter, S. 16

[206] Bauer: Zwischen Halbmond und Doppeladler, S. 20

[207] Vajay: Das „Archiregnum Hungaricum" und seine Wappensymbolik in der Ideenwelt des Mittelalters, S. 667 Anm. 36

[208] Näher zum Lehnswesen bei Willoweit: Deutsche Verfassungsgeschichte, S. 40, § 7 I 2.

gyaren jedenfalls bis zur Krönung Tyrtkos I. 1377 im zentralbosnischen Mile bei Visoko im Jahre zum König von Serbien und Bosnien[209].

Das Verschwinden des ungarischen Doppelkreuzes und die Präsens des dynastischen Wappens der Anjou-Könige deutet das Ende Bosnien-Herzegowinas als Kronland Ungarns und die Einkehr in den Status einer dynastischen Lehensherrlichkeit und Souveränität der Anjou-Könige an[210]. Die bosnischen Herrscher wurden zugleich zu Königen zweier Königreiche. Das Erscheinen der Lilienkronen der bosnischen Könige im Wappenschild des Siegels des Königs Ostoja vom 4. Dezember 1409 verweist auf zwei Kronen zweier souveräner Königreiche der bosnischen Könige[211].

Die Einordnung der Gebietsverhältnisse wurde mit dem Einrücken der Türken als Verbündete des Herzogs Hrvoje Vucic – Hrvatinic in Bosnien nach 1414 zudem erschwert aufgrund der zunehmenden Einmischungen[212] der Türken in die bosnischen Angelegenheiten und der Intensivierung der Abhängigkeit der einheimischen Magnaten von den Osmanen[213]. Diese äußerte sich seit 1415 in der türkischen Besetzung und Verwaltung Ostbosniens[214]. Der von nun an durch das Osmanische Reich in Bosnien ausgeübte Einfluss wird als dem der Ungarn zumindest ebenbürtig beschrieben[215]. Verursacht durch die militärische Präsens, hatte das türkische Ansinnen, die bosnische feudale Zerstrittenheit zu schüren und die bosnischen Landesherren nach und nach in ihre Tributpflichtigen umzuwandeln, Erfolg. Die Anbindung wird spätestens ab 1428 symbolisiert durch die beträchtliche Tributpflicht des bosnischen Königs. Die osmanische Präsens in Bosnien-Herzegowina beschränkte sich je-

---

209 Lovrenovic: Bosnien und Herzegowina, eine Kulturgeschichte, S. 223; Novotny: Quellen und Studien zur Geschichte des Berliner Kongresses, S. 15, Dzaja: Konfessionalität und Nationalität Bosniens und der Herzegowina, S. 23/24

210 Vajay: Das „Archiregnum Hungaricum" und seine Wappensymbolik in der Ideenwelt des Mittelalters, S.667 Anm.36

211 Dzaja: Konfessionalität und Nationalität Bosniens und der Herzegowina, S.229

212 der erste quellenbelegte Einfall der Türken in Bosnien war jedoch bereits 1386, Dzaja: Konfessionalität und Nationalität Bosniens und der Herzegowina, S.21

213 Dzaja: a. a. O., S. 21

214 Malcolm: a. a. O., S. 40

215 Malcolm: Geschichte Bosniens, S. 39; Fine: The late Medieval Balkans: A critical Survey from the Late Twelfth Century to the Ottoman Conquest, S. 453-469

doch noch auf gelegentliche Einfälle und Inbesitznahmen von strategisch wichtigen Engpässen und Festungen; von einer flächendeckenden und effektiven Beherrschung des bosnisch-herzegowinischen Territoriums konnte noch nicht die Rede sein.
Ebenso zweifelhaft ist aber, ob der durch einen päpstlichen Legaten mit der vom Papst gesandten Krone gekrönte Stjepan Tomaševic bis zu seiner Hinrichtung durch den osmanischen Sultan Mehmed II. Fâtih im Jahre 1463 Souverän eines unabhängigen[216] Bosnien-Herzegowina war. Das von Johann Hunyady 1449 vom bosnischen König Stephan Thomas eingeforderte Versprechen, die Türken nicht nach Ungarn zu führen[217], dokumentierte vielmehr die mangelnde bosnische Handlungsfreiheit sowie die aufrechterhaltene Abhängigkeit Bosniens und der Herzegowina vom ungarischen Königreich[218].

III) Osmanischer Gebietserwerb aufgrund der Eroberung von 1463/1475

Nachdem der größte Teil Bosniens 1463 sowie die Herzegowina 1481/1482[219] durch türkische Truppen erobert und der bosnische König Stjepan Tomaševic ermordet wurde und beide durch Bildung eines bosnischen bzw. herzegowinischen Sandschaks verwaltungsmäßig an das Osmanische Reich gebunden wurden, war dort faktisch, mit Ausnahme der an Ungarn grenzenden nördlichen Landesteile[220], eine ungarische Herrschaft nicht mehr vernehmbar.
Fraglich ist aber, ob die Eroberung auch eine souveräne Gebietsherrschaft des Osmanischen Reiches begründete.
Im Motivenbericht zu der dem ungarischen Reichstag unterbreiteten Gesetzesvorlage betreffend Bosnien und die Herzegowina wurde die os-

---

[216] So Dzaja: Konfessionalität und Nationalität Bosniens und der Herzegowina, S. 24
[217] Dr. M. .... r.: Ungarn und Bosnien, S. 348
[218] Brockhaus. Die Enzyklopädie, Dritter Band, S. 590
[219] Dzaja: Konfessionalität und Nationalität Bosniens und der Herzegowina, S. 23; nach Lovrenovic: Bosnien und Herzegovina, eine Kulturgeschichte, S. 76 bereits 1475
[220] Nach von Komlóssy: Das Rechtsverhältnis Bosniens und der Herzegowina zu Ungarn, S. 77 erhielten die alte Königsstadt Jajce sowie Srebrenik nach ihrer Rückeroberung durch den siegreichen ungarisch-kroatischen König Mathias Corvinus im Oktober 1463 den Status von ungarischen Banaten und wurden erst im Jahre 1528 durch Sultan Sulejman erobert

manische Eroberung und die bis zum Berliner Kongress nahezu kontinuierlich währende türkische Herrschaft als „nur“ durch das Kriegsrecht gedeckte Lösung der uralten Verbindung der Provinzen mit der ungarischen heiligen Krone charakterisiert[221]. Ebenso traten bereits vor dem Berliner Kongress einzelne österreichisch-ungarische Stimmen der Annahme osmanischer Souveränität hinsichtlich Bosnien-Herzegowina aufgrund der „bloß materiellen Eroberung“ des 15. Jahrhunderts unter Berufung auf das Fehlen eines Rechtstitels für den Besitz entgegen[222]. Derjenige Staat, der im Krieg den Sieg davontrage, erwerbe durch den Sieg allein an sich noch kein Recht und die Tatsache des Gewalthabers schaffe noch kein Recht. Abseits der nicht zu leugnenden Evidenz für die zeitgenössische, politisch-emotionale Auseinandersetzung innerhalb der Doppelmonarchie deuten die Einlassungen die Ansicht an, dass die gewaltsame, militärische Herrschaftsbegründung durch das Völkerrecht des 15. Jahrhunderts zu keinem rechtlich legitimierten Gebietszugewinn beim Eroberer führte.

1.) Die occupatio bellica als Gebietserwerbstatbestand des 15./16. Jahrhunderts?

Nach dem ersten Grundsatz des intertemporalen Völkerrechts ist wesentlich, ob ein Titel nach den Normen zum Zeitpunkt seiner Begründung wirksam war und ob er i. S. d. zweiten Grundsatzes nach den jeweils geltenden Regeln des Völkerrechts aufrechterhalten wurde[223]. Die mit der Annexion in der Neuzeit verbundene Problematik des gewaltsamen Erwerbs fremden Territoriums durch einen anderen Staat verbarg sich im 15./16. Jahrhundert unter dem Synonym der Eroberung[224].

---

[221] M., St. ... r.: Ungarn und Bosnien, S. 347

[222] Das Vaterland vom 27.7.1875, Nr. 206, entnommen bei Ströher: Die Okkupation Bosniens und der Herzegovina und die öffentliche Meinung Österreich-Ungarns, S. 160 beruft sich hierbei jedoch auf ein Lehrbuch der Philosophie von Stöckl, Bd. 2, S. 622, weshalb zweifelhaft ist, ob eine moralische oder eine rechtlichtliche Wertung vorgenommen werden sollte.

[223] Schmitz: Tibet und das Selbstbestimmungsrecht der Völker, S. 203/204

[224] Ipsen: Völkerrecht, S. 260

Um ein differenziertes Bild zur Frage eines Rechtstitels der Eroberung im Spätmittelalter zu gewinnen, ist zunächst der historischen Wirklichkeit der Weltordnung entsprechend eine getrennte Analyse der islamischen wie der christlichen Positionierung zur Bewertung des Krieges und seiner Folgen naheliegend. Trotz zunehmender christlich-muslimischer Beziehungen und insbesondere dem Abschluß von Handelsabkommen[225] war eine über die Christenheit hinausgehende Völkerrechtsgemeinschaft im 15. und im 16. Jahrhundert noch weit entfernt. Für den Umgang und die Raumordnung im christlich beherrschten Gebiet galten insoweit andere Regeln als für Fragen der Gebietszugehörigleit von nicht christlich dominierten Räumen[226].

a) Die islamische Lehre vom „dschihâd“

Trotz der auch das ausgehende 15. Jahrhundert und das spanische Zeitalter prägenden Gleichsetzung von Völkerrechtsgemeinschaft und Christenheit lassen sich auch für die vom Koran und Sunna geleitete zeitgenössische Gesellschaft Normen ausmachen, die Regeln für die Auseinandersetzung mit jenseits des eigenen Herrschaftsbereichs liegenden Territorien wie Menschen statuierten und insoweit im weitesten Sinne als islamisches Völkerrecht charakterisiert werden können[227]. Dieses wurde dominiert von einer dogmatischen Aufteilung der Welt in die Sphäre der islamischen Friedensordnung und den Bereich des Krieges. Danach hatte jeder Moslem das Recht bzw. die Pflicht, zur Ausdehnung des territorialen Souveränitätsbereiches eines einheitlichen muslimischen Staates notfalls unter gewaltsamer Brechung von Widerständen beizutragen[228]. Eingeschränkt wurde auch im 15. Jahrhundert diese religiöse Pflicht der Muslime zum heiligen Krieg gegen die Ungläubigen, der sog. dschihâd, nur durch die Obliegenheit vorheriger Aufforderung zur Konversion[229]. Obwohl der Begriff des dschihâd über den des Heiligen

---

[225] Ziegler: Völkerrechtsgeschichte, S. 98
[226] Grewe: Epochen der Völkerrechtsgeschichte, S. 152/153
[227] Im Gegensatz zur reinen Theorie des klassischen Islam, hierzu Ziegler: Völkerrechtsgeschichte, S. 78
[228] Kruse: Die Begründung der islamischen Völkerrechtslehre, S. 239
[229] Honigsheim: Türkenkrieg, Türkenbündnis und Türkengleichberechtigung in Renaissance und Absolutismus, S. 240/241

Krieges ursprünglich weit hinausging und der Kampf mit den Waffen nur eine der möglichen Arten der von den Muslimen abverlangten Befehdung der Ungläubigen war, wurde diese Deutungsform für die islamischen Kanonisten bald zur einzig relevanten Interpretation[230]. Die islamische Zielvorstellung einer theokratischen und monotheistischen Gesellschaftsstruktur[231] forderte die Ausrichtung aller weltlichen, privaten wie öffentlichen, Lebensbereiche auf die göttliche Offenbarung des Korans.

Die islamische Vorstellung vom „heiligen Krieg" beschränkte sich deshalb auch in den Auseinandersetzungen zwischen muslimischer und christlicher Welt nicht auf einen rein geistigen Diskurs mit polytheistischen Religionsvorstellungen. Was außerhalb des Machtbereiches des Islam lag, war vielmehr über die Internationallehre der muslimischen Kanonisten hinaus auch nach der praktizierten Auffassung des Osmanischen Reiches „Kriegsgebiet" par excellence, in dem nicht das Recht, sondern die Gewalt und die Tatsachen, herrschten[232].

Ohne Zweifel war die von der Lehre aufgestellte Forderung permanenter Bekämpfung der Ungläubigen praktisch undurchführbar, weil die Umsetzung des kanonischen Anspruchs eine militärische Allmacht voraussetzte, die selbst das Osmanische Reich in seiner Blütezeit nicht aufwies. Dies änderte aber nichts daran, dass der osmanische Sultan die Auseinandersetzungen mit den Christenmächten durchwegs als Glaubenskrieg führte[233] und es als absolut legitim ansah, erobertes Gebiet seiner souveränen Herrschaft zu unterstellen. Schließlich dokumentierte auch die Eroberung des vormals von christlichen Herrschern dominierten und mit einem beachtlichen Anteil muslimischer Bevölkerung besiedelten Gebiets von Bosnien und der Herzegowina im 15. Jahrhundert diese Rechtsauffassung des Sultans.

---

[230] I. e. S. war dschihâd mit „Anstrengung" zu übersetzen, umfassend zur Begriffsentwicklung bei Kruse: Islamische Völkerrechtslehre, S. 44

[231] Ziegler: Völkerrechtsgeschichte, S. 76

[232] Kruse: Die Begründung der islamischen Völkerrechtslehre, S. 223; dennoch unterliegt nach islamischer Lehre auch die Kriegsführung gegen die Ungläubigen Schranken, ausführlicher Ziegler: Völkerrechtsgeschichte, S. 79

[233] Kißling: Militärisch-politische Problematiken zur Türkenfrage im 15. Jahrhundert, S. 114

b) Der Erwerbstitel der occupatio bellica und die christliche Lehre vom bellum iustum

Im Spätmittelalter gilt weiterhin der aus dem römischen Recht stammende Gebietserwerbstitel der kriegerischen Eroberung (occupatio bellica)[234].

„Von alters her wurde die Eroberung im Rahmen eines consensus gentium als Begründung einer neuen Staatshoheit des Siegers über das eroberte Gebiet betrachtet“[235]. Ihr Wirken wird für die politische Wirklichkeit des Mittelalters durch zahllose Eroberungskriege christlicher Herrscher belegt. Auch die mittelalterliche Geschichte Bosniens lehrt, dass die entweder dem orthodoxen oder dem römisch-katholischen Christentum verpflichteten Völker der Ungarn, Kroaten, Venezianer und Serben bis zur türkischen Eroberung abwechselnd, teilweise nur in sehr kurzem zeitlichem Abstand, einzelne Landstriche erobert und wieder verloren haben. Jedoch trat dem Eroberungsgedanken auch im hohen Spätmittelalter die Idee des gerechten Krieges entgegen. Ließ das islamische Rechtsdenken Frieden nur zu, soweit nicht Vorschriften des „Kriegsrechts“ entgegenstanden, so durfte Krieg nach der abendländischen Ansicht nur geführt werden, wenn und soweit es die Regeln des vom Prinzip des Friedens ausgehenden internationalen Rechts gestatteten, sog. Gedanke des „iustum bellum“[236].
Hinter der Lehre vom bellum iustum verbirgt sich eine auf Aurelius Augustinus und Cicero zurückzuführende und bei Thomas von Aquin[237] ihre Vollendung findende Kriegsrechtfertigungslehre, deren Grundelemente die Ermächtigung eines zur Kriegsführung berechtigten Fürsten (auctoritas principis), einen den Krieg rechtfertigenden Grund (iusta causa) sowie die rechte Absicht der Kriegsführenden (intentio recta) bildeten[238]. Gerecht war die Absicht des Kriegsführenden i. S. d. Verständnisses von Thomas von Aquin, wenn sie darauf gerichtet war, entweder das Gute zu fördern oder das Böse zu verhindern.

---

[234] Ziegler: Völkerrechtsgeschichte, S. 152
[235] Bluntschli: Das moderne Völkerrecht der civilisirten Staten als Rechtswörterbuch dargestellt, 1868, S. 171
[236] Kruse: Die Begründung der islamischen Völkerrechtslehre, S. 239
[237] Von Aquino: Summa theologica, Secunda Secundae, quaestio XV, Art. 1
[238] Näheres bei Ziegler: Völkerrechtsgeschichte, S. 75, 104

Inwieweit im hohen Mittelalter das Eroberungsrecht aber durch die auf dem Gebiet des Kriegsrechts dominierende kirchliche Doktrin des gerechten Krieges[239] eingeschränkt wurde, ist umstritten. Ipsen betont, dass in der historischen Realität stets das über die Erstanwendung von Waffengewalt absolut entscheidungsbefugte Subjekt auch selbst den Kriegsgrund gesetzt hat[240]. Bereits die Wirklichkeit zu Zeiten des römischen Rechts, dem der Verdienst zugesprochen wurde, diesen Gedanken zu seinem zentralen Konzept gemacht zu haben[241], zeuge angesichts der Expansion des römischen Weltreiches von einer diametral entgegenstehenden Rechtsansicht[242]. Soweit ein Mangel historischer Wirksamkeit erkannt wird, wird sie nicht als seinerzeit gültige Rechtsvorschrift, sondern lediglich als theologischer, moralischer und / oder politischer Ratschlag angesehen[243].
Von anderer Seite wird ihr ein Wandel von einer scholastisch-philosophischen bzw. kanonistischen zu einer Lehre innerhalb einer eigenständigen juristischen Moralphilosophie des 16. Jahrhunderts zugeschrieben[244]. Deshalb war die Geltung eines uneingeschränkten Eroberungstitels im mittelalterlichen Völkerrecht nicht unumstritten[245]. Nicht zu verkennen ist aber, dass die christliche Eroberung vormals ungläubig beherrschten Territoriums nach der bellum iustum Doktrin gesondert beurteilt wurde.

Kriege zwischen Gläubigen und den dem Islam Verpflichteten, sog. Ungläubigen, wurden entweder bereits nicht als Anwendungsfall der Lehre vom gerechten Krieg angesehen oder stets als durch das von Thomas von Aquin aufgestellte Merkmal der rechten Absicht des Kriegsführenden gedeckt angesehen.
Die differenzierte Behandlung der Legitimität und Bestandskraft von Eroberungen unter christlichen Herrschern und gegenüber Ungläubigen

---

239 Ziegler: Völkerrechtsgeschichte, S. 110
240 Ipsen: Völkerrecht, S. 29
241 Preiser: History of the law of nations ancient times to 1648, in Encyclopedia of Public International Law Bd. II, S. 722 ff., 728
242 Ipsen: Völkerrecht, S. 29
243 Berber: Lehrbuch des Völkerrechts, II. Band „Kriegsrecht", S. 31
244 Reibstein: Eine Geschichte seiner Ideen in Lehre und Praxis: Von der Antike bis zur Aufklärung, S. 138
245 Grewe: Epochen der Völkerrechtsgeschichte, S. 151

basiert auf der damals allgemeinen Auffassung, dass das internationale Recht beschränkt war auf die christliche Welt[246]. Die Herrschaft des Rechts war die Herrschaft Christi; daher galten auch die Normen des Rechts zwischen den Völkern einzig zwischen christlichen Völkern; außerhalb dieser existierten nur die Tatsache und die Gewalt. Die Residuen der antiken Mentalität, die die „gentes externae non foederatae", d. h. alle nicht mit dem Imperium verbündeten Barbaren, außerhalb des Rechts stellte, konstatierte der Rechtshistoriker Paradisi, seien auch im Hochmittelalter deutlich erkennbar[247]. Draußen konnte seiner Ansicht nach nur Gewalt gegen Gewalt gesetzt werden[248]. Bildete die Exklusivität der nicht – christlichen Welt die eine theoretische Säule des Anspruchs auf Bestandskraft der durch Eroberung erworbenen Gebiete, so vollendete die Idee des heiligen Krieges gegen die Ungläubigen das geistige Gerüst einer Legitimation des hierdurch geschaffenen Zustandes.

Soweit die Lehre vom gerechten Krieg auch auf die Auseinandersetzung mit Heiden bzw. auf die Eroberung eines durch Ungläubige besiedeltes Territorium angewandt wurde, wurde das dritte von Thomas von Aquin aufgestellte Merkmal des gerechten Krieges, der rechten Absicht des Kriegsführenden, i. S. d. Vorstellung eines stets gerechten Krieges der Gläubigen gegen die Ungläubigen interpretiert. Der Krieg gegen die Ungläubigen wurde vielfach ohne weiteres als gerechtfertigt angesehen[249]. Bei Papst Innozenz IV. wurde im Dekretalen-Kommentar der Unglaube der Heiden selbst als Kriegsgrund angedeutet[250]. In offener Form wird diese Sicht insbesondere repräsentiert von Heinrich von Susa, dem späteren Bischof von Ostia, der in seiner „Aurea Summa" die Auffassung vertrat, dass der „römische" Krieg, nämlich der Krieg der Gläubigen gegen die Ungläubigen, ein gerechter Krieg sei[251]. Zwar war die Herstellung und Sicherung des Friedens, im Inland wie gegenüber dem Ausland, nach mittelalterlicher Auffassung die von Gott bestimmte Aufgabe des christlichen Herrschers[252]. Frieden konnte aber nach dem abendländischen Friedensbegriff nur bestehen, soweit Menschen durch christliche

---

[246] Paradisi: Storia del diritto internazionale nel Medio evo, S. 31/32
[247] Paradisi: a. a. O., S. 168
[248] Paradisi: a. a. O., S. 406
[249] Wehberg: Krieg und Eroberung im Wandel des Völkerrechts, S. 15
[250] Näheres bei Kruse: Islamische Völkerrechtslehre, S. 67
[251] Nys: Les origines du droit international, S. 145
[252] Ziegler: Völkerrechtsgeschichte, S. 101

Souveräne beherrscht wurden[253]. Auch nach dem Verfall der Papstmacht blieb die Idee des Heiligen Krieges und des Eroberungsrechts gegen die Ungläubigen mit der Papalidee verbunden wie der dschihâd mit dem theokratischen Ideal der islamischen Staatslehre[254]. Insoweit verwundert nicht, dass der christliche Eroberer hinsichtlich seiner neuen Gebietsherrschaft nie die Anerkennung des, soweit noch fortbestehend, unterlegenen, „ungläubigen" Kriegsgegners suchte. Es gab vielmehr keinen Zweifel, dass auch nach der im Spätmittelalter gültigen christlichen Rechtsauffassung die kriegerische Eroberung des Territoriums eines „Ungläubigen" als Gebietserwerbsgrund anerkannt wurde.

c) Evidenz des Dissenses bzgl. des legitimen Eroberungsobjektes für die Rechtsbildung?

Der Umstand, dass sowohl nach islamischem als auch nach christlichem Verständnis den Eroberungen der wechselseitig als ungläubig erkannten Seite die rechtliche Legitimation zu versagen war, hindert hierbei keineswegs die Rechtsgültigkeit des Rechtstitels der kriegerischen Eroberung ungläubig beherrschten Territoriums. Muslime konnten zwar nach christlicher Auffassung ebenso wenig wie christliche Herrscher nach moslemischer Haltung fremdes Land beanspruchen[255]. Da die Welt des Spätmittelalters vom Antagonismus von abendländischer und islamischer Welt geprägt war, liefe die Berücksichtigung religiöser Begründungsmuster bei der Bildung über die christliche Welt hinausgehender, internationaler Rechtssätze regelmäßig auf die Verneinung über den eigenen Rechtskreis
hinausgehender Rechtsregeln hinaus. Im Hinblick auf die hier evidente Frage nach der Souveränität betreffend Bosnien-Herzegowina nach der osmanischen Eroberung ließ sich keine allgemeingültige, d. h. entweder über das Osmanische Reich oder über die christliche Einflusssphäre hi-

---

253 Dieses Argument wurde noch in der Diskussion um die Souveränität bzgl. Bosnien-Herzegowina im 19. Jh. vorgebracht, Vaterland vom 27.7.1875, Nr. 206, „Warum muß Bosnien österreichisch werden?", wiedergegeben bei Ströher: Die Okkupation Bosniens und der Herzegovina und die öffentliche Meinung Österreich-Ungarns, S. 160

254 Kruse: Islamische Völkerrechtslehre, S. 68

255 Honigsheim: Türkenkrieg, Türkenbündnis und Türkengleichberechtigung in Renaissance und Absolutismus, S. 240

nausgehende Antwort finden. Daher ist auf das moderne Rechtssatzverständnis zurückzugreifen.
Kennzeichnend für eine Rechtsregel, unabhängig davon, ob sie dem Gewohnheitsrecht oder Gesetz entspringt, ist nach der Erkenntnis von Larenz/Canaris ihr Anspruch, nicht nur gerade für einen bestimmten Fall, sondern auch innerhalb ihres räumlichen und zeitlichen Geltungsbereiches für alle Fälle „solcher Art" zu gelten – ihr genereller Charakter[256]. Die im Rahmen des Rechtssatzes eines Gebietserwerbstitels der Eroberung geregelte Verhaltensart ist die kriegerische Einnahme von Gebiet. Die kriegerische Eroberung erlangt durch eine andere religiöse Zugehörigkeit des besiegten Herrschers und seiner Truppen keine andere Handlungsqualität. Der von der zeitgenössischen Praxis getragene Inhalt eines Eroberungstatbestands[257] ist daher wertneutral als kriegerische Inbesitznahme eines, aus der Sicht des Eroberers, vormals ungläubig beherrschten Territoriums zu charakterisieren.

Somit bestehen keine Bedenken gemäß den Grundsätzen intertemporalen Rechts auch die osmanische Eroberung von Bosnien-Herzegowina im 15. Jahrhundert als Gebietserwerbsgrund anzusehen[258].

d) „Effektive" Inbesitznahme Bosnien-Herzegowinas

Schon nach römischem Recht war für die Aneignung herrenloser Sachen (occupatio) die - wenigstens symbolische – Besitzergreifung erforderlich[259]. Dem dem römischen Recht entstammenden Erwerbstitel der kriegerischen Eroberung lag die Besitzergreifung vom fremden Gebiet ebenso bei. Inwieweit sich diese jedoch weitergehend in der Errichtung effektiver, dauerhaft gefestigter Herrschaftsstrukturen des Eroberers ausdrücken musste, ist damit noch nicht beantwortet. Die effektive Inbesitznahme erforderte über die kriegerische Eroberung hinausgehend die Verfestigung ihrer Macht auch im zivilen Herrschaftsbereich.

---

256 Larenz/Canaris: Methodenlehre der Rechtswissenschaft, S. 71

257 Zur generellen Geltung einer occupatio bellica im damaligen Völkerrecht bei Goebel: The Struggle for the Falkland Islands, S. 64

258 Kißling: Militärisch-politische Problematiken zur Türkenfrage im 15. Jahrhundert, S. 131, nimmt eine Annexion bereits mit der kriegerischen Einnahme 1463 an

259 Ziegler: Völkerrechtsgeschichte, S. 152

Eine abstrakte Diskussion der virulenten Rechtsfrage ist im Schrifttum des 15. Jahrhunderts nicht erkennbar. Jedoch läßt sich für die Staatenpraxis des ausgehenden 15. Jahrhunderts ein relevanter Teilbereich der Regeln über den Gebietserwerb aufzeigen, in dem es der Sache nach letztlich entscheidend auf die Wirksamkeit des Grundsatzes der Effektivität ankam. Eine Praxis des Entdeckerzeitalters durch symbolische Akte die Inbesitznahme herrenloser Inseln zu dokumentieren, könnte Indiz einer allgemeingültigen, auf die occupatio bellica ausstrahlenden Rechtsauffassung der damaligen Mächte zum Gewicht des Effektivitätsgesichtspunkts für den Gebietserwerb sein. Den Fällen der Beschränkung der Entdecker auf bloß symbolische Akte, wie das Aufziehen der eigenen Flagge oder die Errichtung von Kreuzzeichen, stehen sowohl Beispiele effektiver Okkupation[260] als auch ablehnende Haltungen[261] gegenüber dem Anspruch höchster Rechtsmacht über nicht effektiv besetztes Territorium entgegen. Ebenso bewegt sich die aus der Analyse der Entdeckungsfälle gewonnene Erkenntnis zwischen der Vorstellung einer regelmäßig der Entdeckung unmittelbar folgenden effektiven Okkupation[262] und derjenigen, dass sich jedenfalls zwischen 1493 und 1648 das von den jüngeren Kolonialmächten – England, der Niederlande und Frankreich - vertretene Prinzip der effektiven Okkupation nicht durchzusetzen vermochte[263]. Die Entdeckerpraxis ließ daher auch keine unzweideutigen Schlüsse auf die Rechtsüberzeugung der Mächte zum Gewicht effektiver Inbesitznahme für den Gebietserwerb aufgrund der occupatio bellica zu.

---

[260] Kolumbus hinterließ aus diesem Grund auf Haiti einige seiner Leute, um die Rechte seines Königs zu sichern; Spanien verteidigte unter Karl V. im Streit mit den Portugiesen um die Molukken die These, dass die Entdeckung eines Gebiets auch von einer Besitznahme begleitet sein müsse, wenn aus der Entdeckung Eigentumsansprüche hergeleitet werden sollen; ebenso ermächtigten die ersten Patente, die die englische Krone für Gebietserwerbungen vergab, ihre Inhaber dazu, neue Inseln und Gebiete zu suchen, zu entdecken und zu finden, und diese zu erobern, zu besetzen und in Besitz zu nehmen, zum Ganzen bei Weber: „Falkland-Islands" oder „Malvinas"?, S. 55-57

[261] Spanien verteidigte unter Karl V. im Streit mit den Portugiesen um die Molukken die These, daß die Entdeckung eines Gebiets auch von einer Besitznahme begleitet sein müsse, wenn aus der Entdeckung Eigentumsansprüche hergeleitet werden sollten, Weber: „Falkland-Islands" oder „Malvinas"?, S. 55/56

[262] V. d. Heydte: Discovery, Symbolic Annexation and Virtual Effectiveness in International Law, S. 452

[263] Grewe: Epochen der Völkerrechtsgeschichte, S. 15

Letztlich kann die Frage der Zentrierung des Effektivitätsgrundsatzes im damaligen Völkerrecht angesichts des überaus erfolgreichen osmanischen Bemühens, Bosnien-Herzegowina allumfassend besonders engmaschig an das Osmanischen Reich zu binden, dahingestellt bleiben. Der militärischen Inbesitznahme von Bosnien-Herzegowina folgte eine den gesamten zivilen Lebensbereich erfassende, engmaschige Anbindung an das Osmanische Reich.
Erfolgreich die Macht der großen Feudalherren zerschlagend, errichtete Sultan Sülejman der Prächtige einen starken zentralistischen Staat mit stabilen Gesetzen und einem stabilen Verwaltungsapparat[264]. Dies dokumentiert sich nicht nur in der Eingliederung Bosnien-Herzegowinas in die Vewaltungsstruktur des Osmanischen Reiches. Bosnien und die Herzegowina nahmen im ausgehenden 15. bzw. einsetzenden 16. Jahrhundert zudem völlig die territorial-administrative, gesellschaftlich-ökonomische und kulturelle Physiognomie einer Provinz des Osmanischen Reiches an. Das Zurücklassen erstaunlich schwacher militärischer Besatzung in Bosnien-Herzegowina durch den Sultan nach der Eroberung des Landes[265] wurde durch den der türkischen Herrschaft loyal zugewandten, militärisch entwickelten Kleinadel ausgeglichen. Die in der wechselweisen Inspiration durch ungarische, venezianische, kroatisch-katholisch-weströmische auf der einen und serbisch-othodox-oströmische Einflüsse auf der anderen Seite gründende geringe Identifikation aller Bewohner Bosnien-Herzegowinas mit einem Herrscher[266], sowie das Aufrechterhalten wie das Einräumen von Privilegien für die bosnischen Muslime bewirkten eine schnelle und umfassende Stabilisierung der osmanischen Herrschaft in Bosnien-Herzegowina. Das Bewahren der grundherrlichen Rechte der Adligen bzw. das Versehen der bosnischen Moslems mit hohen Posten innerhalb der türkischen Offiziers- wie Beamtenschaft, der Wegfall der Kopfsteuer für Christen und die besseren Aufstiegschancen für die Konvertierten führten zu einer im Gegenzug voranschreitenden Assimilierung der einheimischen Bevölkerung,

---

[264] Lovrenovic: Bosnien und Herzegowina, eine Kulturgeschichte, S. 80
[265] Bauer: Zwischen Halbmond und Doppeladler, S. 29
[266] Bartl: Grundzüge der jugoslawischen Geschichte, S.38; Hösch, Geschichte der Balkanländer, S. 74; Novotny: Quellen und Studien zur Geschichte des Berliner Kongresses, S. 15

die sich insbesondere im Übertritt von zwei Dritteln der Bevölkerung zum moslemischen Glauben ausdrückte. Mit der Expansion des Osmanischen Reiches und der im gleichen Maße sinkenden Gefahr einer, insbesondere ungarischen Rückerwerbung Bosnien-Herzegowinas nahm die Festigkeit der türkischen Herrschaft zu. Nachdem die Türken Ofen und damit einen großen Teil des ungarischen Reiches erobert hatten, konnten die deutschen Kaiser, die seit 1526 auch ungarisch-kroatische Könige waren, nicht nur die verlorenen bosnischen Länder nicht zurückerobern, sondern sie sahen sich überdies kaum in der Lage, ihre eigenen Länder gegen die türkische Macht zu schützen[267]. Süleyman der Prächtige zwang in den ersten 13 Jahren seiner Regierungszeit neben Belgrad und Rhodos (1522) insbesondere den größten Teil Ungarns in einen Vasallenstatus und bedrängte zudem Wien[268]. Damit war nicht nur von Seiten des untergegangenen bosnischen Königtums[269], sondern auch von ungarischer Seite für die nähere Zukunft kein ernsthaftes Aufbegehren gegen die türkische Herrschaft über Bosnien-Herzegowina mehr zu erwarten und diese bildeten fortan osmanische Provinzen.

IV) Der völkerrechtliche Status Bosnien-Herzegowinas vom Frieden zu Karlowitz v. 26.1.1699 bis zu den Aufständen von 1875-1878

Erst Ende des 17. Jahrhunderts setzten österreichische bzw. venezianische Versuche ein, einzelne Teile Bosnien-Herzegowinas der osmanischen Suprematie zu entreißen. Diese letztlich erfolglosen Bestrebungen mündeten regelmäßig allenfalls in friedensvertraglichen Grenzverschiebungen und bezeugten i. ü. die Gebietszugehörigkeit zum Osmanischen Reich.

---

[267] Klaic: Geschichte Bosniens von den ältesten Zeiten bis zum Verfalle des Königreiches, S. 444

[268] Malcolm: Geschichte Bosniens, S. 64

[269] Zum Teil wird bereits das Jahr 1463 trotz seiner kurzlebigen osmanischen wie ungarischen Wiederherstellung als Jahr des Untergangs des bosnischen Königstums angesehen, Dzaja: Konfessionalität und Nationalität Bosniens und der Herzegowina, S.24; endgültig dürfte dieses jedoch mit dem Tod der Königin Katharina am 25.10.1478 und der testamentarischen Übertragung auf den Papst untergegangen sein, hierzu Lovrenovic: Bosnien und Herzegowina, S. 79

1.) Vom Frieden zu Karlowitz bis zum Pariser Vertrag v. 30.3.1856

Nachdem die osmanische Dominanz durch den Waffengang des Prinzen Eugen von Savoyen, der am 11.9.1697 erst vor Sarajevo eine 2-wöchige Belagerung aufgegeben hatte[270], ins Wanken geraten war, wurde die osmanische Oberhoheit über Bosnien-Herzegowina im venezianisch-türkischen Frieden zu Karlowitz vom 26. Januar 1699[271] bestätigt.
Art. VIII[272] des Friedens zu Karlowitz bestimmte die Flüsse Save und Una bis Novi als Nordgrenze der Türkei gegen Kroatien-Ungarn, womit die im Frieden von Karlowitz vorgenommene Gebietszuordnung gleichzeitig die fortwährende Oberhoheit des Osmanischen Reiches über das Territorium der beiden Provinzen umfasste. Die nördlichen und nordwestlichen Grenzen Bosniens trennten es von seinen europäischen Rivalenmächten Österreich und Venedig.
Das auf der Grundlage von Art. 2 des österreichisch-türkischen Friedensvertrages von Passarowicz vom 21.7.1718[273] geschlossene Grenzabkommen[274] des Jahres 1718 schrieb den nördlichen Teil Bosniens wieder Österreich zu.
Jedoch währte dieses während der Regentschaft von Kaiser Karl VI geschlossene Abkommen lediglich von 1718 bis 1739, da die durch Art. 13 des österreichisch-türkischen Friedens zu Belgrad vom 18. September 1739[275] vorgesehenen beidseitigen Grenzkommissionen die Donau, Save und Una als Grenze festschrieben und damit das gesamte Territorium Bosnien-Herzegowinas wieder der Türkei zuschlugen[276].
Nachdem österreichische Truppen im Krieg von 1787-1791 nahezu das ganze bosnische Gebiet überrannt hatten[277], unterzeichneten Österreich

---

[270] Klaic: Geschichte Bosniens von den ältesten Zeiten bis zum Verfalle des Königreiches, S. 445
[271] Parry: The Consolidated Treaty Series, Bd. 22, S. 267 ff.
[272] Parry: a. a. O., S. 271/272 (italienisch/lateinischer Text), S. 280-282 (englische Übersetzung)
[273] Parry: a. a. O., Bd. 30, S. 346 ff., 346/347 (lat.), 362/363 (fr. Résumé)
[274] Novotny: Quellen und Studien zur Geschichte des Berliner Kongresses 1878, S.15; änderte zugleich das die bosnischen Grenzen regelnde Grenzabkommen aus dem Jahre 1709, Recueil d`actes internationaux de l`Empire Ottoman, Bd. I, S. 59 ff.
[275] Parry: a. a. O., Bd. 35, S. 383 ff., S. 403, 404
[276] Malcolm: Geschichte Bosniens, S. 107
[277] Lovrenovic: Bosnien und Herzegowina, S. 92; Bojnicic: Geschichte Bosniens von den ältesten Zeiten bis zum Verfalle des Königreiches, S. 447

und die Türkei am 4. August 1791[278] den Frieden zu Sistow. In Art. IV dieses Abkommens[279] erklärte die österreichische Regierung unter Kaiser Leopold II. auf Druck der anderen europäischen Großmächte jedoch, dass die Anfang 1788 erzielten Laudonschen Eroberungen ohne jede Ausnahme an die Pforte zurückzugeben und der status quo vom 9. Februar 1788 wiederherzustellen sei, so dass die Save und die Una fortan die Grenze zwischen Österreich und dem türkischen Bosnien-Herzegowina zu bilden haben[280].

Mit dem Abkommen von Sistow setzte seitens der christlich-abendländischen Staaten Europas eine Vertragspraxis kontinuierlicher Hervorhebung des Schutzes der territorialen Integrität des Osmanischen Reiches in seinen bestehenden Grenzen ein: Sowohl das österreichisch-türkische Grenzabkommen aus dem Jahre 1795 zum, den letzten habsburgischen „Türkenkrieg" beendenden, unbefristet geschlossenen Frieden von Sistow, als auch Art. 6 des französisch-österreichischen Bündnisses vom 14.3.1812[281], welches in Art. 6 die Unversehrtheit des Gebietes des Osmanischen Reiches in Europa garantierte, sowie das österreichisch-türkisch-britische Militärabkommen vom 12.3.1854[282], das die Existenz des Osmanischen Reiches „in seinen gegenwärtigen Grenzen" zur Erhaltung des Gleichgewichts zwischen den Staaten in Europa hervorhob, dokumentierte insbesondere die österreichische Anerkennung der souveränen, osmanischen Herrschaft in den von der Hohen Pforte beanspruchten Territorien.

Besonders deutlich kam die „Schutzpatronstellung" der Europäischen Mächte gegenüber dem Osmanischen Reich im Pariser Vertrag über die

---

[278] Parry: The Consolidated Treaty Series, Bd. 51, S. 213 ff.

[279] Parry: a. a. O., Bd. 51, S. 215/216

[280] Die von Bluntschli: Allgemeines Statsrecht, 1868, S. 223 für die Rechtsgültigkeit einer Abtretung geforderte „Zustimmung nicht bloß des ganzen Statskörpers, sondern auch der Einwohner dieses Gebietstheiles" wurde durch die, mit dem Verlassen der österreichischen Truppen einhergehende Flucht der Christen und die Einreise muslimischer Bevölkerung in das Grenzgebiet bzw. ein übernationales Reichsbewusstsein der verbleibenden Bosniaken und Herzegowiner wesentlich begünstigt; letzteres dokumentierte sich auch im heftigen Widerstand der einheimischen, teilweise auch christlichen Bevölkerung gegen die österreichischen Truppen, hierzu Dzaja: Konfessionalität und Nationalität Bosniens und der Herzegowina, S. 98/99, Lovrenovic: Bosnien und Herzegowina, S. 92, Baumgart: Der Friede von Paris 1856, S. 218

[281] Parry: The Consolidated Treaty Series, Bd. 61, S. 472 ff., 473

[282] Parry: a. a. O., Bd. 111, S. 346 ff.

Beendigung des Krimkrieges vom 30. März 1856 zum Ausdruck. Die in der Präambel sowie in Art. 7 des Pariser Friedensvertrages über die Beendigung des Krimkrieges vom 30. März 1856[283] betonte „Achtung bzw. Garantie der Unabhängigkeit und territorialen Integrität des ottomanischen Reiches“ und die „Einladung der Hohen Pforte zur Teilnahme an den Vorteilen der europäischen Staatengemeinschaft und des europäischen Völkerrechts“ implizierten auch die staatengemeinschaftliche Anerkennung der völkerrechtlichen Oberhoheit der Türkei über Bosnien-Herzegowina.

a) Bosnisch-Herzegowinische Unabhängigkeit im späten 18. und 19. Jahrhundert?

Gefahr drohte der türkischen Souveränität hinsichtlich Bosnien-Herzegowina ab dem 19. Jahrhundert daher weniger vom österreichischen oder irgendeinem anderen Staat, sondern vielmehr von den Zuständen im Inneren der beiden Provinzen. Seit dem türkisch - russischen Frieden von Kütschük- Kainardschi vom 10. Juli 1774[284] befand sich das Osmanische Reich in einer tiefen Agonie[285]. Im Verlaufe des ausgehenden 18. und einsetzenden 19. Jahrhunderts führte die Regelmäßigkeit der durch Unzufriedenheit mit dem autokratischen Führungsstil des Sultans und durch die Ungleichbehandlung der religiösen Minderheit mit der islamischen Bevölkerungsmehrheit durch die osmanische Staatsgewalt sowie der von nationalem, slawischen Unabhängigkeitsstreben motivierten Aufstände gegen die Türkenherrschaft zur zunächst lokalen Abnahme der Intensität der Effektivität des osmanischen Regiments[286]. In der Her-

---

283 Parry: a. a. O., Bd. 114, S. 410 ff., S. 414; in Art. II eines österreichisch, französisch, britischen Separatabkommens, Parry: The Consolidated Treaty Series, Bd. 114, S. 498 ff., 499 vom 15.4.1856 wurde überdies ein Verstoß gegen den Pariser Vertrag als casus belli bezeichnet

284 Parry: a. a. O., Bd. 45, S. 351 ff.

285 Geiss: Der Berliner Kongreß- Eine historische Retrospektive, S. 34; derselbe: Der Berliner Kongreß 1878, Protokolle und Materialien, S.V (Vorwort); eine differenzierte Analyse des Niedergangs des Osmanischen Reiches liefert: Anderson: The Eastern Question 1774-1923, a study in international relations; vgl. auch: Baumgart.: Europäisches Konzert, S. 19-55

286 Ziegler: Völkerrechtliche Beziehungen zwischen der Habsburgermonarchie und der Hohen Pforte, S. 189

zegowina und in Bosnien brachen 1814, 1826[287], 1831[288], 1834, 1852 – 57 Aufstände aus[289]. Das hierdurch in Bosnien-Herzegowina entstehende Machtvakuum füllten, zum Teil zugleich an der Spitze der Insurrektionen stehende, lokale Entscheidungsträger aus, was vereinzelt zur Erkenntnis der Verselbstständigung des Landes führte[290].

Zweifelhaft ist aber, ob die Kumulation tatsächlicher Macht in den Händen einzelner Lokalmagnaten während der teilweise sich über Jahre hin erstreckenden Aufstandsphasen einen unabhängigen bosnisch-herzegowinischen Staat mit dem Staatsgebiet des lokal beherrschten Territoriums begründete.

Die Staatseigenschaft eines organisierten Herrschaftsverbandes bestimmt sich nach der sog. „Drei-Elementen-Lehre“[291]. Danach war ein politisch und rechtlich organisierter Gebiets- und Personenverband dann ein Staat, wenn eine – nach außen nur an das Völkerrecht gebundene, nach innen autonome – Gewalt gegeben war, die einem Volk und einem abgegrenzten Gebiet zugeordnet war. Für die Frage völkerrechtlicher Unabhängigkeit eines Gebietswesens, Kriterium der „Völkerrechtsunmittelbarkeit“, kam es daher u. a. entscheidend auf die rechtliche Unabhängigkeit vom Willen fremder Staaten an. Diese symbolisierte sich in der völkerrechtlichen Unabhängigkeit einer an der Spitze des Gebietswesens stehenden, nach außen vertretungsberechtigten natürlichen Person.

Ursprünglich zur Verbesserung des osmanischen Systems gedacht, schufen die Türken im späten 16. Jahrhundert, mit dem zunächst nur in der Grenzregion, Ende des 18. Jahrhunderts in ganz Bosnien, zuständigen „Kapetan“ einen neben den sog. „Ajani“ mit umfassenden militärischen wie politischen Kompetenzen ausgestatteten lokalen Machtha-

---

287 Aufstand der dem Ideal des muslimischen Glaubenskämpfers auf den Sultan verpflichteten Elitetruppe der Janitscharen, Ziegler: Völkerrechtliche Beziehungen zwischen der Habsburgermonarchie und der Hohen Pforte, S. 190

288 Die Gefährdung des österreichischen Militärgrenzlandes 1831 durch die Aufstände führte 1831 gar zur österreichischen Besetzung der bosnischen Krajina, M. St. ...r: Ungarn und Bosnien, S. 350

289 Zum historischen Hintergrund der Aufstände näher bei Dzaja: Konfessionalität und Nationalität Bosniens und der Herzegowina, S.97; zu den Aufständen von 1875-1878 unten

290 Lovrenovic: Bosnien und Herzegowina, eine Kulturgeschichte, S. 94; a. A. Dzaja: Konfessionalität und Nationalität Bosniens und der Herzegowina, S. 97

291 Jellinek, G.: Allgemeine Staatslehre, 3. Aufl. 1914, S. 396 ff.

ber[292]. Die von bosnischen Großfeudalen wie Bezirkshauptleuten bekleidete Stellung der Kapitane beinhaltete, einem militärischen Regierungsbeauftragten gleich, das Recht zur Truppenaushebung sowie zur Wahrnehmung von Polizei- bzw. Verwaltungsaufgaben. Gemeinsamen mit den sog. „Ajani“, Vertretern der Stadt mit der Verantwortung für die Aufrechterhaltung von Recht und Gesetz, nahmen diese in der Verwaltung dieser Provinzen ohne Zweifel eine lokal herausgehobene Stellung ein. Diese nutzte der herzegowinische Ajane Ali – aga Dadic 1814 ebenso wie der Grenzhauptmann Husein Gradašcevic 1831 dazu, zeitweilig die Mehrzahl der bosnischen Führer und große Teile des bosnischen Volkes um sich zu scharen und mit dem bosnischen Heer Istanbul zu bedrohen[293]. Außer Zweifel steht aber auch, dass diese lokalen Verwaltungsbeamten staatsrechtlich dem Wesir[294], dem obersten Vertreter des Osmanischen Reiches in Bosnien-Herzegowina unterworfen blieben. Die bosnischen Magnaten verdankten ihre faktische Macht nur der Positionierung innerhalb des osmanischen Verwaltungssystems und letztlich lediglich dem Gutdünken der Regierung des Sultans[295]. Ihre lokale Macht besaß folglich keine völkerrechtlich unabhängige Stellung gegenüber dem osmanischen Sultan[296].

2.) Der Autonomiestatus des Präliminarfriedens zu San Stefano v. 3.3.1878

Die russische Intervention gegen das vormals überaus erfolgreiche osmanische Zurückdrängen der serbischen Truppen, die gemeinsam mit Montenegro versucht hatten, Bosnien-Herzegowina in Annexionsab-

---

[292] Malcolm: Geschichte Bosniens, S. 111/144

[293] Lovrenovic: Bosnien und Herzegowina, eine Kulturgeschichte, S. 95

[294] Dieses osmanische Amt wollten auch die Aufständischen nicht beseitigen. Der Forderungskatalog von Kapetan Gradašcevic, wiedergegeben bei Malcolm: Geschichte Bosniens, S. 145, beanspruchte lediglich, den Posten des Wesirs mit einem bosnischen Beg oder Kapetan zu besetzen

[295] Das System der Kapetane wurde 1835 überdies in Bosnien-Herzegowina abgeschafft, Malcolm: a. a. O., S. 146

[296] Nach Bluntschli: Das moderne Völkerrecht der civilisirten Staten, 1868, S. 68 Rdnr. 29 geschehe die Aufnahme eines Staates in die völkerrechtliche Staatengemeinschaft überdies durch die Anerkennung der bisherigen Staaten; diese widersprach jedoch überdies den Vereinbarungen des Pariser Vertrages

sicht[297] zu besetzen, mündete in den Präliminarfrieden zu San Stefano vom 3.3.1878.

Art. 14 S.1 des russisch – türkischen Präliminarfriedens vom 3.3.1878[298] verpflichtete das Osmanische Reich in Bosnien-Herzegowina zur unverzüglichen Ausführung der den osmanischen Bevollmächtigten in der ersten Sitzung der Constantinopeler Conferenz mitgeteilten Vorschläge mit denjenigen Abänderungen, welche durch ein gemeinsames Abkommen zwischen der Hohen Pforte und den Regierungen von Rußland und Österreich – Ungarn getroffen wurden. In den Sitzungen der am 12.12.1876 begonnenen und am 20.1.1877 in Konstantinopel beendeten internationalen Konferenz wurde insbesondere ein Projekt ausgearbeitet über die Vereinigung Bosniens und der Herzegowina zu einem Gesamtgebiet mit Selbstverwaltung im Rahmen des Osmanischen Reiches, welches aber u. a. an der ablehnenden Haltung der Vertreter der Hohen Pforte scheiterte[299]. Damit inkorporierte Art. 14 des Präliminarfriedens von San Stefano zugleich den bereits in der Konferenz von Konstantinopel[300] vorgesehenen Autonomiestatus Bosnien-Herzegowinas[301].

Laband fasste die damals staats- wie völkerrechtlich gültige Vorstellung von der Autonomie prägnant zusammen:

„Der Begriff der Autonomie ist dem der Selbstverwaltung analog. Autonomie ist, im juristischen Sinne, immer eine gesetzgebende Gewalt. Aber sie steht im Gegensatz zur Souveränität. Selbstgesetzgebung kann man nur demjenigen Gemeinwesen als besondere Eigenschaft zuschreiben, dem die Gesetze auch von einer über ihm stehenden Gewalt gegeben werden könnten; die wahrhaft souveräne Gewalt kann keine Gesetze von außen erhalten; es würde daher eine selbstverständliche Trivialität sein, von ihr auszusagen, dass sie die Befugnis habe, sich selbst Gesetze zu geben. Autonomie, als ein juristisch relevanter Begriff,

---

[297] Dokumentiert durch die Proklamation des serbischen Herrschers Fürst Milan Obrenovic an sein Volk , in Dedijer: Die Zeitbombe, S. 75

[298] Parry: a. a. O., Bd. 152, S. 396 ff., 403

[299] Georgiew: Der russisch-türkische Krieg und die Weltöffentlichkeit, S. 7/8

[300] bereits Punkt 4 des russisch – türkischen Protokolls zur Festlegung der Basis eines Friedens zu Adrianopel vom 31.1.1878, Parry: a. a. O., Bd. 152, S. 364, hielt fest, daß Bosnien-Herzegowina mit einer autonomen Verwaltung mit ausreichenden Garantien versehen werden sollte

[301] Zudem Vorgabe, die bosnischen Einkünfte bis zum 1. März 1880 als Entschädigung der Flüchtlinge und Einwohner und für die lokalen Bedürfnisse des Landes zu verwenden

setzt daher eine nicht -souveräne, öffentlich-rechtliche Gewalt voraus, der die Befugnis zusteht, kraft eigenen Rechts, nicht auf Grund bloßer Delegation, verbindliche Rechtsnormen aufzustellen“[302].
Die durch den Präliminarfrieden von San Stefano Bosnien-Herzegowina eingeräumte Autonomie versuchte demnach, den Schutz der in diesem abgegrenzten Gebiet siedelnden und dort die Mehrheit bildenden christlichen, insbesondere orthodoxen Gruppe durch die Einräumung einer derivativen Selbstverwaltung bei gleichzeitiger Wahrung der territorialen Integrität des Osmanischen Reiches zu verwirklichen. Ohne Zweifel harmonisierte diese russisch – türkische Vereinbarung über den neuen Gebietsstatus Bosnien- Herzegowinas jedoch nicht mit dem in Budapest zwischen Österreich-Ungarn und Russland geschlossenen Geheimabkommen vom 15.1.1877[303]. Gem. Art. VII S.1 des Geheimabkommens zu Budapest wurde Österreich-Ungarn durch Rußland das Recht eingeräumt, den Zeitpunkt und die Art der Besetzung Bosnien-Herzegowinas durch seine Truppen zu wählen[304]. Gem. Art. 3[305] einer ergänzend zum Geheimabkommen zu Budapest ergangenen türkisch – russischen Konvention verpflichteten sich beide Staaten, ihr Verhalten u. a. am Verhindern eines großen slawischen Staates auszurichten. Das Einräumen der umfassenden bosnisch-herzegowinischen Selbstverwaltung war wohl eher in der Lage großslawische, insbesondere serbisch-montenegrinische Begehrlichkeiten zu wecken als zu mäßigen. Rußland setzte damit im Präliminarfrieden zu San Stefano ausschließlich eigene Teritorialinteressen auf der Balkanhalbinsel auf Kosten der geheimvertraglich akzeptierten österreichisch-ungarischen Gebietsinteressen durch[306].

---

302 Laband: Das Staatsrecht des Deutschen Reiches, 1. Bd, S. 107/108; auch der Ständige Internationale Gerichtshof, Series A/B No. 71, S. 103 bestätigte im griechisch-französischen Lighthouse Fall vom 8.10.1937, dass Kreta trotz seiner Autonomie vor 1913 nicht aufgehört habe, einen Bestandteil der Türkei zu bilden

303 Parry: a. a. O., Bd. 151, S. 246 ff.

304 Parry: a. a. O., Bd. 151, S. 252/253

305 Parry: a. a. O., Bd. 151, S. 254 ff., 256-259

306 Batowski: Die territorialen Bestimmungen von San Stefano und Berlin, S. 59 und Koyitch: L`annexion de la Bosnie et de l` Herzégovine et le droit international public, S. 6 ff., 11 ff.

3.) Der Flüchtlingsstrom nach Österreich-Ungarn im Vorfeld des Berliner Kongresses

Überdies bildete die zwischen 1875 und 1878 stetig anschwellende Flucht der unterdrückten, vornehmlich christlichen Bevölkerung Bosnien-Herzegowinas nach Österreich-Ungarn eine wesentliche Ursache für das Drängen der Doppelmonarchie, den völkerrechtlichen Status der beiden osmanischen Provinzen zum Tagungsthema des Berliner Kongresses zu erheben. Zwar waren zum Ende der türkischen 400- jährigen Präsens einzelne Ansätze der Lockerung der christlichen Knechtschaft zu verzeichnen.

Insbesondere wurden im Zuge des Provinzialreformgesetzes von 1864 neue Gerichtshöfe mit einem gemeinsamen muslimisch-christlichen Appellationsgericht geschaffen und die Anwesenheit eines christlichen Vertreters gegenüber zweier der muslimischen Religionsgruppe in der den Gouverneur bei wirtschaftlichen und finanziellen, steuerlichen Fragen beratenden Deputiertenversammlung vorgeschrieben[307]. Jedoch kaschierten diese Maßnahmen die weiterhin fortwährende Unterdrückung der christlichen Bevölkerungsgruppe, die in der Pachtabhängigkeit zu ihrem muslimischen Verpächter ihre wirtschaftliche Basis hatte[308]. Die wirtschaftlich für den in Pachtabhängigkeit stehenden christlichen Bauer spürbarste Maßnahme drückte sich in der steuerlichen Benachteiligung der Christen gegenüber der muslimischen Bevölkerung aus. Von dem durch Bewirtschaften des gepachteten und zudem häufig unfruchtbaren Bodens erzielten Ertrag mussten die christlichen Bauern die Drittel- und Zehentensteuer, Rauchsteuer und die Kopfsteuer an den Staat abführen[309]. Die Erhöhung der Zehentpacht[310] durch die türkische Provinzregierung 1875 bildete den Ausgangspunkt für die steten und bis zum Berliner Kongress andauernden, antiosmanischen Aufstände.

Waren diese anfänglich auf Agrarreformen und Aufhebung der Leibeigenschaft ausgerichtet, so nahmen sie mit zunehmender Dauer jedoch

---

[307] Malcolm: Geschichte Bosniens, S. 153

[308] Hauptmann: Die österreichisch-ungarische Herrschaft in Bosnien und der Hercegovina 1878-1918, Wirtschaftspolitik und Wirtschaftsentwicklung, Graz 1983, S. 1

[309] Zum Verlauf und Ursache des christlichen Aufstands näher bei Bauer: Zwischen Halbmond und Doppeladler, S. 42 ff. und bei Lovrenovic: Bosnien und Herzegowina, S. 141 ff.

[310] Bauer: a. a. O., 40 Jahre österreichische Verwaltung in Bosnien-Herzegowina, S.42/43;

eine politische, nach Loslösung vom türkischen Staatsverband strebende, Schlagrichtung an. Nahezu ganz Bosnien-Herzegowina war bis 1878 Schauplatz von Kämpfen, Kleinkrieg bzw. Überfällen und verlor einen Großteil der Bevölkerung[311].
Die Unfähigkeit der Hohen Pforte zu einem endgültigen Niederschlagen der Unruhen und zur Beruhigung der Lage in Bosnien-Herzegowina führte zu einem massenhaften Exodus der Christen aus Bosnien-Herzegowina über die Grenze nach Österreich-Ungarn bzw. Serbien, Montenegro sowie einer immensen Belastung des Finanzhaushalts mit Unterhaltszahlungen an die hilfsbedürftigen bosnisch-herzegowinischen Flüchtlinge in einer Höhe von 10 Millionen Gulden[312]. Der Flüchtlingsstrom änderte zwar am Gebietsstatus der beiden osmanischen Provinzen nichts; mit ihm wurde aber aus dem lokalen Konflikt eine internationale Krise, die den Focus der Staatengemeinschaft zugleich auf den völkerrechtlichen Status von Bosnien-Herzegowina lenkte.

V) Ergebnis

Festzuhalten ist, dass im Zeitpunkt der Unterzeichnung des Berliner Vertrages durch die europäischen Staaten die Hohe Pforte hinsichtlich des Territoriums von Bosnien-Herzegowina verfügungsberechtigt war.

B) Verfügungsbefugnis der Kongressteilnehmer kraft Großmachtstatus?

Im 19. Jahrhundert haben einzelne Schriftsteller die Pentarchie der Großmächte als eine Institution des Rechts angesehen[313]. Die Teilnahme an Kongressen und Konferenzen über allgemeine und spezielle Ordnungsfragen wird als Indiz tatsächlichen Verhaltens einer Großmacht in-

---

[311] Hauptmann: Die österreichisch-ungarische Herrschaft inBosnien und der Herzegowina 1878-1918, Wirtschaftspolitik und Wirtschaftsentwicklung, S. 6/7
[312] Die zwischen 1876 und 1878 eintretende Auswanderung wird von Graf Andrássy auf mehr als 200.000 Menschen beziffert: Geiss: Der Berliner Kongreß 1878, Protokolle und Materialien, S. 77, 240, 262
[313] Hierzu Dickinson: The Equality of States in International Law, 1920, S. 138 ff.

terpretiert[314]. Danach waren neben dem Osmanischen Reich auch die übrigen Kongressteilnehmer Österreich-Ungarn, Rußland, Großbritannien, Frankreich, Italien und das Deutsche Reich als Großmächte zu qualifizieren. Fraglich ist, ob ihre herausgehobene Machtposition innerhalb der zeitgenössischen Staatengemeinschaft gleichsam eine Verfügungsbefugnis hinsichtlich des osmanischen Territoriums begründete. Nicht zu verkennen ist, dass die europäische Pentarchie seit den Konferenzen des frühen 19. Jahrhunderts für sich die weit über eigenes Territorium hinausgehende Zuständigkeit zur Regelung der allgemeinen Fragen Europas bzw. der Welt beanspruchte. Die wegen ihrer einträchtigen Vorgehensweise auch als „Europäisches Konzert“[315] bezeichnete Machtbündelung dieser christlichen Herrscher wirkte sich besonders in den zu einer territorialen Neuordnung Europas führenden Kodifikationen des Wiener Kongresses des Jahres 1815 aus[316]. Nach v. d. Heydte traten die Großmächte auch auf dem Berliner Kongress als legitimierte Sprecher der gesamten Staatengemeinschaft des 19. Jahrhunderts auf[317]. Die auf europäischen Kongressen von der Pentarchie beanspruchte Regelungskompetenz beruhte nach überwiegender Ansicht jedoch keineswegs auf damals geltendem Völkerrecht[318]. Die Geltung eines völkerrechtlich sanktionierten Großmachtstatus wird auch für das 19. Jahrhundert abgelehnt[319]. Die Großmacht stand danach als starker Staat rechtlich auf keiner höheren Stufe als ein schwacher[320]. Auch, wenn ein Klein-

---

314 Klein: Statusverträge im Völkerrecht, S. 97, Mosler: Die Großmachtstellung im Völkerrecht, S. 21

315 Rie: „Europäisches Konzert“, in Wörterbuch des Völkerrechts, Bd. I, S. 491

316 Hierzu Rie: „Wiener Kongress von 1815“, Wörterbuch des Völkerrechts, Bd. III, S. 846 ff.; der Machtanspruch der europäischen Pentarchie drückte sich überdies beim deutsch-dänischen und preußisch-österreichischen Krieg 1864 bzw. 1866, in der Schaffung des unabhängigen Belgien 1831, der Einigung Italiens, der Neutralisierung Luxemburgs durch den Londoner Vertrag vom 11.5.1867 sowie insbesondere durch die im Pariser Friedensvertrag von 1856 verbriefte Garantieübernahme betreffend der territorialen Integrität des Osmanischen Reiches aus, derselbe: a. a. O., S. 492

317 V. d. Heydte: Ein Beitrag zum Problem der Macht im „klassischen“ und im „neuen“ Völkerrecht, S. 177

318 Bluntschli: Das moderne Völkerrecht der civilisierten Staten, 3. Aufl. 1878, S. 108; Klein: Statusverträge im Völkerrecht, S. 196

319 Mosler: Die Großmachtstellung im Völkerrecht, S. 37 ff.; Triepel: Die Hegemonie, ein Buch von führenden Staaten, S. 205

320 Mosler: Die Großmachtstellung im Völkerrecht, S. 39

oder Mittelstaat auf einem Staatenkongress mehrheitlich von Großmächten umgeben war, war „die Minderheit nicht von Rechts wegen verpflichtet, sich der Mehrheit unterzuordnen[321]“. Selbst, soweit die Bildung eines solchen Rechtssatzes im 19. Jahrhundert „in statu nascendi“ vorhanden gewesen sei, die aus dem auch damals gültigen Grundsatz der souveränen Gleichheit der Staaten folgenden Hemmnisse, standen jedenfalls einer einseitigen Verfügung über die Rechte dritter Staaten entgegen[322].
Die Gegenansicht[323] schließt zwar aus der häufigen Mitgestaltung völkerrechtlicher Statusverträge durch Großmächte, auf eine weitreichende Zuständigkeit zur Befassung mit jenseits des eigenen Souveränitätsbereichs auftretenden Gebietsfragen:
„Neben das eben erwähnte universelle Interventionsrecht der Großmächte trat – ein viertes rechtliches Merkmal der Großmachtstellung – im „klassischen“ Völkerrecht ein spezielles Interventionsrecht in bestimmten Räumen. Eine Großmacht hatte seit je das vom Völkerrecht anerkannte Recht auf politische Einfussspären. Unter politischer Einflusssphäre ist dabei ein nicht zum Staatsgebiet der betreffenden Großmacht gehörender Raum zu verstehen, in dem sie das Recht beanspruchte, jede ihr nicht genehme wesentliche Änderung des politisch – rechtlichen Status quo, Gebietsveränderungen und Änderungen der Souveränitätsverhältnisse ... zu verhindern und jeden Eingriff einer dritten Macht in diesen Raum – durch Angriff, Angriffsdrohung, politischen oder wirtschaftlichen Druck usw. – als gegen sich gerichtet anzusehen und abzuwehren, während sie die in dieser Sphäre liegenden Staaten für verpflichtet hielt, Handlungen zu unterlassen, die eine politische Einmischung Dritter in diesen Raum, etwa durch Gebietserwerb, ermöglichten“[324].
Letzteres verdeutlicht, dass ein Gebietserwerb innerhalb der politischen Einflusssphäre der Großmacht auch ohne ihre Zustimmung möglich war; trotz der den Großmächten innerhalb der klassischen Völkerrechtsordnung von dieser Auffassung zuerkannten rechtlich legitimierten Macht

---

[321] Bluntschli: Das moderne Völkerrecht der civilisierten Staten, 3. Aufl. 1878, S. 111
[322] Mosler: Die Großmachtstellung im Völkerrecht, S. 32, 39, 42
[323] Hierzu Dickinson: The Equality of States in International Law, S. 138 ff.
[324] V. d. Heydte: Ein Beitrag zum Problem der Macht im „klassischen“ und im „neuen“ Völkerrecht, S. 178

hinsichtlich fremder Räume besaßen die Großmächte insoweit ebenso wenig eine eigene Verfügungsgewalt über fremdes Territorium.
Die von den europäischen Mächten sowohl zur türkischen Annahme der englischen Antragsfassung des Art. 25 des Berliner Vertrages als auch in anderen Fällen aufgrund der Verweigerung der Zustimmung zum Statusvertrag aufgebauten massiven Drohszenarien gegenüber dem Gebietsherrn bestärken überdies die Annahme, dass die europäische Pentarchie trotz ihres besonderen Gewichts für die politische Entscheidungsfindung der Staatengemeinschaft auch bei einheitlicher Überzeugung keine Verfügungsbefugnis über fremdes Territorium besaß[325].

C) Auslegung von Art. 25 des Berliner Vertrages

Fraglich ist weiterhin, ob Art. 25 S. 1 des Berliner Vertrages eine Zession des osmanischen Territoriums von Bosnien-Herzegowina zugunsten Österreich-Ungarns beinhaltete. In der Literatur war der Inhalt von Art. 25 des Berliner Vertrages umstritten. Einerseits wurde Art. 25 als eine „verschleierte" bzw. „verdeckte" Gebietsabtretung qualifiziert[326]. Zumeist gelangte man andererseits zum Ergebnis, dass dieser nicht als eine Ermächtigung oder Zustimmung zur endgültigen Abtrennung des Gebietes von der Türkei und zur Einverleibung in die österreichisch-ungarische Monarchie auszulegen sei. Unter Einbezug der Bestimmungen der österreichisch-türkischen Konvention vom 21.4.1879[327] erkannte der überwiegende Teil der Literatur in der Anordnung der Verwaltung und Besetzung Bosnien-Herzegowinas gem. Art. 25 S. 1 des Berliner Vertrages andererseits den Fortbestand der osmanischen Oberhoheit über die Provinzen[328].
Der Inhalt des Art. 25 des Berliner Vertrages ist daher im Zuge der Auslegung[329] zu ermitteln. Umstritten ist, ob sich der Inhalt eines völkerrecht-

---

[325] Beispiele faktischer Machtausübung auf den ausschließlich verfügungsbefugten Gebietsherrn bei Klein: Statusverträge im Völkerrecht, S. 100 ff.
[326] V. Liszt: Das Völkerrecht 1906, S.102; Kohler: Die Dardanellenfrage, S. 192 und Redslob: Abhängige Länder, S. 222
[327] Parry: a. a. O., Bd. 155, S. 60 ff.
[328] Schneller: Die staatsrechtliche Stellung von Bosnien und der Herzegowina, S. 98 ff.
[329] Zur Auslegung allgemein bei Ipsen: Völkerrecht, S. 116 ff., 117

lichen Vertrages vorrangig aus dem objektiven Wortlaut oder aus dem Willen der Vertragesparteien ergibt. Diese Frage beantwortet sich gemäß den für die Auslegung von völkerrechtlichen Verträgen maßgeblichen Völkerrechtsregeln[330]. Wie diese Rechtsfrage im Hinblick auf Art. 25 S. 1 des Berliner Vertrages zu beantworten ist, hängt damit zunächst von der intertemporalrechtlichen Frage ab, welches Recht für die Auslegung eines historischen völkerrechtlichen Vertrages anwendbar ist.

I) Die Anwendung zeitgenössischer Rechtsregeln bei der Auslegung historischer Völkerrechtsverträge

Es wurde bereits festgestellt, dass die Begründung eines subjektiven Rechts oder eines Rechtsverhältnisses nach den Normen zu beurteilen ist, die zur Zeit ihrer Begründung in Geltung standen[331]. Ungeachtet des schlussendlich Art. 25 immanenten Bedeutungsgehalts wurden i. w. S. auf der Grundlage des Art. 25 des Berliner Vertrages Österreich-Ungarn hinsichtlich Bosnien-Herzegowina gewisse Rechte eingeräumt.
Denkbar ist deshalb, pauschal mit der überwiegenden Ansicht der Literatur die Auffassung zu vertreten, dass ein Vertrag im Lichte des zur Zeit des Vertragsschlusses geltenden Rechts auszulegen ist und Vertragsbegriffe mit intertemporalen Anwendungsbereichen grundsätzlich im Lichte derjenigen Definition zu interpretieren sind, die im Zeitpunkt des Vertragsschlusses galt[332].

Eine abweichende Ansicht möchte die Frage des anwendbaren Völkerrechts bei völkerrechtlichen Verträgen dennoch nicht starr nach zeitlichen Einordnungsmaßstäben beantworten, sondern die Bedeutung des Parteiwillens in den Vordergrund schieben[333]. Die Berücksichtigung nach

---

330 Zum Rechtscharakter der Auslegungsregeln: Hilf: Die Auslegung mehrsprachiger Verträge, eine Untersuchung zum Völkerrecht und zum Staatsrecht der Bundesrepublik Deutschland, S. 83 ff.; Klein: Statusverträge im Völkerrecht, S. 338

331 Näher S.16

332 Ipsen: Völkerrecht, S. 214/215

333 Sørensen: Le problème dit du droit intertemporel dans l `ordre international, S. 89, 93 ; Klein: Statusverträge im Völkerrecht, S. 339, 344 ; Baade: Intertemporales Völkerrecht, S. 248

Vertragsschluss entstandener Völkerrechtsregeln soll grundsätzlich vom Willen der Vertragsparteien abhängen[334]. Aufgrund der Analyse der Rechtsprechungsfälle wird eine nach dem Regelungsinhalt der Verträge differenzierte Typenkategorisierung mit unterschiedlichen Vermutungen hinsichtlich der Willensrichtung vorgenommen[335]. Der Ständige Internationale Gerichtshof hatte bereits in seinem auf Ersuchen des Völkerbundrates erstellten Rechtsgutachten vom 7.2.1923 bzgl. der Anwendbarkeit der tunesischen und marokkanischen Staatsangehörigkeitsdekrete auf britische Untertanen die ausschließliche Zuständigkeit Frankreichs zum Erlass der Staatsangehörigkeitsdekrete als eine relative, von der Entwicklung der internationalen Beziehungen abhängende Frage erkannt[336]. Die Rechtsprechung zum Ägäis Fall[337] und zum Namibia[338]– bzw. Staatsangehörigkeitsdekrete– Fall[339] bestärkte die Ansicht, dass sog. „law – making treaties" im Lichte des jeweils im Zeitpunkt der Interpretation in Kraft stehenden Völkerrechts auszulegen sind.
Der IGH betonte hingegen im Rahmen der Anwendung von völkerrechtlichen Verträgen, die nicht die Qualität von law-making treaties besassen, aber ebenso intertemporalrechtliche Probleme bargen, andeutungsweise den Rückgriff auf das zeitgenössische Völkerrecht. Im britisch-persischen Ölstreit[340] vertrat er die Ansicht, dass die die iranische Erklärung über die obligatorische Schiedsgerichtsbarkeit des damaligen StIGH vom 19.9.1932 ratione temporis begrenzenden Klauseln im Lichte der zur Zeit ihres Zustandekommens herrschenden Rechtslage zu beurteilen seien. I. d. S. positionierte sich der IGH ebenso im französisch - amerikanischen Streit über die Rechte amerikanischer Staatsangehöri-

---

334 Klein: Statusverträge im Völkerrecht, S. 340

335 Klein: Statusverträge im Völkerrecht, S. 343/344

336 Permanente Court of International Justice : Série B, Nr. 4, S. 24

337 International Court of Justice: Reports of Judgements, Advisory Opinions and Orders 1978, S. 3 ff.

338 „... an international instrument has to be interpreted and applied within the framework of the entire legal system, prevailing at the time of the interpretation: International Court of Justice, Reports of Judgements, Advisory Opinions and Orders 1971, S. 31 ff.; ferner derselbe: 1978, S. 34 ff.

339 Französisch-amerikanischer Streit über die Rechte amerikanischer Staatsangehöriger in Marokko aufgrund der Präambel der Akte von Algeciras vom 7.4.1906, International Court of Justice: Reports of Judgements, Advisory Opinions and Orders 1952, S. 176

340 International Court of Justice: Reports of Judgements, Advisory Opinions and Orders 1952, S.93, S. 105-107

ger in Marokko aufgrund der Präambel der Akte von Algeciras vom 7.4.1906[341].

Zwischen den law – making treaties und insbesondere den Grenzverträgen mit der Tendenz, abschließende, endgültige Regelungen erzielen zu wollen, die sich der Interpretation im Lichte nachfolgender Entwicklungen entziehen, bewegen sich die Statusverträge mit Elementen beider Vertragstypen. Jedenfalls bei der Auslegung von Statusverträgen soll die Außerachtlassung des Parteiwillens unzulässig sein. Hinsichtlich Statusverträgen, die die politische Situation stabilisieren wollen und für die die konkrete Territoriallösung das vorherrschende Element ist, wird hierbei eine widerlegbare Vermutung aufgestellt, dass diese sich der Berücksichtigung späterer Rechtsentwicklungen entziehen[342].

Den Anspruch des Berliner Vertrages, die durch die orientalische Frage aufgeworfene politische Instabilität durch konkrete Territoriallösungen zu beheben, dokumentierte auch seine Präambel. Sie betonte „gemäß den Bestimmungen des Pariser Vertrages vom 30.3.1856 die Fragen zu regeln, welche im Orient durch die Ereignisse der letzten Jahre und durch den Krieg entstanden sind, dem der Präliminarvertrag von San Stefano ein Ziel gesetzt hat“[343].

Die nationalrevolutionären Züge der Aufstände in Bosnien-Herzegowina ebenso wie in Bulgarien und Mazedonien, sowie die Kriege mit Serbien, Montenegro, Rußland, Rumänien und Griechenland im Vorfeld des Berliner Kongresses offenbarten die Befehdung des souveränen Herrschaftsanspruchs des Osmanischen Reiches über seine um Selbstbestimmung kämpfenden Völker[344]. Der beschleunigte Niedergang des Osmanischen Reiches verursachte wiederum die den europäischen Frieden[345] unmittelbar bedrohende und während der großen Orientkrise von 1875/78 ihren Sidepunkt erreichende sog. orientalische Frage nach

---

[341] International Court of Justice: Reports of Judgements, Advisory Opinions and Orders 1952, S. 183-184

[342] Klein: Statusverträge im Völkerrecht, S. 344

[343] Parry: The Consolidated Treaty Series, Bd. 153 , S. 172

[344] Geiss: Der Berliner Kongreß- Eine historische Retrospektive, S. 34; derselbe: Der Berliner Kongreß 1878, Protokolle und Materialien, S. V (Vorwort); eine differenzierte Analyse des Niedergangs des Osmanischen Reiches liefert Anderson: The Eastern Question 1774-1923, a study in international relations

[345] Lord Beaconsfield etwa betont während der Debatte über Bosnien-Herzegowina den „Auftrag des Kongresses, den Frieden in Europa zu sichern“, Geiss: Der Berliner Kongreß 1878, Protokolle und Materialien, S.81, 82, 247

der Ausfüllung des Machtvakuums auf dem Balkan durch die europäischen Großmächte[346]. Der Niedergang der faktischen territorialen Vorherrschaft der Türken in Bosnien-Herzegowina wie im gesamten Osmanischen Reich zog zugleich die Frage der Neugestaltung auch der rechtlichen Territorialverhältnisse nach sich[347].
Seinen interdisziplinären Rang als neben dem Wiener Kongress vom 9.6.1815 herausragendes Vertragswerk des 19. Jahrhunderts[348] gewann der Berliner Vertrag aufgrund seines unstreitigen Verdienstes, die nach dem Wiener Kongress stetig wachsende politische Instabilität der Balkanregion durch territoriale Neuordnungen beendet zu haben[349].

Folglich sind intertemporale Veränderungen des Rechts wie der sozialen Ordnung auch nach dieser abweichenden Literaturansicht unbeachtlich. Insoweit kann dahinstehen, welcher Meinung letztlich beizupflichten ist. Somit ist die Frage des Auslegungsansatzes hinsichtlich der Bestimmungen von Art. 25 des Berliner Vertrages am Maßstab der zur Zeit des Berliner Kongresses gültigen völkerrechtlichen Auslegungsregeln zu bestimmen[350].

Eine einheitliche Rechtsüberzeugung zum Auslegungsansatz bei völkerrechtlichen Verträgen lag auch im 19. Jahrhundert nicht vor. Völkerrechtliche Verträge wurden auch im ausgehenden 19. Jahrhundert je nach wissenschaftlicher Position vorrangig nach subjektiven oder nach objektiven Kriterien ausgelegt.

---

[346] Geiss: Der Berliner Kongreß- Eine historische Retrospektive, S. 33; derselbe: Der Berliner Kongreß 1878, Protokolle und Materalien, S. XII, S. 1

[347] Etwa den von allen Parteien angenommenen Antrag Bismarcks am Ende der 7. Sitzung vom 26.6.1878 auf Befassen mit den „territorialen Veränderungen" Bosniens, Montenegros, Serbiens und Rumäniens am darauffolgenden Kongresstag: Geiss: Der Berliner Kongreß 1878, Protokolle und Materialien, S. 74 (Die französische Fassung der Konferenzprotokolle)/S.237 (Die deutsche Übersetzung der Konferenzprotokolle)

[348] Buchbesprechung von Markert/Maurach zu Maiwald: Der Berliner Kongreß 1878 und das Völkerrecht, S. 382

[349] Geiss: Der Berliner Kongreß- Eine historische Retrospektive, S. 33

[350] Gem. Art. 4 der Wiener Vertragsrechtskonvention finden die Art. 31 ff. der WVRK, denen der heute herrschende objektive Ansatz zugrundeliegt, auf den Berliner Vertrag keine Anwendung; zum bereits Ende des 19. Jahrhunderts bestehenden gewohnheitsrechtlichen Grundsatz der Nichtrückwirkung von Verträgen eingehend bei Krause-Ablaß: Intertemporales Völkerrecht, S. 72 ff.

1.) Der objektive Ansatz

Der objektive Ansatz stellt auf die objektive Bedeutung des Wortlauts eines völkerrechtlichen Vertrages ab. Ein völkerrechtlicher Vertrag galt danach vorrangig mit der zur Zeit des Vertragsschlusses üblichen Bedeutung seiner Bestimmungen.

Die Orientierung der Vertragsauslegung am Wortlaut war in der Literatur des 19. und frühen 20. Jahrhunderts unverkennbar geringer als in heutiger Zeit, wofür insbesondere die besondere Bedeutung des Staatswillens bei der Bindung der Souveräne an das klassische Völkerrecht verantwortlich war.
Es verwundert daher nicht, dass erst in der Rechtsprechung des Ständigen Internationalen Gerichtshofes zunehmend die vorrangige Bedeutung des objektiven Vertragstextes in seinem systematischen Zusammenhang betont wurde[351]. Dennoch fand der objektive Ansatz bereits in der Literatur und Rechtsprechung des „englischen Zeitalters" Anwendung. Besonders prägnant kommt dieser im Schiedsspruch zur Berlin-Dresdener Eisenbahnsache vom 28. Juni 1877 des Oberappellationsgerichts der freien Hansestädte zum Ausdruck. Hinsichtlich der Grundsätze zur Auslegung von Staatsverträgen stellte dieses fest[352]:
„Nur das, was aus einem abgeschlossenen Vertrag entweder nach dessen Worten oder nach dem indirekt darin kundgegebenen Sinne als beiderseitiger Vertragswille erkennbar ist, bildet den Grundsatz der Vertragsrechte und – pflichten".
Dem Parteiwillen wird zwar unter dem Gesichtspunkt der teleologisch - systematischen Auslegung Evidenz beigemessen. Gleichsam wird aber deutlich, dass die subjektiven Motive der Parteien im Vertragstext Anklang finden müssen.
Nicht zu verkennen ist auch die Vielzahl zeitgenössischer Stimmen, die in konsequenter Anwendung des objektiven Auslegungsansatzes den nach Unterzeichnung des Berliner Vertrages herrschenden völkerrechtlichen Status Bosnien-Herzegowinas auf die Analyse der Bedeutung des

---

[351] Bernhardt, Rudolf: „Interpretation in International Law", in Bernhardt: Encyclopedia of Public International Law, Bd. 2, S. 1419

[352] Wächter: Die Entscheidungsgründe zu dem Schiedsspruche in der Berlin-Dresdener Eisenbahnsache, S. 16

österreichisch-ungarischen Rechts, Bosnien und die Herzegowina zu besetzen und zu verwalten[353], stützten.

a) Die Auslegung des Art. 25 S. 1 nach seinem allgemeinen Sprachgebrauch

Zunächst ist die zur Zeit des Vertragsschlusses übliche Bedeutung der einzelnen Wörter der Bestimmung zu ermitteln. I. d. R. ergibt sich diese aus dem zeitgenössischen allgemeinen Sprachgebrauch[354].

aa) Berücksichtigung islamischem Rechtsverständnisses bei der Ermittlung des allgemeinen Sprachgebrauchs?

Das Osmanische Reich war auch im ausgehenden 19. Jahrhundert getreu der islamischen Gesellschaftsordnung durch eine untrennbare Verbindung von Recht und Religion geprägt[355]. Fraglich ist daher, ob eine Interpretation der Übertragung der Verwaltungs-, Besetzungsbefugnis i. S. e. Zession eines vormals unter islamischer Herrschaft befindlichen Gebiets auf einen nicht–muslimischen Staat dem Verständnis klerikaler Rechtssätze des Islams widersprach. Für die Begrenzung des Art. 25 auf den Bedeutungsgehalt einer Verwaltungszession könnte sprechen, dass es zur unumstößlichen Pflicht des Kalifen gehörte, alles zu tun, um die islamische Welt politisch zu einen. Deshalb durfte weiterhin kein Kalif auf die Dauer die Herrschaft von Nicht – Muslimen über Muslime als rechtens anerkennen[356]. Bereits die Tatsache, dass der Sultan kein Stück seines Gebiets abtreten durfte, welches ihm nicht durch Waffengewalt entrissen wurde[357], könnte folglich einer Interpretation des Art. 25 i. S. e. Gebietszession entgegenstehen.

---

[353] Kleinwaechter: Die Annexion Bosniens und der Herzegowina, S. 142; Wurmbrand: Die rechtliche Stellung Bosniens und der Herzegowina, S. 10-12

[354] Bülck, Hartwig: „Vertragsauslegung", in: Wörterbuch des Völkerrechts, Bd. III, S. 548

[355] Ziegler: Völkerrechtsgeschichte, S. 78

[356] Kißling: Rechtsproblematiken in den christlich-muslimischen Beziehungen, vorab im Zeitalter der Türkenkriege, S. 24

[357] So auch die Erkenntnis der k. u. k. Vertreter, etwa Graf Franz Zichy am 15.10.1878 an Andrássy, v. Wertheimer: Graf Julius Andrássy und seine Zeit, S. 159 auch S. 126/127

Diese fundamentalistische Interpretation der Religionssätze wurde jedoch aufgrund der dem Osmanischen Reich durch Art. 7 des Pariser Vertrages eingeräumten „Teilnahme an den Vorzügen des europäischen Völkerrechts“ für den internationalen Rechtsverkehr der Hohen Pforte obsolet[358]. Das Osmanische Reich hatte mit der Ratifikation des Pariser Vertrages gleichsam eine Assimilation an das europäisch-abendländiche Grundverständnis der Rechtsbegriffe vollzogen[359]. Insoweit hatte sich im 19. Jahrhundert in der Pflege der diplomatischen Beziehungen des Osmanischen Reiches eine von den engen Grenzen der Religionssätze abstrakte und gemäßigtere Betrachtungsweise durchgesetzt.
Die Berücksichtigung der etwaigen Sonderansicht der Rechtssätze der islamischen Kleriker des Osmanischen Reiches zur Legitimität der Gebietszession auf einen nicht-muslimischen Staat widerspricht zudem dem innerhalb des objektiven Vertragsauslegungsansatzes herrschenden Gebot der Ermittlung des allgemein geltenden Sprachgebrauchs.
Bereits Heffter hatte betont, dass eine im Allgemeinen im Vertrag versprochene Sache i. S. seiner gewöhnlichen Qualität zu interpretieren ist[360]. Diese Linie findet auch in der höchstrichterlichen Rechtsprechung Ausdruck. Der StIGH hatte in seinem Gutachten vom 21.2.1925 die Tragweite des Begriffes „établis“ in Art. 2 der Konvention von Lausanne betreffend den Austausch griechischer und türkischer Bevölkerung zu ermitteln. Unter dem Hinweis, die Konvention sei in französischer Sprache gefasst, prüfte das Gericht die Entstehung des zu interpretierenden französischen Rechtsbegriffs[361]. Ein Heranziehen der griechischen und türkischen Gesetzgebung zur Aufhellung des Wortsinnes lehnte der StIGH ab und sah eine Lösungsmöglichkeit allein in dem natürlichen, der etymologischen Wortbedeutung entsprechenden Sprachgebrauch[362]. Entscheidend ist für den StIGH der der jeweiligen Vertragssprache beiliegende Sprachgebrauch. Eine etwaige Sondermeinung islamischer Rechtssätze kanonischen Ursprungs ist bei der Ermittlung der üblichen Bedeutung des Verwaltungsbegriffs somit nicht zu berücksichtigen.

---

[358] Kruse: Islamische Völkerrechtslehre, S. 170
[359] Kruse: a. a. O., S. 164
[360] Heffter: Das Europäische Völkerrecht der Gegenwart auf den bisherigen Grundlagen, S. 205
[361] Permanent Court of International Justice, Ser. B, No. 10, S. 18
[362] Permanent Court of International Justice, Ser. B, No. 10, S. 20

Da die Signatarstaaten des Berliner Vertrages die französische Fassung wählten, ist die in diesem Rechts- und Kulturkreis herrschende etymologische Bedeutung der Vertragsbestimmungen zu ermitteln.

bb) Die Bedeutung von „occupées" nach dem fachspezifischen Sprachgebrauch des 19. Jahrhunderts

Der Begriff „occupées" wird einhellig[363] mit „besetzt" übersetzt. Im Völkerrecht werden verschiedene Typen der Besetzung unterschieden. Da das Territorium Bosnien-Herzegowinas im Zeitpunkt des Berliner Kongresses osmanisches Staatsgebiet war, scheidet das zumeist mit der Okkupation in Verbindung gebrachte Verständnis als Erwerb herrenlosen Gebiets durch einen Staat, der das Gebiet mit dem Willen zu dauernder Herrschaft seiner Hoheitsgewalt unterwirft[364], aus. Andererseits wird vereinzelt unter der Okkupation sowohl die friedliche als auch die kriegerische Besetzung fremden Staatsgebiets verstanden. Die durch Art. 25 in Aussicht genommene friedliche Besetzung ist zu definieren als „eine auf einem Rechtstitel beruhende, außerhalb des zeitlichen Geltungsbereichs des Kriegsrechts vollzogene militärische Besetzung fremden Staatsgebiets"[365]. Sie unterscheidet sich von der occupatio bellica dadurch, dass der Inhalt und die Rechtswirkungen dieser Besetzungsform je nach dem Inhalt des ihr zugrundeliegenden Rechtstitels verschieden sind[366]. Im Gegensatz zur ursprünglichen Okkupation staatslosen Territoriums und zur Zwangs- bzw. kriegerischen Besetzung, wurde im Zuge einer friedlichen Besetzung die Souveränität des okkupierten Staates und die staatsrechtliche wie völkerrechtliche Handlungsfähigkeit nach dem im ausgehenden 19. Jahrhundert wirksamen Verständnis nur so weit beschränkt, als die dem Okkupanten durch Vertrag oder allgemeine Grundsätze des Völkerrechts zugestandenen Befugnisse reichten. I. ü. bestimmte sich die friedliche Besetzung kraft Vertrages hinsichtlich Dau-

---

[363] Authentisch ist nur der französische Vertragstext; da der Begriff „occupées" jedoch unstreitig mit „besetzt" zu übersetzen war, wird nachfolgend von der deutschen Übersetzung ausgegangen

[364] Heilborn: „Friedliche Okkupation", Wörterbuch des Völkerrechts und der Diplomatie, Bd. I, S. 343; Dahm/Delbrück/Wolfrum: Völkerrecht, Bd. I/1, S. 348, auch Ipsen: Völkerrecht, S. 254 Rdz. 26

[365] Uhler: „Besetzung, friedliche", Wörterbuch des Völkerrechts, Bd. I, S. 193

[366] Uhler: a. a. O., S. 194

er und Inhalt nach Maßgabe der zwischen der Besatzungsmacht und okkupiertem Staat getroffenen Vereinbarung. Soweit, wie durch Art. 25 des Berliner Vertrages, innerhalb des Abkommens eine Konkretisierung des Besetzungsinhalts unterblieb, standen einem Besatzer die zur Erfüllung des Okkupationszwecks unerlässlichen Befugnisse zu[367]. Insbesondere war der Okkupant berechtigt, die für die Sicherheit, Unterbringung und Verpflegung seiner Truppen sowie die zur wirksamen Erfüllung ihrer Mission erforderlichen Maßnahmen zu treffen[368].

Festzuhalten ist, dass die durch Art. 25 eingeräumte Ermächtigung zur Besetzung Bosnien-Herzegowinas nach seinem objektiven Bedeutungsgehalt jedoch keine Gebietsabtretung beinhaltete[369].

cc) Die Bedeutung von „administrées" nach dem fachspezifischen Sprachgebrauch des 19. Jahrhunderts

Der französische Begriff „administration" wird im deutschen mit „Verwaltung", „administrées" mit „verwaltet" übersetzt[370]. Der Verwaltungsbegriff besitzt eine lange Tradition[371]. Die Entwicklung eines Verwaltungsverständnisses ist in Kontinentaleuropa eng verknüpft mit der Entstehung des Territorialstaats nach Auflösung des mittelalterlichen Lehenswesens. Die zur Festigung souveräner Staaten erforderliche Administration dehnte im Laufe der Zeit ihre Aufgabenkreise von der Steuereintreibung und Wehrverpflegung auf unterschiedlichste Bereiche der öffentlichen Versorgungsleistung bis hin zur Wahrnehmung polizeilicher Kompetenzen aus. Angesichts der Mannigfaltigkeit und Verschiedenartigkeit der Verwaltungstätigkeit fiel jedoch auch im ausgehenden 19. Jahrhundert eine positive Definition der Verwaltungstätigkeit und eine Konkretisierung ihres Gewichts für die Innehabung souveräner Rechtsmacht schwer.

Nicht zu leugnen sind vereinzelte Stimmen, die nur in dem auch in administrativen Angelegenheiten frei herrschenden Staat eine souveräne

---

[367] Cybichowski: Das völkerrechtliche Okkupationsrecht, S. 305

[368] Uhler: a. a. O. , Bd. I, S. 194

[369] So auch Cybichowski: Das völkerrechtliche Okkupationsrecht, S. 307, 308, der die Besetzung Bosnien-Herzegowinas als Vorbereitung der Gebietseinverleibung ansah

[370] Jellinek: Verwaltungsrecht, S. 2

[371] Knöpfle, Franz: „Verwaltung", in Staatslexikon, 5. Bd., S. 731

Rechtsmacht erkannten. Für Heffter[372] verstand sich von selbst, dass „jeder Staat für sich selbst Herr in seiner inneren Verwaltung und in seinem Verhalten zu auswärtigen Mächten, überhaupt bei Ausübung aller innerer und äußerer Hoheitsrechte, ist“. Ebenso ist für Lingg die Verwaltung die wesentlichste, die nie fehlende Betätigung der Herrschaft[373]. Dieses Verständnis deutet an, dass souveräne Rechtsmacht über ein Territorium nicht ohne die Ausübung administrativer Befugnisse möglich war. Verfolgt man die Auffassung von Lingg konsequent weiter, so konnten Souveränität und Verwaltungsrechtsausübung folglich nicht auseinanderfallen. Mit der Abstandnahme von der Wahrnehmung der Administrativaufgaben verlor nach dieser Interpretation des Verwaltungsbegriffs der bisherige Souverän einerseits seine absolute Rechtsmacht. Auf der anderen Seite führte danach die Zession des Rechts zur Verwaltungsausübung auf einem bestimmten Territorium zugleich zu einem Übergang der Souveränität auf den Zessionar.

Im Gegensatz zu dieser Ansicht steht, dass bereits mit dem Konstitutionalismus die Verwaltung von der die politische Willens - und rechtliche Selbstbestimmung eines Staates ausmachenden Gesetzgebungs- und Rechtsprechungskompetenz getrennt wurde und zunehmend zur bloßen Vollzugstätigkeit mutierte[374]. Mayer[375], Hatschek[376] und Jellinek kennzeichneten die Verwaltung daher als eine nicht die souveräne Rechtsmacht eines Staates repräsentierende Tätigkeit, die weder Gesetzgebung noch Rechtsprechung ist. Zwar müssten im Völker-, Staatsrecht, in höherem Maße noch als im Privatrecht, zweifelhafte Fälle zugunsten der Freiheit des Eigentums interpretiert werden sowie die Freiheit der Ge-

---

[372] Heffter: Das Europäische Völkerrecht der Gegenwart auf den bisherigen Grundlagen, S. 70

[373] Lingg: Die staatsrechtliche Stellung Bosniens und der Herzegowina, S. 494

[374] Bachof, Otto: „Verwaltung“, in Evangelisches Staatslexikon, II Bd., S.3827-3837, S. 3829; bahnbrechend war Montesquieus Lehre von der Trennung der Gewalten, Jellinek: Verwaltungsrecht, S. 6/7

[375] Mayer: Deutsches Verwaltungsrecht, Bd. 1, S. 7, 12

[376] Hatschek: Lehrbuch des deutschen und preußischen Verwaltungsrechts, S. 5

bietshoheit gegenüber Beschränkungen aufgrund der Einräumung von „Dienstbarkeiten" gewahrt werden[377].

Da die Verwaltung aber eine mehr dienende Tätigkeit, eine Tätigkeit minderer Art bedeutete und strikt zu trennen sei vom Regieren, welches man dort finde, „wo die große Politik gemacht wird, bei der Pflege der Beziehungen von Staat zu Staat, beim Zusammen- und Gegeneinanderwirken oberster Staatsorgane[378]", bewahrte die Zession ihrer Ausübungsbefugnis auf einen anderen Staat nach diesem zeitgenössischen Rechtsverständnis dem Zedenten die völkerrechtliche Unabhängigkeit vom Zessionar.

Diese Bedeutung des Verwaltungsbegriffs für den völkerrechtlichen Sprachgebrauch kam vor allem auch in den Bewertungen der sog. Verwaltungszessionen des 19. Jahrhunderts durch die Staaten wie in der Literatur zum Ausdruck.

(1) Das englisch-osmanische Abkommen vom 14.8.1878

Im englisch-türkischen Abkommen vom 14. August 1878[379] räumte die Hohe Pforte England das Recht ein, im eigenen Namen auf der Insel Zypern die Gesetzgebung auszuüben und Konsular- und Wirtschaftsverträge abzuschließen. Obwohl die Hohe Pforte in Art. 1 des geheimen Beistandspakts vom 4. Juni 1878[380] Großbritannien bereits das Recht eingeräumt hatte, die das gesamte östliche Mittelmeer und damit auch

---

[377] Heffter: Das Europäische Völkerrecht der Gegenwart auf den bisherigen Grundlagen, S. 102; die Beschränkungen der Gebietshoheit zugunsten anderer Staaten wurden vielfach analog der Abstraktion des privatrechtlichen Eigentums von der tatsächlichen Sachherrschaft des Besitzes beurteilt, z. B. bei Bluntschli: Allgemeines Statsrecht, 1. Bd., S. 220, 224, Schneller: Die staatsrechtliche Stellung Bosniens und der Herzegowina, S. 34; die ausdrückliche Trennung von Souveränität und Gebietshoheitsausübung ist Verdroß: Staatsgebiet, Staatsgemeinschaftsgebiet und Staatengebiet, S. 293 ff. zu verdanken

[378] Jellinek: Verwaltungsrecht, S. 3/4

[379] Parry: a. a. O., Bd. 153, S. 73

[380] Parry. a. a. O. Bd. 153, S. 68 ff., S. 69/70

den Seeweg nach Indien strategisch beherrschende Insel Zypern in Besitz zu nehmen und zu verwalten, erachteten die Vertragspartner eine gesonderte Zession der Gesetzgebungsbefugnis wie des Rechts zum Abschluss völkerrechtlicher Verträge als notwendig.
Über die Abgrenzung[381] der Verwaltungsangelegenheiten von den Gesetzgebungs –, Rechtsprechungsaufgaben sowie von den Fragen der auswärtigen Gewalt hinaus dokumentierte das neuerliche englisch-türkische Zypernabkommen vom 14.8.1878 damit den Fortbestand der Souveränität nach der Zession des Verwaltungsrechts. Soweit Art. 1 des Abkommens vom 4. Juni 1878 bereits eine Gebietszession beinhaltet hätte, wäre eine Übertragung der Legislativgewalt wie der Befugnis zum Abschluss von Wirtschafts - und Konsularverträgen nicht mehr erforderlich gewesen. Die osmanische Souveränität hinsichtlich Zypern ging nach Ansicht der Vertragsparteien mit der britischen Befugnis zur Administration der Inseln demnach nicht auf den Verwaltungsrechtszessionar über.
Ebenso räumte der überwiegende Teil der Literatur Großbritannien nur eine vertraglich auf die benannten Bereiche beschränkte Ausübung der Gebietshoheit, nicht aber die Souveränität über Zypern ein[382].
Auch die chilenische Administration von Tacna und Arica aufgrund des Friedensvertrages vom 20.10.1883 zu Ancón[383] beinhaltete das Verständnis der Abstraktion von Verwaltungsbefugnis und absoluter Rechtsmacht eines Souveräns.

---

[381] Zweifelhaft daher die bei Simma: Universelles Völkerrecht, S. 659 § 1042, Verdross/Simma/Geiger: Territoriale Souveränität und Gebietshoheit, S.34 aufgrund der extensiven Umsetzung einzelner Verwaltungszessionen verallgemeinernde Interpretation der Verwaltungszession als Befugnis zur Ausübung der Gebietshoheit

[382] Dendias: La question cypriote aux points de vue historique et de droit international, S. 169, 171; Esperson: L` Angleterre et les capitulations dans l'île de Chypre au point de vue du droit international, S. 593; a. A. Tchomacoff: De la souveraineté en général et des restrictions conventionnelles qu`elle comporte, S. 109, der von zwei unterschiedlichen Souveränitäten ausging

[383] Parry: a. a. O., Bd. 162, S. 454 ff.

(2) Art. III des chilenisch–peruanischen Friedensvertrages zu Ancón v. 20.10.1883

Zwar begründete im chilenisch-peruanischen Gebietsstreit um Tacna und Arica die Regierung Chiles in ihrer Note vom 15. März 1905 den eigenen Anspruch auf die volle Souveränität damit, dass „ein Gebiet dem Staat gehört, der aufgrund eines hinreichenden Titels die Befugnis hat, es zu besetzen und seinen Gesetzen sowie seiner Verwaltung zu unterstellen“[384].
Nicht zu verkennen ist aber, dass Chile damit von seinem noch in Art. III des chilenisch-peruanischen Friedensvertrages vom 20. Oktober 1883 zu Ancón[385] unmissverständlich zum Ausdruck gebrachten Rechtsverständnis abrückte.
Dort kamen die Vertragsparteien überein:
„Das Gebiet der Provinzen Tacna und Arica ... bleibt im Besitz Chiles und wird auch weiterhin für die Dauer von zehn Jahren von der Ratifizierung des vorliegenden Vertrages an gerechnet der chilenischen Gesetzgebung und Verwaltung unterworfen sein. Nach Ablauf dieser Frist wird eine Volksabstimmung darüber entscheiden, ob das Gebiet der betreffenden Provinzen unter der Herrschaft und Souveränität Chiles oder weiterhin Bestandteil des peruanischen Staatsgebiets bleibt“.
Art. III S. 2 des Friedensabkommens zu Ancón belegt das dem Friedensabkommen zu Ancón immanente Rechtsverständnis der Vertragsparteien, wonach trotz der Ausübung der Gesetzgebung und Verwaltung durch Chile die peruanische Souveränität unberührt blieb.

Im Zypern- wie im Tacna- und Arica-Fall wurden folglich Gebiete geschaffen und als Statusmodell in das europäische Völkerrecht eingeführt, die zwar rechtlich dem bisherigen Besitzer zugehörten, aber von anderen Staaten verwaltet werden sollten[386]. Die die bloße Anwendung der Gesetze verkörpernde Verwaltungstätigkeit umfasste folglich nach dem Verständnis des 19. Jahrhunderts keine staatliche Unabhängigkeit repräsentierenden und ausschließlich dem Souverän vorbehaltenen Ange-

---

[384] Chilenische Note in Zimmer: Gewaltsame territoriale Veränderungen und ihre völkerrechtliche Legitimation, S. 106
[385] Parry: a. a. O., Bd.162, S. 455/459
[386] Batowski: Die territorialen Bestimmungen von San Stefano und Berlin, S. 59

legenheiten. Diese Begrenzung der üblichen Bedeutung des Verwaltungsbegriffs erhält überdies die selbständige Bedeutung der Besetzungsanordnung im Rahmen des Art. 25 S. 1. Der eigenständige Gehalt der Okkupationsanordnung ginge hingegen vollkommen verloren, wenn der Einräumung der Verwaltungsbefugnis bereits der Sinngehalt einer Gebietszession beigelegt werden würde. Schließlich wäre dann die Stationierung eigener Truppen auf dem eigenen Staatsgebiet selbstverständliches Recht der Souveränität des Gebietszessionars gewesen.
Nach seinem im 19. Jahrhundert völkerrechtlich wirksamen Sprachgebrauch umfasste die Anordnung der Verwaltung i. S. v. Art. 25 S. 1 somit ausschließlich die k. u. k. Wahrnehmung der administrativen Befugnisse hinsichtlich des weiterhin osmanischen Gebiets von Bosnien-Herzegowina.

b) Auslegung im systematischen Zusammenhang des Vertragstextes

Die übliche Bedeutung der Bestimmungen des Art. 25 S. 1 ergibt sich überdies aus dem Gesamttext[387] des Berliner Vertrages. Im systematischen Zusammenhang der Verwaltungs- und Besetzungsanordnung stehen danach alle weiteren Bestimmungen des Art. 25, ebenso die übrigen Artikel und die Präambel des Vertrageswerkes.

aa) Die Anordnungen gem. Art. 25 S. 2, 3 des Berliner Vertrages

Art. 25 S. 2[388] enthält den Hinweis, dass „die österreichisch-ungarische Regierung nicht wünscht, die Verwaltung des Sandschaks von Novibazar auf sich zu nehmen und die ottomanische Verwaltung dort weiter in Wirksamkeit verbleiben soll". Die Verwaltungstätigkeit wird insoweit einseitig als Last dargestellt. Soweit mit dem Einräumen der Verwaltungsbefugnis aber weitergehend zugleich der Erwerb der Souveränität ver-

---

[387] Ipsen: Völkerrecht, S.117/118
[388] Parry: a. a. O., Bd. 153, S. 181

knüpft sein sollte, beinhaltete diese aufgrund des Zugewinns des absoluten Hoheitsrechts über das Territorium wie die ortsansässige Bevölkerung eine völkerrechtlich vorteilhafte Verfügung. Eine Befugnis ausschließlich zur Verwaltungsrechtsausübung war hingegen neben ihrer prekären Befriedungsaufgabe auch in völkerrechtlicher Hinsicht durch das „Korsett“ der fortbestehenden Souveränität des Sultans wesentlichen Verpflichtungen unterzogen und entspricht insoweit der in Art. 25 S. 2 des Berliner Vertrages vorgenommenen Bewertung der Verwaltungsanordnung des Art. 25 S. 1.

bb) Die Regelung des Art. 25 S. 4

Art. 25 S. 4 schließt die den völkerrechtlichen Status Bosnien – Herzegowinas betreffende Bestimmung mit folgendem Wortlaut ab:
„A cet effet, les Gouvernements d`Autriche-Hongrie et de Turquie se réservent de s`entendre sur les détails“.

Die Regierungen Österreich-Ungarns und der Türkei behielten sich folglich gem. Art. 25 S. 4 die Verständigung über die Details der Okkupation und Verwaltung Bosnien-Herzegowinas vor[389].
Wesentlich ist aber, inwieweit über die Verständigung im Einzelnen hinausgehende, bilaterale Regelungen zwischen der Doppelmonarchie und der Hohen Pforte danach ausgeschlossen waren. Denkbar ist, dass eine Gebietsabtretung über die Grenze der durch Art. 25 S. 4 eingeräumten bilateralen Regelungsbefugnis hinausging. In letzter Konsequenz hätte die Hohe Pforte mit der Zustimmung zu Art. 25 S. 4 des Berliner Vertrages dann in eine Beschränkung ihrer freien Verfügungsbefugnis hinsichtlich des bosnisch-herzegowinischen Territoriums zugunsten einer unter dem Vorbehalt der Zustimmung aller Vertragspartner stehenden Verfügungsberechtigung eingewilligt. Soweit gem. Art. 25 S. 4 eine türkische Verfügung über ihre beiden Provinzen im Rahmen eines mit Österreich-Ungarn geschlossenen völkerrechtlichen Vertrages ausgeschlossen war, hatte das Osmanische Reich bzgl. des Gebiets von Bosnien-Herzegowina aber seine Unabhängigkeit nach Außen einge-

[389] Deutsche Übersetzung bei Grewe: Fontes Historiae Iuris Gentium, Bd. III/1, S. 46

büßt. Mit dem türkischen Anspruch souveräner Rechtsmacht über Bosnien-Herzegowina war die Abhängigkeit der völkerrechtlichen Wirksamkeit einer osmanischen Verfügung von der Zustimmung aller Unterzeichner des Berliner Vertrages unvereinbar. Vielmehr stand Bosnien-Herzegowina dann unter einem Kondominium der Unterzeichner des Berliner Vertrages und der Berliner Kongress hatte insoweit ein „internationalisiertes“ Territorium geschaffen.

In der Literatur wurde zuweilen bei der Bewertung des zwischen dem Osmanischen Reich und Österreich-Ungarn geschlossenen Vertrages zu Konstantinopel vom 26.2.1909[390] der Eindruck einer staatengemeinschaftlichen Verfügungsbefugnis hinsichtlich Bosnien-Herzegowina erweckt. Zum Teil wurde unter Berufung auf den Berliner Vertrag darauf angespielt, dass nicht nur die Aufhebung des Art. 25, sondern auch eine türkische Gebietszession zugunsten von Österreich-Ungarn der Zustimmung aller Unterzeichnerstaaten bedurfte. Kleinwaechter lehnt hingegen eine Beschränkung der osmanischen Verfügungsbefugnis unmissverständlich ab: „Wenn behauptet wurde, dass durch die Annexion der Berliner Vertrag einseitig durch Österreich-Ungarn geändert worden sei, so mag dieser Behauptung eine gewisse Berechtigung nicht abgesprochen werden. Wenn aber an diesem Standpunkte auch nach der Abfindung mit der Türkei festgehalten wird, so ist dies eine Widersinnigkeit. Denn auf diese Weise wird der Türkei das Recht abgesprochen, ihre Herrscherrechte an einem Ländergebiete ohne Zustimmung der Signatarmächte aufzugeben und ihr direkt die Möglichkeit genommen, über ihr Eigentum frei zu verfügen. Das heißt päpstlicher zu sein als der Papst[391]“.

Der von Kleinwaechter vorgenommenen Einordnung ist auch vor dem Hintergrund des Bedeutungsgehalts von Art. 25 S. 4 beizupflichten:

Der Hinweis, dass sich die Regierungen der beiden Staaten die bilaterale Detailregelungsbefugnis vorbehielten, „se réservent“, widerspricht vielmehr dem Gedanken der Einräumung einer Verfügungsbefugnis der übrigen Vertragsstaaten hinsichtlich des bosnisch-herzegowinischen Territoriums.

---

[390] Parry: a. a. O., Bd. 208, S. 355 ff.

[391] Zum Ganzen bei Kleinwaechter: Die Annexion Bosniens und der Herzegowina, S. 148

Wieso sollte die Türkei auch nach einer Gebietszession gegenüber dem neuen Souverän in Detailfragen noch zur Regelung befugt sein? Dieser Umstand verdeutlicht zunächst, dass auch nach der Verwaltungs- und Besetzungsanordnung des Art. 25 S. 1 weiterhin Rechte der Hohen Pforte bzgl. der beiden Provinzen bestehen sollten. Einerseits hätte ein österreichisch-ungarischer Gebietszessionar diese unbestreitbar nicht hingenommen.
Andererseits lag auch der Hohen Pforte nichts ferner, als eine Bestimmung zu fordern, die eine Beschränkung der eigenen Verfügungsbefugnis und die Aufhebung der Souveränität zur Folge gehabt hätte. Art. 25 S. 4 wollte vielmehr über die in Art. 25 S. 1-3 enthaltenen Bestimmungen keineswegs hinausgehen, sondern lediglich die Klärung der Detailfragen der Okkupation und Verwaltung einer bilateralen Verständigung der betroffenen Staaten überlassen. Dies geht bereits aus der zu Anfang des Art. 25 S. 4 hervorgehobenen Formulierung „a cet effet" hervor, die eine Begrenzung auf den in Art. 25 S. 1-3 vorgegebenen inhaltlichen Rahmen herstellte.
Die in Art. 25 S. 4 angesprochenen Details betrafen neben das Sandschak von Novibazar betreffende Fragen ausschließlich die Verwaltungs- und Besetzungsanordnung des Art. 25 S. 1. Innerhalb dieses Rahmens wollte Art. 25 S. 4 den Regierungen beider Staaten zur Bewältigung von Einzelproblemen die vertragliche Regelungsoption eröffnen und keineswegs der Hohen Pforte über die Verwaltungs- und Besetzungszession hinausgehend noch eine Verfügungsbeschränkung auferlegen. Dies wird auch durch die sich auf spezielle Problemkreise der k. u. k. Okkupation konzentrierenden Bestimmungen der bilateralen Ausführungskonvention vom 21.4.1879 unterstrichen[392].
Demnach ist die Annahme einer die Unabhängigkeit der osmanischen Gebietsherrschaft vom Willen fremder Staaten ausschließenden, eingeschränkten Verfügungsbefugnis über Bosnien-Herzegowina mit dem Bedeutungsgehalt von Art. 25 S. 4 nicht in Einklang zu bringen.

---

392 Hierzu unten S. 73 ff.

cc) Vergleich der Verwaltungszession des Art. 25 mit Gebietsabtretungen und Unabhängigkeitsbekundungen des Berliner Vertrages

Der Gebietshoheitswechsel bzgl. Spizza, Bessarabien, Ardahan, Kars, Khotour Batum wurde in den Art. 29 S.3[393], 45[394], 58[395] und 60[396] des Berliner Vertrages durch die unmissverständlich mit der Gebietsabtretung verknüpften Formulierung „cède“ bzw. „incorporée“ gekennzeichnet. Ebenso eindeutig wurde die Anerkennung der Loslösung Montenegros, Serbiens sowie Rumäniens in den Art. 26[397], 34[398] und 43[399] vom Osmanischen Reich durch die Entlassung in die Unabhängigkeit ausgedrückt. Die Abstandnahme der Verfasser des Berliner Vertrages von einer ähnlichen Formulierung hinsichtlich der beiden osmanischen Provinzen indiziert weiterhin, daß die mit diesen Rechtsbegriffen verknüpften Rechtsfolgen, insbesondere des Hoheitsübergangs, für Bosnien-Herzegowina nicht eintreten sollten. Schließlich harmonisiert diese Schlussfolgerung im Anbetracht der in Art. 7 des Pariser Friedensvertrages übernommenen Verpflichtung der europäischen Mächte zur Wahrung der territorialen Integrität des Osmanischen Reiches auch mit Art. 63, wonach dessen Bestimmungen, soweit sie durch den Berliner Vertrag nicht aufgehoben oder abgeändert wurden, aufrechterhalten werden sollten.

c) Auslegung im Zusammenhang späterer Übereinkünfte und Übung der Vertragsparteien

Trotz ihrer Unterzeichnung kurz vor Beginn der letzten Sitzung des Berliner Kongresses vom 13.7.1878 gehört weiterhin weder das von Öster-

---

[393] Parry: a. a. O., Bd. 153, S. 183
[394] Parry: a. a. O., Bd. 153, S. 187
[395] Parry: a. a. O., Bd. 153, S. 188
[396] Parry: a. a. O., Bd. 153, S. 189
[397] Parry: a. a. O., Bd. 153, S. 181
[398] Parry: a. a. O., Bd. 153, S. 184
[399] Parry: a. a. O., Bd. 153, S. 186

reich-Ungarn und Rußland abgefasste geheime Zusatz-Protokoll[400] noch die zwischen der Hohen Pforte und der Doppelmonarchie erzielte Geheimdeklaration[401] zum systematischen Zusammenhang des Berliner Vertrages. Bei den Geheimabkommen handelt es sich weder um eine auf den Vertrag beziehende Übereinkunft, die zwischen allen Parteien anläßlich des Vertragsabschlusses getroffen wurde noch um eine Urkunde, die von einer oder mehreren Parteien anläßlich des Vertragsabschlusses abgefasst und von den anderen Parteien als eine sich auf den Vertrag beziehende Urkunde angenommen wurde[402]. Da ihr Abschluss ebenso wie der Inhalt der geheimen Dokumente den unbeteiligten Signatarstaaten vollkommen unbekannt war, wurde ihr Text vielmehr nur von drei Unterzeichnern des Berliner Vertrages getragen. Da die Geheimabkommen überdies der Unterzeichnung des Berliner Vertrages vorangingen, bildeten sie überdies kein gesichertes und feststellbares Indiz dafür, wie die Hohe Pforte, Österreich-Ungarn und Rußland den Berliner Vertrag verstanden und als Recht anwandten.
Nach gesicherter Erkenntnis indiziert nur eine spätere Übereinkunft zwischen den Vertragsparteien über die Auslegung des Vertrages oder die Anwendung seiner Bestimmungen, wie die Parteien einen Vertrag einvernehmlich verstanden und als Recht anwandten[403]. Eine derartige Übereinkunft der Vertragsparteien über die Auslegung des Vertrages oder die Anwendung seiner Bestimmungen könnte hingegen die von der Hohen Pforte mit Österreich-Ungarn zu Konstantinopel getroffene Übereinkunft vom 21.4.1879 darstellen.

---

[400] Die russische Regierung akzeptierte darin, „keine Einwendungen zu erheben, wenn infolge etwaiger aus der türkischen Verwaltung des Sandschaks von Novibazar entstehenden Missfälligkeiten Österreich-Ungarn gezwungen sein könnte, dieses Territorium ebenso endgültig zu besetzen wie das übrige Bosnien-Herzegowina“, Fournier: Wie wir zu Bosnien kamen, S. 74

[401] In dem Protokoll erklärte Österreich-Ungarn u. a., daß die Souveränitätsrechte des Sultans bzgl. Bosnien-Herzegowina in keiner Weise durch die Tatsache der Okkupation berührt werden sollen und die Okkupation als eine provisorische zu betrachten sei, im französischen Originaltext abgedruckt bei Zimmer: Gewaltsame territoriale Veränderungen und ihre völkerrechtliche Legitimation, S. 113; als Originalquelle im Haus-, Hof-, Staatsarchiv: Politisches Archiv I, 450 a, 6. Vertrag, Liasse Diverse, Blätter 7/8

[402] Simma: Völkerrecht, S. 492 § 777

[403] Yearbook of the International Law Commission, 1966, Bd. II, S. 221

Der bilaterale Charakter der Konvention hindert keineswegs den Einbezug ihrer Bestimmungen in die Auslegung des multilateralen Berliner Abkommens vom 13.7.1878. Die bilateralen Bestimmungen gehörten zwar nicht zum multilateralen Vertragstext und wurden daher nicht von allen seiner Unterzeichnern getragen; die ausdrückliche Bezugnahme ihrer Einleitung auf die Verwaltungs- und Besetzungsanordnung gem. Art. 25 S. 1 wie seine nachfolgenden Bestimmungen verdeutlichen aber, dass diese das von allen Parteien des Berliner Vertrages zur Regelung der Detailfragen der Okkupation legitimierte Ausführungsabkommen zwischen der Hohen Pforte und Österreich-Ungarn i. S. d. Art. 25 S. 4 beinhaltete. Die Hinzuziehung der nachfolgenden Übereinkunft[404] zur Aufhellung der Bedeutung der Verwaltungs-, Besetzungsanordnung nach türkischem und österreichisch-ungarischem Verständnis entspricht daher auch dem objektiven Auslegungsansatz.

aa) Auslegung der Konvention v. 21.4.1879

Zur Ermittlung der völkerrechtlichen Bedeutung der Verwaltungs- und Besetzungsanordnung könnte insbesondere die in der Einleitung des Abkommens vom 21.4.1879[405] hervorstechende Betonung, dass die Tatsache der Okkupation Bosniens und der Herzegowina die Souveränitätsrechte des Sultans nicht beeinträchtigt, berücksichtigt werden.

(1) Einleitende Hervorhebung der Souveränität des Sultans

Auch die Aussagekraft der Konvention vom 21.4.1879 führte zu regen Diskussionen.

Streit besteht dahingehend, ob durch die Eingangsworte nur der religiösen Führerschaft und/oder der höchsten weltlichen Rechtsmacht des osmanischen Sultans in Bosnien-Herzegowina Ausdruck verliehen wurde.

Lingg erkennt in der Garantie der Souveränitätsrechte des Sultans ausschließlich eine dem Sultan als Nachfolger des Propheten und Oberhaupt des Islam dargebrachte Devotion; die dem Sultan, der osmani-

---

[404] Auch allgemein Ipsen: Völkerrecht, S. 119/120
[405] Parry: a. a. O., Bd. 155, S. 60 ff.

schen Flagge durch die Konvention eingeräumten Privilegien seien daher lediglich religiösen Charakters und sollten nur die Freiheit des mohammedanischen Cultus sichern[406]. Danach würde die dem Sultan verbleibende Souveränität sich auf die Macht einer höchsten, ausschließlich religiösen Instanz über die in Bosnien-Herzegowina ansäßigen Muslime verengen.

Die Gegenansicht betonte hingegen, dass die Konvention ausdrücklich den Sultan auch in den Moscheen als Landesherrn des Osmanischen Reiches hervorhob[407].

Ebenso erblickte die offizielle Anschauung der Hohen Pforte in diesem Vorbehalt die Anerkennung aller ursprünglichen Rechte des Sultans auf Bosnien und die Herzegowina, die nach ihrer Auffassung durch den Berliner Vertrag nur zeitweilig suspendiert wurden.

Die Verengung der Souveränität des Sultans auf eine ausschließlich religiöse Kompetenz verkennt aber die historisch gewachsene allumfassende Machtposition des Sultans in der islamischen Welt. Nicht aus dem Amt und Herrschaftsbereich des Sultans, sondern aus der dem Sultanat später beigelegten Stellung als Kalif ergab sich seine Wertschätzung als „Nachfolger“ und „Stellvertreter“ des Propheten auf Erden[408]:

An die Stelle des neupersischen Reiches im Osten trat nach dessen Untergang im 7. Jahrhundert das islamische Kalifat[409]. Der Kalif übte anfänglich vor allem ein geistliches Amt aus, später dehnte er seine Macht auch auf weltliche Belange aus[410].

Die parallele Existenz von Kalifat und Sultanat reicht bis in das Jahr 1055 zurück. Die Verleihung des Titels „Sultan“ an das Oberhaupt der Seldschuken anerkannte die faktische Trennung in religiöse und weltliche Macht; fortan wurde dem Sultan die politisch-militärische Kompetenz und dem Kalifen die geistliche Macht zugesprochen. Erst durch die Annahme des Kalifen -Titels im 16. Jahrhundert seitens des Sultans Selim

---

[406] Lingg: Die staatsrechtliche Stellung Bosniens und der Herzegowina, S. 503

[407] Schneller: Die staatsrechtliche Stellung von Bosnien und der Herzegowina, S. 103

[408] Hagemann/Lellek: „Kalifat“, Lexikon der islamischen Kultur, S. 177/178

[409] Preiser: Macht und Norm in der Völkerrechtsgeschichte, S.74; zur Rolle des Kalifats im frühen Islam unter völkerrechtlichem Aspekt auch Ziegler: Völkerrechtsgeschichte, § 14

[410] Hagemann/Lellek: „Sultanat“, Lexikon der islamischen Kultur, S.337/338 zur Rolle des Kalifats im frühen Islam unter völkerrechtlichem Aspekt, Ziegler: Völkerrechtsgeschichte, § 14

I. (1512 - 1520) konnten sich die osmanischen Sultane auch als ideelle Oberhäupter aller Muslime verstehen[411]. Die osmanischen Sultane galten bei der Mehrheit der sunnitischen Moslems als in die Funktion des Kalifen eingesetzt, fungierten sie doch an der Spitze des mächtigsten islamischen Staates jener Zeit als aktive und unbeugsame Garanten der sunnitischen Orthodoxie[412]. Auch im „englischen Zeitalter" war der Sultan als Kalif zugleich der oberste Imam seines Volkes und übte als solcher die höchste weltliche und geistliche Macht aus[413].

Überdies ist daran zu erinnern, dass die Türkei gem. Art. 7 des Pariser Vertrages auf die Befolgung der Regeln der islamischen Rechtslehre in ihren Beziehungen zum ungläubigen Abendland verzichtet hatte[414] und damit auch für die Bewertung des Sinngehalts eines Vertrages der Hohen Pforte mit anderen Staaten ausschließlich der zeitgenössische, völkerrechtliche Souveränitätsbegriff Evidenz entfaltete.

Ebenso verkennen die Literaturstimmen, die im Sultan vorrangig den religiösen Führer der Muslime erkennen, den im 19. Jahrhundert auch im Inneren des Osmanischen Reiches virulenten Trend der Stärkung der weltlichen Staatsgewalt gegenüber der islamischen Ordnung. Nahm bereits früher trotz einheitlicher Führung durch den Sultan und Kalifen die Politik eine autonome Stellung gegenüber dem Islam ein, so dokumentierte die die alte islamische Rechtsanschauung ersetzende Tanzimatgesetzgebung vom 3. November 1839 bzw. 18. Februar 1856 die allgemei-

---

411 Ziegler: Völkerrechtliche Beziehungen zwischen der Habsburgermonarchie und der Hohen Pforte, S. 177

412 Hagemann/Lellek: „Kalifat", Lexikon der islamischen Kultur, S. 178

413 Kißling: Rechtsproblematiken in den christlich-muslimischen Beziehungen, vorab im Zeitalter der Türkenkriege, S. 23; Schmid: Bosnien und die Herzegovina unter der Verwaltung Österreich-Ungarns, S. 111; die k. u. k. Diplomatie erkannte aber, dass die spezifisch aus dem Kalifentitel herrührenden religiösen Verpflichtungen es dem Sultan erschwerten, das Gebiet von Bosnien-Herzegowina an die Doppelmonarchie abzutreten, etwa Mémoire des Grafen Dóczi über Bosnien-Herzegowina vom 12.5.1882, Haus-, Hof-, Staatsarchiv: Politisches Archiv I (Akten betreffend Bosnien-Herzegowina, 1877-1883), Liasse IX, Blatt 7

414 Kruse: Islamische Völkerrechtslehre, S. 164

ne „Verweltlichung“ der Staatsorganisation wie der Führung der Türkei im 19. Jahrhundert[415].
Die in der Einleitung zur Konvention vom 21.4.1879 von der k. u. k. Monarchie und dem Osmanischen Reich getroffene Feststellung ist somit als Klarstellung[416] des Fortbestands der völkerrechtlichen Souveränität der Türkei hinsichtlich Bosnien-Herzegowina trotz fremdstaatlicher Okkupation und Verwaltung i. S. d. Art. 25 zu qualifizieren.

(2) Öffentliche Anrufung des Sultans und Aufhissung der ottomanischen Flagge gem. Art. 2 S. 5, 6

Neben ihrer Einleitung wurden vor allem die Bestimmungen des Art. 2 der Konvention vom 21.4.1879 in die Diskussion um die der Türkei nach Abschluss des Berliner Vertrages verbliebenen Rechte hinsichtlich Bosnien-Herzegowina eingebracht. Insbesondere die den Mohammedanern in Art. 2 S. 5, 6 eingeräumte Befugnis, in ihren öffentlichen Gebeten, den Namen Seiner Majestät des Sultans anzurufen und die ottomanische Flagge auf den Minaretten aufzuhissen, wurde zur Konkretisierung des Bedeutungsgehalts der Verwaltungs-, Besetzungsanordnung des Art. 25 S. 1 des Berliner Vertrages herangezogen.
Zum Teil wird auch die Anrufung des Sultans in den Moscheen bzw. die Aufhissung der ottomanischen Flagge auf den Minaretten i. S. d. Art. 2 S. 5, 6 auf einen rein religiösen Hintergrund degradiert und die in Art. 2 erkannte Schutzverpflichtung der k. u. k. Okkupationsmacht ausschließlich gegenüber den religiösen Bindungen der muslimischen Bevölkerung an den Kalifen für einen Umkehrschluss auf eine i. ü. aufgrund des Art. 25 des Berliner Vertrages nicht mehr bestehende staatsrechtliche Verknüpfung Bosnien- Herzegowinas mit der Hohen Pforte herangezogen[417].

---

[415] Sie gewährte den Untertanen ohne Rücksicht auf das Religionsbekenntnis den vollen Genuss aller persönlichen Rechte, zum ganzen Wedel: Der türkische Weg zwischen Laizismus und Islam, S. 101/102

[416] ebenso Schneller: Die staatsrechtliche Stellung von Bosnien und der Herzegowina, S. 100

[417] Etwa bei Lingg: Die staatsrechtliche Stellung Bosniens und der Herzegowina, S. 503

Ohne Zweifel enthielt Art. 2 der Konvention[418] auf den ersten Eindruck vorrangig Bestimmungen zum Schutz der religiösen und kultischen Gebräuche der muslimischen Bevölkerung. Gem. Art. 2 wird den in Bosnien und der Herzegowina ansässigen oder sich vorübergehend aufhaltenden Bewohnern die Freiheit und äußere Ausübung aller in Bosnien und der Herzegowina bestehenden Kulte gewährleistet. Weiterhin wird den Mohammedanern ganz besonders die volle Freiheit in ihrem Verkehr mit ihren geistlichen Häuptern zugesichert. Die Truppenkommandanten Seiner Majestät des Kaisers und Königs, wie die Administrativbehörden werden danach überdies mit der größten Sorgfalt darüber wachen, dass weder die Ehre, noch die Sitten, noch die Kultusfreiheit, noch die Sicherheit der Person und des Eigentums der Mohammedaner irgendwie geschädigt werden. Jeder Angriff gegen die Mohammedaner, ihren Besitz oder ihre Religion werde weiter auf das strengste bestraft.
Trotz der Einbettung der Befugnis zur Anrufung des Sultans in den öffentlichen Gebeten und Beflaggung der Minarette mit dem roten Halbmond in die Bestimmungen zum Schutze der privaten und religiösen Rechte der Muslime dokumentierten diese zugleich den der osmanischen Souveränität über Bosnien-Herzegowina, symbolisiert in der Person des Sultans, von der österreichisch-ungarischen Vertragspartei entgegengebrachten Respekt[419]. Die Reduktion der Anrufung des Sultans in den Gebeten der Muslime auf eine dem geistlichen Oberhaupt dargebrachte Huldigung widersprach der in den Moscheen des gesamten Osmanischen Reichs verbreiteten Tradition nicht lediglich an den Kalifen, sondern auch an den Sultan in seiner Stellung als weltliches Oberhaupt der Muslime zu appellieren[420].

Ebenso wie der Sultan für die weltliche Oberhoheit über die Muselmanen steht, besitzt auch die Flagge seines Reiches, der türkische Halbmond, keine ausschließlich islamische Symbolik. In der Literatur wurde vereinzelt die türkische Flagge als rein religiöses Zeichen ohne jegliche staatsrechtliche Bedeutung qualifiziert[421]. Schneller erkannte im Zugeständnis

---

[418] Parry: a. a. O. Bd.155, S. 60/61
[419] Ebenso Verdross/Simma/Geiger: Territoriale Souveränität und Gebietshoheit, S. 20
[420] Schneller: Die staatsrechtliche Stellung von Bosnien und der Herzegowina, S. 102/103
[421] Lingg: Die staatsrechtliche Stellung von Bosnien und der Herzegowina, S. 503

des Beflaggens der Minarette mit dem roten Halbmond keine weitere Bestätigung der Anerkennung der türkischen Souveränität betreffend der beiden Provinzen[422]. Er degradiert das Hissen des roten Halbmondes auf das Niveau einer Verlegenheitslösung, weil die grüne Religionsfahne des Islam nur auf Moscheen und Gebetsplätzen von ganz besonderer Heiligkeit aufgepflanzt werden dürfe. Dennoch ist nicht zu verkennen, dass die ottomanische Flagge nach ihrer historischen Herkunft zugleich die weltliche Macht verkörperte. Dies belegt bereits die durch Art. 2 S.6 vorgenommene Umschreibung als „ottomanische“ Flagge.
Der Halbmond stammt überdies aus vorislamischer Zeit und war das Kennzeichen der antiken Weltstadt Byzanz[423]. Der Halbmond fand fortan unter den verschiedensten Religionen Akzeptanz und Verwendung. Die Muslime übernahmen dieses Stadtwappen zwar bei der Eroberung von Istanbul. Doch auch bei den christlichen Rittern, etwa für den Orden, den der König von Neapel im Jahre 1268 n. Chr. einsetzte, war der Halbmond ein Symbol. Eben diese multireligiöse Akzeptanz des Halbmondes verdeutlicht seine religionsunabhängige, weltliche Symbolik für die jeweils in der Region des Osmanischen Reiches gültige Herrschafts- und Staatsform.

(3) Die Bestimmungen der Art. 3 und 4

Auch die Verpflichtung zur Verwendung der in Bosnien-Herzegowina erzielten Einkünfte zugunsten Bosnien-Herzegowina gem. Art. 3[424] steht einer Interpretation der Verwaltungsanordnung i. S. e. Gebietszession entgegen. Soweit der Doppelmonarchie bereits aufgrund Art. 25 S. 1 des Berliner Kongresses die souveräne Herrschaftsgewalt zediert wurde, bildete Art. 3 der Ausführungskonvention eine nachträgliche, im Berliner Vertrag nicht enthaltene, wesentliche Einschränkung der unterstellten österreichisch- ungarischen Oberhoheit über Bosnien-Herzegowina.
Das gleiche gilt für die durch Art. 4[425] eingeräumte freie Zirkulation der effektiven türkischen Münzen in Bosnien-Herzegowina. Schneller stufte

[422] Schneller: a. a. O., S. 104/105
[423] Hughes: Lexikon des Islams, S. 274
[424] Parry: a. a. O., Bd. 155, S. 61
[425] Parry: a. a. O., Bd. 155, S. 61

den freien Verkehr der eigenen Münzen als ein Hoheitsrecht ein, welches auf das engste mit der Souveränität verbunden war[426]. Im Gegensatz zum türkischen Papiergeld, welches i. d. R. nur verhältnismäßig niedrige Kurse erzielte[427], ist besonders die Münzhoheit Ausfluss monetärer Souveränität eines Staates gewesen. Jeder Staat war frei, innerhalb der ihm zukommenden Grenzen über seine Währung, insbesondere über die Bestimmung des Münzsystems und der gesetzlichen Zahlungsmittel sowie die Festsetzung ihres Austauschverhältnisses gegenüber dem Ausland zu bestimmen[428]. Unbestreitbar stand es dem Souverän zwar offen, neben oder anstatt der eigenen Währung fremdes Geld als gültiges Zahlungsmittel auf seinem Staatsgebiet auszuweisen, ohne seine absolute Rechtsmacht über das Gebiet zu verlieren[429]. Die Vertragspraxis des 19. Jahrhunderts belegt einige den freien Verkehr fremder Währung außerhalb des eigenen Hoheitsgebiets einräumende völkerrechtliche Abkommen. Zu erinnern ist in erster Linie an die „Münzvereine“ des 19. Jahrhunderts, insbesondere des Abkommens vom 30.7.1838[430] zwischen sämtlichen Staaten des Deutschen Zollvereins[431], der durch den Wiener Münzvertrag vom 24. Januar 1857[432] um das Territorium Österreichs und Lichtensteins ergänzt wurde.

Zweifelhaft ist aber, dass Österreich-Ungarn nach einem Gebiets- und Währungshoheitserwerb gerade die freie Zirkulation der osmanischen Münzen einräumte, obwohl diese für die wirtschaftliche Gesundung Bosnien – Herzegowinas und seine Unabhängigkeit vom Osmanischen

---

426 Schneller: Die staatsrechtliche Stellung von Bosnien und der Herzegowina, S. 119

427 Schneller: a. a. O., S. 112

428 Gutzwiller: Der Geltungsbereich der Währungsvorschriften, Umrisse eines Internationalrechts der Geldverfassungen, S. 7, 43; Nussbaum: Das Geld in Theorie und Praxis des deutschen und ausländischen Rechts, S. 17

429 S. auch Rechtsgutachten des Ständigen Internationalen Gerichtshofs zur Unvereinbarkeit der geplanten Zollunion zwischen dem damaligen Deutschen Reich und Österreich mit Art. 88 des Friedensvertrages von St. Germain vom 10.9.1919 sowie des Genfer Protokolls Nr.1 vom 4.10.1922, in Grewe: Fontes Historiae Iuris Gentium, Bd.3/2, 1815-1945, S . 874, wonach ein Staat seine völkerrechtliche Unabhängigkeit trotz Verlustes seiner wirtschaftlichen oder politischen Freiheit nach außen behält

430 Parry: a. a. O., Bd. 88, S. 46ff.

431 Parry: a. a. O., Bd. 83, S. 220 ff.

432 Parry: a. a. O., Bd. 116, S. 206 ff.; seit 1865 auch der für Frankreich, Belgien, die Schweiz und Italien und seit 1868 auch für Griechenland geltende lateinische Münzverein sowie die skandinavische Münzunion von 1873

Reich von besonderer Bedeutung war. Schließlich wurde der Bankrott des Osmanischen Reiches durch die auch in Bosnien-Herzegowina ausgeprägte Misswirtschaft und Korruption in der türkischen Staatsverwaltung, die eine dauerhafte Währungsstabilität konterkarierte und deren Beseitigung Bedingung für die durch die Präambel des Berliner Vertrages angestrebte Lösung der orientalischen Frage[433] war, maßgeblich mitverursacht. Danach harmonisierte einzig der Fortbestand der osmanischen Oberhoheit mit der in Art. 4 gefundenen Münzregelung.

(4) Die Vertretung der Bosniaken und Herzegowiner im Ausland gem. Art. 6

Art. 6[434] betonte, dass die Frage der Behandlung derjenigen Bewohner Bosniens und der Herzegowina, welche außerhalb dieser Provinzen sich aufhalten oder reisen, später durch ein besonderes Übereinkommen geregelt wird.
Für Schneller besitzt Art. 6 für das Verständnis der Verwaltungsanordnung des Art. 25 keine Aussagekraft, weil einerseits das in Aussicht gestellte Abkommen nicht realisiert wurde und andererseits Art. 6 sich nicht entschieden hat, wem bis zum Abschluss der betreffenden Vereinbarung die Ausübung der auswärtigen Hoheit über Bosnien-Herzegowina zusteht[435]. In der Literatur wird Art. 6 ansonsten einerseits als eine stillschweigende Anerkennung der auswärtigen Gewalt des Sultans zumindest bis zum Abschluss der in Aussicht gestellten Konvention angesehen[436]. Andererseits wird aus der Abstandnahme des Art. 6 von einer definitiven Regelung der Vertretung der Bosniaken und Herzegowiner im Ausland auf die türkische Anerkennung österreichisch-ungarischer Souveränität hinsichtlich Bosnien-Herzegowina gefolgert[437].
Die in Art. 6 virulente Vertretung von Bürgern im Ausland gehörte zum Kompetenzbereich der auswärtigen Gewalt. Die Innehabung auswärtiger

---

[433] Hierzu unten S. 81
[434] Parry: a. a. O., Bd. 155, S. 61
[435] Schneller: Die staatsrechtliche Stellung von Bosnien und der Herzegowina, S. 121
[436] Zimmer: Gewaltsame territoriale Veränderungen und ihre völkerrechtliche Legitimation, S. 115
[437] Lingg: Die staatsrechtliche Stellung von Bosnien und der Herzegowina, S. 504

Gewalt bildete das herausragende Indiz souveräner Staatsgewalt[438]. Dies gilt für das 19. Jahrhundert umsomehr als die Völkerrechtsgeschichte lehrt, dass die Staaten sich nur zögernd auf eine Beschränkung der Kompetenzen im Bereich der auswärtigen Gewalt einließen[439]. Die eigene Wahrnehmung ihrer Außenbeziehungen bildete ein Symbol ihrer Souveränität und damit ihrer ungeschmälerten Stellung in der Staatengemeinschaft. Die Annahme eines Verzichts des Zessionars auf einzelne Befugnisse der auswärtigen Gewalt im Rahmen einer Gebietszession widersprach folglich der der Unabhängigkeit eines Staates nach Außen im „englischen Zeitalter“ zukommenden besonderen Bedeutung. Dennoch erachtete Art. 6 auch nach der Verwaltungsanordnung des Art. 25 S. 1 des Berliner Vertrages die Auseinandersetzung Österreich-Ungarns mit der Hohen Pforte hinsichtlich der Vertretung der Bosniaken und Herzegowiner im Ausland als unverzichtbar.
Demnach besaß die Hohe Pforte nach der auch aus Art. 6 hervorgehenden Auffassung beider Vertragsparteien im Zeitpunkt der Übereinkunft vom 21.4.1879 weiterhin die Personalhoheit über die Bevölkerung Bosnien- Herzegowinas.

Die in der Einleitung wie den Bestimmungen der Konvention vom 21. April 1879 zum Ausdruck gelangende Rechtsauffassung der Doppelmonarchie wie der Hohen Pforte stützt somit die Interpretation des Art. 25 S. 1 des Berliner Vertrages als Verwaltungszession bzgl. der beiden unter osmanischer Suprematie verbleibenden Provinzen.

bb) Die Reaktion der übrigen Unterzeichner auf das Abkommen v. 21.4.1879

Der Abschluss des bilateralen Abkommens vom 21.4.1879 führte überdies zu keinen überlieferten Stellungnahmen der übrigen Vertragsstaaten zum Erklärungsinhalt seiner Bestimmungen. Dies verdeutlicht, dass auch die weiteren Unterzeichner des Berliner Vertrages in der österreichisch-ungarischen und türkischen Deutung fortbestehender osmani-

---

[438] Ipsen: Völkerrecht, S. 125 Rdz. 2
[439] Geiger: Die völkerrechtliche Beschränkung der Vertragsschlußfähigkeit von Staaten, S. 74

scher Souveränität des Sultans trotz Okkupation und Verwaltung Bosnien-Herzegowinas gem. Art. 25 S. 1 keinerlei Veranlassung für eine klarstellende, abweichende Kommentierung erblickten. Vielmehr nahmen diese besonders die in der Einleitung der Konvention hervorgehobene Souveränität des Sultans als Argumentationsbasis für den Nachweis des Verstoßes einzelner Rechtsetzungsmaßnahmen der k. u. k. Okkupationsmacht gegen Art. 25 des Berliner Vertrages.

d) Teleologische Auslegung des Berliner Vertrages auf der Grundlage der Präambel

Ziel und Zweck des Vertrages sind nach dem objektiven Ansatz des weiteren aus dem operativen, dem regelnden Vertragstext, insbesondere aus der Präambel zu ermitteln[440]. Zu prüfen ist, ob sich aus dem Sinn und Zweck des Berliner Vertrages Hinweise auf das Verständnis der in Art. 25 S. 1 eingeräumten Befugnis zur Verwaltung und Besetzung Bosniens und der Herzegowina ergeben. Der Zweck des Berliner Vertrages wird durch seine Präambel[441] maßgeblich konkretisiert:

„Die Vertragsstaaten von dem Wunsch geleitet, in einem der europäischen Ordnung entsprechenden Sinne gemäß den Bestimmungen des Pariser Vertrages vom 30. März 1856 die Fragen zu regeln, welche im Orient durch die Ereignisse der letzten Jahre und durch den Krieg entstanden sind, dem der Präliminarvertrag von San Stefano ein Ziel gesetzt hat, sind einmütig der Ansicht gewesen, daß die Vereinigung zu einem Kongreß das beste Mittel darbieten würde, ihr Einvernehmen zu erleichtern".

Die Kongreßteilnehmer verpflichten sich damit einerseits auf die Grundsätze des Pariser Vertrages und andererseits der Lösung der durch die vorangehenden Ereignisse im Orient virulenten Probleme. Nach einhelliger Auffassung wurde durch Einbezug der Zielsetzungen des Pariser Vertrages die Festigung und Stabilisierung der Machtverhältnisse auf dem Balkan damit ebenso wie die Achtung der territorialen Unversehrt-

---

[440] Ipsen: Völkerrecht, S. 120

[441] Parry: a. a. O.,S. 153, 172; deutsche Übersetzung nach Grewe: Fontes Historiae Iuris Gentium, Bd.III/1, S. 38/39

heit des Osmanischen Reiches zum zentralen Zweck des gesamten Berliner Vertragswerkes erhoben[442].

aa) Unvereinbarkeit einer Gebietszession mit dem Stabilitätsgedanken des Berliner Vertrages

Die Konsequenzen der durch die Präambel vorgegebenen Zielrichtung für das Verständnis der Verwaltungsanordnung des Art. 25 S. 1 sind hingegen umstritten. Die Mehrheitsmeinung in der Literatur geht von der Unvereinbarkeit einer Gebietszession mit dem Sinn und Zweck des Berliner Vertrages aus[443].
Kohler hingegen legitimierte die österreich-ungarische Annexion vom 5.10.1908 unter Bezugnahme auf ein durch Art. 25 eingeräumtes „Verfügungsnießbrauchsrecht" Österreich-Ungarns bzgl. Bosnien-Herzegowina[444]:
„Das Genussrecht kann mehr oder weniger weit reichen, sogar so weit, dass der zum Genusse berechtigte Staat befugt ist, sich Teile oder auch das Ganze einzuverleiben. Zunächst hat sich allerdings die Berliner Konferenz dieses Genussrecht Österreich-Ungarns nicht in so ausgedehntem Maße vorgestellt; man machte sich von der Entwicklung überhaupt keinen klaren Begriff, sondern ging von der Anschauung aus, dass die Ausbildung der Sache sich im Laufe der Zeit von selber ergeben müsste, wodurch das Genussrecht seine besondere Gestaltung gewinnen werde. So wurde im Berliner Vertrag gar vieles der künftigen Gestaltung anheimgestellt; es wurde ein Nießbrauch, und zwar eine Art von Verfügungsnießbrauch geschaffen, der dem Nießbraucher die Befugnis gab, auch Eigentumsrechte zu erwerben, soweit sich dies im Laufe der geschichtlichen Ereignisse als notwendig erweisen sollte, um die Aufgaben zu erfüllen, die Österreich übernommen hatte". Was Kohler genau mit der Einräumung eines „Verfügungsnießbrauchs" meint, verdeutlicht er am Ende dieser Passage. Das Berliner Mandat stellte der Doppelmonarchie danach frei, nur die Verwaltungsbefugnis auszuüben oder auch die

---

[442] Maiwald: Der Berliner Kongreß 1878 und das Völkerrecht, S. 112
[443] Etwa Wurmbrand: Die rechtliche Stellung Bosniens und der Herzegowina, S. 12
[444] Kohler: Völkerrechtliche Betrachtung über die Annexion von Bosnien und Herzegowina, Neue Freie Presse vom 11.10.1908, S. 2

Einverleibung zu betreiben. Art. 25 wird insoweit zu einer der k. u. k. Monarchie erteilten Generalvollmacht zur jederzeitigen Annexion Bosnien-Herzegowinas degradiert.
Er verkannte damit jedoch nicht nur die Bedeutung, welche die Unterzeichnerstaaten dem einvernehmlichen Vorgehen insbesondere auch in der bosnisch–herzegowinischen Angelegenheit beigemessen hatten, sondern vor allen Dingen auch die durch die Präambel i. V. m. Art. 7 des Pariser Friedensvertrages über die Beendigung des Krimkrieges vom 30. März 1856[445] betonte Achtung bzw. Garantie der Unabhängigkeit und territorialen Integrität des ottomanischen Reiches. Die Realisierung des Ziels der Festigung und Stabilisierung der Machtverhältnisse auf dem Balkan wurde auf solche Mittel begrenzt, die den territorialen Bestand des Osmanischen Reiches nicht schädigten. Aufgrund der Inkorporation des Zwecks des Pariser Vertrages widerstrebt die Interpretation der Verwaltungsanordnung als Gebietszession jedenfalls dem Zweck der Achtung der territorialen Integrität der Türkei. Fraglich ist aber, ob die Zession Bosnien-Herzegowinas auf
Österreich-Ungarn zur Erreichung des zweiten Vertragszwecks, der Herbeiführung befriedeter und stabiler Territorialverhältnisse auf dem Balkan im Allgemeinen und in Bosnien-Herzegowina im Besonderen[446], geboten war.
Zunächst ist nicht zu leugnen, dass einerseits vom unbewältigten Aufbegehren der bosnisch-herzegowinischen Aufständischenbewegungen eine im Widerspruch zum Vertragszweck stehende Bedrohung der territorialen Integrität des Osmanischen Reiches ausging. Zur Erreichung des Zwecks des Berliner Vertrages war daher eine die territoriale Integrität des Osmanischen Reiches erhaltende Regelung geboten, welche zugleich die Gewähr des Niederhaltens der nach nationaler Selbstbestimmung und/ oder nach sozialer Befreiung strebenden Aufstände

---

[445] Parry: a. a. O., Bd. 114, S. 410 ff., S. 414

[446] Auch Lamp: Die Verfassung von Bosnien und der Herzegowina vom 17. Februar 1910, S. 166; Wurmbrand: Die rechtliche Stellung Bosniens und der Herzegowina, S. 11 erkennt hierin eine Verpflichtung Österreich-Ungarns

gab[447]. Eine Abtrennung des bosnisch-herzegowinischen Teiles des osmanischen Staatsgebietes war andererseits zur Wiederherstellung der Sicherheit und Ordnung in diesen Ländern jedoch weder geeignet noch geboten. Wegen seiner regionalen Lage und des beträchtlichen Anteils der orthodoxen Bevölkerungsschicht betraf Bosnien-Herzegowina sowohl die Interessensphäre Rußlands[448] als auch Bulgariens und insbesondere Serbiens bzw. Montenegros. Durch eine Einverleibung der beiden Provinzen durch das katholische Österreich-Ungarn wären vor allen Dingen deren panslawistische Begehrlichkeiten[449] endgültig enttäuscht worden. Ein hinsichtlich seiner Verbreitung regional schwer begrenzbarer Flächenbrand war als Szenario einer zur Befriedung Bosnien – Herzegowinas nicht erforderlichen Inkorporation in den österreichisch– ungarischen Reichsverband durchaus denkbar. Dem Vertragszweck entsprach vielmehr eine zur effektiven Bekämpfung der Revolten geeignete und den Bestand der Türkei erhaltende Territoriallösung. Dies garantierte bereits die Übergabe der unter osmanischer Suprematie verbleibenden Gebiete ausschließlich zur Okkupation und Verwaltung durch eine mächtige und effektive österreichisch-ungarische Militär- und Verwaltungsmacht.

Die der Präambel immanente enge Verknüpfung der österreichisch-ungarischen Präsens in Bosnien-Herzegowina mit ihrer Befriedungsaufgabe begrenzte zugleich die durch Art. 25 S. 1 eingeräumte Besetzungs- und Verwaltungsbefugnis auf den unbestimmten Zeitpunkt der Erfüllung seines Regelungzwecks. Im Gegensatz zur Annahme einer Mindermeinung enthielt Art. 25 danach keine Anerkennung eines schlechthin unbeschränkten und unentziehbaren Rechtes der Monarchie auf Ausübung

---

[447] Andrássy in einem Schreiben an Karolyi vom 13.4.1878: „Wenn die Türkei versuchen wolle, alle widerstrebenden Elemente, die bulgarischen, serbischen, griechischen und albanischen, allein zu bewältigen, so sei zu fürchten, daß sie ihren Besitz nach keiner Richtung hin zu sichern imstande sein werde", nach v. Wertheimer: Graf Julius Andrássy, Sein Leben und seine Zeit, S. 122/123

[448] Nach Rutkowski: Gustav Graf Kalnoky, S. 597 war russisches Fernziel die Beherrschung Konstantinopels und der Meerengen, womit die Vormachtstellung auf der Balkanhalbinsel eng verknüpft war

[449] Zum ganzen Rutkowski: Der Plan für eine Annexion Bosniens und der Herzegowina aus den Jahren 1882/83, S. 138, 114; einen Querschnitt der öffentlichen Meinung gibt Haselsteiner: Öffentliche Meinung oder Meinungspluralität? Zum Widerhall der Okkupation in der deutschsprachigen Presse der Donaumonarchie, S. 61

der Verwaltungsbefugnis über beide Länder[450]. Vielmehr wurde die Verwaltung der beiden osmanischen Provinzen der k. u. k. Besatzungsmacht zur eigenständigen Ausübung im eigenen Namen[451] nur bis zur Wiederherstellung stabiler, dauerhaft befriedeter Verhältnisse und dem Ende der Flüchtlingsströme übertragen.

Festzuhalten ist, dass die Auslegung des Art. 25 S. 1 i. S. e. Gebietszession nicht mit dem Vertragszweck der Beruhigung und Stabilisierung der gesamten Balkanregion harmonisiert. Die teleologische Auslegung des Berliner Vertrages spricht folglich ebenso wie die übliche Bedeutung der Verwaltungs-, Besetzungsanordnung des Art. 25 gegen einen Souveränitätserwerb Österreich-Ungarns.

bb) Teleologische Extension der Verwaltungszession?

Zweifelhaft ist, ob jedoch nach teleologischer Auslegung ebenso wie nach dem Wortlaut des Art. 25 S. 1 die Österreich-Ungarn eingeräumten Kompetenzen auf die Administration i. engeren S. und die Okkupation beschränkt wurden. Die Frage, inwieweit der Zweck des Berliner Vertrages zur Stabilisierung der Verhältnisse in Bosnien-Herzegowina die Zession auch der Gesetzgebung einräumte, beantwortet sich danach, ob das Osmanische Reich willig und in der Lage dazu war, die legislativen Grundlagen der Ungleichbehandlung der muslimischen und der nichtmuslimischen Bevölkerung aufzuheben. Schließlich erschwerte die Aufrechterhaltung der rechtlichen Diskriminierung großer, insbesondere christlicher Bevölkerungsteile, die Befriedung Bosnien-Herzegowinas und die Etablierung stabiler Verhältnisse auf dem gesamten Balkan. Gegen die Notwendigkeit des Entzugs auch des Gesetzgebungsrechts könnten jedoch die unverkennbaren Ansätze der auch für Bosnien-

---

[450] So auch v. Holtzendorff: Handbuch des Völkerrechts, Bd. II, S. 245; a. A. Lingg: Die staatsrechtliche Stellung Bosniens und der Herzegowina, S. 496, Tezner: Der Kaiser, S.259; gegen eine Resolutivbedingung auch Verdross/Simma/Geiger: Territoriale Souveränität und Gebietshoheit, S. 20

[451] I. völkerrechtlichen S. handelte es sich deshalb bei Art. 25 entgegen Seidl-Hohenveldern: Völkerrecht, S. 208 Rdnr. 1128, nicht um einen Österreich-Ungarn erteilten „Auftrag des Europäischen Konzerts“ ähnlich den den Völkerbundmandaten und UNO-Treuhandgebieten zugrundeliegenden Gedanken

Herzegowina gültigen Tanzimatsgesetzgebung sprechen, die rechtliche Ungleichbehandlung von Muslimen und Nicht – Muslimen aufzuheben bzw. doch wesentlich zu verringern. Obwohl der Sultan durch Spezialbefehl vom 18. Februar 1856 und in späteren Verordnungen den nichtmohammedanischen Glaubensgemeinschaften Rechte und Freiheiten verlieh, blieb den Christen insbesondere die beträchtliche Steuerlast[452]. Auch die osmanische Reformgesetzgebung änderte weiterhin nichts an der grundrechtlich abgesicherten Abhängigkeit der, auf von Muslimen gepachteten Äckern, arbeitenden christlichen Bauern[453] von ihren Verpächtern sowie der Verpflichtung zur Zahlung der jährlichen sog. Zehentpacht. Vielmehr sah ein 1872 erlassenes türkisches Gesetz vor, dass die Zehentpacht größer zu sein hatte als die der vorangegangenen Jahre[454]. Obwohl gerade die Verteilung von Grund und Boden Bosniens und der Herzegowina neben der ungerechten Steuerbelastung maßgeblicher Anlass der sich stetig wiederholenden Aufstände der christlichen Bevölkerung gegen die mohammedanische Herrschaft war, hielt der osmanische Gesetzgeber diese Rechtslage aufrecht. Das beständige Verweigern rechtlicher Gleichbehandlung in diesen essentiellen Fragen deutet auf eine grundsätzliche, religiös motivierte Verweigerungshaltung der muslimischen Machthaber mit geringer Aussicht auf Besserung hin. Zu erwägen ist daher, dass der Berliner Vertrag, über die Formulierung des Art. 25 S. 1 hinausgehend, Österreich-Ungarn auch die Wahrnehmung des Gesetzgebungsrechts hinsichtlich der beiden osmanischen Provinzen eingeräumt hatte.

Gegen eine teleologische Extension der durch Art. 25 eingeräumten Kompetenzen spricht aber der objektive Auslegungsansatz. Aus diesem ergibt sich die methodische Pflicht, die teleologische mit der wörtlichen sowie systematischen Auslegungsmethode zu kombinieren[455]. Da sich die übliche Bedeutung des Verwaltungsbegriffs insbesondere aus der Abgrenzung der gesetzgeberischen zu den administrativen Kompetenzen herauskristalisiert hatte, würde die Unterstellung einer das Gesetz-

---

[452] Czeschka: Die Okkupation Bosniens und der Hercegovina durch die k. u. k. Truppen im Jahre 1878, S. 7

[453] Hierzu Hauptmann: Die österreichisch-ungarische Herrschaft in Bosnien und der Hercegovina 1878-1918, S. 1

[454] Bauer: Zwischen Halbmond und Doppeladler, 40 Jahre österreichische Verwaltung in Bosnien-Herzegowina, S. 43

[455] Ipsen: Völkerrecht, S. 120

gebungsrecht umfassenden „Verwaltungszession“ die Grenze zwischen objektivem und subjektivem, auf den Parteiwillen abstellenden Ansatz in bedenklicher Weise auflösen und ist daher abzulehnen.

e) Ergebnis

Nach dem objektiven Auslegungsansatz implizierte Art. 25 S. 1 des Berliner Vertrages den Fortbestand souveräner Rechtsmacht des osmanischen Zessionars; weiterhin war Art. 25 lediglich als Verwaltungszession i. e. S. zu interpretieren. Aus dem Österreich-Ungarn eingeräumten Besatzerstatus folgte überdies die Befugnis zur Ausübung der Polizei- und Sicherheitsgewalt. Soweit die strafrichterliche Gewaltausübung zur Aufrechterhaltung des Besatzerstatus notwendig war, wurde auch die k. u. k. Rechtsprechungstätigkeit durch Art. 25 S. 1 gedeckt.

2.) Der subjektive Ansatz

Nach dem subjektiven Ansatz war bei der Auslegung von Verträgen der übereinstimmende historische Parteiwille, selbst soweit er im Widerspruch zum Wortlaut des Vertrages stand, maßgeblich[456]. Da der subjektive Ansatz auf der in der Literatur des 19. Jahrhunderts verbreiteten Staatswillenstheorie basiert, fand die dominante Stellung des Parteiwillens innerhalb der zeitgenössischen Auslegung völkerrechtlicher Verträge damals eine breitere Anhängerschaft. Soweit eine gegenseitige Absicht nicht erkennbar wurde, galt auch nach Heffter, was dem einen Teil nach den gebrauchten Worten als versprochen, d. h. bei redlicher und verständiger Gesinnung vorausgesetzt werden durfte[457]. Der subjektive Auslegungsansatz lag insbesondere auch jenen Stimmen bei, die Art. 25 als eine „verschleierte“ bzw. „verdeckte“ Gebietsabtretung qualifizierten[458]. Diese Haltung implizierte, dass das gezielt verschleierte, von den Parteien Gewollte und nicht der im Vertragstext dokumentierte Konsens

---

[456] V. Hellenbach: Die Occupation Bosniens und deren Folgen, S. 6/7
[457] Heffter: Das Europäische Völkerrecht der Gegenwart auf den bisherigen Grundlagen, S. 204/205
[458] V. Liszt: Das Völkerrecht 1906, S. 102; Kohler: Die Dardanellenfrage, S. 192, Redslob: Abhängige Länder, S. 222

nach dem damals geltenden Vertragsrecht Bindungswirkung entfaltete. Neumann schenkt dem Wortlaut von Art. 25 für den durch den Berliner Vertrag geschaffenen völkerrechtlichen Status Bosnien-Herzegowina keine Beachtung[459]. Aus den Protokollen des Vertrages gehe das Bestreben des Berliner Kongresses hervor, eine dauerhafte und stabile Ordnung in Bosnien-Herzegowina zu etablieren. Nach übereinstimmender Absicht der Signatarmächte gewährleistete dies ausschließlich die Gebietszession zugunsten Österreich-Ungarns. Der Vertragstext verdecke nach diesem Ansatz lediglich die in den Vertragsmaterialien zum Ausdruck kommende definitive und bedingungslose Abtretung Bosniens und der Herzegowina.

Gegen den subjektiven Ansatz spricht aber, dass seine Anwendung versagt, wenn ein übereinstimmender Parteiwille fehlt; zur Auslegung zweifelhafter Vertragsbestimmungen muss der Interpret dann auf Mutmaßungen oder Unterstellungen abstellen. Der subjektive Ansatz verkennt überdies, dass gerade der Vertragstext das schriftlich fixierte Dokument des im Zeitpunkt des Vertragsschlusses übereinstimmenden Parteiwillens der Unterzeichner darstellt.

Zweifel an der Haltbarkeit des subjektiven Ansatzes kommen auch hinsichtlich seiner Verwurzelung in der zeitgenössischen Rechtsüberzeugung der Staatenpraxis auf.

Sowohl das im Vorfeld des Berliner Kongresses virulente Bemühen um die angemessene Formulierung als auch die nachträgliche Diskussion des Bedeutungsgehalts der Verwaltungs- und Besetzungsanordnung des Art. 25 deuten die dem Vertragswortlaut durch die Unterzeichner beigemessene Bedeutung an. Dies wurde einerseits durch die russische Zustimmung ausschließlich zur englischen Fassung des Art. 25 deutlich[460]. Auch der von Andrássy Annexionsforderungen entgegengestellte Hinweis, dass weder über den Berliner Vertrag hinausgegangen noch

---

[459] Neumann: L`Empire Austro-Hongrois, La Bosnie et l` Herzégovine, S. 40

[460] Geiss: Der Berliner Kongreß, Protokolle und Materialien, S. 249 ; auch das Ringen um die konkrete Fassung einer Besetzungsanordnung im Vorfeld des Berliner Kongresses beweist dies, etwa Andrássys Widerstand gegen die Kodifikation einer bestimmten Dauer der Besetzung Bosnien-Herzegowinas, in einem Telegramm an Graf Zichy vom 1.7.1878, Österreichisches Haus-, Hof-, Staatsarchiv: Politisches Archiv, 1878 XII, Liasse VI/1 1878, Blätter 38/39

hinter demselben zurückgeblieben werden dürfe[461], beinhaltet eine mit dem subjektiven Auslegungsansatz schwer in Einklang zu bringende Rechtsansicht.

Eine abschließende Antwort auf die Frage des im 19. Jahrhundert maßgeblichen Auslegungsansatzes kann aber dahinstehen, weil ein historisch
übereinstimmender Wille aller Unterzeichner des Berliner Vertrages, Bosnien und die Herzegowina der Doppelmonarchie einzuverleiben, überaus zweifelhaft ist. Dem historisch kundigen Betrachter drängen sich bereits nach summarischer Prüfung des historischen Willens der k. u. k. Monarchie unweigerlich Bedenken hinsichtlich eines Einverleibungswillens auf.

Unbestreitbar hoch war zwar die Bedeutung eines Erwerbs von Bosnien-Herzegowina für den Zugewinn an strategischer Sicherheit der Doppelmonarchie wie für das Selbstbewusstsein der lange Zeit nur durch territoriale Verluste, zuletzt durch die italienische Sezession, geschwächten Doppelmonarchie. Die sog. Augleichsfrage stellte aber die k. u. k. Verantwortungsträger vor die Aufgabe, einen bosnisch-herzegowinischen Gebietszuwachs in die komplizierte und, hinsichtlich seines Machtgleichgewichts zwischen Cisleithanien[462] und Transleithanien, säuberlich ausbalancierte Staatsordnung der Doppelmonarchie einzufügen[463]. Der Streit um die ungarischen Kompetenzen innerhalb des Gesamtstaatsgefüges schwelte, durch die ungarische Nationalbewegung mal weniger und mal stärker angetrieben, zwar stetig und wurde in seinen Ausschlägen durch das Ausgleichsverfahren abgemildert. Da gerade in der bosnischen Frage von ungarischer Seite stets historische Rechte beansprucht wurden, barg die Frage des staatsrechtlichen Einfügens Bosnien-

---

461 Im Ministerrat am 24.8.1878, v. Wertheimer: Graf Julius von Andrássy, Sein Leben und seine Zeit, III. Band, S. 157; ebenso Kaiser Franz Joseph vor den Delegationen, so Andrássy in einem Telegramm an Graf Zichy vom 10.11.1878, Novotny: Quellen und Studien zur Geschichte des Berliner Kongresses, Bd. I, S.176

462 Cisleithanien beschreibt die im österreichischen Reichsrat vertretenen Länder und Königreiche, hingegen Transleithanien die im ungarischen Reichtstag vertretenen Länder

463 So auch Andrássy im Gem. Ministerrat, Prot. vom 24. August 1878, hierzu v. Wertheimer: Graf Julius Andrássy, Sein Leben und seine Zeit, S. 157 ff.

Herzegowinas in das Staatsgefüge der Doppelmonarchie zugleich eine erhebliche Gefahr für die Stabilität des österreichisch-ungarischen Ausgleichs insgesamt. Den Vertretern der Doppelmonarchie konnte nicht verborgen bleiben, dass die führenden magyarischen Kreise in Ungarn ebenso wie die Deutschen in Österreich mit einer solchen Einverleibung eine bedrohliche Vermehrung feindlicher, insbesondere slawischer Elemente und damit neue Verwicklungen im Innern der Donaumonarchie verbanden[464]. Die neben den innenpoltischen Widerständen bestehenden außenpolitischen Vorbehalte gegen eine k. u. k. Einverleibung Bosnien-Herzegowinas sind dank historischer Forschungen ausreichend bekannt. Insbesondere das von Rußland „brüderlich" gestützte slawische Unabhängigkeitsstreben, die englische Gleichgewichtspolitik, das italienische Sympathiesieren mit den nationalen Befreiungsbewegungen und der türkische Kampf um den Zusammenhalt seines Staatsgebiets umschreiben die der k. u. k. Diplomatie im Zeitpunkt der Vertragsunterzeichnung bekannten, gewichtigen Argumente gegen einen Erwerb Bosnien- Herzegowinas.

Wie sich diese Perspektive interner sowie externer Widerstände und Komplikationen letztlich auf die Entscheidungsfindung der außenpolitischen Vertreter der Doppelmonarchie bzw. auf den historischen Willen Österreich- Ungarns zum völkerrechtlichen Status von Bosnien-Herzegowina im Zeitpunkt der Unterzeichnung des Berliner Vertrages auswirkten, vermögen letztlich nur die Protokolle des Berliner Vertrages zu beantworten. Da alle Vertragsparteien am Ende des Kongresses nach mehrfacher Durchsicht und Überarbeitung durch Unterschrift die Authenzität des Protokollinhalts dokumentierten, bildeten diese die erstrangige Einzelquelle für die Ermittlung eines übereinstimmenden historischen

---

[464] Maiwald: Der Berliner Kongress und das Völkerrecht, S. 56; weite Teile der politischen Meinung glaubten an eine ungarisch-türkische Interessengemeinschaft, hierzu auch Adresse des ungarischen Reichstags an den Monarchen, in v. Wertheimer: Graf Julius Andrássy, S. 17 mit dem dringenden Appell, dass „die Weisheit und die constitutionelle Gesinnung von Kaiser Franz Joseph zu allen Zeiten einer Änderung des Besetzungs -, Verwaltungsmandats und des provisorischen Charakters der Okkupation entgegenstünde".

Parteiwillens aller Teilnehmer des Berliner Kongresses zur virulenten Frage[465].

a) Untersuchung des historischen Parteiwillens anhand der Vertragsprotokolle

Zu prüfen ist daher, ob die von den Vertretern des subjektiven Auslegungsansatzes auf der Grundlage des Inhalts der Berliner Vertragsprotokolle vertretene These eines übereinstimmenden Gebietszessionswillens der Unterzeichner haltbar ist.

aa) Die k. u. k. Position

Die Eingangs der 8. Sitzung verlesene Erklärung Andrássys[466] beschäftigte sich mit der Evidenz der Konzentration der Aufmerksamkeit des Berliner Kongresses auf die in und durch Bosnien-Herzegowina im In- wie im Ausland, insbesondere in den eigenen Grenzregionen hervorgerufenen Verhältnissen. Die virulente Frage der Präferenz einer Verwaltungs- oder einer Gebietszession wurde in der Einlassung Andrássys hingegen nicht ausdrücklich diskutiert. Unverkennbar galt aber das erstrangige österreichisch-ungarische Interesse der dauerhaften Beendigung der Insurrektionen und des Stroms bosnisch–herzegowinischer Flüchtlinge über die Grenzen der Doppelmonarchie, welche beträchtliche Unterhaltslasten im Staatshaushalt der Doppelmonarchie verursachten:
„Der Standpunkt der österreichisch-ungarischen Regierung kann diesen Zuständen gegenüber nur der sein, daß solchen Verhältnissen, nachdem deren Eintritt nicht zu verhindern war, durch eine Lösung der bosnisch – herzegowinischen Frage, welche die Gewähr der Dauer in sich trägt, ein für alle Mal ein Ende gemacht werden müsse“[467].

---

[465] Ipsen: Völkerrecht, S. 116; zur Entstehung und zum wissenschaftlichen Wert der Protokolle auch Geiss: Der Berliner Kongreß, Protokolle und Materialien, S. XXIX, XXX

[466] Gedruckt bei Geiss: Der Berliner Kongreß 1878, S. 239-242

[467] Geiss: a. a. O., S. 240

Die im Präliminarfrieden von San Stefano intendierte Autonomie Bosnien-Herzegowinas war zur Wiederherstellung der Ruhe und Ordnung nach eigener Bekundung ungeeignet. Ein unter österreichisch-ungarische Suprematie fallendes Bosnien-Herzegowina gab aufgrund der dann auch in Bosnien-Herzegowina wirkenden modernen k. u. k. Polizei- und Sicherheitskräfte sowie der k. u. k. Armee die Gewähr, die Plünderungen und die Fluchtbewegung zu beenden. Soweit auch eine Verwaltungszession die Nutzung dieser Machtmittel in den Händen einer Okkupationsmacht vereinigte, wurde dieser Zweck jedoch ebenso erreicht und gab insoweit keine mindere Sicherheitsperspektive.
Nimmt man hingegen die im In- wie im Ausland zu erwartenden heftigen Widerstände gegen die Einverleibung der beiden osmanischen Provinzen hinzu, bestehen ernsthafte Zweifel an einem historischen Einverleibungswillen der Doppelmonarchie im Zeitpunkt des Berliner Kongresses.

bb) Die britische Position

Zu Beginn der 13. Sitzung vom 5. Juli 1878 bemühte sich der englische Unterhändler Lord Beaconsfield aufgrund des in der Öffentlichkeit bereits vor Vertragsunterzeichnung entbrannten Streits um die Interpretation des von Lord Salisbury beantragten Art. 25 S. 1 das britische Motiv für die Verwaltungs-, Besetzungsanordnung zu erläutern:
„Gewiß kommt es nach einem großen Krieg oft zu territorialen Veränderungen; die Türkei sei nicht der einzige Staat, der territoriale Verluste erlitten habe; auch England habe einst Gebiete verloren, denen es großen Wert bemaß und deren Verlust es noch heute bedauere. Ein Teil der Presse ist der Auffassung, daß diese Entscheidung einer Teilung der Türkei gleichkomme. Diese Entscheidung wurde aber ergriffen, um einer solchen Teilung vorzubeugen. Zahlreiche historische Präzedenzfälle rechtfertigen das: Bosnien würde, sich selbst überlassen, von unabhängigen oder halbsouveränen Staaten umgeben, in kurzer Zeit den Schauplatz blutiger Kämpfe abgeben. In dieser Situation hat sich Großbritannien an eine benachbarte Macht gewandt, die an der Aufrechterhaltung des Friedens stark interessiert ist; so hat Europa, das der gleichen Auffassung ist, die Besetzung und Verwaltung Bosniens Österreich-Ungarn übertragen, so, wie sie diesem Staat wiederholt schon ähnliche Missio-

nen aufgetragen hat; die Initiative Großbritanniens beweise also nicht, daß es für eine Teilung ist"[468].

Diese Einlassung wurde von Bluntschli dahingehend interpretiert, dass England die Okkupation von Bosnien-Herzegowina durch die österreichisch-ungarische Monarchie lediglich als Interimslösung angesehen habe und letztlich die Provinzen unter türkischer Souveränität verbleiben sollten[469]. Der in indirekter Rede gehaltene Hinweis auf die territorialen Verluste bzw. Veränderungen des Osmanischen Reiches gibt lediglich die in der öffentlichen Diskussion kolportierten Interpretationen des englischen Antrags wieder. Keineswegs machte sich Großbritannien diese Deutung jedoch zu eigen. Dies zeigt bereits die Tatsache, dass Lord Beaconsfield sich veranlasst sah, jeglicher Auslegung der eigenen Antragsfassung i. S. e. Gebietszession noch während der Beratungen des Berliner Kongresses entgegenzutreten. Zentrales Anliegen seines Vorbringens war vielmehr darzulegen, dass Großbritannien die zur Befriedung angeordnete Besetzung und Verwaltung zweier osmanischer Provinzen nicht als Beitrag zu einer Teilung des Osmanischen Reiches gewertet sehen wollte. Vielmehr wird aus den britischen Einlassungen offenbar, dass auch der britische Antrag auf Besetzung und Verwaltung Bosnien-Herzegowinas sich dem zentralen Anliegen des Pariser Vertrages von 1856, der Wahrung der Unabhängigkeit und territorialen Unversehrtheit des Osmanischen Reiches, verpflichtet sah:

„Sollte ein beträchtlicher Teil in die Hände eines der benachbarten Fürstentümer fallen, so entstünde eine Kette von slawischen Staaten, die sich über die ganze Balkanhalbinsel erstreckten und deren militärische Stärke die Angehörigen anderer Völker im Süden bedrohte. Eine solche Lage wäre ohne Zweifel für die Unabhängigkeit der Pforte gefährlicher als jede andere Konstellation. Große Gefahren wären zu befürchten, für die Provinzen wie für die Pforte, wenn sie weiterhin besetzen und verwalten würde"[470]. Deshalb benötige Bosnien-Herzegowina eine Regierung, die nicht nur die Mittel zum Aufbau einer ordentlichen Verwaltung

---

468 Österreichisches Haus-, Hof-, Staatsarchiv: Politisches Archiv III, 115, Protokoll Nr. 6765, Blatt 223; Geiss: Der Berliner Kongreß, Protokolle und Materialien, S. 308

469 Bluntschli: Le congrès de Berlin, la Bosnie et l'Herzégovine, S. 584, ebenso Wurmbrand: Die rechtliche Stellung Bosniens und der Herzegowina, S. 112

470 Geiss: Der Berliner Kongreß, Protokolle und Materialien, S. 243

hätte, sondern auch genügend starke Truppen, um jede Art von Unruhe zu unterdrücken[471].

cc) Die deutsche Position

Bismarck begründete sein zustimmendes Votum zum englischen Antrag neben der „Sicherung des Loses der Bevölkerung“ mit der Erforderlichkeit, ein Ausdehnen der revoltierenden Bewegungen in Bosnien-Herzegowina auf den gesamten europäischen Kontinent zu vermeiden[472]. Er spielte damit, trotz verschiedentlicher Dementis der bosnisch-herzegowinischen Aufständischen, auf die in den christlichen Monarchien präsente Befürchtung einer sozialrevolutionären Schlagrichtung der Insurrektionen gegen die monarchische Organisationsstruktur der europäischen Staaten an. Vor diesem Hintergrund galt daher das vorrangige Ziel der deutschen Zustimmung zu Art. 25 ebenso der Niederschlagung der Aufstände.
Von einer Gebietszession war hingegen auch in Bismarcks Einlassung nicht die Rede.

dd) Die italienische Position

Die Einlassung des ersten italienischen Bevollmächtigten Corti reduzierte sich auf das an Andrássy gerichtete Anliegen, einige weitere Erklärungen unter dem Gesichtspunkt des allgemeinen Interesses Europas zu geben[473].

ee) Die französische Position

Die Zustimmung der französischen Regierung zum englischen Antrag wurde mit der Charakterisierung des Einschreitens der österreichisch-

---

[471] In der 8. Sitzung des Berliner Kongresses, Geiss: a. a. O., S. 242
[472] Geiss: a. a. O., S. 243
[473] Geiss: a. a. O., S. 244

ungarischen Regierung als einer „europäischen Polizeimaßnahme“ verbunden[474]. Neben der Zweckbindung der Okkupation an die Herstellung des Friedens in Bosnien-Herzegowina wurde von französischer Seite an den europäischen Hintergrund der Maßnahmen appelliert. Die französische Einlassung rechtfertigte daher lediglich ein Handeln der k. u. k. Okkupationsmacht im „Auftrag“ der europäischen Mächte. Unbestritten widerspricht dieses Bild einer an die Vorgaben des europäischen Auftraggebers gebundenen k. u. k. „Friedensmission“ einer französischen Zustimmung zu einer österreichisch-ungarischen Einverleibung Bosnien-Herzegowinas.

ff) Die russische Position

Fürst Gortschakow betonte, dass seine Stimme ausschließlich dem Wortlaut des Antrags von Lord Salisbury gelte[475]. Der englische Antrag füge sich in die allgemeine Linie Russlands ein, und S. D. gebe ihm seine volle Unterstützung. Die russische Erklärung ist dahingehend zu werten, dass ausschließlich der objektive Bedeutungsgehalt der im englischen Antrag[476] gebrauchten Worte den von russischer Seite mit Art. 25 intendierten Gebietsstatus Bosnien-Herzegowinas widerspiegelte. Danach war dem Vortrag Gortschakows keine Zustimmung Russlands zu einer Inkorporation Bosnien-Herzegowinas in die Doppelmonarchie zu entnehmen.

gg) Die osmanische Position

Die ottomanischen Bevollmächtigten bekannten zunächst, dass sie keine dringende Notwendigkeit sehen, den Antrag auf Okkupation weiterzuver-

---

[474] Geiss: a. a. O., S. 247

[475] Geiss: a. a. O., S. 248

[476] Die russische Einschränkung war überdies Vorbehalt im Hinblick auf das k. u. k. Bestreben, im Sandschak von Novibazar Militärstraßen und strategische Punkte zu errichten, Geiss: a. a. O., S. 250

folgen[477]. In der 8. Sitzung des Berliner Kongresses stellte die Hohe Pforte einerseits die unverzügliche Durchführung von Reformen im Verwaltungs – wie im Agrarbereich und andererseits Unterbringungsmaßnahmen in Aussicht, um der Sorge der Flüchtlinge gerecht zu werden und der Anordnung einer k. u. k Verwaltung und Besetzung durch den Kongress zu entgehen. Die Zentrierung der osmanischen Argumentation um den Nachweis der eigenen Fähigkeit, geeignete und effektive Maßnahmen zur Wiederherstellung der öffentlichen Sicherheit und Ordnung zu ergreifen, verdeutlicht
überdies, dass nach türkischer Auffassung nur die Ausübung des Souveränitätsrechts, nicht aber dieses selbst zur Diskussion stand. Die Hohe Pforte, könne „daher keiner anderen Macht die Sorge und Verpflichtung überlassen wollen, eine Aufgabe zu erfüllen, die ihr selbstverständlich als rechtmäßig zufällt[478]". Auch die Zustimmung der Hohen Pforte zu Art. 25, erst nach massivem Druck, insbesondere von deutscher und österreichisch -ungarischer Seite zu Anfang der Sitzung vom 4. Juli 1878[479], verdeutlicht das Bestreben, das Recht auf Ausübung ihrer Gebietshoheit über Bosnien-Herzegowina weitestgehenst zu erhalten.

b) Ergebnis

Auf der Grundlage der Sitzungsprotokolle des Berliner Kongresses ist somit ein übereinstimmender historischer Wille der Vertragsparteien ausschließlich hinsichtlich der Besetzung und Verwaltung Bosnien-Herzegowinas gegeben.

Festzuhalten ist, dass weder der objektive Auslegungsansatz noch die Bewertung der Willensrichtung der Teilnehmer des Berliner Kongresses gem. subjektivem Ansatz die Auslegung des Art. 25 i. S. e. Gebietszession stützte.

Somit beinhaltete Art. 25 des Berliner Vertrages eine Zession ausschließlich der administrativen Befugnisse hinsichtlich der beiden unter

---

[477] Geiss: a. a. O., S. 245
[478] Geiss: a. a. O., S. 246
[479] Geiss: a. a. O., S. 293

osmanischer Suprematie verbleibenden und durch Österreich-Ungarn zu okkupierenden Provinzen.

D) Keine Wirksamkeitshindernisse bzgl. der türkischen Zustimmung zum Berliner Vertrag

Gründe, die der völkerrechtlichen Wirksamkeit der osmanischen Zustimmung zum Berliner Vertrag entgegenstanden, sind nicht ersichtlich. Eine etwaige staatsorganisationsrechtlich fehlerhafte Mitwirkung der selbständigen cisleithanischen bzw. ungarischen Volksvertretungen oder des weiteren Reichstags bei der k. u. k. Zustimmung zum Berliner Vertrag[480] hatte für die völkerrechtliche Wirksamkeit des Berliner Vertrages keine Relevanz[481].
Darüberhinaus ist nicht zu verkennen, dass der zur Revision der türkischen Ablehnung des in der 8. Sitzung gestellten britischen Antrags auf Verwaltung und Besetzung Bosnien-Herzegowinas angewandte teilweise massive Druck auf die Vertreter des Sultans nach dem damals gültigen Vertragsrecht keinen relevanten Mangel der Willensentschließung der Hohen Pforte begründete. Zwar wurden den osmanischen Vertretern massive Vorhaltungen wegen ihrer Oppositionshaltung gemacht[482]. Aus intertemporalrechtlicher Sicht ist zunächst daran zu erinnern, dass die ablehnende Haltung des heutigen Vertragsrechts gegenüber einer unter Drohungen oder Gewaltanwendung zustandegekommenen Willenserklärung wesentlich auf die Geltung des Gewaltverbots zurückzuführen ist. Das Ausspielen der faktischen Präponderanz der europäischen Großmächte gegenüber den anderen europäischen Staaten zur Erreichung des gesetzten Ziels galt jedoch damals als nicht völkerrechtswidrig[483]. Nach klassischem Völkerrecht war selbst die zwischenstaatliche Gewaltanwendung grundsätzlich erlaubt und in Konsequenz dessen, waren die

---

[480] Für die staatsrechtliche Erforderlichkeit der Zustimmung nur der österreichisch-ungarischen Krone Dantscher von Kollesberg: Der monarchische Bundesstaat Österreich-Ungarn und der Berliner Vertrag nebst der Bosnischen Vorlage, S. 246 ff.
[481] Schneller: Die staatsrechtliche Stellung von Bosnien und der Herzegowina, S. 87 ff.
[482] Näher bei Maiwald: Der Berliner Kongress 1878 und das Völkerrecht, S. 58
[483] Klein: Statusverträge im Völkerrecht, S. 102, 196

Früchte einer Drohung ebenso wie die unter kriegerischem Zwang zustandegekommenen Verträge, voll gültig[484].

Somit wurde Österreich-Ungarn gem. Art. 25 das Recht zur Verwaltungsausübung und zur Stationierung von k. u. k. Truppen in Bosnien-Herzegowina erteilt.
Der völkerrechtliche Status Bosnien-Herzegowinas als zweier unter die Suprematie des Sultans fallender osmanischer Provinzen bestand somit auch nach der Ratifikation des Berliner Vertrages fort.

---

[484] Simma: Das Reziprozitätselement im Zustandekommen völkerrechtlicher Verträge, S. 256

Teil 4: Der völkerrechtliche Status Bosnien-Herzegowinas nach den Rechtsetzungsakten der k. u. k. Okkupationsmacht

Unmittelbar nach Beendigung des Berliner Kongresses begann Österreich-Ungarn mit der Umsetzung der durch Art. 25 eingeräumten Kompetenzen. Dies dokumentierte sich zunächst im Einmarsch der k. u. k. Truppen in Bosnien-Herzegowina.

A) K. u. K. Annexion Bosnien–Herzegowinas aufgrund rechtswidriger „Verwaltungspraxis"?

Nach dem Niederringen heftigsten (para-) militärischen Widerstands der einheimischen Bevölkerung, serbischer Freiwilliger[485] und einzelner, ohne Auftrag ihrer Regierung kämpfender, vielfach desertierter osmanischer Einheiten[486] gegen die Besetzung durch die k. u. k. Armee, setzten rege und vielschichtige Bemühungen der Okkupationsmacht zur Umsetzung der Verwaltungsanordnung ein. Diese Bemühungen schlugen sich nach Aufbau einer örtlichen, zentralistisch dem k. u. k. gemeinsamen Finanzministerium unterstellten, Verwaltungsorganisation in einer, alle Lebensbereiche durchdringenden, Vielzahl von Gesetzen und Anordnungen nieder, die zum Teil eine Missachtung des souveränen Herrschaftsrechts des Osmanischen Reiches hinsichtlich Bosnien-Herzegowina bzw. gleichsam einen Verstoß gegen den Berliner Vertrag nahe legten.
Das Völkerrecht erfasst das staatliche Bestreben, fremdes Territorium unter Missachtung, Verletzung oder Vernichtung fremden Staatswillens seinem eigenen Staatsverband einzuverleiben, unter dem Begriff der Annexion[487]. Zu erwägen ist, dass die österreichisch-ungarischen „Verwaltungsmaßnahmen" das völkerrechtliche Verhältnis der Doppelmonar-

---

[485] Deutsch: Andrássy und die Okkupation Bosniens und der Hercegovina, S. 29
[486] Deutsch: a. a. O., S. 25, 27
[487] In der zeitgenössischen Literatur häufig auch unter dem Synonym der Eroberung bzw. Unterwerfung, v. Liszt: Das Völkerrecht, 9. Aufl., S. 313

chie zu den beiden osmanischen Provinzen durch Annexion in ein staatsrechtliches Geflecht wandelten.

I) Die Annexion als Gebietserwerbstitel des klassischen Völkerrechts

Unter einer Annexion wird die einseitige[488], gewaltsame und auf Dauererwerb abzielende Einverleibung fremden Staatsgebiets verstanden[489].
Die in heutiger Zeit gegen die Annexion aus der Geltung des Gewaltverbots herrührenden Bedenken bestanden im „englischen Zeitalter" auf dem europäischen Kontinent nicht. Mit Ausnahme weniger regionaler Abkommen lassen sich für die Zeit vor dem 1. Weltkrieg keine die Anwendung von Gewalt in den zwischenstaatlichen Beziehungen befehdenden völkerrechtlichen Dokumente ausmachen. Der auf der Interamerikanischen Konferenz im Jahre 1890 gefasste Beschluss, das Prinzip der Eroberung im öffentlichen Recht nicht mehr anzuerkennen und alle dadurch bedingten Gebietsveränderungen für nichtig zu erklären[490], konnte damals noch keine allgemeine Geltung beanspruchen.
Er stand damals vielmehr im Widerspruch zur Haltung der Staaten, das Ausspielen faktischer Überlegenheit in der zwischenstaatlichen Auseinandersetzung als völkerrechtskonforme Strategie zur Erreichung eines gesetzten Ziels anzusehen[491].
Diese Rechtsauffassung fand seitens der europäischen Staaten ausdrückliche Anerkennung auf dem Wiener Kongress[492]. Die freie Entscheidung zum Krieg als legitimes Mittel der Politik und Machtgewinnung

---

[488] Vereinzelt werden auch vertragliche Annexionen angenommen, etwa Scheuner: Die Annexion im modernen Völkerrecht, S. 81

[489] Berber: Lehrbuch des Völkerrechts, Bd. 1, S. 362, Gnesa: Die von Israel besetzten Gebiete im Völkerrecht, eine besetzungsrechtliche Analyse, S. 31, Schulz: Die Entwicklung des völkerrechtlichen Annexionsverbots, S. 20

[490] Moore: A Digest of International Law, Bd. 1, S. 292; Ziegler: Völkerrechtsgeschichte, S. 230

[491] Klein: Statusverträge im Völkerrecht, S. 196; auch Schätzel: Die Annexion im Völkerrecht, Archiv des Völkerrechts 1949, S. 11

[492] Schätzel: Die Annexion im Völkerrecht, S. 16

fand im klassischen Völkerrecht daher ihre Ergänzung in der ebenfalls freien Entscheidung zur Annexion eroberten Gebiets[493].
Das klassische Völkerrecht des 17. bis 19. Jahrhunderts erkannte folglich grundsätzlich[494] die im Anschluss an die militärische Niederlage des Gegners erfolgte Annexion als gültigen Gebietstitel an[495].
An der vollständigen Vernichtung der vereinzelt von osmanischen Einheiten unterstützten bosnisch-herzegowinischen (para-) militärischen Aufständischenbewegung durch die k. u. k. Armee bestand spätestens ab Oktober 1878 kein Zweifel mehr.

II) Vorliegen einer Annexionserklärung

Wenn ein Staat Gebiete eines anderen besetzt, so können die übrigen Staaten daraus nicht schließen, dass er sich dieses Gebiet einverleiben will[496]. Erst die Annexionserklärung dokumentierte den übrigen Staaten, in welcher Richtung der siegreiche Staat sein Wahlrecht auszuüben gedachte und gab diesen damit gleichsam die Möglichkeit, Einwände gegen den intendierten Gebietswechsel zu erheben. Schließlich enthielt auch das 19. Jahrhundert unverkennbare Beispiele, in denen der Siegerstaat, trotz vollständiger Besetzung eines Territoriums und der Beseitigung jeglicher Widerstandsmöglichkeit des feindlichen Staates, von einer Einverleibung absah. Obwohl Preußen sowohl Hannover als auch Sachsen debelliert hatte, annektierte es 1866 nur Hannover. Ebenso verzichtete Preußen nach seinem Sieg im Jahre 1866 auf die Annexion österreichischer Teilgebiete. Erst die Annexionserklärung machte es daher den anderen Staaten erkennbar, ob der besetzende Staat überdies

---

[493] Ziegler: Völkerrechtsgeschichte, S. 230; Menzel/Ipsen: Völkerrecht, 2. Aufl., S. 159; v. Holtzendorff: Handbuch des Völkerrechts, 4. Bd., S. 204: „Diejenigen Völker aber, welche die wenigsten Kriege aufzuweisen haben, stehen deshalb auch am weitesten in der Cultur überhaupt oder der Entwicklung gewisser Seiten derselben zurück“.

[494] Zu den sich aus der Tatbestandsvoraussetzung der Effektivität der Durchsetzung der neuen Gebietsherrschaft nach Innen und Außen für die Teilannexion aufgrund des Fortbestands des bisherigen Souveräns ergebenden Einschränkungen dieser Regel eingehend die Ausführungen zur Bestandskraft der k. u. k. Annexionserklärung v. 5.10.1908 auf den S. 159 ff.

[495] Menzel/Ipsen: Völkerrecht, 2. Aufl., S. 159; Seidl-Hohenveldern: Völkerrecht, S. 213 Rdz. 1158; v. Liszt: Das Völkerrecht, 9. Aufl., S. 313

[496] Schätzel: Die Annexion im Völkerrecht, S. 52

den Anspruch erhob, die völkerrechtliche Vertretung des okkupierten Gebiets wahrzunehmen. Somit setzte eine Annexion eine äußerlich erkennbare Bekundung, das besetzte Gebiet einverleiben zu wollen, voraus[497].

1.) Ausdrückliche Annexionserklärung durch Verpflichtung der Bosniaken und Herzegowiner zur Verteidigung des „Vaterlands" gem. Kundmachung v. 4.11.1881?

Denkbar ist, dass die Verordnung betreffend die Verlautbarung des am 24.10.1881 erlassenen provisorischen bosnischen Wehrgesetzes vom 4.11.1881 eine ausdrückliche k. u. k. Annexionserklärung enthielt. Die Verlautbarung der dem gemeinsamen Ministerrat unterstellten Landesregierung bestimmte[498]:
„...Darum hat Seine Majestät der Kaiser und König die Erfüllung der Pflicht, in die Reihen der bewaffneten Macht einzutreten, welche jedem wehrfähigen Sohne des Vaterlandes obliegt, Euch bisher Allergnädigst erlassen. Nunmehr aber ist es an der Zeit, dass die wehrfähigen Söhne des Landes ihrer Pflicht nachkommen und ohne Unterschied der Religion der Ehre theilhaftig werden, für die Vertheidigung ihres Vaterlandes die Waffen zu tragen. Darum haben seine Majestät der Kaiser und König das Gesetz über die Erfüllung Euerer Wehrpflicht, welches Euch hiermit kundgemacht wird, Allergnädigst genehmigt und anbefohlen, dass es vom Tage seiner Kundmachung in Wirksamkeit zu treten habe"... .

Aus der Unterwerfung unter die Wehrpflicht der k. u. k. Armee ergibt sich, dass die Verlautbarung weder das Osmanische Reich noch ein selbständiges Bosnien-Herzegowina als Vaterland der Bosniaken und Herzegowiner qualifizierte. Die im 6. Abschnitt der Verordnung vom 4.11.1881 vorgebrachte Begründung der Verpflichtung der Bosniaken und Herzegowiner zum Wehrdienst in der k. u. k. Armee mit der Obliegenheit jedes Mannes zur Verteidigung seines Vaterlandes impliziert vielmehr die Zugehörigkeit Bosniens und der Herzegowina zum Staats-

[497] V. Liszt: Das Völkerrecht, 9. Aufl., S. 92
[498] Sammlung der Gesetze und Verordnungen für Bosnien und die Hercegovina, Jahrgang 1881, S. 695/696

verband der Doppelmonarchie. Auf der anderen Seite diente die Verordnung vom 4.11.1881 lediglich der Verlautbarung des provisorischen Wehrgesetzes vom 24.10.1881; Rechtswirkung erzielten ausschließlich dessen legislative Bestimmungen. Für die Beurteilung des Vorliegens einer ausdrücklichen k. u. k. Annexionserklärung ist insoweit der Wortlaut des Gesetzes ausschlaggebend. Die Verordnung verschweigt, dass das provisorische Wehrgesetz vom 24.10.1881 in
§ 1 S.1 „alle wehrfähigen Landesangehörigen Bosniens und der Hercegovina" verpflichtet hatte, „an der Vertheidigung des Landes und der Monarchie, welche diesen von ihr verwalteten Ländern Schutz und Sicherheit gewährt, persönlich teilzunehmen"[499]. Die in §1 S.1 enthaltene kumulative Verpflichtung der Rekruten zur Verteidigung der Doppelmonarchie sowie Bosnien-Herzegowinas widerspricht der in der Verlautbarung gegenüber der bosnisch-herzegowinischen Bevölkerung ausdrücklich kolportierten „vaterländischen" Pflicht der Bosniaken und Herzegowiner zum Wehrdienst in der k. u. k. Armee. Soweit Bosnien-Herzegowina bereits österreichisch- ungarisches Staatsgebiet war, erstreckte sich die Pflicht zur Verteidigung der Monarchie auch auf dessen Territorium. §1 S.1 des provisorischen Wehrgesetzes dokumentierte daher, dass Österreich-Ungarn zum damaligen Zeitpunkt von einer ausdrücklichen Bezeichnung der Doppelmonarchie als Vaterland der Bosniaken und Herzegowiner Abstand nahm.
Eine ausdrückliche Erklärung zur gebietsrechtlichen Zugehörigkeit Bosnien-Herzegowinas enthielt damit erst das den europäischen Mächten am 5.10.1908 notifizierte Handschreiben des Kaisers.

Die in §1 S.1 des Wehrgesetzes vom 24.10.1881 zum Ausdruck gekommene Scheu vor einer ausdrücklichen Betonung der Einverleibung der beiden osmanischen Provinzen kann jedoch nicht darüber hinwegtäuschen, dass die Einberufung ihrer männlichen Bewohner zum Dienst in der k. u. k. Armee mit einer türkischen Personalhoheit und Souveränität bzgl. Bosnien-Herzegowina schwer, mit dem Aufschwingen zum Souverän dagegen sehr wohl, in Einklang zu bringen war.

---

[499] Sammlung der Gesetze und Verordnungen für Bosnien und die Hercegovina, Jahrgang 1881, S. 697

Denkbar ist, dass das österreichisch–ungarische Verhalten die der ausdrücklichen Erklärung gleichzusetzende, konkludente Aussage implizierte, Bosnien-Herzegowina einverleiben zu wollen.

2.) Der Streit zur Tatbestandsmäßigkeit konkludenter Annexionserklärungen

Fraglich ist aber, ob die konkludente Bekundung des Einverleibungswillens als Annexionserklärung zu werten ist.

a) Heutige Ansichten

Bereits in der heutigen Literatur divergieren die Anforderungen, die an die Bekundung des Annexionswillens gestellt werden. Gleichwertige Handlungen, insbesondere die Ausübung der Staatsfunktionen, erfüllen nach überwiegender Ansicht ebenso wie eine ausdrückliche Annexionserklärung die subjektiven Voraussetzungen[500]. Auch nach Malanczuk muss sich das subjektive Element lediglich in einer Handlung nach außen manifestieren[501]. Nach Dahm setzt wie die Okkupation auch die Einverleibung einen entsprechenden Willensakt des einverleibenden Staates voraus[502]. Dieser muss den anderen Staat oder einen Teil von dessen Gebiet seinem eigenen Gebiet endgültig eingliedern wollen und den Willen dazu zwar nicht förmlich notifizieren, aber doch deutlich bekunden.
Die Gegenansicht fordert hingegen eine ausdrückliche Annexionserklärung entweder generell oder zumindest für die Annexion eines fremden Teilgebiets. Nach der Ansicht von Starke muss der Einverleibungswille in einer förmlichen Note zum Ausdruck gebracht werden[503]. Nach Bindschedler muss der annektierende Staat stets mit einer Erklärung seinem Willen Ausdruck verleihen, die territoriale Souveränität über das Gebiet

---

[500] Menzel/Ipsen: Völkerrecht, 2. Aufl., S. 159
[501] Malanczuk: Das Golan-Gesetz im Lichte des Annexionsverbots und der occupatio bellica, S. 277
[502] Dahm/Delbrück/Wolfrum: Völkerrecht, Bd. I/1, S. 357
[503] Starke: Introduction to International Law, S. 191

erwerben zu wollen[504]. Berber fordert hingegen lediglich bei Teilannexionen eine ausdrückliche Erklärung[505].

aa) Aussagekraft der Auffassungen für das klassische Völkerrecht

Jedoch ist nicht zu leugnen, dass die Antwort auf die Frage der Tatbestandsmäßigkeit konkludenter Annexionserklärungen des „englischen Zeitalters“ in Zeiten der Geltung des Gewaltverbots anderen völkerrechtlichen Rahmenbedingungen unterlag als in neuerer Zeit.
Die internationale Ächtung der Annexion in heutiger Zeit legt jedem Staat nahe, von der ausdrücklichen Annexionserklärung Abstand zu nehmen und die Einverleibung fremden Staatsgebiets ohne Zustimmung des Souveräns lediglich durch verdeckte Gleichschaltungsmaßnahmen zu betreiben. Ein Unterlaufen des Annexionsverbots mittels konkludenten Handelns wird damit in heutiger Zeit erst durch die tatbestandliche Erfassung schlüssiger Annexionen unterbunden. Da im klassischen Völkerrecht ein Gewaltverbot noch nicht normativ wirksam war, waren die Staaten völkerrechtlich nicht gehindert, den Willen zur Einverleibung fremden Gebiets unmißverständlich, durch eine ausdrückliche Annexionserklärung zu bekunden. Überdies war die Erfassung schlüssigen Verhaltens nicht zur effektiven Durchsetzung des völkerrechtlichen Gewaltverbots geboten. In letzter Konsequenz ist daher nicht auszuschließen, dass die weite Interpretation des Annexionstatbestands vorrangig von der Rechtsüberzeugung der heutigen Staatenpraxis inspiriert wird und lediglich die heute gültige Völkerrechtslage wiederspiegelt.

b) Streit zur Tatbestandsmäßigkeit schlüssigen Verhaltens nach klassischem Völkerrechtsverständnis

Grundsätzlich konnten Willenserklärungen eines Staatorgans auch nach dem klassischen Völkerrechtsverständnis sowohl durch ausdrückliche als auch durch konkludente Bekundung erfolgen[506]. Untersuchungen,

---

[504] Bindschedler: „Annexion“, Wörterbuch des Völkerrechts, Bd. 1, S. 68
[505] Berber: Lehrbuch des Völkerrechts, Bd. 1, S. 362
[506] V. Liszt: Das Völkerrecht, 9. Aufl., S. 161, erkennt sogar zusätzlich stillschweigende Erklärungen als ausreichend an

welche die Frage der Tatbestandsmäßigkeit konkludenter Annexionserklärungen auf die „im englischen Zeitalter“ normativ wirksamen Rechtsauffassungen verengen, sind jedoch selten.

aa) Ablehnende Ansichten

Nach herrschender Auffassung erforderte die einseitige Aneignung eroberten Territoriums bis zur Gründung des Völkerbundes eine Willenserklärung des Erobererstaates gegenüber dritten Staaten, dass er das eroberte Gebiet künftig als sein eigenes betrachten werde (Annexionserklärung)[507]. Mössner stellt fest, dass gem. klassischem Völkerrecht für den Gebietserwerb zu der tatsächlichen und endgültigen Beherrschung des Gebiets noch die Absicht und Erklärung der Annexion hinzukommen musste[508]. Fehlte es an der Absicht, so handelte es sich danach um einen Fall der kriegerischen Besetzung.
In Umsetzung dieser Ansicht wurden die von Österreich-Ungarn nach dem Vollzug der Okkupation und Jahrzehnte vor der sog. bosnischen Annexionskrise von 1908 getroffenen Regelungen, insbesondere die Einbeziehung in den gemeinsamen Zollverband der Doppelmonarchie, die Aufhebung der Konsulargerichtsbarkeit und die Aushebung der männlichen bosnisch-herzegowinischen Bevölkerung zugunsten der k. u. k. Armee, weder von der zeitgenössischen noch von der heutigen Literatur unter annexionsrechtlichen Gesichtspunkten bewertet.

Als zur Ausübung der vollen auswärtigen Gewalt durch Österreich-Ungarn führende Maßnahme stufte Zimmer den Erlass der Landesregierung vom 13. November 1881, der die Bewohner Bosniens und der Herzegowina fortan auch in der Türkei der Jurisdiktion der k. u. k. Konsulate unterstellte, ein[509]. Schneller stellte fest, die k. u. k. Regierung habe die Vertretung der weiterhin unter osmanischer Obhut stehenden Bevölkerung Bosniens und der Herzegowina im Ausland für sich in Anspruch

---

[507] Ziehen: Vollendete Tatsachen bei Verletzung der territorialen Unversehrtheit, S.45; v. Liszt-Fleischmann: Völkerrecht, 12. Aufl., S. 150
[508] Mössner: Einführung in das Völkerrecht, S. 187
[509] Zimmer: Gewaltsame territoriale Veränderungen und ihre völkerrechtliche Legitimation, S. 116

genommen[510]. Ebenso wurde erkannt, dass mit den ersten Rekrutierungen einheimischer Männer am 24.3.1882 diese einen Eid auf den österreichisch-ungarischen Kaiser leisteten und sich verpflichteten, die Waffen gegen jeden äußeren Feind, also u. U. auch gegen die Türkei, zu ergreifen[511]. Weiterhin konstantierte er, dass die Einverleibung der wehrhaften Bewohner Bosniens und der Herzegowina in die k. u. k. Armee, ihre Vereidigung auf den Namen des Kaisers von Österreich dieselben ohne weiteres in österreichische Untertanen verwandelte. In seiner völkerrechtlichen Bewertung der Konsequenzen dieser Maßnahmen ging er aber über die Feststellung einer „ernstlichen Gefährdung der türkischen Souveränität über Bosnien und die Herzegowina" nicht hinaus[512].
Auch bei von Martens fällt dieser Gegensatz ins Auge. Obwohl er in der Unterstellung der Bosniaken und Herzegowiner unter die Wehrpflicht der k. u. k. Armee „unzweifelhaft eine Vergewaltigung der Gewissen der betreffenden Landesbewohner und ihrer unmittelbarsten Treuepflicht ihrem legitimen Herrscher, dem Sultan gegenüber" erkannte[513], unterließ er jegliche Erwägung eines k. u. k. Gebietserwerbs aufgrund konkludenter Annexionserklärung.

Danach scheiterte eine Annexion Bosnien-Herzegowinas durch die Gesetzgebungs- und Verwaltungsakte der k. u. k. Okkupationsmacht bereits mangels ausdrücklicher Annexionserklärung.

bb) Bejahende Ansichten

Vereinzelt wird in der Literatur vertreten, dass bereits nach den vor Gründung des Völkerbundes wirksamen Tatbestandsvoraussetzungen eine konkludente Bekundung des Einverleibungswillens zur Verwirklichung der Tatbestandsvoraussetzungen einer Annexion ausreichte. Für den Erwerbstitel der Annexion i. e. S. – also die unmittelbare Herrschaftsausdehnung ohne Beachtung des Willens des ehemaligen Ge-

---

510 Schneller: Die staatsrechtliche Stellung von Bosnien und der Herzegowina, S. 209/210

511 Blociszewski: L`annexion de la Bosnie et de l`Herzégovine, etude historique et juridique, S. 437

512 Schneller: a. a. O., S. 211

513 V. Martens: Traité de droit international, Bd. I, deutsche Übersetzung, S. 361

bietsherrn auf einen Teil seines Gebietes – wurde nach Ansicht von Mähler u. a. ein animus habendi, der „irgendwie“ nach außen in Erscheinung treten mußte, zur Voraussetzung gemacht[514]. Nach Auffassung von Tobler war für die als Unterfall der Annexion qualifizierte Eroberung u. a. der nach außen, „meist“ durch eine formelle Annexionserklärung, erkennbar bekundete Wille des Okkupanten, das besetzte Gebiet dem eigenen Staate anzugliedern, notwendig[515].
Ipsen stellt fest, dass ein Staat den Willen, ein Staatsgebiet erwerben zu wollen, häufig in der Form der Annexionserklärung kundgibt[516]. Unter Verweis auf die britische Entscheidung im Süd-Rhodesien Streit[517], welche die auf dem fraglichen Territorium durch einen von Großbritannien eingesetzten Hochkommissar Ende des 19., Anfang des 20. Jahrhunderts vorgenommenen staatlichen Exekutiv- und Legislativakte als Bestätigung der Annexion qualifiziert hatte, erachtet er auch die Proklamation in anderer Form, etwa durch schlüssiges Verhalten, als ausreichende Bekundung des Einverleibungswillens.
In seiner noch während dem ersten Weltkrieg verfassten umfassenden Untersuchung zur Annexion im Völkerrecht stellte Schätzel fest, dass der Einverleibungswille in erster Linie für die anderen Staaten durch die förmlich notifizierte und ausdrückliche Annexionserklärung erkennbar wurde. Jedoch rechtfertigten seiner Meinung nach auch Akte, aus denen für die übrigen Staaten erkennbar der Einverleibungswille folge, die völkerrechtliche Gleichbehandlung mit der ausdrücklichen Annexionserklärung[518]. Ausreichend sei ebenso, wenn ein Staat ein ihm überlassenes Gebiet vollständig dem Inlande gleichstelle[519], den Einwohnern etwa

---

[514] Mähler: Die völkerrechtliche Bedeutung des Kriegs- und Gewaltverbots durch Kellog- Pakt und UN- Satzung, S. 99
[515] Tobler: „Eroberung“, Wörterbuch des Völkerrechts, 1. Bd., S. 438
[516] Ipsen: Völkerrecht, 3. Aufl., S. 267; ebenso Verweis hierauf in seiner 4. Aufl., S. 261
[517] Hierzu unten S. 121/122
[518] Schätzel: Die Annexion im Völkerrecht, S. 52
[519] Auch die polnische Besetzung von Teilen der Provinz Posen zu Beginn des Jahres 1919 begründete nach Schätzel: Die Annexion im Völkerrecht, S. 167/168 aufgrund der u. a. in der Heranziehung der Bevölkerung zu seinen Steuern sowie zum Teil zum Wehrdienst zum Ausdruck gelangenden Behandlung des Okkupationsgebiets wie eigenes Staatsgebiet eine Annexion.

auch die politischen Rechte gäbe und der allgemeinen Wehrpflicht[520] unterwürfe, wie dies im Falle der verpfändeten Stadt Wismar geschehen sei.

Zu prüfen ist danach, ob die k. u. k. Okkupationsmacht durch ihre Rechtsetzungspraxis konkludent zu erkennen gab, Bosnien-Herzegowina als integralen Bestandteil der Doppelmonarchie zu betrachten.

(1) Verwaltung Bosnien-Herzegowinas durch das gemeinsame Finanzministerium gem. Verwaltungsgesetz v. 26.2.1879

Gem. § 1 S.1 der kaiserlichen Entschließung vom 29. Oktober 1878[521] war die oberste Leitung der bosnischen Verwaltungsangelegenheiten dem Ministerium für gemeinsame Angelegenheiten, dem eine aus je einem Vertreter der drei gemeinsamen Ministerien und je einem Delegierten der österreichischen und der ungarischen Regierung bestehende sog. bosnische Kommission für Vorarbeiten und Beratung i. S. d. § 5 zur Seite gestellt wurde, übertragen worden [522]. Als „Gemeinsamer Ministerrat" bildeten die Minister des Äußeren und des ks. Hauses, der Kriegsminister und der gemeinsame Finanzminister die Regierung der Gesamtmonarchie[523]. Ihm hierarchisch unterstellt wurde als höchste örtliche Behörde gem. § 1 S.1 des Gesetzes vom 29.10.1878 die in Sarajewo

[520] Dennoch wahrte Österreich-Ungarn nach Schätzel: Die Annexion im Völkerrecht, S. 52, 26 Fn. 74 während der Okkupation die Rechte der Türkei und dokumentierte durch besondere Bezeichnung der bosnischen Truppen, eigene Landesangehörigkeit, die Anrufung des Sultans in den Gebeten die gesonderte Behandlung der österreichischen Verwaltung bis zum Jahre 1908

[521] Sammlung der für Bosnien und die Hercegovina erlassenen Gesetze, Verordnungen und Normalweisungen, I. Bd., 1880, S. 10

[522] Schmid: Bosnien und die Herzegovina unter der Verwaltung Österreich-Ungarns, S. 50; im Juni 1880 erfolgte die Auflösung der Kommission; dem „Bosnischen Bureau" des Reichsfinanzministeriums wurde noch eine vierte Abteilung für Montan- und Forstwesen angegliedert und die judizielle wurde weiterhin durch Militär-Auditoren geleitet

[523] Brauneder: Österreichische Verfassungsgeschichte, S. 173/186

residierende Landesregierung, die am 29.12.1878 mit drei Ressorts versehen wurde: Innere Verwaltung, Justiz und Finanzen[524].
Durch allerhöchste Entschließung vom 26. Februar 1879 wurde die oberste Leitung der bosnischen Verwaltungsangelegenheiten jedoch im gemeinsamen Finanzministerium konzentriert[525]. Im gemeinsamen Finanzministerium wurde ein eigenes Büro mit einem politisch-administrativen, einem finanziellen und einem judiziellen Referat errichtet[526]. Dieses führte eine sehr detaillierte Aufsicht über die gesamte Verwaltung des Landes und vor allen Dingen gegenüber der in den beiden Provinzen befindlichen und im Status einer mittleren Verwaltungsstelle stehenden Landesregierung und besass Letztentscheidungsrecht[527]. Fortan leitete der gemeinsame Finanzminister im Namen der übrigen gemeinsamen Ministerien in oberster Instanz die gesamte bosnisch-herzegowinische Verwaltung[528].
Fraglich ist, ob aus dieser Zuständigkeitsveränderung ein k. u. k. Einverleibungswille hervorging.
Lingg erkannte bereits in den Regelungen zum Verwaltungsaufbau betreffend Bosnien-Hezegowina das Grundgesetz für eine staatsrechtliche Stellung der okkupierten Provinzen[529]. Für den materiellen Inhalt der vom Kaiser von Österreich in Bosnien und der Herzegowina erlassenen herrschaftlichen Befehle sei nach den beiden Verwaltungsgesetzen die Willensdetermination der verfassungsmässigen Faktoren in Wien und Budapest maßgebend gewesen.
Zuzugestehen ist, dass einem völkerrechtlichen Verhältnis Bosnien-Herzegowinas zur Monarchie eher die Unterweisung unter die Verwal-

---

[524] Durch Erlass des gemeinsamen Ministeriums betreffend die Organisation der Verwaltung, Sammlung der für Bosnien und die Hercegovina erlassenen Gesetze, Verordnungen und Normalweisungen, I. Bd., 1878-1880, S. 19-21

[525] Das Kriegsministerium bekleidete fortan nur noch in beschränktem Umfang die oberste Zentralstelle für bosnische Verwaltungsangelegenheiten; seine Zuständigkeit beschränkte sich auf die oberste Leitung in Militärangelegenheiten sowie hinsichtlich der Post- und Telegraphengeschäfte.

[526] Wagner: Geschichte des k. k. Kriegsministeriums, II. Bd., S. 188

[527] zudem wurden die Delegationen als eine Art indirektes Kontrollorgan eingesetzt, wobei deren Befugnisse nicht ausreichten, selbst gesetzgeberisch vorzugehen oder Verwaltungsakte zu setzen, Schmid: Bosnien und die Herzegovina unter der Verwaltung Österreich-Ungarns, S. 51/55

[528] Von 1882 - 1903 Benjamin Kállay`s von Nagy-Kálló, näher Wessely: Die wirtschaftliche Entwicklung in Bosnien-Herzegowina (1878-1918), S. 184/185

[529] Lingg: Die staatsrechtliche Stellung Bosniens und der Herzegowina, S. 493

tungsanordnungen des k. u. k. Außenministerium entsprochen hätte. Praktisch war die Verwaltung der beiden osmanischen Provinzen unmittelbar durch das k. u. k. Außenministerium nur schwer umsetzbar, weil dieses Ministerium mit den spezifischen Angelegenheiten der Administration keine Erfahrung hatte bzw. zumindest nicht die sachnächste Behörde war. Da die Bewältigung der Verwaltungsaufgabe zudem regelmäßig mit der Frage ihrer Finanzierung verknüpft war, diente die Konzentration im gemeinsamen Finanzministerium vielmehr vorrangig der strafferen und effizienteren Bewältigung der im Zuge der Administration Bosnien-Herzegowinas auftretenden Aufgaben. Aus der k. u. k. Begründung oberster Verantwortung des gemeinsamen Finanzministeriums für die Verwaltung Bosnien-Herzegowinas kann demnach nicht auf ein Bestreben der Doppelmonarchie geschlossen werden, das völkerrechtliche Rechtsverhältnis durch ein staatsrechtliches Band zu ersetzen.

(2) Erlass betreffend die Annahme türkischer Münzen v. 19.1.1879

Nach S. 2 des Zirkularerlasses[530] der Landesregierung vom 19. Januar 1879 betreffend die Annahme türkischer Scheidemünzen, sollte „überhaupt dahin gewirkt werden, dass „diese Geldzeichen, welche ohnehin in geringer Zahl in Bosnien und Herzegowina sich befinden dürften, allmälich gänzlich außer Cirkulation gelangen, um auf diese Weise der österreichischen Währung den alleinigen Cours hierlands zu verschaffen". Unbestreitbar verstieß S.2 des Zirkularerlasses gegen Art. 4 der Abmachung vom 21.4.1879 ebenso gegen die osmanische Währungssouveränität über Bosnien-Herzegowina. Die Währungssouveränität hat eine positive und eine negative Seite, die sich in die beiden Formeln „Währungshoheit" und Nichteinmischung sowie „Anerkennung" fassen läßt[531]. Unverkennbar sollte mittels der Verringerung der in den beiden osmanischen Provinzen zirkulierenden osmanischen Münzen langfristig ihre

[530] Sammlung der für Bosnien und die Hercegovina erlassenenen Gesetze, Verordnungen und Normalweisungen 1878-1880, III. Bd., Finanzverwaltung, 1. Theil, S. 27 / 28; die Cirkularverordnung vom 15.3.1880 dehnte die Annahme nur bestimmter Münzen auf alle Kassen und Ämter aus, a. a. O., S. 148 ff.

[531] Gutzwiller: Der Geltungsbereich der Währungsvorschriften, Umrisse eines Internationalrechts der Geldverfassungen, S. 87

Geltung untergraben werden[532]. Eine Inanspruchnahme der osmanischen Oberhoheit über die beiden Provinzen im Allgemeinen wie der Währungshoheit im Besonderen ging hieraus jedoch nicht unzweideutig hervor. Warum beschränkte sich die der Aufsicht des k. u. k. gemeinsamen Finanzministeriums unterworfene bosnische Landesregierung darauf, den tatsächlichen Fluss der türkischen Münzen im örtlichen Wirtschaftskreislauf zu verringern obwohl ihr die Option offenstand, die österreichisch-ungarische Währung zur ausschließlich gültigen, gesetzlichen Währung Bosnien-Herzegowinas zu erheben? Die Abstandnahme des Erlasses vom 19.1.1879 von der Aufhebung der Geltungskraft der ottomanischen Münzen im bosnisch-herzegowinischen Wirtschaftsverkehr ließ demnach die Deutung zu, dass diese sich aus Gründen der Achtung der türkischen Währungshoheit gehindert sah, die österreichisch- ungarische Währung dort zur allein gültigen Währung zu erheben. Damit kann auch aus der Beschränkung der freien Zirkulation türkischer Münzen gem. Erlass vom 19.1.1879 keine konkludente Annexionserklärung entnommen werden.

(3) Ausübung der Strafgewalt gem. Gesetz v. 26.6.1879?

Auf der Grundlage des speziell für die beiden osmanischen Provinzen geschaffenen Strafgesetzbuchs, genehmigt durch Allerhöchste Entschließung des Monarchen vom 26. Juni 1879, wurden in der Folgezeit im Namen des Monarchen[533] der Doppelmonarchie Strafurteile erlassen und vollstreckt. Die strafrechtliche Verfolgung von Einzelpersonen, insbesondere der eigenen Staatsbürger, gehört nach allgemeiner Rechtsauffassung vielmehr zum Kernbereich einzelstaatlicher Souveränität[534]. Diese spiegelte sich auch in einer Entscheidung des Reichsgerichts vom 28.2.1901 wider[535]:

---

[532] I. d. S. auch S. 1 des Zirkularerlasses, wonach die türkischen Münzen an öffentlichen Kassen für Steuerleistungen und Gebühren nur angenommen werden sollten, wenn sie zur Erfüllung von Zahlungsverpflichtungen unter einem Gulden angeboten wurden.

[533] Bauer: Zwischen Halbmond und Doppeladler, S. 91

[534] Hollweg: Das neue internationale Tribunal der UNO und der Jugoslawienkonflikt, S. 983

[535] Schmitz, u. a.: Die Entscheidungen des deutschen Reichsgerichts in völkerrechtlichen Fragen, S. 72

„Die staatliche Hoheitsgewalt und daher, als ein Zweig derselben, auch die Strafgewalt eines Staates kann sich nach natürlicher Auffassung und begrifflich an sich nur auf dem eigenen Staatsgebiet äußern und nur auf die darin verweilenden Personen erstrecken. Das moderne Staatsrecht erkennt daher, abgesehen von ganz geringfügigen, genau geregelten und begrenzten Ausnahmen, eine unmittelbare Ausübung der Strafgewalt in dem Gebiet eines souveränen fremden Staates nicht als statthaft an".

Eine Ausnahme, die eine vollständige Ausübung der Strafgewalt durch die Doppelmonarchie auf fremden Territorium legitimierte, ist auch aus Art. 25 nicht zu entnehmen. Mit Blick auf die von Art. 25 verfolgten Ziele war es zwar legitim, Delikte, die unmittelbar gegen die Besatzungsmacht gerichtet waren, durch eine eigene, insbesondere die k. u. k. Militärgerichtsbarkeit, zu verfolgen. Soweit aber von den Delikten ausschließlich Rechtsgüter und Belange tangiert wurden, die in keinem Zusammenhang mit der österreichisch-ungarischen Verwaltung und Besetzung standen, bestand der türkische Strafanspruch ohne Zweifel fort und war die Ausübung der Strafgewalt über die Bosniaken und Herzegowiner[536] durch die k. u. k. Okkupationsmacht die somit illegitime Inanspruchnahme osmanischer Hoheitskompetenzen.

(4) Eingliederung Bosnien-Herzegowinas in den gemeinsamen Zollverband der Doppelmonarchie gem. Gesetz v. 20.12.1879

Gem. § 1 S.1 des Gesetzes[537] vom 20.12.1879[538] wurde Bosnien-Herzegowina mit Wirkung zum 1.1.1880 in das gemeinsame Zollgebiet

---

[536] Aufgrund der durch Erlass vom 5.3.1881, Sammlung der für Bosnien und die Hercegovina erlassenen Gesetze, Verordnungen und Normalweisungen, II. Bd., 1881, S. 62, verfügten Aufhebung der k. u. k. Konsulate in Bosnien-Herzegowina erstreckte sich die Straf-, Zivilgerichtsbarkeit der ordentlichen bosnisch-herzegowinischen Gerichte, soweit nicht exterritoriales Gebiet oder die Kompetenz der k. u. k. Militärgerichte betroffen war, auf alle Personen, die sich im Land dauernd oder vorübergehend aufhielten sowie auf alle dort lokalisierten vermögensrechtlichen Objekte

[537] Die ordentliche Gesetzgebung besorgte der Kaiser gemeinsam mit dem Reichsrat, näher bei Brauneder: Österreichische Verfassungsgeschichte, S. 172

[538] Sammlung der für Bosnien und die Hercegovina erlassenen Gesetze, Verordnungen und Normalweisungen, 1878-1880, S. 50 ff.

der Doppelmonarchie aufgenommen. § 3 S.1 des Gesetzes, betreffend die Herstellung eines gemeinsamen Zollverbands mit Bosnien und der Hercegovina, bestimmte, dass die von der Doppelmonarchie mit fremden Staaten abgeschlossenen oder abzuschließenden Zoll- und Handelsverträge auch für Bosnien-Herzegowina galten. § 3 S.5 ordnete die Vertretung Bosnien-Herzegowinas gegenüber Drittstaaten in den in Art. II, III des Zoll- und Handelsbündnisses vom 27.6.1878[539] aufgeführten Angelegenheiten durch den k. u. k. Minister des Äußeren an.

Die von § 1 S.1 betroffene Zollhoheit ebenso wie die von § 3 S.1 berührte Vertragsabschlusskompetenz bzw. die außenpolitische Vertretungsbefugnis hinsichtlich Bosnien-Herzegowina i. S. v. § 3 S.5 gehörten unbestreitbar zum Kompetenzbereich des Osmanischen Reiches. Nur dieses war in allen diesen zoll- und handelspolitischen Fragen ausschließlich regelungs- bzw. vertretungsbefugt. Die Bedeutsamkeit der Zollhoheit für das Selbstwertgefühl des souveränen Staates im 19. Jahrhundert wird auch nicht durch die damaligen Gründungen von Zollvereinen widerlegt. Vielmehr dokumentierte gerade ihre völkervertragliche Basis die Unabdingbarkeit der Zustimmung der Staaten zum zollfreien Verkehr ausländischer Ware innerhalb der Freihandelszone[540]. Umso einschneidender war der Eingriff in das souveräne Herrschaftsrecht des Osmanischen Reiches bzgl. Bosnien-Herzegowina durch die einseitige Aufhebung der Zollschranken zwischen den beiden türkischen Provinzen und Österreich-Ungarn. Die Zollerhebung für die Einfuhr österreichisch-ungarischer Waren nach Bosnien-Herzegowina wurde aufgrund des Gesetzes vom 20.12.1879 unterbunden und Bosnien-Herzegowina ohne Zustimmung der Türkei osmanisches Zollausland[541]. In der k. u. k. Abstandnahme vom Einholen der Zustimmung der Hohen Pforte zur Aufhebung ihrer Zollhoheit lag daher unverkennbar ein eklatanter Verstoß gegen die osmanische Souveränität.

---

[539] Abgedruckt in Reichsgesetzblatt für die im Reichsrathe vertretenen Königreiche und Länder, Jahrgang 1878, Nr. 62, S. 148; auch Mayrhofers Handbuch für den politischen Verwaltungsdienst, S. 189/190

[540] S. auch die Diskussion um die Einführung der Zollunion zwischen Österreich und Ungarn im Jahre 1850; insbesondere der ungarische Reichstag betrachtete die Zollschranken als Mittel zur Verteidigung der nationalen Identität und des nationalen Überlebens, Komlos: Die Habsburgermonarchie als Zollunion, S. 30

[541] Wurmbrand: Die rechtliche Stellung Bosniens und der Herzegowina, S.17

Die durch § 3 S.1 von der k. u. k. Okkupationsmacht Inanspruch genommene Vertragsabschlusskompetenz bzgl. Handels- und Zollsachen ebenso wie die Vertretungsbefugnis i. S. d. § 3 S.5 i. V. m. Art. II des Zoll und Handelsbündnisses vom 27.6.1878 setzten überdies die Zuständigkeit zur Ausübung der auswärtigen Gewalt voraus. Die Unüberwindbarkeit des Willens des Souveräns in Fragen der auswärtigen Gewalt dokumentierte die konsensuale Lösung der Frage britischer Konsular-, wie Handelsvertragsabschlüsse hinsichtlich des türkischen Gebiets von Zypern. Im Gegensatz zu Österreich-Ungarn wurde Großbritannien durch die Hohe Pforte zusätzlich zur Verwaltungsrechtszession vom 14.7.1878 in einem neuen Abkommen am 14.8.1878 das Recht zum Abschluss von Wirtschafts- und Konsularverträgen betreffend Zypern im eigenen Namen zediert. Dies drückt die in der Staatengemeinschaft des 19. Jahrhunderts einhellige Rechtsüberzeugung aus, nur dem Souverän hinsichtlich eigenem Territorium die Kompetenz zum Vertragsabschluss zuzuordnen[542].

Die Regelungen des Gesetzes vom 20.12.1879 beinhalteten demnach sowohl den Anspruch der k. u. k. Okkupationsmacht auf die Zoll- bzw. Währungshoheit[543] als auch auf die Ausübung der auswärtigen Gewalt hinsichtlich Bosnien-Herzegowinas.

(5) Einberufung zum Wehrdienst gem. § 1 S.1 WehrG v. 24.10.1881

Ende 1881 kam es in Bosnien und der Herzegowina zu den schwersten Aufständen gegen die k. u. k. Okkupation, die Anfang 1882 erst mittels

---

[542] Ipsen: Völkerrecht, S.125; aus den Besprechungen des gemeinsamen Ministerrats geht hervor, dass man sich auch auf k. u. k. Seite der völkerrechtlichen Brisans ihres Vorgehens bewusst war. Außenminister v. Haymerle betonte in der Sitzung vom 11. November 1881, es bestünden zwar keine völkerrechtlichen Bedenken gegen die Einführung der Wehrpflicht in den okkupierten Provinzen, diese Frage sei aber weniger skabrös als es die Einbeziehung dieser Provinzen in den k. u. k. Zollverband war, entnommen aus dem Vorabdruck des Protokolls des Gemeinsamen Ministerrats Nr. 34 vom 11.11.1880, hrsg. von der ungarischen Akademie der Wissenschaften, S.227/228

[543] § 6 S.1 bestimmte, dass die in dem k. u. k. Zollgebiet bestehende österreichische Währung auch in Bosnien-Herzegowina, unbeschadet des freien Umlaufs der effektiven ottomanischen Münzen, als gesetzliche Landeswährung galt, Sammlung der für Bosnien und die Hercegovina erlassenen Gesetze, Verordnungen und Normalweisungen, 1878-1880, III. Bd., I. Teil, S. 52

einer Verdoppelung der vor Ort stationierten Truppenstärke auf 76.000 Mann niedergeschlagen werden konnten[544]. Anlass zu der heftigsten Opposition der einheimischen Bevölkerung gegen die k. u. k. Okkupation seit deren Beginn gab § 1 S.1 des mit allerhöchster Entschließung am 24.10.1881 genehmigten und gem. Verordnung vom 4.11.1881 verlautbarten provisorischen Wehrgesetzes[545] für Bosnien und die Herzegowina, wonach alle wehrfähigen männlichen Landesangehörigen Bosniens und der Herzegovina zum Ableisten des Wehrdienstes in der k. u. k. Armee sowie zur Verteidigung der Doppelmonarchie verpflichtet wurden.

(a) Die Position des klassischen Völkerrechts zur Wehrdiensteinberufung fremder Staatsangehöriger

Von der ganz überwiegenden Ansicht der Literatur wird §1 S.1 des provisorischen Wehrgesetzes deshalb als eindeutiger Verstoß der Doppelmonarchie gegen die osmanische Souveränität betreffend Bosnien-Herzegowina gewertet[546].
Eine Mindermeinung geht hingegen davon aus, dass dem Sultan die Erfassung der männlichen Bevölkerung Bosniens und der Herzegowina für die osmanischen Truppen aufgrund des Berliner Vertrages verboten wurde[547]. Nach Milobar war die Aushebung der männlichen Bevölkerung Bosniens und der Herzegowina durch die k. u. k. Armee aufgrund des Art. 25 selbstverständlich[548]. Er folgert weiterhin aus der Rechtsverletzung gleichzeitig auf die Begründung einer provisorischen Souveränität der Doppelmonarchie[549]: „Hätte es in Bosnien seit dem Berliner Kongress eine türkische Souveränität gegeben, so konnte sie keinesfalls leichter verletzt, ja zerstört werden, als durch dieses Gesetz“.
Demgegenüber erkannte sowohl die zeitgenössische Literatur als auch die damalige Staatengemeinschaft in der Einberufung fremder Staatsangehöriger zum Wehrdienst einen völkerrechtswidrigen Akt. So konstatier-

---

544 Europäischer Geschichtskalender, 23. Jahrgang 1882, S. 257/253
545 Sammlung der Gesetze und Verordnungen für Bosnien und die Hercegovina, Jahrgang 1881, S. 697 ff.
546 Wessely: Die wirtschaftliche Entwicklung von Bosnien-Herzegowina (1878-1918), S. 184
547 Brunswik: Le traité de Berlin annoté et commenté, S. 103
548 Milobar: Der Berliner Kongress und die Bosnische Frage, S. 79
549 Milobar: a. a. O., S. 138

te auch Schätzel: „Die Praxis, im besetzten Gebiet Truppen auszuheben, wurde von den Staaten nur bis in die napoleonische Zeit anerkannt“[550]. Der k. u. k. Außenminister Haymerle räumte aufgrund des Art. 25 des Berliner Vertrages der Okkupationsmacht die Befugnis ein, die bosnisch-herzegowinische Bevölkerung zugunsten der eigenen Armee auszuheben[551]. Durch die Einführung der Wehrpflicht in Bosnien-Herzegowina würden Rechte dritter Staaten nicht berührt. Vielmehr „lasse sich diese vom Standpunkte des Berliner Vertrages ganz gut damit rechtfertigen, dass, nachdem Österreich-Ungarn die Okkupation und Administration von Bosnien und der Herzegowina übertragen worden ist, ihm die Möglichkeit nicht benommen werden könne, die Okkupation und Administration mit Zuhilfenahme der eigenen Wehrkraft dieser Provinzen zu führen, ohne auch weiterhin so viel eigene Truppen im Lande zu halten wie bisher[552]“. Die vom k. u. k. Außenminister der Okkupationsmacht beigelegte Befugnis, mittels gegen ihren Willen[553] in die k. u. k. Armee eingegliederter türkischer Bosniaken und Herzegowiner die Verwaltung und Besetzung der beiden osmanischen Provinzen aufrechtzuerhalten, findet im Wortlaut der Vertragsbestimmung jedoch offensichtlich keinen Widerhall. Die Kompetenz zur Unterstellung der Bevölkerung unter die Wehrpflicht verblieb weiterhin ausschließlich dem territorialen Souverän.

Im Gegensatz auch zur österreichisch-ungarischen Haltung nahm die Staatengemeinschaft i. ü. darüber hinaus auch eine deutlich abweisende Haltung gegenüber der Einberufung der türkischen Staatsangehörigen zugunsten der k. u. k. Armee ein. Diese Haltung zum Wehrgesetz vom 24.10.1881 spiegelte sich in der Geißelung des Wehrgesetzes vom 24.19.1881 als völkerrechtswidrigen Akt sowohl seitens der britischen als auch der französischen Diplomatie wider. Angesichts der einhellig im Wehrgesetz erkannten Verletzung der türkischen Souveränität bzw. des

---

[550] Schätzel: Die Annexion im Völkerrecht, Archiv des Völkerrechts 1949, S. 14

[551] Im gemeinsamen Ministerrat vom 11.11.1880, Protokoll Nr. 34, S. 227

[552] Protokoll Nr. 34 des gemeinsamen Ministerrats vom 11.11.1880, Vorabdruck der ungarischen Akademie der Wissenschaften, S. 228; ähnlich Einlassung des Kaisers vom 6.11.1881, wiedergegeben in Gemeinsamer Ministerrat vom 6.1.1881, Protokoll Nr. 35, S. 241, wonach die Länder, die eine Schwächung der Wehrkraft der Monarchie verursachten, zur Kompensation verpflichtet seien

[553] Der Cirkularerlass der Landesregierung v. 28.5.1879 regelte bereits den freiwilligen Eintritt Wehrfähiger aus Bosnien in das k. u. k. Heer, Sammlung der für Bosnien und die Hercegovina erlassenen Gesetze, Verordnungen und Normalweisungen, I. Bd., 1880, S. 351

Berliner Vertrages erwägte die Hohe Pforte überdies, die Okkupation aufzuheben sowie den status quo ante wiederherzustellen[554].
Die Aushebung der männlichen Bevölkerung Bosnien-Herzegowinas zum Wehrdienst in der k. u. k. Okkupationsarmee widersprach auch den einer Besatzungsmacht von Seiten der zeitgenössischen Literatur zugebilligten Befugnissen:
Nach Stein war das Heer unlöslich mit der Person des Souveräns verbunden, so dass eine Loslösung desselben von ihm, oder eine mandatarische Übertragung der dem Monarchen zustehenden Befugnisse, welche nicht auf Über – und Unterordnung beruht, staatsrechtlich ein Unding sei[555].
Ebenso betonte Bluntschli, dass es wider das Völkerrecht sei, die Untertanen der feindlichen Staaten zu nötigen, in den Kriegsdienst der siegenden Macht einzutreten, solange die Eroberung nicht vollzogen und die Besitznahme des eroberten Landes als dauerhaft und festbegründet erscheint[556]:
„Wenn auch die feindliche Kriegsgewalt, indem sie sich eines Landes bemächtigt, die bisherige Staatsautorität verdrängt und sich an ihre Stelle setzt, so ist doch während des Krieges der provisorische Charakter dieser Besitznahme zu beachten. Die sittliche Wirkung des bisherigen und staatsrechtlich nicht zerstörten Staatsverbandes dauert im Kriege einstweilen noch fort, wenn gleich die rechtliche Autorität der bisherigen Staatsgewalt durch die feindliche Besetzung unterbrochen und gehemmt ist. Es ist daher unnatürlich, unsittlich und widerrechtlich, den Staatsangehörigen zuzumuten, dass sie nun auch aktiv gegen den Staat feindlich auftreten, den sie noch als ihr rechtmäßiges Vaterland betrachten dürfen".
Bluntschli stellte abschließend fest, es sei deshalb unrechtmäßig, die Bewohner des nur vorläufig besetzten Landes zum Kriegsdienst gegen ihr bisheriges Vaterland zu zwingen[557]. Die k. u. k. Besetzung Bosnien-

---

[554] Zum ganzen Rutkowski: Der Plan für eine Annexion Bosniens und der Herzegowina aus den Jahren 1882/83, S. 114
[555] Stein: Lehre von dem Heerwesen, S. 115
[556] Bluntschli: Das moderne Völkerrecht der civilisirten Staten als Rechtswörterbuch dargestellt, 3. Aufl. 1878, S. 325/326
[557] Das 1881 völkergewohnheitsrechtlich geltende Verbot wurde im Annex in Art. 44, section III, Parry: a. a. O., Bd. 187, S. 430 ff., 440 des Abkommens über die Gesetze und Gebräuche des Landkriegs vom 29.7.1899 zu Den Haag aufgenommen

Herzegowinas war aufgrund ihrer Bindung an den Befriedungszweck lediglich vorläufig. Das staatsrechtliche Band zwischen Bosnien-Herzegowina und dem Osmanischen Reich wurde auch durch die k. u. k. Inbesitznahme aufgrund von Art. 25 S. 1 des Berliner Vertrages nicht gelöst. Trotz dieser durch Art. 25 der k. u. k. Okkupationsmacht bei der Ausübung ihres Verwaltungs- und Besetzungsrechts auferlegten Begrenzung verpflichtete § 1 S.1 des provisorischen Wehrgesetzes vom 24.10.1881 die osmanischen Untertanen zum Wehrdienst in der k. u. k. Armee. Dieser hätte in einem Krieg zwischen Österreich-Ungarn und dem Osmanischen Reich zu einem Einsatz der osmanischen Untertanen dieses Teilgebietes gegen den eigenen Souverän geführt. Über die Verletzung der osmanischen Souveränität wie des Berliner Vertrages hinaus dokumentierte die Obliegenheit zur Kriegsteilnahme gegen die Türkei ebenso wie der den wehrdienstleistenden Bosniaken und Herzegowinern aufgrund § 1 S.1 abverlangte Treue-eid[558] gegenüber dem Monarchen der Okkupationsmacht, dass nach dem Willen der k. u. k. Monarchie die einheimische Bevölkerung in letzter Konsequenz Österreich-Ungarn verpflichtet sein sollte.

(6) Auswärtige Jurisdiktionsgewalt über Einheimische gem. Erlass v. 13.11.1881

Durch den Cirkularerlass der Landesregierung vom 13.11.1881[559] wurde die Gerichtsbarkeit über die im Limgebiet weilenden Bosniaken und Herzegowiner dem der k. u. k. I. Infaterie-Brigade zugeteilten Civilcommissar und politischen Referenten von Plevlje übertragen. Das Limgebiet gehörte jedoch zum unstreitig osmanischen Sandschak von Novibazar. Die Verordnung vom 13.11.1881 stellte zudem generell klar, dass durch die seitens der österreichisch-ungarischen Monarchie erfogte Übernahme der Verwaltung Bosniens und der Herzegowina, die Einwohner dieser Länder in ein rechtlich und faktisch begründetes Abhängigkeitsverhältnis zur Monarchie getreten sind, welches sie in allen Jurisdiktionsan-

---

558 Das vormals völkergewohnheitsrechtlich geltende Verbot fand in Art. 45 des Abkommens zu Den Haag vom 29.7.1899, Parry: a. a. O., Bd. 187, S. 430 ff., S. 440, Niederschlag

559 Sammlung der Gesetze und Verordnungen für Bosnien und die Hercegovina, 1881, 2. Aufl., S. 754/755

gelegenheiten jeder anderen Autorität entzieht und welches auch über die Landesgrenzen hinaus zum Ausdruck gelangen muss. Zurecht wurde von der Literatur auch hierin die Regelung der Stellung der bosnisch-herzegowinischen Landesbewohner gegenüber dem Ausland durch Österreich-Ungarn und die Gleichstellung der Bewohner der beiden Provinzen im internationalen Verkehr mit den Angehörigen der Monarchie gesehen[560].

(7) Außenwirkung der Rechtsetzungsakte

Fraglich ist aber, ob der in den Rechtsetzungsakten enthaltene k. u. k. Einverleibungswille bzgl. Bosnien-Herzegowinas auch für die übrigen Staaten vernehmbar war. Schätzel erachtete interne Akte eines Staates nicht als völkerrechtliche Annexionserklärung[561]. In einer späteren Abhandlung qualifizierte er ein Gesetz zur Dokumentation des Einverleibungswillens gegenüber dem Ausland als generell außerstande, da es sich begrifflich nur an die eigenen Untertanen richte[562].

Auf der anderen Seite legte er jedoch Maßnahmen zur Gleichstellung eines ihm überlassenen Gebietes mit dem Inland, insbesondere die Unterwerfung der Bevölkerung des besetzten Gebiets unter die allgemeine Wehrpflicht, Außenwirkung bei.

Die Eingliederung in den gemeinsamen Zollverband, die Unterstellung der männlichen Bevölkerung unter die allgemeine Wehrpflicht ebenso wie die Ausdehnung der Konsularjurisdiktion dienten unverkennbar der Anpassung der Rechtsverhältnisse des Territoriums wie der Bewohner von Bosnien – Herzegowina an die in der Doppelmonarchie geltenden Umstände.

Der Erlass vom 13.11.1881 entfaltete ebenso wie das provisorische Wehrgesetz betreffend Bosnien und die Herzegowina vom 24.10.1881

---

[560] Wurmbrand: Die rechtliche Stellung Bosniens und der Herzegowina, S. 19; ebenso die Anweisung des k. u. k. Außenministeriums gem. Erlass v. 8.6.1879, sämtliche k. u. k. Missionen, Konsularämter außerhalb des Osmanischen Reiches zu ermächtigen, die von den Behörden in den okkupierten Ländern ausgestellten Auslandspässe zu vidiren, Sammlung der für Bosnien und die Hercegovina erlassenen Gesetze, Verordnungen und Normalweisungen, I. Bd., 1880, S. 395

[561] Schätzel: Die Annexion im Völkerrecht, S. 52, 168

[562] Schätzel: „Gebietserwerb", Wörterbuch des Völkerrechts und der Diplomatie, Bd. I, S. 366

bzw. die Eingliederung in die Zollunion vom 20.12.1879 zudem direkte, über Bosnien-Herzegowina und die Habsburgermonarchie hinausgehende Wirkung. Durch die Aushebung zugunsten der k. u. k. Armee wurde die Rekrutierung der Bosniaken und Herzegowiner für die Armee des Sultans konterkariert. Die Verpflichtung der Bosniaken und Herzegowiner zum Dienst in der k. u. k. Armee bedeutete zudem für jeden potentiellen Kriegsgegner der Habsburgermonarchie zugleich die Auseinandersetzung mit der in diesen Einheiten kämpfenden Bevölkerungsgruppe. Ebenso entzog der Erlass vom 13.11.1881 die Bosniaken und Herzegowiner, soweit sie im Sandschak von Novibazar weilten, der osmanischen Jurisdiktionsgewalt. Das k. u. k. Gesetz vom 20.12.1879 betreffend die Eingliederung Bosnien-Herzegowinas in die Zollunion der Doppelmonarchie setzte mit Wirksamkeit für Bosnien- Herzegowina die mit dem Ausland geschlossenen österreichisch-ungarischen Handelsverträge an die Stelle der bis dahin geltenden türkischen Verträge. Damit wurden zwischenstaatliche Diskussionen über Fragen des Handelsaustausches mit Bosnien-Herzegowina von k. u. k. Seite auf eine andere Vertragsgrundlage gestellt. Die internationalen Reaktionen insbesondere auf das provisorische Wehrgesetz verdeutlichten überdies die Wahrnehmbarkeit der österreichisch–ungarischen Gesetzgebungs- und Verordnungsaktivität betreffend Bosnien-Herzegowina durch die europäischen Staaten. Sie belegen zugleich Außenwirkung wie externe Vernehmbarkeit der hinsichtlich dieser osmanischen Provinzen von Österreich-Ungarn getroffenen Gesetze und Verordnungen.
Insbesondere durch das k. u. k. Gesetz zur Eingliederung Bosnien-Herzegowinas in den gemeinsamen Zollverband mit der k. u. k. Monarchie, zur Beanspruchung auswärtiger Jurisdiktionsgewalt sowie betreffend die Wehrdiensteinberufung der einheimischen Bevölkerung gab Österreich- Ungarn seine hinsichtlich Bosnien-Herzegowina bestehende Annexionsabsicht in einer auch für das Ausland vernehmbaren Art zu erkennen.

Folglich gelangen die Literaturauffassungen zur Tatbestandsmäßigkeit konkludenter Annexionserklärungen hinsichtlich der völkerrechtlichen Einstufung der von der k. u. k. Okkupationsmacht vorgenommenen Rechtsetzungsakte zu unterschiedlichen Ergebnissen.

Fraglich ist danach, welcher Literaturauffassung beizupflichten ist. Eine abschließende Antwort auf die virulente Rechtsfrage kann letztlich nur die Rechtsüberzeugung der zeitgenössischen Staatenpraxis ergeben.

c) Die Rechtsüberzeugung der zeitgenössischen Staatenpraxis

Die Notwendigkeit ausdrücklicher Bekundung des Inkorporationswillens für den Gebietserwerb wurde in der Berliner-Kongoakte vom 26.2.1885 angerissen. Denkbar ist, dass die in Art. 34 der Berliner Kongoakte[563] zum Erfordernis der Publizität völkerrechtlicher Okkupationserklärungen betreffend des afrikanischen Festlandes abgebenen Erklärungen Hinweise auf Geltung und Inhalt einer allgemeinen, auch für die Annexion gültigen, völkergewohnheitsrechtlichen Regel geben.

aa) Der Rechtsgedanke des Art. 34 der Berliner-Kongoakte

Art. 34 der Berliner Kongoakte bestimmte[564]:
„Diejenige Macht, welche in Zukunft von einem Gebiete an der Küste des afrikanischen Festlandes, welches außerhalb ihrer gegenwärtigen Besitzungen liegt, Besitz ergreift, oder welche, bisher ohne dergleichen Besitzungen, solche erwerben sollte, desgleichen auch die Macht, welche dort eine Schutzherrschaft übernimmt, wird den betreffenden Akt mit einer an die übrigen Signatarmächte der gegenwärtigen Akte gerichteten Anzeige begleiten, um dieselben in den Stand zu setzen, gegebenenfalls ihre Reklamationen geltend zu machen".
Fraglich ist aber, ob der nur für afrikanische Okkupationen herrenlosen Territoriums geltende Art. 34 der Berliner Kongoakte auch Rückschlüsse auf eine Rechtsüberzeugung der damaligen internationalen Gemeinschaft bzgl. Form und Inhalt von Annexionserklärungen geben kann. Die Allgemeingültigkeit des Art. 34 ist zwar umstritten[565], dennoch ist nicht zu verkennen, dass die Berliner-Kongoakte von einer Vielzahl von Staaten unterzeichnet wurde. Das Prinzip der Publizität wurde, sowohl vor Ratifi-

---

[563] Parry: a. a. O., Bd.165, S. 486 ff., 501
[564] Nach Grewe: Fontes Historiae Iuris Gentium, Bd.III/1, S. 317/318
[565] Dafür v. Liszt: Das Völkerrecht, 9. Aufl., S. 99; dagegen Grewe: Epochen der Völkerrechtsgeschichte, S. 643

kation der Kongoakte von deutscher Seite betreffend Westafrika als auch nach der Unterzeichnung, auf andere als afrikanische Erwerbungen angewandt. Deutschland hatte 1886 die Okkupation der Marschalls – Inseln, Frankreich die von Madagaskar sowohl 1886 als auch 1896 den übrigen Mächten mitgeteilt[566].

Der der Anzeigepflicht der Okkupation herrenlosen afrikanischen Territoriums zugrundeliegende und durch die multilaterale Übereinkunft der Berliner Kongoakte international anerkannte Zweck könnte auch für die Annexion fremden Gebiets greifen.

Der wesentliche Unterschied zwischen der Okkupation und der Annexion bestand auch nach dem Verständnis des klassischen Völkerrechts darin, dass die Annexion im Gegensatz zur Okkupation den Bruch und die Überwindung des souveränen Rechts des vorangehenden Gebietsherrschers bedingte. Da das okkupierte Gebiet sich insbesondere durch seine Herrenlosigkeit auszeichnete, lag i. d. R. die Unterwerfung des nicht in fremder Hand befindlichen Gebiets unter die Oberhoheit des inbesitznehmenden Staates nahe. Dieser lag, anders als im Falle der Teilannexion jedenfalls, nicht die Gefahr des Rückerwerbs durch den bisherigen Souverän bei. Erst die Annexionserklärung machte der internationalen Gemeinschaft die Absicht zur Veränderung des völkerrechtlichen Status deutlich, weil ohne eine Annexionserklärung der bisherige Souverän wie die übrigen Staaten von einer lediglich kriegerischen Besetzung ausgehen konnten. Insoweit diese überdies durch Verletzung der Souveränität eines anderen Staates herbeigeführt werden sollte, war das Interesse der Staaten an einer deutlichen Kenntlichmachung dieser Absicht zumindest ebenso evident wie das hinsichtlich der Anzeige eines Okkupationswillens bestehende Informationsbedürfnis.

Denkbar ist aber, dass nach dem Verständnis des Art. 34 der Berliner Kongoakte dem Publizitätsprinzip ebenso in ausreichendem Maße Rechnung getragen wurde, wenn aus einer konkludenten Erklärung der Einverleibungswille deutlich entnommen werden konnte. Schließlich wurde einer konkludenten Erklärung die Gleichstellung mit der ausdrücklichen Annexionserklärung verweigert, wenn die Erkennbarkeit des Einverleibungswillens nicht zweifelsfrei gegeben war[567]. Trat damit nicht

566 V. Liszt: Das Völkerrecht, 9. Aufl. S. 99

567 Knittel: Der völkerrechtliche Status der Oder-Neiße-Gebiete nach dem Potsdamer Abkommen, S. 8 ff.

auch bei nur konkludenter Erklärung, wie von Art. 34 gefordert, neben die vollständige Inbesitznahme eine Willensbekundung, die die Offensichtlichkeit der Inkorporation nach außen erkennbar dokumentierte?
Dagegen spricht der Wortlaut des Art. 34 der Berliner Kongoakte, der den Akt der Inbesitznahme mit einer an die übrigen Signatarmächte gerichteten „Anzeige“ begleitet sehen wollte. Das Fehlen einer ausdrücklichen österreichisch-ungarischen Annexionserklärung erschwerte es den Unterzeichnerstaaten des Berliner Vertrages, die Auswirkung der k. u. k. Besetzung auf den völkerrechtlichen Status Bosnien-Herzegowinas bzw. die Präsens eines k. u. k. Einverleibungswillen festzustellen und etwaige Reklamationen zu erwägen. Ohne Zweifel war der Rückschluss von einem Verstoß der administrativen, wie der gesetzgeberischen Maßnahmen der Habsburgermonarchie gegen den Berliner Vertrag und das Souveränitätsrecht des Sultans auf die Eindeutigkeit des Annexionswillens bzgl. Bosnien-Herzegowina, im Einzelfall problematischer als dies im Falle einer ausdrücklichen Bekundung war.
Damit wird dem Zweck des Art. 34 zumindest nicht in seiner effektivsten Form Geltung verschafft.
Der Hinweis auf die Erforderlichkeit einer Anzeige spricht vielmehr dafür, dass der intendierte Gebietsstatus bereits aus dem primären Regelungsinhalt und nicht erst im Wege der Interpretation, einer nach ihrem unmittelbaren Anwendungsbereich auf die Regelung anderer als gebietsrechtlicher Fragen abzielenden Erklärung, hervorgehen musste. Die interpretatorische Ermittlung der k. u. k. Annexionsabsicht, aus der Aushebung türkischer Untertanen bosnisch-herzegowinischer Herkunft zugunsten der k. u. k. Armee, der einseitigen Aufhebung der Zollschranken zwischen Österreich-Ungarn und Bosnien-Herzegowina bzw. der Beschränkung des freien Umlaufs osmanischer Münzen in diesen Provinzen, harmonisiert jedenfalls nicht mit dem der Anzeigepflicht des Art. 34 zugrundeliegenden Rechtsgedanken. Der von der internationalen Gemeinschaft der Anzeigepflicht des Art. 34 der Berliner Kongoakte zugundegelegte Gedanke spricht vielmehr gegen die Anerkennung konkludenter Annexionserklärungen nach dem Verständnis des klassischen Völkerrechts.

bb) Die bolivianische Bewertung des chilenischen Gesetzes zur Schaffung der Provinz Antofagasta v. 12.7.1888

Die Fälle der zeitgenössischen Staatenpraxis in denen, ebenso wie die k. u. k. Administration von Bosnien-Herzegowina, ein Staat sein auf Verwaltung fremden Territoriums begrenztes Recht in seiner praktischen Umsetzung deutlich überschritten hatte, sind zwar häufig. Selten wurde jedoch der Verstoß gegen die Souveränität des Verwaltungszessionars unter annexionsrechtlichen Gesichtspunkten bewertet und Protest erhoben. Der Protest beschränkte sich i. d. R. vielmehr auf die Rüge völkerrechtswidriger Inanspruchnahme fremder souveräner Rechtsmacht. Interessanterweise wertete weder der Souverän noch der verletzende Staat die fremdstaatliche Beanspruchung unter dem Aspekt der Annexion im Allgemeinen wie der konkludenten Annexionserklärung im Besonderen. Im Hinblick auf die virulente Rechtsfrage sind deswegen Positionen der damaligen Staatengemeinschaft zur, zumeist Rechtsetzungsakten beiliegenden, widerrechtlichen Inanspuchnahme fremdstaatlicher Hoheitskompetenzen hinsichtlich eines besetzten Gebiets evident.

Herauszuheben ist die Einordnung des chilenischen Gesetzes zur Schaffung der Provinz Antofagasta[568]:
Obwohl Art. II des bolivianisch-chilenischen Waffenstillstandvertrages zu Valparaiso vom 4. April 1884[569] der Republik Chile lediglich das Recht einräumte, „weiterhin während der Geltung dieses Waffenstillstandes die Hoheit über die Gebiete zwischen dem 23. Breitengrad und der Mündung des Rio Loa in den Pazifik auszuüben", erließ Chile am 12. Juli 1888 das den bolivianischen Litoral einschließende Gesetz. Dieses legte die in Art. II des Waffenstillstandsvertrages festgelegten Grenzen neu fest, bildete eine neue, aus Teilen chilenischen und bolivianischen Staatsgebiets bestehende chilenische Provinz, führte dort das chilenische Wahlrecht ein und übertrug nach Art. 14 des Gesetzes das Vermögen und das volle Verfügungsrecht über das öffentliche Eigentum der

---

[568] Eingehend Zimmer: Gewaltsame territoriale Veränderungen und ihre völkerrechtliche Legitimation, S. 89 ff.
[569] Parry: a. a. O., Bd. 163, S. 424 ff., S. 425/426 (span. Text), S. 433/434 (engl. Übersetzung)

ehemaligen bolivianischen Körperschaften auf die chilenischen Rechtsträger[570].

Es ist hervorzuheben, dass weder die bolivianische noch die chilenische Regierung dieses hinsichtlich seines Erklärungsgehalts doch relativ eindeutige Gesetz vom 12.7.1888 als eigentliche, ausdrückliche Annexionserklärung gewertet sehen wollte.

Von bolivianischer Seite wurde dies durch die in ihrer Protestnote vom 12. November 1888 enthaltene Einordnung des chilenischen Rechtsetzungsakts als annexionistisches „Denken“ zum Ausdruck gebracht[571]. Dieser Hinweis impliziert die Aussage, dass der Einverleibungswille durch das Gesetz jedenfalls nicht in einer äußerlich in hinreichendem Maße kenntlich werdenden Form zum Ausdruck gebracht wurde. Nach bolivianischer Wortwahl war das dem chilenischen Rechtsetzungsakt beiliegende Annexionsbestreben bzgl. des Litoral insoweit nicht als Annexionserklärung zu bewerten, obwohl kein Zweifel an der Endgültigkeit der Integration des Litoral in die chilenische Provinz bestehen konnte.

Von chilenischer Seite ging diese Einschätzung aus einer Antwortnote vom 7.2.1887 hervor, wonach die Souveränität Boliviens durch einen internen Akt weder angetastet wird noch angetastet werden kann[572]. Insoweit war selbst nach der Auffassung Chiles das Gesetz vom 12.7.1883 nicht als völkerrechtliche, im Ausland vernehmbare Annexionserklärung anzusehen.

Die Einstufung des chilenischen Gesetzes vom 12.7.1888 bzgl. die Errichtung der Provinz Antofagasta durch die betroffenen Staaten verdeutlicht, wie hoch die Anforderungen der zeitgenössischen Staatengemeinschaft an Form und insbesondere Inhalt der Annexionserklärung im 19. Jahrhundert waren. Die Einlassung Boliviens und Chiles im Litoral-Fall sprechen daher gegen die Evidenz einer konkludenten Annexionserklärung nach dem Annexionstatbestand des klassischen Völkerrechts.

---

570 Zum Ganzen Zimmer: Gewaltsame territoriale Veränderungen und ihre völkerrechtliche Legitimation, S. 93

571 Zimmer: Gewaltsame territoriale Veränderungen und ihre völkerrechtliche Legitimation, S. 93

572 Zimmer: Gewaltsame territoriale Veränderungen und ihre völkerrechtliche Legitimation, S.90/91

cc) Die britische Bewertung ihrer Rechtsetzungsakte bzgl. Süd-Rhodesien

Zum Nachweis der Gleichbehandlung der Kundgabe des Annexionswillens durch schlüssiges Verhalten mit der ausdrücklichen Annexionserklärung wird in der Literatur Bezug genommen auf die britischen Bewertungen der in Süd-Rhodesien, durch einen Hochkommissar des Vereinigten Königreichs im ausgehenden 19. und einsetzenden 20. Jahrhundert, vorgenommenen Exekutiv- und Legislativakte[573]:
Die britische Südafrika-Kompanie hatte mit Billigung und Zustimmung Großbritanniens in Süd-Rhodesien Land verteilt. Nachdem Expeditionstruppen der Gesellschaft das Land besetzt hatten, wurde durch königliche Order ein Hochkommissar eingesetzt, der die Aufgabe hatte, die Regierungsgewalt und Jurisdiktion in dem fraglichen Gebiet für die englische Krone zu übernehmen. In der Folge wurden eine Reihe von staatlichen Rechtsakten erlassen. Mit Unterstützung königlicher Truppen entmachtete die Kompanie den von eingeborenen Volksstämmen eingesetzten König. Mit königlicher Order von 1894 wurde die Verwaltung des fraglichen Gebiets der Südafrika-Kompanie übertragen. Im Jahre 1911 entschied das örtliche Gesetzgebungsorgan, dass das seinerzeit nicht an Private übertragene Land Eigentum der englischen Krone sei. Die Südafrika-Kompanie vertrat demgegenüber den Standpunkt, dass wegen Fehlens einer formalen Annexionserklärung die fraglichen Gebiete niemals Eigentum der Krone geworden waren. In diesem Zusammenhang urteilte das britische Privy Council, dass der Rechtsvorgang der Annexion in ausreichender Form durch die in dem fraglichen Territorium vorgenommenen staatlichen Exekutiv- und Legislativakte bestätigt worden sei[574].

dd) Staatenpraxis ausdrücklicher Annexionserklärung nach konkludenter Einverleibungsbekundung unter besonderer Berücksichtigung der Annexion Zyperns v. 5.11.1914

Trotz dieser britischen Entscheidung im Süd – Rhodesien Fall steht in Frage, ob die dort vertretene Rechtsauffassung die damalige im zwi-

---

[573] Ipsen: Völkerrecht, 3. Aufl., S. 267
[574] Privy Council: Appeal Cases 1919, S. 211, 239

schenstaatlichen Verkehr praktizierte Haltung des Vereinigten Königreichs wiedergab.

Ebenso wie in Süd-Rhodesien hatte Großbritannien auch im aufgrund des geheimen Beistandspakts vom 4. Juni 1878 verwalteten Zypern weitreichende, zum Teil die Inanspruchnahme der osmanischen Souveränität dokumentierende Exekutiv- wie Legislativakte erlassen. Ungeachtet der weiterbestehenden türkischen Souveränität wurde bereits im Jahre 1880 die Verwaltung der Insel dem Außenministerium entzogen und auf das Kolonialministerium übertragen. Die Besatzungsmacht gründete ein mit Engländern besetztes Oberstes Gericht, das die gesamte zivile und strafrechtliche Rechtsprechung ausübte. England behandelte zudem in seinen Beziehungen mit ausländischen Staaten die Zyprioten wie seine eigenen Staatsangehörigen[575]. Obwohl diese Akte der britischen Besatzungsmacht den Charakter konkludenter Erklärungen des Einverleibungswillens hatten, bezeugte die spätere ausdrückliche Annexionserklärung die Rechtsüberzeugung des Fortbestands des auf ein nudum ius herabgesunkenen Souveränitätsrechts, trotz der Existenz konkludenter Einverleibungsbekundungen.
Unbeachtet dieser vielschichtigen, im Widerspruch zur türkischen Souveränität betreffend Zypern stehenden Exekutiv- wie Legislativakte, sah sich die britische Okkupationsmacht am 5.11.1914[576] veranlaßt, die ausdrückliche Annexion der Mittelmeerinsel zu erklären[577]. Dies indiziert, dass Großbritannien in den vorangegangenen Rechtsetzungsakten keine völkerrechtlich ausreichende Bekundung des britischen Annexionswillens bzgl. Zypern erkannt hatte. Jedenfalls fragt sich, warum Großbritannien nochmals eine Annexionserklärung abgeben sollte, wenn es bereits eine der ausdrücklichen Einverleibungsbekundung gleichstehende konkludente Annexionserklärung abgegeben hatte?

Die Regelmäßigkeit mit der die Staaten im 19. und frühen 20. Jahrhundert, trotz eigener schlüssiger Annexionsakte, ihren Einverleibungswillen

---

[575] Dendias: La question cypriote aux points de vue historique et de droit international, S. 170
[576] Strupp: Aktenstücke zur orientalischen Frage, S. 128
[577] Hierzu Zimmer: Gewaltsame territoriale Veränderungen und ihre völkerrechtliche Legitimation, S.133/134

hinsichtlich besetzten Territoriums durch ausdrückliche Erklärung kundtaten[578], indiziert, dass nur die ausdrückliche Bekundung des Einverleibungswillens seinerzeit völkerrechtliche Beachtung fand.

ee) Die k. u. k. Bewertung der Rechtsetzungsakte

Auch die ausdrückliche k. u. k. Annexionserklärung betreffend Bosnien-Herzegowina vom 5.10.1908 widerlegt die annexionsrechtliche Evidenz der Exekutiv- und Legislativakte der Okkupationsmacht. In den vier kaiserlichen Handschreiben vom 5.10.1908 bringt der Monarch u. a. unmissverständlich zum Ausdruck, dass er sich „bestimmt gefunden habe, die Rechte seiner Souveränität auf Bosnien und die Herzegowina zu erstrecken und die für sein Haus geltende Erbfolgeordnung auch für diese Länder in Wirksamkeit zu setzen, sowie ihnen gleichzeitig verfassungsmäßige Einrichtungen zu gewähren“[579].
Der Entschluss der k. u. k. Regierung wurde der Türkei in einer am 6. Oktober 1908 in Konstantinopel übergebenen Note mitgeteilt[580]. Am 7. Oktober 1908 wurde den übrigen Mächten des Berliner Vertrages eine Zirkularnote übergeben, die ihnen die wichtigsten Abschnitte der an die Türkei gerichteten Note zur Kenntnis brachte[581]. Die Wahl, allen Unterzeichnerstaaten die Zirkularnote zuzustellen, beweist die Evidenz, die die österreichisch-ungarische Seite der unmissverständlichen Information der internationalen Gemeinschaft über seine Annexionsabsichten durch die eigenen Diplomaten zusprach. Inhalt wie Form der k. u. k. Annexionserklärung dokumentierten den Willen Österreich-Ungarns, den Zeitpunkt der definitiven und ausdrücklichen Einverleibung Bosnien-Herzegowinas und den damit verknüpften Zeitpunkt der Geltung der habsburgischen Erbfolgeordnung ausschließlich selbst zu bestimmen. Die Doppelmonarchie ließ hierdurch im Umkehrschluss erkennen, dass erst und ausschließlich dieser formalisierte Akt in rechtsverbindlicher

---

[578] Zur Staatenpraxis ausdrücklicher Annexionserklärungen bei Schätzel: Die Annexion im Völkerrecht, S. 20 ff.

[579] Wiedergegeben in Revue générale de droit international public Bd. 15 (1908), S. 32 ff.

[580] Revue générale de droit international public Bd. 15 (1908), S.34-35; Übersetzung bei Reibstein: Völkerrecht, eine Geschichte seiner Ideen in Lehre und Praxis, Bd. II, S. 603 ff.

[581] Revue générale de droit international public Bd. 15 (1908), S.35-36

Weise ihren Annexionswillen dokumentieren sollte. Die vorangegangenen österreichisch-ungarischen Rechtsetzungsakte waren danach vielmehr als Maßnahmen zur Vorbereitung der späteren k. u. k. Annexion zu werten.
Aufgrund des jedenfalls im zwischenstaatlichen Austausch gepflegten fehlenden Bewusstseins der Illegitimität des eigenen Handelns stellte sich die abstrakte Frage ihrer Bewertung am Maßstab annexionsrechtlicher Gesichtspunkte nicht. Vielmehr gehörte es in jeder Phase der k. u. k. Okkupation Bosnien-Herzegowinas zur offiziellen diplomatischen Linie, die Wahrung des Berliner Vertrages zu propagieren.
Eine Missachtung der osmanischen Souveränität hatte es daher bis dahin nicht gegeben; für offizielle Überlegungen zum Erwerb Bosnien-Herzegowinas durch Annexion blieb deshalb kein Raum mehr. Von österreichisch-ungarischer Seite wurde konsequenterweise nicht in Betracht gezogen, dass bereits die hinsichtlich Bosnien-Herzegowina erlassenen Exekutiv- wie Legislativakte die völkerrechtliche Oberhoheit Österreich-Ungarns über die osmanischen Provinzen begründen könnten.
Äußerungen des Monarchen wie des k. u. k. Ministeriums des Äußeren und hochrangiger österreichisch-ungarischer Politiker[582] verdeutlichten, dass die Rechtsetzungsakte ausschließlich zur Vorbereitung der Annexion bestimmt waren.
Danach existierte die Annexion Bosnien-Herzegowinas bis zu ihrer ausdrücklichen Erklärung vom 5.10.1908 nur in den Plänen des Monarchen und der Diplomaten der Habsburgermonarchie, die sich insbesondere im Herbst 1882/Frühjahr 1883 sowie 1896 in geheimen Gesetzesentwürfen des gemeinsamen Ministerrates niederschlugen[583]:

---

[582] Abweichend aber Begründung für das Unterlassen der Vorlage des Organisationsstatuts bzgl. des provisorischen Wirkungskreises des Chefs der Landesregierung für Bosnien-Herzegowina v. 1.1.1879 bei den Legislativen, wonach jede wie immer geartete Vorlage, die sich auf eine definitive Gestaltung bezöge, sei es nun auf die staatsrechtliche Stellung, sei es auf die Organisation der Verwaltung, die Annexion zur Voraussetzung haben oder i. S. d. Annexion gedeutet werden müsste, Europäischer Geschichtskalender: Zwanzigster Jahrgang 1879, S. 309,

[583] Gem. Ministeratsprotokolle vom 26./30.8.1896, 30.1.1897 in Österreichisches Haus-, Hof-, Staatsarchiv: Politisches Archiv XXXX/297-298; zu den Plänen ausführlich Rutkowski: Der Plan für eine Annexion Bosniens und der Herzegowina 1882/1883, S. 141

So erinnerte Kaiser Franz Joseph in einer Besprechung des gemeinsamen Ministerrats vom 24. Oktober 1882[584] betreffend die Planung der Annexion Bosnien-Herzegowinas daran, dass man sich bald über den Modus der Annexion einigen müsse. Die dadurch zu erreichende Konsolidierung der Verhältnisse und die Schaffung einer legalen Basis für das Vorgehen der Regierung sei notwendig, und wenn man auch noch nicht direkt an die Annexion schreiten wolle, so wäre es doch gut, durch eine Festlegung der Modalitäten eine Grundlage zu schaffen, auf welcher man die Annexion unter der Hand vorbereiten und ihr vorarbeiten könne. Jedenfalls sei es zu wünschen, dass in der Administration Bosniens und der Herzegowina schon dermalen faktisch so vorgegangen werde, als ob die Einverleibung der beiden Länder bereits vollzogen sei. Danach zog die Inanspruchnahme der Kompetenzen eines Souveräns nicht bereits auch den Erwerb dieses absoluten Rechts selbst nach sich. Ebenso wurde in internen Verständigungen zwischen dem k. u. k. Ministerium des Äußern und den Konsulaten der Doppelmonarchie aus Anlass der durch die Verabschiedung des provisorischen Wehrgesetzes vom 24.10.1881 hervorgerufenen Aufstände vom Herbst 1882 zu erkennen gegeben, dass „die Annexion der okkupierten Provinzen - sollte sie je geschehen - eine höchst gefährliche Sache sei und zur Zeit wegen des Widerstandes der Pforte - vielleicht auch Englands - unausführbar wäre[585]“. Anläßlich der während einer Zusammenkunft mit den österreichischen und ungarischen Delegationen in Wien vom 15. April 1882 von der gemeinsamen Regierung gestellten Forderung, einen weiteren Kredit im Betrag von 23.733.000 Gulden für die aufständischen Provinzen zu bewilligen, sprach für die österreichische Delegation Schmerling in seiner Eröffnungsrede unter lebhaftem Beifall die Hoffnung aus, „es werde gelingen, in einiger Zeit geordnete Zustände einzuführen und den Moment vorzubereiten, wo diese Länder, wie es zweifellos der Fall sein werde, in den Rahmen des Kaiserstaates eingefügt werden können[586]“.

---

[584] Gem. Ministerrat Protokoll v. 24.10.1882 in Österreichisches Haus-, Hof-, Staatsarchiv: Politisches Archiv XXXX/273

[585] Österreichisches Haus-, Hof-, Staatsarchiv: Politisches Archiv XII a/463, zudem abgedruckt in Rutkowski: Gustav Graf Kalnoky, S.630/631

[586] Europäischer Geschichtskalender, 23. Jahrgang 1882, S. 279

Die Haltung der Delegationen belegt ebenso, dass die Rechtsetzungsakte der Okkupationsmacht keine Annexionserklärungen darstellten[587].

Folglich bestehen keine Zweifel, dass Österreich-Ungarn einen Gebietszuwachs aufgrund konkludenter Annexionserklärung ablehnte. Die allgemeine Praxis ausdrücklicher Annexionserklärungen ebenso wie die k. u. k. Annexionserklärung vom 5.10.1908 dokumentierte den Willen des Staates, Zeitpunkt und Umstände des Gebietszuwachses durch einseitigen, ausdrücklichen Akt selbst zu bestimmen. Der Verzicht auf die Abgabe einer ausdrücklichen Annexionserklärung bis zum 5. Oktober 1908 verdeutlicht, dass die k. u. k. Monarchie ihr vorheriges Verhalten nicht als Bekundung der Annexionsabsicht gewertet wissen wollte.

Die Zuweisung eines Territoriums zu einem Staat ohne oder gar gegen dessen ausdrücklichen Willen war mit dem besonderen Gewicht des Staatswillens innerhalb der klassischen Völkerrechtsordnung nicht vereinbar. Die Faszination der theoretisch unbegrenzten Entfaltungsmöglichkeiten des Machtstaates führte in der Staatenpraxis des ausgehenden 19. Jahrhunderts zur Hochblüte des imperialistischen Strebens der Staaten nach Ausdehnung ihrer territorialen Souveränitätssphäre[588]. Zur Entfaltungsmöglichkeit des Staates gehörte es umgekehrt auch, selbst zu bestimmen, ob und wann sein Staatsgebiet durch Annexion um ein besetztes Territorium erweitert wurde. Die im klassischen Völkerrecht geltende Annexionsfreiheit beinhaltete insoweit auch das Festhalten des Staates in gebietsrechtlicher Hinsicht nur an der ausdrücklichen Bekundung des Einverleibungswillens. Der im „englischen Zeitalter“ geltenden Annexionsfreiheit der Besatzungsmacht widersprach es vielmehr, schlüssiges Verhalten bzw. konkludente Willensbekundungen als Annexionserklärung zu werten[589].

---

587 Ebenso sowohl der gemeinsame Finanzminister Kállay als auch General Jovanovic, die noch im März 1882 in der staatsrechtlichen Lage des okkupierten Landes das Haupthindernis für eine entsprechende Lösung der Agrarfrage sahen, Kapidzic: Der Aufstand in der Hercegovina im Jahre 1882, S. 45 Fußnote 68

588 Ipsen: Völkerrecht, S. 8; Seidl-Hohenveldern, Völkerrecht, S. 27 Rdz.104

589 Zum Zusammenhang zwischen Annexionsverbot und Tatbestandsmäßigkeit konkludenter Annexionserklärungen mit umgekehrten Vorzeichen für die heutige Völkerrechtsordnung auch Malanczuk: Das Golan-Gesetz im Lichte des Annexionsverbots und der occupatio bellica, S. 278

ff) Die Bewertung der Rechtsetzungsakte durch die Unterzeichner des Berliner Vertrages

Das Verhalten eines Staates nach der Entstehung einer ihm in territorialer Hinsicht nachteiligen Situation gibt darüber Aufschluss, ob das Handeln des anderen Staates vom Völkerrecht wahrgenommen wird und Rechtswirkungen erzielen kann oder nicht[590].

Die Aushebung der in Bosnien-Herzegowina lebenden männlichen Bevölkerung zugunsten der k. u. k. Armee sowie die Eingliederung der beiden osmanischen Provinzen in die Zollunion der Doppelmonarchie führte unter allen k. u. k. Rechtsetzungsakten zum größten Widerstand der einheimischen Bevölkerung wie der Hohen Pforte.
Dennoch verdeutlicht ein Vergleich der türkischen Protestnote vom 9.10.1908 betreffend die k. u. k. Annexionserkärung vom 5.10.1908 mit den Reaktionen der Hohen Pforte wie der Unterzeichner des Berliner Vertrages auf die problematischen Legislativakte in Form und Inhalt wesentliche Unterschiede. Evident ist zunächst, dass der Inhalt der türkischen Protestnote vom 9.10.1908 auch allen Unterzeichnerstaaten des Berliner Vertrages zur Kenntnis gebracht wurde [591]. Neben der Form des osmanischen Protestes untermauert sein Wortlaut die besondere Dringlichkeit eines Vorbehalts der Hohen Pforte zugunsten des Fortbestands aller durch internationale Verträge betonten osmanischen Rechte:
„Le gouvernement ottoman se voit donc dans la nécessité de reserver tous les droits qui découlent en sa faveur des traités internationaux et de protester contre la violation de ces actes par le gouvernement impérial et royal“[592].
Unzweifelhaft lehnte sich die Hohe Pforte damit an die durch den Berliner Vertrag unberührt belassene und auch in der Konvention vom 21.4.1879 hervorgehobene Gewährleistung der Souveränität des Sultans an. Im Gegensatz hierzu erkannte die Hohe Pforte weder anlässlich der Verabschiedung des bosnischen Wehrgesetzes noch des Gesetzes über die Eingliederung Bosnien-Herzegowinas in die Zollunion der Doppel-

---

[590] Auch Dolzer: Der völkerrechtliche Status der Falkland-Inseln (Malvinas) im Wandel der Zeit, S. 109
[591] Zum Ganzen bei Zimmer: Gewaltsame territoriale Veränderungen und ihre völkerrechtliche Legitimation, S. 119
[592] Wiedergegeben in a. a. O.

monarchie die Notwendigkeit, ihre durch den Berliner Vertrag wie die Konvention vom 21.4.1879 geschützte Souveränität über Bosnien-Herzegowina in einer förmlichen Note zurückzuhalten. Der Verzicht des Osmanischen Reiches auf die in der damaligen Staatenpraxis übliche und effektivste Form, Rechtsvorbehalte durch Protestnote zu artikulieren, spricht gegen die völkerrechtliche Gleichbehandlung der konkludenten Annexionserklärung mit der ausdrücklichen Bekundung des Einverleibungswillens.

Ebenso antagonistisch stellten sich die Reaktionen der übrigen Unterzeichner des Berliner Vertrages auf die Rechtsetzungsakte der Okkupationsmacht und die k. u. k. Annexionserklärung vom 5.10.1908 dar. Im Gegensatz zur aus Anlass der ausdrücklichen Annexionserklärung vom 5.10.1908 losbrechenden und bis zur Kriegsgefahr führenden Welle der internationalen Entrüstung[593] fielen auch die Reaktionen der übrigen Staaten auf die völkerrechtswidrige Verwaltungspraxis vergleichsweise gemäßigt aus. Nicht in Abrede gestellt werden soll, dass insbesondere in großen Teilen der Bevölkerung wie auch einzelner politischer Kräfte der slawischen Länder auch der zum Jahresende 1881/82 in Bosnien und der Herzegowina ausbrechende Aufstand gegen die Ankündigung des provisorischen Wehrgesetzes, die männliche Bevölkerung zugunsten der k. u. k. Armee auszuheben, zu einer bis zur Lieferung von Waffen reichenden Solidarisierung geführt hatte. Die panslawistischen Komitees in Rußland drangen ebenso wie radikale und liberale serbische bzw. montenegrinische Kräfte zur Unterstützung der Aufständischen[594]. Die Opposition gegen die vertragswidrige österreichisch-ungarische Gesetzgebungspraxis rührte aber weder vom russischen Zarenhof noch von Seiten des serbischen Königs Milan und seiner Regierung. Die im zwischenstaatlichen Verkehr die Stimme Russlands und Serbiens vertretenden Politiker erhoben ebenso wenig wie die übrigen europäischen Mächte formellen Protest gegen die österreichisch-ungarische Verwaltungspraxis[595]. Der englische Premierminister Gladstone hatte in Ge-

---

[593] Jellinek: Ausgewählte Schriften und Reden, Bd. II, S. 508; Reibstein: Völkerrecht, eine Geschichte seiner Ideen in Lehre und Praxis, Bd. II, S. 598

[594] Näher Rutkowski: Der Plan für eine Annexion Bosniens und der Herzegowina 1882/1883, S. 114

[595] Milobar: Der Berliner-Kongress und die Bosnische Frage, S. 139

sprächen mit dem österreichisch ungarischen Botschafter in London Graf Károlyi zwar der Einführung der Wehrpflicht in den okkupierten Provinzen wenig Sympathie entgegengebracht[596]. Charakteristisch für die Einstufung der Legislativakte ist aber vielmehr, dass die k. u. k. Diplomatie dieses Gespräch nur zum Anlass nahm, eine Prognose hinsichtlich des von britischer Seite zu erwartenden Widerstands gegen eine spätere Annexionserklärung vorzunehmen. Den Vorteilen, die Österreich-Ungarn aus einer Annexion ziehen könnte, würden die Schwierigkeiten, mit denen man von Seiten Englands und Russlands zu rechnen habe, nicht entsprechen.

d) Ergebnis

Das dem bosnischen Wehrgesetz wie dem Zollunionsgesetz der Staaten nachfolgende Verhalten der Staatengemeinschaft verdeutlicht folglich ebenso wie die Praxis ausdrücklicher Annexionserklärungen die den Legislativ- wie Exekutivakten im Hinblick auf den zeitgenössischen Annexionstatbestand zukommende Bedeutungslosigkeit. Nach dem Verständnis des klassischen Völkerrechts verwirklichte eine konkludente Kundgabe des Einverleibungswillens den im 19. Jahrhundert gültigen Annexionstatbestand nicht.
Die Aushebung der einheimischen Bevölkerung zugunsten der k. u. k. Streitmacht durch das provisorische Wehrgesetz vom 24.10.1881, die Eingliederung in den gemeinsamen Zollverband der Doppelmonarchie ohne osmanische Zustimmung gem. Gesetz vom 20.12.1879, die Ausdehnung der k. u. k. Gerichtsbarkeit gem. Erlass vom 3.11.1881, der Erlass betreffend die Annahme türkischer Münzen vom 19.1.1879 bildeten nach dem Verständnis des damals hinsichtlich der Erklärungsform geltenden Völkerrechts keine Kundgabe des österreich-ungarischen Einverleibungswillens betreffend der beiden osmanischen Provinzen.

Ein österreichisch-ungarischer Erwerb Bosnien-Herzegowinas im Zuge der k. u. k. Rechtsetzungsakte scheidet damit bereits mangels ausdrücklicher Annexionserklärung aus. Die umfassende Gesetzgebungs- wie

---

[596] Wiedergegeben in Schreiben von Károlyi an Kálnoky am 22.3.1882, Österreichisches Haus-, Hof-, Staatsarchiv: Politisches Archiv VIII/98

Rechtsprechungstätigkeit der Doppelmonarchie betreffend Bosnien-Herzegowina hatte auf den völkerrechtlichen Status der beiden osmanischen Provinzen damit jedenfalls unter dem Gesichtspunkt der Annexion keinen Einfluss.

B) K. u. K. Gebietserwerb aufgrund effektiver Hoheitsausübung?

Nicht zu leugnen ist aber, dass die Exekutiv- und Legislativakte zur Errichtung einer stabilen österreichisch-ungarischen Herrschaft und zu einer jedenfalls engen faktischen Abhängigkeit Bosnien-Herzegowinas von der k. u. k. Monarchie beitrug.
Österreich-Ungarn übte in Bosnien-Herzegowina bereits unmittelbar nach Überwindung der (para-) militärischen Widerstände gegen die Besetzung die Judikativ-, Exekutiv-, Polizei-, mit Einschränkungen auch die auswärtige Gewalt aus und nahm für sich die Steuererhebung sowie die alle Lebensbereiche der einheimischen Bevölkerung durchdringende Gesetzgebungsbefugnis in Anspruch. In der Literatur wurde deshalb durchgehend betont, dass in den beiden osmanischen Provinzen sehr bald nach der österreichisch-ungarischen Besetzung die türkische Staatsgewalt nicht mehr spürbar war und an ihre Stelle eine omnipotente und dauerhafte k. u. k. Machtausübung getreten war[597].

Zu untersuchen ist, ob und in welchem Maße dieser faktischen Machtstellung durch das klassische Gebietsrecht Rechnung getragen wurde. Zweifelhaft ist, ob nach dem klassischen Völkerrechtsverständnis die Ausübung der vollen Gebietshoheit durch einen fremden Staat mit dem Anspruch souveräner Rechtsmacht vereinbar war. Denkbar ist, dass die effektive Ausübung der vollen Gebietshoheit den Übergang auch dieser absoluten Rechtsposition begründete.

---

[597] Kohler: Völkerrechtliche Betrachtung über die Annexion von Bosnien und der Herzegowina, S. 2

l) Der Streit um das osmanische „nudum ius“

In der Literatur sowie in der damaligen Staatenpraxis wird mehrheitlich das Auseinanderfallen von nomineller Souveränität des Sultans und tatsächlicher Machtausübung durch die k. u. k. Besatzungsmacht als nudum ius qualifiziert[598]. Diese Ansicht geht davon aus, dass die im Berliner Vertrag und in der Konvention vom 21.4.1879 vorbehaltene osmanische Souveränität selbst durch die dreißigjährige österreichisch-ungarische Verwaltung nicht erloschen war[599]. Die Souveränität des Osmanischen Reiches hinsichtlich Bosnien-Herzegowina war danach zwar zu einem „nudum ius“ zusammengeschrumft, weil dort nach insoweit unstrittiger Auffassung die ausschließliche und unumschränkte faktische Gebietshoheit durch Österreich-Ungarn ausgeübt wurde. Die Tatsache der vollkommenen Abwesenheit osmanischer Herrschaftsausübung in Bosnien-Herzegowina war aber nach dieser Ansicht für die Bewertung der völkerrechtlichen Gebietszugehörigkeit unwesentlich.
Die Gegenansicht ging davon aus, dass die Souveränität wesenhaft an die Ausübung der tatsächlichen Staatsgewalt gebunden sei[600] und leugnete insoweit die Existenz eines nudum ius[601]. Auch wenn der Berliner Vertrag Österreich-Ungarn noch nicht die volle Souveränität über die beiden Provinzen übertragen habe, so sei sie durch die Tatsache erworben worden, dass die Monarchie im Laufe der Zeit die gesamte tatsächliche Gewalt an sich genommen und damit die Rechte des Sultans zum Erlöschen gebracht habe: „Mehr Herrschaftsrechte konnte die Monarchie über die beiden Provinzen nicht erlangen als sie bereits besaß“[602].
Die Vorbehalte der letztgenannten Auffassung gegenüber der Existenz eines nudum ius gründeten neben dem vorgeblichen Verlust der freien und souveränen Gebietsherrschaft eines Staates bei längerer fremdstaatlicher Ausübung der Hoheitskompetenzen im fehlenden Kontrollorgan, welches jederzeit dem nominellen Völkerrecht Geltung verschaffen

---

598 Wurmbrand: Die rechtliche Stellung Bosniens und der Herzegowina, S. 15

599 Jellinek, Georg: Die Lehre von den Staatenverbindungen, S. 53, 115 ff.; ders.: Allgemeine Staatslehre, S. 650 ff., Koyitch: L `annexion de la Bosnie et de l`Herzégovine et le droit international public, S. 117/118

600 Lingg: Die staatsrechtliche Stellung Bosniens und der Herzegowina, S. 487

601 Milobar: Der Berliner Kongreß und die Bosnische Frage, S. 86 ff.

602 Kleinwaechter: Die Annexion Bosniens und der Herzegowina, Zeitschrift für Politik Bd. 3, 1910, S. 138; Kohler: Völkerrechtliche Betrachtung über die Annexion von Bosnien und die Herzegowina, S. 2

konnte. Dem Privatrecht verschaffe die Staatsgewalt jederzeit Geltung; im Völkerrecht hingegen fehle jene souveräne Gewalt, welche den Vorbehalt eines nudum ius gestatte[603].

Zu prüfen ist, ob im „englischen Zeitalter" eine völkerrechtliche Norm existierte, welche die effektive Gebietshoheitsausübung zur Voraussetzung für den Bestand wie den Erwerb der Souveränität machte.

II) Der Streit zu Geltung und Inhalt der Effektivität im Völkerrecht

Die Existenz des sog. nudum ius im 19. Jahrhundert hängt maßgeblich von der Stellung der Effektivität im damals gültigen Völkerrecht ab. Die in der Völkerrechtswissenschaft unter dem schillernden Begriff der „Effektivität"[604] wie des „Grundsatzes der Effektivität" virulente Bedeutung faktischer Zustände für die Bildung wie den Bestand subjektiver Rechte des Völkerrechts ist und war umstritten. Die mit dem Effektivitätsprinzip in Verbindung gebrachten Wirkungen sind zudem vielschichtig und die Argumente für das der Effektivität innerhalb der Völkerrechtsordnung jeweils zugemessene Gewicht überlagern sich.

1.) Das Effektivitätsprinzip als Synonym der besonderen Wirklichkeitsnähe des Völkerrechts

In Betracht zu ziehen ist, den Nachweis für die Notwendigkeit der tatsächlichen Ausübung der Souveränität für die Inhaberschaft der absoluten Rechtmacht in der Eigenart der Völkerrechtsordnung selbst zu suchen. Mittels der im Zusammenhang der Diskussion zu Geltung und Inhalt eines Effektivitätsprinzips verbreiteten Erkenntnis der besonderen Wirklichkeitsnähe des Völkerrechts wird den Tatsachen im Völkerrecht eine gegenüber der nationalstaatlichen Rechtsordnung besondere Beachtung geschenkt, die mit der zeitunabhängigen Eigenart dieser Rechtsordnung begründet wird.

Zu erwägen ist deshalb, ob der effektiven Herrschaftsausübung im Anbe-

---

[603] Lingg: Die staatsrechtliche Stellung Bosniens und der Herzegowina, S. 498

[604] Vereinzelt auch als auf den sog. fait accompli anwendbaren „Grundsatz der Aufrechterhaltung der tatsächlichen Machtverhältnisse bezeichnet, etwa Ziehen: Vollendete Tatsachen bei Verletzungen der territorialen Unversehrtheit, S. 142

tracht einer besonderen Wirklichkeitsnähe des Völkerrechts rechtsbegründende bzw. –aufhebende Wirkung zukam.
In Anlehnung an die Erkenntnisse Hubers und mit zeitlich unbeschränkter Aussagekraft[605] folgert eine verbreitete Auffassung in der Literatur das Gewicht der Effektivität im Rahmen eines völkerrechtlichen Systems aus einer soziologischen Analyse der Struktur der internationalen Rechtsordnung. Betrachtet man die Völkerrechtsgeschichte stellt man eine mit der zeitlichen Entfernung zunehmende Dezentralisation des Völkerrechts fest. Dieselben Rechtssubjekte, die die Normen setzen, wenden sie im konkreten Fall an und müssen schließlich auch die Durchsetzung der Normbefolgung selber gewährleisten[606]. Die Durchsetzung der normativen Anordnungen hängt wiederum wesentlich von der Autorität jener Organe ab, die die Normbefolgung durch Sanktion bei Zuwiderhandlung durchsetzen sollen. Da die Völkerrechtsordnung die Normkonformität zwischenstaatlichen Handelns nicht durch zentrale Organe erzwingen kann, besitzt das Völkerrecht gegenüber den Tatsachen eine geringere Durchsetzungskraft als das nationalstaatliche Recht gegenüber dem Faktischen.
Dahm hebt richtigerweise hervor, dass eine Rechtsordnung, die sich mittels des Zwangs durchzusetzen vermag, weniger stark auf die permanente Akzeptanz der Rechtsunterworfenen angewiesen ist, denn sie hat die Möglichkeit, die dem Rechte widersprechende Lebenswirklichkeit zu korrigieren[607]. Das Völkerrecht, dem im Allgemeinen diese Möglichkeit fehle und das aufgrund der heterogenen Wertvorstellungen in der Staatengesellschaft erschwerten Akzeptanzbedingungen unterworfen sei, müsse sich gegebenenfalls in ganz anderer Weise als das nationale Recht auch in die politische Wirklichkeit einfügen. Huber konkretisierte die Einflussfaktoren des Gewichts der sozialen Wirklichkeit gegenüber den Anordnungen der Normen bereits 1910 auf der Grundlage der klassischen Völkerrechtsordnung wie folgt:
„Je größer die Autorität der Gesetzgebung und Rechtsprechung ist, umso größer ist auch die Selbständigkeit des Rechts den von ihm zu ord-

---

605 Nach Krieger: Das Effektivitätsprinzip im Völkerrecht, S. 55 treten die spezifischen Merkmale der internationalen Rechtsordnung am deutlichsten im Völkerrecht des Westfälischen Modells zu Tage

606 Kelsen: Reine Rechtslehre, S. 323 ff.

607 Dahm/Delbrück/Wolfrum: Völkerrecht, Bd. I/1, S. 89

nenden sozialen Verhältnissen gegenüber[608]. ... Nicht jedes Rechtsgebiet weist diesen Dualismus von Recht und sozialem Substrat in gleichem Maße auf".

Demnach müssen die Normen der Völkerrechtsordnung ihre Normbefolgung selbst übernehmen[609]. Um Rechssicherheit und Stabilität zu gewährleisten, bedarf es einer Orientierung des Völkerrechts an ordnungsbegünstigenden Faktoren. Nach Radbruch gewährleistet insbesondere die Festsetzung durch die Macht, dass das Festgesetzte durchgesetzt wird[610]. Das Prinzip der Effektivität verleiht danach der besonderen Wirklichkeitsnähe der unstaatlichen Rechtsordnung Ausdruck[611]. Huber konstatiert, neben der besonderen Wirklichkeitsnähe, sei aber dem Völkerrecht auch die Tendenz nach Selbständigkeit gegenüber dem sozialen Substrat immanent[612]. Die tatsächlichen Beziehungen haben sich umgekehrt dem postulierten Recht wenigstens teilweise ebenso angeglichen und es auf diese Weise zu positivem Recht gemacht. Die durch das Recht vorgenommene Regelung verbleibt aber andererseits im Bereich der Utopie, wenn das in der Völkerrechtsordnung virulente Defizit eines Zwangs- und Durchsetzungsapparats nicht durch eine besonders ausgeprägte Anlehnung ihrer Inhalte an den sozialen Unterbau[613] ausgeglichen wird.

a) Konsequenzen der Erkenntnis für das gebietsrechtliche Gewicht der Effektivität

Welche konkreten Folgerungen aus der auch für das klassische Völkerrecht gültigen Erkenntnis der besonderen Wirklichkeitsnähe des Völkerrechts hinsichtlich des Fortbestands eines subjektiven Rechts zu ziehen sind, ob und unter welchen Voraussetzungen die faktische k. u. k. Ge-

---

608 Huber: Beiträge zur Kenntnis der soziologischen Grundlagen des Völkerrechts und der Staatengesellschaft, 1910, S. 62

609 Kelsen: Reine Rechtslehre, S. 324 bezeichnet dies als Selbsthilfe der dezentralen Völkerrechtsgemeinschaft

610 Radbruch: Einführung in die Rechtswissenschaft, S. 39

611 Krüger: Das Prinzip der Effektivität, oder: Über die besondere Wirklichkeitsnähe des Völkerrechts, S. 284

612 Huber: Beiträge zur Kenntnis der soziologischen Grundlagen des Völkerrechts und der Staatengesellschaft, S. 64

613 Huber: a. a. O., S. 56 ff., 62

bietsherrschaft über Bosnien-Herzegowina in eine völkerrechtlich legitimierte Souveränität umschlug, ist damit aber nicht beantwortet.

Mehrheitlich beschränken sich die Literaturstimmen, die eine besondere Wirklichkeitsnähe des Völkerrechts erkennen, darauf, im Effektivitätsprinzip lediglich einen wesentlichen Einflussfaktor für die herausgehobene Bedeutung der faktischen Besitzverhältnisse bei der Rechtsbegründung im Rahmen der klassischen Völkerrechtsordnung zu erkennen. Nach Huber trägt zwar die Völkerrechtsordnung die Garantie ihrer Geltung darin, dass sie, als autonomes Produkt aller beteiligten Rechtssubjekte, im wesentlichen der Ausdruck der tatsächlichen Verhältnisse ist[614]. Ob und in welchen Fällen das Völkerrecht den faktischen Verhältnissen Tribut zollt und seine relative Eigenständigkeit gegenüber der Wirklichkeit aufgibt, konkretisiert Huber nicht.

Basierend auf der Erkenntnis der besonderen Wirklichkeitsnähe des Völkerrechts betont Krüger, dass die Effektivität innerhalb einzelner Tatbestände des subjektiven Rechts ein Element der Rechtsbegründung und des Rechtsbestandes ist[615]. Innerhalb welcher völkerrechtlicher Tatbestände die Effektivität aufgrund der besonderen Wirklichkeitsnähe des Völkerrechts rechtserhaltende bzw. –begründende Wirkung entfalten kann, geht aber auch aus diesem Hinweis nicht hervor. Die weitreichensten Schlussfolgerungen aus der besonderen Wirklichkeitsnähe des Völkerrechts zieht Krieger:

Die Souveränität sei wegen der dezentralen Struktur der internationalen Gemeinschaft nicht als abstraktes Recht denkbar[616]. Die Konzeption des Rechts als eines Rechts in Funktion komme auch darin zum Ausdruck, dass die Ausübung der Hoheitsgewalt nicht nur für die Begründung der Souveränität, sondern auch für die weitere Aufrechterhaltung entscheidend sei.

Da mit Fortentwicklung des Völkerrechts das Effektivitätsprinzip jedoch in seiner Wirkung zurückgedrängt wird[617], erstreckt sich diese Erkenntnis auch auf das klassische Völkerrecht. Schließlich hat unbestreitbar die Ab-

[614] Huber: a. a. O., S. 63
[615] Krüger: „Effektivität", Wörterbuch des Völkerrechts, Bd. I, S. 412
[616] Krieger: Das Effektivitätsprinzip im Völkerrecht, S.345/346
[617] Krieger: a. a. O., S. 80

straktion des Völkerrechts von den Tatsachen seit dem 19. Jahrhundert ebenso zugenommen wie die Dezentralisierung der Staatengemeinschaft seitdem abgenommen hat. Dahm drückt dies dahingehend aus, dass je mehr sich das internationale System in Richtung auf eine internationale Rechtsgemeinschaft entwickelt, desto mehr sich neben seiner Ordnungs- und Friedenserhaltungs- auch seine Gerechtigkeitsfunktion durchsetzen lassen wird und desto geringer der Zwang zur Hinnahme faktischer Situationen wird. Letztlich werden nach Dahms Ansicht mit der Entwicklung einer internationalen Rechtsgemeinschaft überdies die Ansprüche des Völkerrechts an die politische Wirklichkeit steigen[618]. Beleg für die zunehmende Abstraktion des Völkerrechts von der politischen Wirklichkeit ist insbesondere die Befehdung des Gewaltverbots und der tatsächlichen Ergebnisse der Gewaltanwendung durch das jeweilige Völkerrecht. Da das Völkerrecht des 19. Jahrhunderts im Vergleich zur heutigen Völkerrechtsordnung eine geringere Kodifikationsdichte besaß, ein Sanktionsapparat damals zudem vollkommen fehlte und der Gedanke der Bindung aller Staaten an eine Rechtsordnung insbesondere in der imperialistischen Phase noch heftig befehdet wurde, liegt demnach die Vermutung nahe, dass das klassische Völkerrecht gegenüber den Machtverhältnissen seiner Zeit weniger unabhängig war als das heutige Völkerrecht. Weiterhin indiziert dies, dass das klassische Völkerrecht der Ausübung von Hoheitsgewalt für die Begründung wie Aufrechterhaltung von Souveränität eine gesteigerte Bedeutung beigemessen hatte. Krüger schlussfolgert gar, dass hinsichtlich des Rechts auf das Staatsgebiet für das klassische Völkerrecht im Gegensatz zum heutigen Völkerrecht nur der jeweilige Besitzstand, ohne Rücksicht darauf, wie er zustandegekommen war, annehmbar war[619]. Erst seitdem es ein Gewaltverbot im Völkerrecht gebe, könne der Rechtsverlust nicht mehr identifiziert werden mit dem Verlust der Wirksamkeit der Rechtsinnehabung und Rechtsausübung[620].

Aus der Erkenntnis der besonderen Wirklichkeitsnähe des Völkerrechts kann für die abschließende Beantwortung der Frage nach dem Gewicht

---

[618] Dahm/Delbrück/Wolfrum: Völkerrecht, Bd. I/1, S. 89

[619] Krüger: Das Prinzip der Effektivität oder: Über die besondere Wirklichkeitsnähe des Völkerrechts, S. 278

[620] Krüger: a. a. O., S. 277

der Effektivität für Bestand und Erwerb der Souveränität die Verpflichtung entnommen werden, sich an die in der internationalen Wirklichkeit von den Staaten praktizierten und durchgesetzten Rechtsüberzeugungen in besonders engem Maße anzulehnen. Nur dieses Vorgehen wird der Erkenntnis Hubers gerecht, dass „das Völkerrecht eine Rechtsordnung ist, welche nicht den momentanen Verhältnissen zwischen zwei einzelnen Staaten, sondern dem durchschnittlichen und dauernden Wesen der Beziehungen aller Staaten zueinander entsprechen soll und auch entspricht[621]".

Daher ist letztlich entscheidend, welche Deutung des Effektivitätsprinzips den in der Staatenpraxis, die den jeweiligen Rechtssatz begründete, zugrundeliegenden Gedanken wiederspiegelte und insoweit einzelnen gewohnheitsrechtlichen Sätzen zur Bedeutung der tatsächlichen Rechtsausübung für Bestand und Erwerb der Souveränität entsprach[622].

2.) Die Effektivität als eigenständiger Gebieterwerbsgrund

In Teilen der Literatur wird die klassische Einteilung der Erwerbsarten abgelehnt und angenommen, dass es entscheidend auf das allen Gebietserwerbstatbeständen gemeinsame Kriterium des dauerhaften effektiven Besitzes ankommt[623]. Das Effektivitätsprinzip bildet nach dieser Ansicht den eigentlichen Grund völkerrechtlichen Gebietserwerbs. Unter Effektivität werden hierbei die rein materiellen Elemente des physikalischen Besitzes verstanden[624] und es kommt demzufolge auf die tatsächliche Ausübung der Hoheitsgewalt an. Auch die die Maxime des „ex factis ius oritur[625]" postulierenden Stimmen bringen diese herausgehobene Stellung effektiver Besitzverhältnisse für die völkerrechtliche Gebietszuweisung zum Ausdruck.

---

[621] Huber: Beiträge zur Kenntnis der soziologischen Grundlagen des Völkerrechts und der Staatengesellschaft, S. 63
[622] Krieger: Das Effektivitätsprinzip des Völkerrechts, S. 81
[623] Ross: Völkerrecht, S. 141 / 143 ff.; Reuter: Droit International Public, S.142/147 ff.; de Visscher: Théories et réalités en droit international public, S. 227
[624] Krieger: Das Effektivitätsprinzip im Völkerrecht, S. 340; anders nur de Visscher: Les éffectivités du droit international public, S. 104
[625] Marek: Identity and Continuity of States in Public International Law, S. 564

Danach ist ein nudum ius generell wie im Besonderen ein osmanisches nudum ius hinsichtlich Bosnien-Herzegowina nicht möglich, weil die türkische Staatsgewalt dort nach der k. u. k. Besetzung dauerhaft nicht mehr spürbar war. Mit der effektiven Inbesitznahme durch Österreich-Ungarn stellte danach das klassische Völkerrecht Bosnien-Herzegowina unter die Suprematie der Doppelmonarchie.

a) Die Lehre von der „normativen Kraft des Faktischen"

Die Erkenntnis der „normativen Kraft des Faktischen" wird Jellinek[626] zugeschrieben.

Dieser stellte fest:
„Das Gewohnheitsrecht ... entsteht aus der allgemeinen psychischen Eigenschaft, welche das sich stets wiederholende Faktische als das Normative ansieht.
... so erzeugt es im ganzen Umfange des Rechtssystems die Voraussetzung, dass der gegebene soziale Zustand der zu Recht bestehende sei, ..."
Nicht zu leugnen ist aber, dass bereits vor Jellinek die Bedeutung der faktischen Machtausübung für die Rechtsbildung erkannt wurde.

Bereits Bluntschli betonte[627]:
„Der Gang der Weltgeschichte, in welchem sich die dauernde Macht der Verhältnisse offenbare, zerstöre deshalb alte und begründe neue Rechte".
Nach der überwiegenden Interpretation der normativen Kraft des Faktischen hat das Erheben des Faktischen in die Sphäre der rechtlichen Ordnung die aufgrund der Wahrnehmung des Geschehens erfolgende Anerkennung des Tatsächlichen als rechtens zur Voraussetzung[628].

---

[626] Jellinek, Georg: Allgemeine Staatslehre, 1914, S. 339 ff.; in neuerer Zeit, Dahm/Delbrück/Wolfrum: Völkerrecht, Bd.I/1, S.89, der die normative Kraft des Faktischen mit dem Effektivitätsgrundsatz gleichsetzt; Berber: Völkerrecht, Bd. I, S. 346

[627] Bluntschli: Das moderne Völkerrecht der civilisirten Staten als Rechtswörterbuch dargestellt, 1868, S.72 Rdnr. 38

[628] So OLG Frankfurt a. M. v. 12.8.1947, Höchstrichterliche Entscheidungen in Strafsachen, Bd. I, S. 73

Nach dieser Auffassung lehrt auch die normative Kraft des Faktischen nichts anderes, als dass erst die Würdigung von Tatsachen durch das Rechtsbewusstsein Rechtswirkungen hervorbringt[629]. Danach ist das Faktische noch nicht Norm[630]. Ihm wohnt zunächst nur normbildende Kraft inne. Eine normative Kraft des Faktischen im eigentlichen Sinne liegt nach dieser Interpretation nicht vor. Die Feststellung, ob und mit welchem Inhalt auch das klassische Völkerrecht tatsächlicher Machtausübung rechtsbildende Kraft zusprach, kann daher gleichsam nur aufgrund entsprechender Anerkennung der Staaten getroffen werden.

3.) Das Effektivitätsprinzip als Norm des Völkergewohnheitsrechts i. S. d. positivistischen Lehre

Im Gegensatz zu den Vertretern der normativen Kraft des Faktischen lehnen die Positivisten die Herleitung rechtlicher Wirkung aus der sozialen Wirklichkeit strikt ab.
Die Völkerrechtsordnung als Bestandteil des Sollens ist nach der Reinen Rechtslehre Kelsens vom Sein, der sozialen Wirklichkeit, streng zu trennen[631]. Die positivistische Ansicht erkennt nur Normen die Kraft zu, Tatsachen rechtliche Wirkung zuzuerkennen[632]. Die Besonderheit dieses Ansatzes liegt darin, dass das Völkerrecht bzw. die ihm zugrundeliegenden Tatbestände die Fakten bestimmen, denen es Rechtswirkungen unter dem Gesichtspunkt der Effektivität zugesteht. Das Völkerrecht und nicht das Effektivitätsprinzip alleine bestimmt die Wirkungen konkret – tatsächlicher Umstände[633]. Für die Positivisten vermittelt erst eine völkerrechtliche Norm, ein Rechtssatz des positiven Rechts, der alle Spannungsfälle zwischen Recht und Wirklichkeit regelt, dem Effektivitätsprinzip rechtsbegründende wie -auflösende Kraft[634]. Diese bewirkt, dass auch tatsächliche, rechtswidrige Handlungen rechtsbegründend wirken können, wenn sie nicht mehr wirksam von den betroffenen Staaten

---

[629] Krüger: „Effektivität", Wörterbuch des Völkerrechts, Bd. I, S. 410

[630] Nach Münch: Brauch und Missbrauch der normativen Kraft des Faktischen, S. 44, hatte Jellinek den Begriff der normativen Kraft des Faktischen nur als Hinweis gebraucht und kein Prinzip der Rechtsanwendung aus ihm entwickelt

[631] Kelsen, Reine Rechtslehre, 1.Aufl., Genf 1934, Vorwort S. III

[632] Kelsen/Tucker: Principles of International Law , S.421/422

[633] Kelsen/Tucker: a. a. O., S. 421/422 Anm. 118

[634] Kelsen/Tucker: a. a. O., S. 420/421, Anm. 116

bestritten werden[635]. Diese völkerrechtliche Norm ist aber nach Kelsen und Tucker zugleich völkergewohnheitsrechtlicher Tatbestand:

„The principle of effektiveness, as a rule of positive Law, is itself a principle of customary international Law[636]".

Der völkergewohnheitsrechtliche Tatbestand konkretisiert die Anforderungen, die tatsächliche Umstände erfüllen müssen, um als effektiv i. S. d. Effektivitätsprinzips zu gelten. Er regelt Geltung und Ausmaß der zeitlichen, territorialen und personellen Kompetenz der Staaten[637].

Bellini nimmt an, dass es nicht der normative Grundsatz der Effektivität sei, der den Eintritt der Rechtsfolge in den Fällen der Okkupation oder der

Blockade nach sich ziehe. Eine völkerrechtliche Norm, die speziell für jeden dieser Fälle entwickelt worden sei[638], begründe die Geltung der Effektivität innerhalb der Völkerrechtsordnung. Das Effektivitätsprinzip gilt seiner Ansicht nach nicht nur für die Legitimation widerrechtlicher territorialer Erwerbungen, sondern für alle tatsächlichen Situationen, die im Rechtssinn unveränderlich sind. Der eigentliche Grund für die Heilung liege in der Unmöglichkeit, die tatsächliche Situation zu verändern, in ihrem Übergewicht gegenüber dem Recht und der daraus folgenden Notwendigkeit der Anpassung des Rechts[639].

Kelsen und Tucker haben ihre Erkenntnis einer völkerrechtlichen, dem Effektivitätsprinzip zugrundeliegenden Norm jedoch auf der Grundlage der nach dem Zweiten Weltkrieg geltenden Völkerrechtsordnung gewonnen. Eine pauschale Unterstellung, dass die Positivisten eine entsprechende völkerrechtliche Norm mit Geltung auch für das klassische Völkerrecht vertreten, ist problematisch.

Fraglich ist deshalb, wie eine völkerrechtliche Norm des klassischen Völkerrechts, die der Effektivität rechtsbegründende wie -aufhebende Evidenz beimisst, nachzuweisen ist. Aus den von Tucker und Kelsen erkannten Grundsätzen lassen sich wenig Aufschlüsse hinsichtlich des zur Ermittlung der völkerrechtlichen Norm angewandten Verfahrens entneh-

---

635 Kelsen/Tucker: a. a. O., S. 423 ff.

636 Kelsen/Tucker: a. a. O., S. 421 Fortsetzung der Anm. 116 v. S. 420

637 Kelsen/Tucker: a. a. O., S. 420

638 Bellini: Il principio generale dell `effettività nell`ordinamento internazionale, S. 344/345

639 Bellini: a. a. O., S. 349

men. Naheliegend ist aber, dass die völkerrechtliche Norm nur in der jeweiligen Völkerrechtsordnung gefunden werden kann. Will man vermeiden, dass die Existenz einer völkerrechtlichen Norm im Wege der Deduktion aus dem Effektivitätsprinzip nicht bloß behauptet wird und auch die Geltung des Effektivitätsgrundsatzes unbewiesen bleibt[640], so muss der Nachweis einer zeitgenössischen zwischenstaatlichen Übung, nur effektiv herrschende Ordnungen als souverän regierte Gebietskörperschaften anzuerkennen, gelingen. Einerseits ergibt sich dies aus dem auch von den Positivisten erkannten völkergewohnheitsrechtlichen[641] Ursprung des konkreten Inhalts des Effektivitätsprinzips. Weiterhin fragt sich, wie anders als durch eine induktive, an der Staatenpraxis orientierten Überprüfung des zeitgenössischen Völkerrechts eine völkerrechtliche Norm des klassischen Völkerrechts gefunden werden soll[642]?

Zum Nachweis der Geltung und des Inhalts eines Effektivitätsprinzips ist somit auch nach dem positivistischen Ansatz eine von dauerhafter, zeitgenössischer Staatenpraxis getragene Rechtsüberzeugung erforderlich.

4.) Das den Völkerrechtsquellen übergeordnete Effektivitätsprinzip i. S. d. Lehre Touscozs

Die Erkenntnis von Touscoz erhebt das Effektivitätsprinzip zu einem über den Völkerrechtsquellen stehenden, das gesamte Völkerrecht in seinen Wirkungen beherrschenden Rechtsprinzip[643]. Das Effektivitätsprinzip „informiert" die internationale Rechtsordnung mit den Tatsachen der sozialen Wirklichkeit und konstituiert das gesamte Völkerrecht. Da das Effektivitätsprinzip damit einen Geltungsanspruch unabhängig von der sozialen Wirklichkeit besitzt, beansprucht das Effektivitätsprinzip Wirkung für die heutige wie die klassische Völkerrechtsordnung und ein Nachweis

---

640 Zimmer: Gewaltsame territoriale Veränderungen und ihre völkerrechtliche Legitimation, S. 81
641 Zur Geltung einer Norm durch Gewohnheit auch Kelsen: Allgemeine Theorie der Normen, S. 2
642 So allgemein auch Zimmer: Gewaltsame territoriale Veränderungen und ihre völkerrechtliche Legitimation, S. 81
643 Touscoz: Le principe d`effectivité dans l`ordre international, S. 256

der Verankerung des Effektivitätsprinzips in der jeweiligen Staatenpraxis erübrigt sich.
Seine überragende Stellung im völkerrechtlichen System dokumentiert sich nach dieser Ansicht in rechtsschöpferischer und rechtsaufhebender Wirkung. Die kreative Wirkung der Effektivität zeigt sich unmittelbar in der Bildung des Völkergewohnheitsrechts[644]. Das Effektivitätsprinzip begründet den Bestand und die Grenzen aller Rechtsverhältnisse und subjektiven Rechte des Staates[645]. Es beendet gleichsam die Gültigkeit von Rechtstiteln, weil diese immer an ihre Ausübung gebunden sind; verlieren sie ihre Effektivität, werden sie ungültig[646]. Die Souveränität wird durch die Effektivität erworben und aufrechterhalten. Die Nichtausübung der Souveränität führt zu ihrem Verlust[647]. Ein nudum ius, ein nur formales Souveränitätsrecht, kann es nach dieser Erkenntnis nicht geben.
Danach verliert das Osmanische Reich aufgrund der Nichtausübung seiner höchsten Rechtsmacht nach der k. u. k. Okkupation die ursprünglich durch Eroberung im 15. Jahrhundert erworbene und durch den Berliner Vertrag vom 13.7.1878 sowie die Konvention vom 21.4.1879 bestätigte Souveränität hinsichtlich Bosnien-Herzegowinas.

a) Theoretische Würdigung der Ansicht

Zweifelhaft ist aber die Haltbarkeit der Annahme eines über den Völkerrechtsquellen stehenden Effektivitätsgrundsatzes. Die Behauptung eines über den Völkerrechtsquellen stehenden Effektivitätsprinzips umgeht den Nachweis dieser Norm[648]. Den Tatsachen, die den Effektivitätsgrundsatz ausmachen, wird Normativität jenseits des Völkerrechts zugesprochen. Warum den Tatsachen diese dominante Stellung zukommen soll, konkretisiert Touscoz nicht.

Richtig ist zwar, dass über die Berücksichtigung dauerhaft geübter Staatenpraxis bei der Entstehung, Gestaltung und Aufhebung völkergewohn-

---

644 Touscoz: a. a. O., S. 15-50, S. 255 ff.
645 Touscoz: a. a. O., S. 116
646 Touscoz: a. a. O., S. 155
647 Touscoz: a. a. O., S. 232
648 Zimmer: Gewaltsame territoriale Veränderungen und ihre völkerrechtliche Legitimation, S. 77

heitsrechtlicher Rechtssätze der politischen Wirklichkeit rechtsbegründende Wirkung zukommt. Touscoz geht jedoch über diesen Stellenwert hinaus und stellt die Effektivität über die Völkerrechtsquellen. Die Anordnungen des Effektivitätsprinzips brechen somit auch völkergewohnheitsrechtliche Bestimmungen. Eine Begründung hiefür bleibt er ebenso schuldig. Insbesondere bleibt fraglich, woraus sich die herausgehobene Stellung der Effektivität ergibt. Klar ist nur, dass nach Ansicht von Touscoz diese nicht auf einem durch Staatenpraxis dokumentierten Konsens basiert. Wer aber verleiht dann dem Effektivitätsprinzip diese Stellung innerhalb des Völkerrechts?
Soweit nicht die Überzeugung der Staatengemeinschaft Ursprung des Effektivitätsprinzips ist, lassen sich nur eigene Mutmaßungen anstellen. Diese würden jedoch nichts daran ändern, dass die Theorie von Touscoz unvollkommen bleibt. Touscoz vermag vielmehr nicht nachzuweisen, woraus die herausgehobene Position des Effektivitätsprinzips innerhalb einer Völkerrechtsordnung sich ergeben soll. Daher ist seine Auffassung bereits aus theoretischen Erwägungen abzulehnen.

Bedenken gegen diese Haltung ergeben sich auch daraus, dass die besonders bei den Okkupationen feststellbare Staatenpraxis der Abstandnahme von der Errichtung effektiver Herrschaftsgewalt und der Beschränkung auf bloße Symbolakte der überragenden Position des Effektivitätsprinzips in der zeitgenössischen Völkerrechtsordnung widerspricht. Der Wandel der Staatenpraxis zum Merkmal der Effektivität bei der Okkupation[649] indiziert vielmehr die Assimilation der Staaten an ein gewandeltes Völkerrecht, insbesondere die Anpassung auch an völkerrechtliche Veränderungen hinsichtlich des Erfordernisses effektiver Herrschaftsgewalt für die legitime Inanspruchnahme der Souveränität. Der Wandel des Okkupationstatbestands zeigt aber auch, dass Effektivitätsgesichtspunkte nicht stets und in jedem Einzelfall zur Geltung kamen und das Gewicht tatsächlicher Umstände auf die Rechtsbildung maßgeblich vom zwischenstaatlichen Verhalten abhing. Insoweit widerspricht die der Effektivität durch Touscoz in der Völkerrechtsordnung zugewiesene überragende Stellung auch dem Verhalten der Staaten.

---

[649] Zur geschichtlichen Entwicklung des Okkupationsrechts Roche: The Minquiers and Ecrehos Case, S. 28 ff.

Somit lässt sich festhalten, dass sich weder aus der theoretischen Erkenntnis der besonderen Wirklichkeitsnähe des Völkerrechts noch der normativen Kraft des Faktischen, ebensowenig aus dem Hinweis auf ihre Wirksamkeit im Rahmen eines eigenständigen Erwerbsgrunds mit letzter Gewissheit die Geltung eines Effektivitätsprinzips im klassischen Völkerrecht nachweisen ließ. Ebensowenig gaben sie endgültigen Aufschluss über die Wirksamkeit eines konkreten Völkerrechtsatzes, wonach die Rechtsstellung des Souveräns im 19. Jahrhundert an ihre effektive Ausübung gebunden war.

Im Einklang mit den Erkenntnissen der besonderen Wirklichkeitsnähe des Völkerrechts und unter Beachtung intertemporalrechtlicher Regeln gibt erst der Nachweis einer von Rechtsüberzeugung getragenen zeitgenössischen Staatenpraxis zu ähnlich gelagerten Fällen endgültigen Aufschluß darüber, wie das klassische Völkerrecht die vollkommene k. u. k. Gebietshoheitsausübung hinsichtlich des durch völkerrechtlichen Vertrag der Türkei zugewiesenen Bosnien-Herzegowina bewertete. Die zur Bildung von Gewohnheitsrecht notwendige Übung erfordert, dass der in Frage stehende Rechtssatz in der Mehrzahl der einschlägigen Fälle von denen, die sich nach ihm richten konnten, befolgt wurde[650].

III) Effektivität beim Erwerb staatenlosen Gebiets

Eine völkergewohnheitsrechtliche Geltung der Effektivität als notwendiges Element der Souveränität bestand danach, wenn in den historischen Gebietsstreitigkeiten des 19. Jahrhunderts aus dem längere Zeit zwecks Befolgung eines ungeschriebenen Völkerrechtsatzes[651], praktizierten Verhalten der betroffenen Staaten auf die Ablehnung eines Souveränitätsanspruchs des dauerhaft auf eigene effektive Gebietshoheitsausübung verzichtenden Staates gefolgert werden kann.

---

[650] Zur Entstehung von Völkergewohnheitsrecht bereits Bluntschli: Das moderne Völkerrecht der civilisirten Staten als Rechtsbuch dargestellt, 1868, S. 58/59, Rdnr. 12, 13; auch Wengler: Völkerrecht, Bd. I, S. 175.

[651] Vereinzelt wird bestritten, dass das psychologische Element der Rechtsüberzeugung zum Gewohnheitsrecht gehört; ebenso ist str., ob das subjektive Element im Bewusstsein der Verpflichtung schlechthin besteht, hierzu Wengler: Völkerrecht, Bd. I, S. 177 Fn.1

1.) Staatenpraxis zur effektiven Hoheitsausübung auf okkupiertem Gebiet

Mit dem Aufkommen imperialistischer Bestrebungen der europäischen Mächte, welche sich vorrangig auf die Suche neuer Kolonialgebiete konzentrierten, kam auch in der Staatenpraxis des ausgehenden 19. Jahrhunderts das Bedürfnis nach Konkretisierung der Bedingungen für den Erwerb von Gebietsteilen, insbesondere des afrikanischen Kontinents, im Wege der Okkupation auf.

a) Art. 35 der Berliner Kongo-Akte v. 26.2.1885

Im Zusammenhang der Frage der Notwendigkeit effektiver Hoheitsausübung für den Bestand sowie Erwerb souveräner Herrschaft drängt sich Art. 35 der General – Akte der Berliner Konferenz vom 26.2.1885[652] auf:

„Die Signatarmächte der gegenwärtigen Generalakte anerkennen die Verpflichtung, in den von ihnen an den Küsten des afrikanischen Kontinents besetzten Gebieten das Vorhandensein einer Obrigkeit zu sichern, welche hinreicht, um erworbene Rechte und, gegebenenfalls, die Handels- und Durchgangsfreiheit unter den Bedingungen, welche für letztere vereinbart worden, zu schützen“.

Auch seine Stellung innerhalb des VI. Kapitels, welche „die Erklärung betreffend die wesentlichen Bedingungen, welche zu erfüllen sind, damit neue Besitzergreifungen an den Küsten des afrikanischen Festlandes als effektive betrachtet werden“, beinhaltet, verdeutlicht die Notwendigkeit der Errichtung effektiver staatlicher Autorität in den von der Berliner Kongo – Akte bezeichneten afrikanischen Gebieten.
Art. 35 der Berliner Kongoakte dokumentierte nach der überwiegenden Ansicht den Konsens der Staatenpraxis des 19. Jahrhunderts und damit

---

[652] Parry: a. a. O., Bd. 165, S. 501, deutsche Übersetzung bei Grewe: Fontes Historiae Iuris Gentium, Bd.III/1, S. 318

eine damals gewohnheitsrechtlich geltende Regel[653] zum Effektivitätserfordernis und zu den Voraussetzungen des Erwerbs eines nicht bereits einem Völkerrechtssubjekt zugeordneten Gebiets[654]. Danach war die Errichtung einer effektiven Gebietsherrschaft auf dem okkupierten afrikanischen Territorium Voraussetzung souveräner Rechtsstellung. Art. 35 der Berliner Kongressakte repräsentierte überdies das Rechtsverständnis des 19. Jahrhunderts, wonach die bloße Entdeckung eines bisher unbekannten Gebietes oder die symbolische Besitzergreifung, durch Hissen der Flagge, nicht ausreichte, um die Gebietshoheit zu begründen[655]. Die Beherrschung eines Küstenstriches bewirkte danach nicht die Herrschaft über das ganze Hinterland, die Beherrschung der Strommündung nicht die Herrschaft über das gesamte Stromgebiet.
Festzuhalten ist, dass die auf einem breiten Konsens der damaligen Staatengemeinschaft basierende Berliner Generalakte in der im ausgehenden 19. Jahrhundert für die vom Imperialismus beseelten europäischen Mächte wesentlichen Frage afrikanischer Besitzungen unmissverständlich eine untrennbare Konnexität zwischen dem Anspruch souveräner Rechtsstellung und der effektiven Herrschaftsausübung konstatierte. Insoweit verwundert nicht, dass Art. 35 der Berliner Kongoakte von Teilen der Literatur überdies eine allgemeingültige, über den Rechtstitel der Okkupation hinausgehende Aussagekraft beigemessen wurde[656].

2.) Gerichtsurteile und Schiedssprüche zur effektiven Hoheitsausübung auf okkupiertem Gebiet

Das Gewicht der tatsächlichen Ausübung der Hoheitsgewalt für den völkerrechtlichen Status eines umstrittenen Gebiets spielte auch im Rahmen (schieds-) gerichtlicher Entscheidungen des 19. wie des 20. Jahrhunderts eine zentrale Rolle.

---

653 Dahm/Delbrück/Wolfrum. Völkerrecht, Bd. I/1, S. 350; a. A. Affaire de L`Ile de Clipperton , Sentence de 28 Janvier 1931, United Nations (ed.), Reports of Arbitral Awards, Bd. II, S. 1105 ff.; s. auch Vertrag Englands und Deutschlands mit Spanien vom 7. März 1885 bzgl. des Sulu Archipels, der den Grundsatz effektiver Besetzung ebenso beinhaltete

654 V. Liszt: Das Völkerrecht, 9. Aufl., S. 98

655 V. Liszt: a. a. O., S. 99

656 V. Ullmann: Völkerrecht, S. 314

Da die Schiedssprüche die Gebietsstreitigkeiten des 19. Jahrhunderts am Maßstab des damals geltenden Völkerrechts zu entscheiden hatten, zeichnen auch sie ein Bild der zeitgenössischen Völkerrechtsordnung. Das Berufen der Staaten in gerichtlichen wie schiedsgerichtlichen Verfahren auf die tatsächliche Ausübung der Gebietshoheit, hinsichtlich streitigen Territoriums wie die Bewertung dieser Einlassungen durch das Gericht, geben Aufschluss über eine Verbindlichkeit der Effektivität für den Bestand der territorialen Souveränität nach dem auch hinsichtlich der Zugehörigkeit Bosniens und der Herzegowina während der k. u. k. Okkupation anwendbaren Völkerrechtsverständnis. Zum Nachweis der Geltung der Effektivität der Gebietshoheitsausübung als im 19. Jahrhundert völkerrechtlich allgemeingültiger Bedingung souveräner Gebietsherrschaft zieht Milobar[657] insbesondere den Schiedsspruch von Papst Leo XIII. im spanisch-deutschen Streit um die Karolinen-Inseln und Palaos sowie den diesbezüglichen deutschen Sachvortrag heran.

a) Der Schiedsspruch im Karolinen–Inselfall

Bismarck bestritt die spanische Souveränität hinsichtlich der Karolinen – Inseln und Palaos, weil deren Souveränität keine effektive, sondern nur eine nominelle war. Spanien hingegen stellte sich auf den Standpunkt, dass ihnen an den fraglichen Inseln die Souveränität in der Form des nudum ius zustehe. Es hätte diese Inseln entdeckt und schon längst annektiert.
In seinem Sachvortrag befehdete Bismarck die spanische Souveränität und begründete die Evidenz des Effektivitätsprinzips für die Frage der Oberhoheit über die Karolineninseln und Palaos zwar mit Art. XXXV der Berliner Kongo-Akte vom 26.2.1885. Der Schiedsspruch von Papst Leo XIII. erkannte Spanien überdies unter Auferlegung des Nachweises effektiver Gewaltausübung die Souveränität zu; nicht zu verkennen ist aber, dass Papst Leo XIII. in seinem Vermittlungsvorschlag zum Streit zwischen Spanien und Deutschland um die Karolinen – Inseln vom 22.10.1885 die Wirksamkeit der spanischen Okkupation nach intertemporalrechtlichen Grundsätzen ausschließlich aufgrund des früheren, d. h.

---

[657] Milobar: Der Berliner Kongreß und die Bosnische Frage, S. 89

des spätmittelalterlichen Völkerrechts beurteilte[658]. Zur Geltung des Effektivitätserfordernisses im 19. Jahrhundert sagte der Vermittlungsvorschlag jedoch nichts aus.

b) Schiedsspruch im Clipperton-Island–Fall

Obwohl seit der französischen Inanspruchnahme[659] der Clipperton-Inseln vom 13. Dezember 1857 bis 1897 keine weiteren Akte Frankreichs bzgl. dieses unbewohnten Territoriums zu verzeichnen waren, nahm der Schiedsrichter König Viktor Emmanuell III. von Italien im Schiedsspruch[660] zum französisch-mexikanischen Gebietsstreit einen französischen Gebietserwerb bereits mit dessen Kundgabe des Willens zur Einverleibung der Insel an.
Dennoch ist nicht zu verkennen, dass auch der Schiedsspruch im französisch-mexikanischen Streit um die Clipperton-Inseln der Besitzergreifung Evidenz für die Begründung souveräner Rechtsmacht über okkupiertes Gebiet einräumte. Der Schiedsspruch widmete einen wesentlichen Teil der Frage, in welchem Umfang Hoheitsakte zur Durchsetzung eigener Hoheitsgewalt erforderlich waren. Die Besitzergreifung bestand nach dem Schiedsspruch in einem oder mehreren Akten durch die der besitzende Staat die exklusive Autorität auf dem besetzten Gebiet erlangte[661]. Die Intensität der erforderlichen Akte und der Organisation der eigenen Herrschaft gab das Erfordernis der Geltung der eigenen Gesetze vor. Diese Erkenntnis führte im Rahmen des Schiedsspruchs zu den unbewohnten Clipperton-Inseln zum allgemeinen Verzicht auf die Errichtung einer staatlichen Organisation zur Durchführung anwendbarer Gesetze hinsichtlich unbewohntem Territoriums. In diesem Fall reichte im Gegensatz zu Art. 35 der Berliner Kongo-Akte, der die Errichtung einer

---

[658] Krause-Ablaß: Intertemporales Völkerrecht, S. 87

[659] Diese wurde der Regierung auf Hawai notifiziert und eine entsprechende Notiz in einer Tageszeitung in Honolulu veröffentlicht; außer der Anfertigung von Notizen über die geographischen Gegebenheiten der Insel und dem Verweilen einiger Mannschaftsmitglieder für weniger als drei Tage auf der Insel war eine französische Präsens nicht zu verzeichnen

[660] Affaire de L`Ile de Clipperton , Sentence de 28 Janvier 1931, United Nations (ed.), Reports of Arbitral Awards, Bd. II, S. 1105 ff.

[661] Affaire de L`Ile de Clipperton , Sentence de 28 Janvier 1931, United Nations (ed.), Reports of Arbitral Awards, Bd. II, S. 1105

staatlichen Autorität für afrikanische Gebiete gefordert hatte, ein nach außen erkennbarer Akt der Besitznahme.

Der schiedsrichterliche Verzicht auf die tatsächliche Ausübung der Gebietshoheit im Clipperton-Spruch war aber lediglich auf die bis zum Erheben mexikanischer Ansprüche im Jahre 1897 mangelnde Gefahr der fremdstaatlichen Untergrabung des französischen Herrschaftsanspruchs zurückzuführen.

Auch die Erkenntnisse des Schiedsspruchs zum Clipperton-Fall fundieren demzufolge in einer generellen Abhängigkeit der Souveränität von der effektiven Durchsetzung des Hoheitsanspruchs[662].

c) Der Island of Palmas-Fall

Im Zuge der spanischen Abtretung der Philippinen an die USA gem. Art. III S.1 des Abkommens vom 10.12.1898[663] wurde die im Zeitpunkt der Zession bestehende spanische Rechtsposition hinsichtlich der bei den Phiippinen belegenen Insel Palmas virulent. Im Gegensatz zur amerikanischen Argumentation, die die Wirksamkeit des spanischen Rechtstitels auf Entdeckung und Kontiguitätserwägungen stützte[664], begründete die Niederlande ihre Souveränität mit der seit 1677 währenden Präsens der ostindischen Handelsgesellschaft, welche ihr eine eigene Ausübung der Hoheitsgewalt vermitteln sollte[665]. Die Ausübung der Hoheitsgewalt wurde auf der Grundlage von Verträgen, die mit den eingeborenen Herrschern abgeschlossen worden waren und die niederländische Lehnshoheit über das Gebiet statuieren sollten, behauptet.

Der Schiedsspruch von Huber stellt die kontinuierliche und ungestörte Ausübung der territorialen Souveränität einem Rechtstitel gleich[666]. Demgemäß verneint er zunächst die Bedeutung der Entdeckung, der Anerkennung durch Vertrag sowie der Kontiguität[667] und prüft weiterhin, ob es zwischen dem 17. und dem Beginn des 20. Jahrhunderts ausrei-

---

662 ebenso Krieger: Das Effektivitätsprinzip im Völkerrecht, S. 357
663 Parry: a. a. O., Bd. 187, S. 100 ff., 101
664 Island of Palmas Case, Award of April 1928, UN Report of Arbitral Awards, Bd. II, S. 837
665 A. a. O., S. 856 ff.
666 A. a. O., S. 839, auch 849
667 A. a. O., S. 867

chende Hoheitsakte Spaniens bzgl. der Insel gab[668]. Im Gegensatz zu den USA bzw. Spanien hatte die Niederlande seit dem 17. Jahrhundert über die ostindische Handelskompanie tatsächliche Hoheit über die Insel ausgeübt und die eigenen Aktivitäten gegen Ende des 19. Jahrhunderts immer mehr verstärkt. Huber sprach deshalb auch die Souveränität bzgl. der Insel Palmas zum maßgeblichen Zeitpunkt der Zession den Niederlanden zu[669].
Festzuhalten ist danach, dass auch der Streit um die Palmas-Insel danach entschieden wurde, welcher Staat auf dem streitigen Territorium dauerhaft und effektiv die Gebietshoheit ausgeübt hatte.

d) Das Minquiers–Urteil des IGH

Der IGH hatte 1953 über den britisch-französischen Streit um die im Ärmelkanal gelegenen Inseln Minquiers und Ecrehos zu entscheiden.
Trotz der Berufung sowohl der französischen als auch der britischen Seite auf historische Rechte bzgl. der Inseln entschied der IGH den Streit am Maßstab der tatsächlichen Ausübung von Gebietshoheit[670]. Nach der Auffassung des Gerichtshofs sind nicht Ereignisse aus dem Mittelalter, sondern Beweise, die sich direkt auf den Besitz der Ecrehos und Minquiers Gruppe beziehen, entscheidungserheblich. Da im 19. Jahrhundert Hoheitsakte beider Staaten bzgl. der Inseln zu vernehmen waren, ermittelte der IGH den besseren Titel[671]. Britische und französische Hoheitsakte hinsichtlich der Inseln werden gegeneinander abgewogen. Geprüft wurde, ob der Protest Frankreichs gegen eine englische Verordnung von 1875, welche die Ecrehos in den Hafen von Jersey einbezogen hatte, den Charakter des Rechtsetzungsakts als einer Manifestation der Souveränität diskreditieren konnte[672].
Ausschlaggebend für die Anerkennung der britischen Souveränität sowohl bzgl. der Insel Ecrehos als auch der Minquiers war, dass die französischen Akte gegenüber denen Englands als nicht ausreichende Mani-

---

[668] A. a. O., S. 851 ff.
[669] A. a. O., S.868
[670] International Court of Justice: The Minquiers and Ecrehos Case, Judgement of 17.11.1953, Reports of Judgements, Advisory Opinions and Orders 1953, S. 57/65
[671] International Court of Justice: a. a. O., S. 64 ff.
[672] International Court of Justice: a. a. O., S. 66

festation eigener Staatsgewalt qualifiziert wurden[673]. Trotz der geringfügigen Hoheitshandlungen und der Proteste Frankreichs gegen britische Hoheitsakte anerkannte der IGH folglich die Souveränität Großbritanniens. Daher lässt sich aus der Entscheidung des IGH im Minquiers und Ecrehos Fall für die Bedeutung der Effektivität im 19. Jahrhundert folgende Feststellung herausstellen:
Wurden von verschiedenen Staaten Hoheitsakte auf einem Gebiet gesetzt, so gab das Maß der hierdurch vermittelten Effektivität der Hoheitsausübung den Ausschlag für die Souveränitätsfrage. Entscheidendes Kriterium für den Bestand der Souveränität war ebenso die effektive Ausübung der Gebietshoheit.

Sowohl im Island of Palmas Fall als auch im Minquiers und Ecrehos-Urteil des IGH wurde folglich die faktische Ausübung der Gebietshoheit als streitentscheidendes Kriterium souveräner Herrschaft des 19. Jahrhunderts qualifiziert.

3.) Kritische Würdigung der Staatenpraxis und Rechtsprechung zu staatenlosem Gebiet

Festzuhalten ist, dass in allen geschilderten Fällen erst mit der Erlangung effektiver Gebietsherrschaft die Souveränität erlangt wurde und ihre Lockerung zum Rechtsverlust führte.
Dennoch ist zweifelhaft, ob die mit Bezug auf Gebietsstreitigkeiten des 19. Jahrhunderts getroffene Allgemeingültigkeit der Aussagen des Palmas– Falles wie des Minquiers-Urteils ebenso wie das Erfordernis der Errichtung effektiver staatlicher Autorität i. S. d. Art. 35 der Berliner Kongoakte zur Begründung wie Bestand der Souveränität auch auf den Bestand osmanischer Souveränität betreffend Bosnien-Herzegowina nach der k. u. k. Wahrnehmung der Gebietshoheit übertragen werden kann. Nicht zu verkennen ist, dass die behandelten schieds- wie gerichtlichen Fälle ebenso wie Art. 35 der Berliner Kongoakte staatenlose Gebiete betrafen.

---

[673] International Court of Justice: a. a. O., S. 70/71

a) Die Kollision des Legitimitätsprinzips mit dem Effektivitätsprinzip

Zu erwägen ist aber, im Zuge theoretischer Überlegungen zu den Gründen der Effektivitätsforderung auf die generelle Abhängigkeit der Souveränität von der tatsächlichen Ausübung der Gebietshoheit zu folgern. Soweit von der Staatenpraxis die Inanspruchnahme der Souveränität an die effektive Herrschaftsausübung gebunden wurde, wollte sie sich der Dauerhaftigkeit der Machtverhältnisse vergewissern und verhindern, dass aufgrund fehlender Festigkeit der Herrschaft der völkerrechtliche Status des Gebiets zum bloßen Abziehbild kurzfristiger faktischer Verhältnisse mutierte[674]. Ein Staat kann die völkerrechtliche Verantwortung für ein Gebiet dauerhaft nur tragen, seine Verpflichtung im Hinblick auf das Gebiet nur erfüllen, wenn er es fest in der Hand hat. Dieses Bedürfnis bestand jedoch erst Recht hinsichtlich eines der territorialen Souveränität eines anderen Völkerrechtssubjektes unterliegenden Gebiets. Gerade die vormalige Unterwerfung unter die fremde Oberhoheit und der Versuch, diese ohne Zustimmung des bisherigen Souveräns zu überwinden, legt dessen Streben nach Wiederherstellung seiner alten Rechtsposition und eine latent instabile Gebietsherrschaft nahe. Wenn jedoch bereits für die Fälle der Begründung der Gebietshoheit auf bisher staatslosem Gebiet die Effektivität der Herrschaft verlangt wurde, so musste dies doch erst Recht hinsichtlich eines unter Oberhoheit eines fremden Staates stehenden Territoriums gelten.

Auf der anderen Seite ist zu erwägen, dass im Vergleich zu den Fällen staatslosen Gebiets die Ansprüche der Staaten an die Anerkennung einer durch völkerrechtswidrigen Akt herbeigeführten oder zumindest begünstigten faktischen Herrschaft auch im ausgehenden 19. Jahrhundert ungleich höher gewesen sein könnten. Neben dem Gesichtspunkt der Effektivität werden in den Fällen der Überwindung fremder Souveränität auch verstärkt Erwägungen zur Legitimität des Vorgehens virulent. Diese gipfeln in der Feststellung „ex iniuria ius non oritur“. Trotz der Abstinenz eines Gewaltverbots konnte auch das klassische Völkerrecht nicht alle in der Realität gegebenen Situationen automatisch als rechtmäßig anerkennen, weil es damit letztlich seine Geltung aufgegeben und seine Existenz als Rechtsordnung geleugnet hätte[675].

---

[674] So auch Dahm/Delbrück/Wolfrum: Völkerrecht, Bd. I/1, S. 350/351

[675] Dolzer: Der völkerrechtliche Status der Falkland-Inseln (Malvinas) im Wandel der Zeit, S. 85/86

Für die Ausdehnung der Aussagekraft des Art. 35 der Berliner Kongoakte über seinen unmittelbaren Regelungsbereich hinaus, spricht aber auf der anderen Seite, dass das Völkerrecht seine Geltungskraft gegenüber der faktischen Lage an bestimmten Punkten selbst aufgeben muss, um nicht als illusorisch und realitätsfern zu gelten, sog. besondere Wirklichkeitsnähe des Völkerrechts. Erst die Effektivität der Gebietsherrschaft gewährt einem völkerrechtlich verliehenen Status einen dauerhaften Bestand und sichert seine tatsächliche Befolgung. Einer völkerrechtlichen Anordnung ohne Rückhalt in der sozialen Wirklichkeit könnte damit langfristig der Verlust der Geltungskraft drohen. Folglich ergeben sich sowohl Anhaltspunkte für die Auswirkung von Effektivitäts- als auch von Legitimitätserwägungen auf die virulente Rechtsfrage. Wie jedoch letztlich die Ambivalenz von Effektivität und Legitimität durch das klassische Völkerrecht aufgelöst wurde, vermögen jedoch auch theoretische Überlegungen zur Extension des Regelungsgehalts des Art. 35 der Berliner Kongoakte nicht definitiv zu beantworten. Insbesondere lassen sich im Hinblick auf die Voraussetzungen eines Gebietserwerbstatbestands keine eindeutigen theoretischen Rückschlüsse auf die Durchsetzungskraft der Effektivität gegenüber der Legitimität ziehen.

IV) Effektivität beim Erwerb fremden Gebiets

Daher ist die Untersuchung zu Geltung und Umfang des Effektivitätsprinzips im 19. Jahrhundert zu verengen auf die Frage, ob die ständige zwischenstaatliche Übung in den Streitigkeiten, um bereits unter der Oberhoheit eines Völkerrechtssubjektes stehendes Territorium, die Souveränität dem effektiven Gebietsherrscher oder dem durch völkerrechtlichen Rechtstitel ausgewiesenen bisherigen Souverän zuordnete.

1.) Internationale Rechtsprechung

Von der internationalen Rechtsprechung wurde diese Frage mit Blick auf das im 19. Jahrhundert geltende Völkerrecht selten behandelt[676].

---

[676] Eingehend Krieger: Das Effektivitätsprinzip im Völkerrecht, S. 391 ff.

a) Das Urteil zum belgisch–niederländischen Grenzstreit v. 20.6.1959

Hervorzuheben ist aber der vom IGH am 20.6.1959 auf der Grundlage eines Grenzvertrages aus dem Jahre 1843 entschiedene Streit zwischen Belgien und den Niederlanden über zwei kleine Gebiete an der Grenze beider Staaten. Belgien hatte in seinem Rechtsvortrag seine Souveränität bzgl. der Grenzgebiete auf diesen Grenzvertrag gestützt. Nach niederländischer Einlassung hatte Belgien diese jedoch verloren, weil es seine Rechte nicht geltend gemacht habe und deshalb „acquiescence" gegenüber den seit 1843 ausgeübten Hoheitsakten der Niederlande vorgelegen habe. Der IGH stellt demgegenüber heraus, die durch den Grenzvertrag eingeräumte belgische Souveränität habe nicht durch die Akte der Niederlande beseitigt werden können. Auf der anderen Seite werden die belgischen Hoheitsakte vom IGH lediglich zur Untermauerung der durch Vertragsauslegung gewonnenen Souveränität Belgiens herangezogen[677]. Im Vordergrund der Erkenntnis des IGH stand vielmehr die Rechtsauffassung, dass die durch einen völkervertraglichen Titel vorgegebene territoriale Zuordnung einem auf dem Erfordernis der Effektivität basierenden Titel vorging[678]. Folgt man dieser Rechtsansicht konnte folglich auch der durch den Berliner Vertrag niedergelegte völkerrechtliche Status Bosnien-Herzegowinas nicht durch die im Zuge der Besetzung einsetzende umfassende österreichisch-ungarische Hoheitsausübung beeinträchtigt werden.

2.) Staatenpraxis

Wegen der Vergleichbarkeit mit der im Zuge der Verwaltungsrechtsabtretung manifestierten österreichisch-ungarischen tatsächlichen Alleinherrschaft in Bosnien-Herzegowina ist die evidente Frage dahingehend zu konkretisieren, ob die Aufgabe jeglicher Ausübung der Gebietshoheit durch den Souverän, nach der Auffassung der zeitgenössischen Staatenpraxis, mit dem Verlust seiner Rechtsposition identifiziert wurde und damit die effektive Gebietshoheitsausübung für

---

[677] International Court of Justice: The Sovereignty over Certain Frontier Land , Judgement of 20.6.1959, Reports of Judgements, Advisory Opinions and Orders 1959, S. 209 ff., 227

[678] So auch Krieger: Das Effektivitätsprinzip im Völkerrecht, S. 403

damit die effektive Gebietshoheitsausübung für den Übergang wie den Bestand einer bereits bestehenden Souveränität evident war.

a) Die französische Zession der Lombardei durch Vertrag v. 10.11.1859

Gem. Art. IV des Züricher Vertrages vom 10. November 1859[679] zedierte Frankreich die aufgrund Art. V von Österreich erworbene Lombardei.
In der Völkerrechtswissenschaft wird die österreichische Zession gem. Art. IV einhellig nicht als bloße Befugnis zur treuhänderischen Weiterleitung durch Frankreich, sondern als Übertragung der territorialen Souveränität qualifiziert[680]. Dem ist zuzustimmen, weil der Hinweis auf den Verzicht des österreichischen Kaisers auf seine die Lombardei betreffenden Rechte und Titel nicht anders als eine Gebietsübertragung interpretiert werden kann. Die Begrenzung der Übertragung auf einen treuhänderischen Zweck kommt im Wortlaut des Art. IV zudem nicht zum Ausdruck und kann insoweit seiner Bedeutung auch nicht beigelegt werden[681].
Ebenso eindeutig ist Art. V aufgrund seiner eindeutigen Bezugnahme auf die „Übergabe der im vorstehenden Artikel abgetretenen Gebiete" nicht anders als eine französische Zession der Souveränität an Sardinien zu verstehen. Frankreich erwarb insoweit nach der Rechtsauffassung der Vertragsparteien, ohne jemals die Souveränität ausgeübt zu haben, für eine juristische Sekunde die Oberhoheit über die Lombardei. Die Vertragsregelungen belegen damit die Rechtsansicht der vertragsschließenden Parteien, dass die Souveränität von der Effektivität seiner Ausübung zu abstrahieren ist.

b) Französische Zession von Lombardo-Venezien durch Vertrag v. 3.10.1866

Ebenso hat Frankreich das ihm durch Art. 1 des Wiener Vertrages vom 24.8.1866[682] von Österreich zedierte Lombardo-Venezien an das König-

---

679 Parry: a. a. O., Bd. 121, S. 173; auch Strupp: Urkunden zur Geschichte des Völkerrechts, Bd. I, S. 382

680 Verdross/Simma/Geiger: Territorale Souveränität und Gebietshoheit, S. 18

681 „Sa Majesté l'Empereur d'Autriche renonce ... en faveur de Sa Majesté l'Empereur des Français à ses droits et titres sur la Lombardie ..."

682 Parry: a. a. O., Bd. 133, S. 90 ff., 91

reich Italien unmittelbar, d. h. ohne vorherige Besetzung und ebenso ohne dort jemals die Gebietshoheit ausgeübt zu haben, weiterzediert wie die folgende Stelle aus der Präambel des Vertrages zwischen Österreich und Italien vom 3. Oktober 1866 verdeutlicht[683]:

„Sa Majesté l`Empereur d`Autriche ayant cédé à Sa Majesté l`Empereur des Français le Royaume Lombardo-Vénetien: Sa Majesté l`Empereur des Français de Son coté s`étant déclaré prêt à reconnaître la réunion dudit Royaume ... aux Etats de Sa Majesté le Roi d`Italie ... 684.

Die involvierten Vertragsparteien gehen mithin von einer österreichischen Befugnis zur Verfügung über die Souveränität hinsichtlich Lombardo-Veneziens trotz fehlender effektiver Herrschaftsausübung des Zedenten in diesen Ländern aus. Frankreich hat folglich die territoriale Souveränität erworben, obwohl es dort niemals die Gebietshoheit ausgeübt hat[685].

c) Österreichisch-Preußisches Kondominium über Schleswig-Holstein trotz geteilter Verwaltung gem. „Bad Gasteiner Konvention" v. 20.8.1865

Nachdem der König von Dänemark im Vertrag von Wien vom 30.10.1864[686] auf alle seine Rechte bzgl. der Herzogtümer Schleswig, Holstein und Lauenburg zugunsten des Kaisers von Österreich und des Königs von Preußen verzichtet hatte, übten bis zur Regelung ihres endgültigen Status beide Staaten gemeinsam die Gebietshoheit aus. Das beiden Staaten zustehende Recht, in den drei Herzogtümern bei gegen-

---

683 Parry: a. a. O., Bd. 133, S. 210, 210

684 „Nachdem Seine Majestät der Kaiser von Österreich das Königreich Lombardo-Venezien an seine Majestät den Kaiser der Franzosen abgetreten hat und Seine Majestät der Kaiser der Franzosen sich seinerseits bereit erklärt hat, die Vereinigung besagten Königreichs ... mit den Ländern Seiner Majestät des Königs von Italien anzuerkennen ...".

685 Ebenso Schiedsspruch v. 24.3.1922 im kolumbianisch-venezuelanischen Grenzstreit: „... so hat Österreich 1860 die Lombardei an Frankreich bzw. Venezien 1866 an Italien abgetreten, das diese auf Italien übertrug, ohne jemals davon Besitz ergriffen zu haben, Reports of International Arbitral Awards, Bd. I, S. 256

686 Verosta/Seidl-Hohenveldern: Die völkerrechtliche Praxis der Donaumonarchie von 1856 bis 1918, Bd. I, S. 186

seitigem Einvernehmen Hoheitsakte zu setzen, wurde aufgrund preußisch-österreichischer Differenzen hinsichtlich der Führung der Länder durch die von beiden Monarchen am 20.8.1865 in Salzburg ratifizierte „Bad Gasteiner Konvention[687]" in eine geteilte Verwaltungskompetenz trotz Fortbestand des Kondominiums umgewandelt.
Trotz der fortan vollkommenen Ausübung der Gebietshoheit in den jeweiligen Herzogtümern durch nur einen Staat wurde die Souveränität des anderen Staates auch hinsichtlich des von diesem nicht verwalteten Teils akzeptiert. Dies gelangt auch aus einer gegenüber dem in Berlin residierenden österreichischen Gesandten Károlyi abgegebenen Stellungnahme des österreichischen Außenministers Mensdorff vom 3.2.1866 zum Ausdruck, wonach die kaiserliche Regierung nicht die alleinige Eigentümerin der Holstein`schen Souveränitätsrechte sei, aber die Art der Ausübung derselben ihrem eigenen freien Ermessen überlassen sei.
Die neben der österreichischen gleichberechtigte preußische Souveränität hinsichtlich Holstein wurde folglich nach dieser Einlassung von der ausschließlich österreichischen Rechtsausübung nicht beeinträchtigt.

d) Fremdstaatliche Gebietshoheitsausübung bzgl. chinesischen Hinterlands und Häfen aufgrund Pachtvertrag v. 6.3.1899

Die These der zwingenden Identität von souveräner und effektiver Herrschaft ist ebenso mittels der ohne Erhebung eigener Souveränitätsansprüche in bestimmten chinesischen Häfen samt dem zugehörigen Hinterland durch das Deutsche Reich, Großbritannien sowie Rußland ausgeübten vollen Gebietshoheit zu widerlegen.
Gem. Art. II des Pekinger Vertrages vom 6. März 1898[688] verpachtete China die Bucht von Kiautschou dem Deutschen Reich auf 99 Jahre und übertrug ihm unter Vorbehalt „aller Rechte der Souveränität" gem. Art. I die „Ausübung der Gebietshoheit in diesem Raume" während der Pachtdauer. Gem. Art. 1 des Vertrages vom 27. März 1898[689] verpachtete China, ebenfalls unter Vorbehalt der Souveränität, den Hafen von Port Arthur für die Dauer von 25 Jahren an Rußland, das gem. Art. 5 S.1 des

---

[687] A. a. O.
[688] Parry: a. a. O., Bd. 186, S. 187 ff., 188/189
[689] Parry: a. a. O., Bd. 186, S. 201 ff., 201

Friedensvertrages von Portsmouth vom 23. August 1905[690] seine Pachtrechte an das siegreiche Japan übertrug. Die Anerkennung der auf das Maß eines nudum ius herabgesunkenen Souveränität durch das klassische Völkerrecht wird gerade auch durch den in Art 5 S.2 enthaltenen Hinweis gestützt, dass die Übertragung des Pachtrechts an andere Staaten nur mit Zustimmung Chinas zulässig war[691].
Obwohl auch in diesen Fällen die effektive Herrschaft auf die Pächter übergegangen war und beim Verpächter keine Souveränitätswahrnehmung mehr zu verzeichnen war, blieb die chinesische Souveränität über die verpachteten Gebiete erhalten.

e) Amerikanische Gebietshoheitsausübung bzgl. der Panama–Kanal-Zone gem. Hay–Varilla Vertrag v. 19.11.1903

Art. 3 des zwischen den Vereinigten Staaten von Amerika und der Republik Panama abgeschlossenen Hay-Verilla-Vertrages[692] räumte den Vereinigten Staaten von Amerika alle die Rechte innerhalb der Panama – Kanal – Zone ein, die die Vereinigten Staaten innehaben und ausüben würden, wenn sie der Souverän über dieses Gebiet wären. Das Souveränitätsrecht selbst wurde jedoch von der Zession explizit ausgenommen. Sowohl der Verfasser des Vertragswerkes Bunau-Varilla als auch der US- Kriegsminister Taft[693] erkannten trotz völliger Abstandnahme Panamas von einer eigenen Ausübung ihrer Staatsgewalt die weiterhin nominelle Souveränität der panamaischen Republik an. Obwohl die panamaische Ausübung der Hoheitsgewalt in der Panama-Kanal-Zone vollkommen suspendiert war, war auch für die Folgezeit ein amerikanisches Bestreiten der panamaischen Souveränität unter Berufung auf die eigene effektive Gebietsherrschaft nicht zu vernehmen.

[690] Parry: a. a. O., Bd.199, S.144 ff., 145
[691] Simma: Völkerrecht, S.656 § 1041
[692] Parry: a. a. O., Bd.194, S.263 ff., 264
[693] Schreiben an Präsident Roosevelt vom 12.1.1905 ebenso wie die Ansicht Bunau – Varillas wiedergegeben in Verdoss/Simma/Geiger: Territoriale Souveränität und Gebietshoheit, S. 25

f) Amerikanische Gebietshoheitsausübung bzgl. Guantánamo

Ebenso besteht kein Zweifel darüber, dass die aufgrund des am 16. Februar 1901 in Havanna und am 23. Februar 1901 in Washington unterzeichneten amerikanisch-kubanischen Vertrages in Guantánamo wirkende vollständige Ausübung der Gebietshoheit durch die USA den Fortbestand der Souveränität der Republik Kuba über die als Flottenstationsgebiet verwandten Gebiete nicht berührte.
In Art. 3 des Vertrages[694] wurde die Rechtsauffassung der weiteren Existenz der Souveränität, trotz fremdstaatlicher effektiver Rechtsausübung, unmißverständlich zum Ausdruck gebracht:
„While on the one hand the United States recognize the continuance of the ultimate sovereignty of the Republic of Cuba over the ... described areas ..., on the other hand the Republic of Cuba consents that during the period of the occupation by the United States of said areas ... the United States shall exercise complete jurisdiction and control over and within said areas ...".
Deutlicher als durch die in diesem Vertrag zum Ausdruck gekommene besondere Hervorhebung der Akzeptanz einer zwar vollständigen fremdstaatlichen Ausübung der Rechtsprechung und Kontrolle in diesem Gebiet konnte die Absage an die Evidenz der Effektivität der Gebietshoheitsausübung für Bestand und Erwerb der Souveränität nach dem klassischen Völkerrecht nicht betont werden.

g) Résumé der Staatenpraxis

Folglich lässt sich die Vertragspraxis dahingehend zusammenfassen, dass der vertraglich zur Wahrnehmung umfassender oder aller Gebietshoheitskompetenzen, wie etwa im Fall der Panama Kanal-Zone, Ermächtigte, jedenfalls nach der Bestimmung des jeweiligen völkerrechtlichen Abkommens, die Begrenzung seiner Ausübungsbefugnis durch das nominelle Souveränitätsrecht akzeptierte. Trotz der tatsächlichen Ausübung der Gebietshoheit durch einen fremden Staat verblieb danach die Souveränität bei dem Völkerrechtssubjekt, dessen Herrschaftsgewalt in den fraglichen Gebieten faktisch nicht mehr bzw. nur in geringem Maße wahrgenommen werden konnte.

---

[694] Martens: Noveau Recueil Général de traités, 3e série, Bd. XII, S. 227

Zu erinnern ist in diesem Zusammenhang auch an die zurückhaltende Verwertung der faktisch omnipotenten Gebietsposition der Okkupationsmacht und der mangelhaften türkischen Rechtsausübung in Bosnien-Herzegowina in den zwischenstaatlichen Diskussionen der k. u. k. Diplomatie mit dem Osmanischen Reich und den anderen Unterzeichnern des Berliner Vertrages. Die im internationalen Verkehr bewusst gepflegte Hervorhebung, „dass die Ausführung des Art. 25 des Berliner Vertrages vom 13. Juli 1878 auf die durch die Okkupationszwecke gegebenen Maßregeln streng beschränkt bleibe[695]“, dokumentiert, dass auch Österreich – Ungarn, trotz effektiver Inbesitznahme, die Grundlage des völkerrechtlichen Status der beiden Provinzen ausschließlich in der auf dem Berliner Kongreß erzielten Übereinkunft sah. Die Tatsache, dass Österreich-Ungarn ausschließlich auf der Grundlage des Art. 25 des Berliner Vertrages argumentierte, verdeutlicht, dass nach der im 19. Jahrhundert verbreiteten Rechtsansicht die effektive Ausübung der vollen Gebietshoheit für den Bestand der Souveränität nicht notwendig war.

V) Gesamtergebnis

Die Effektivität der Ausübung der Gebietshoheit war folglich nach dem Verständnis des klassischen Völkerrechts keine Voraussetzung für den Fortbestand souveräner Rechtsmacht über Staatsgebiet. Umgekehrt wurde die territoriale Souveränität hinsichtlich staatsgebundenen Gebiets nach klassischem Völkerrechtsverständnis nicht bereits aufgrund der effektiven Ausübung der Gebietshoheit erworben[696].

Trotz der fehlenden Wahrnehmbarkeit der osmanischen Staatsgewalt und der konkludenten Inanspruchnahme wesentlicher Hoheitsbefunisse durch Österreich-Ungarn bestand die türkische Oberhoheit über Bosnien-Herzegowina zunächst[697] trotz Errichtung umfassender k. u. k. Gebietsherrschaft fort.

---

[695] So das österreichische Abgeordnetenhaus am 27. Januar 1879, Europäischer Geschichtskalender, Zwanzigster Jahrgang 1879, S. 313

[696] Auch Verosta: Gebietshoheit und Gebietserwerb im Völkerrecht, S. 243

[697] Zum Ersitzungsargument aufgrund langandauernder, effektiver k. u. k. Gebietsherrschaft unten S. 199 ff.

Teil 5: Der völkerrechtliche Status nach der k. u. k. Annexionserklärung v. 5.10.1908

Am 5. Oktober 1908 teilte die österreichisch-ungarische Regierung den Signatarstaaten des Berliner Vertrages vom 13. Juli 1878 mit, dass sie sich genötigt sehe, die Bestimmungen des Artikels 25 des Berliner Vertrages zu kündigen und dementsprechend ihre Truppen aus dem Sandschak von Novibazar zurückgezogen und ihre Souveränität auf Bosnien und die Herzegowina ausgedehnt habe[698]:

„Durchdrungen von der unerschütterlichen Überzeugung, dass die hohen kulturellen und politischen Zwecke, um deren willen die österreichisch-ungarische Monarchie die Besetzung und Verwaltung Bosniens und der Herzegowina übernommen hat, und die mit schweren Opfern erzielten Erfolge der bisherigen Verwaltung nur durch Gewährung von ihren Bedürfnissen entsprechenden verfassungsmäßigen Einrichtungen dauernd gesichert werden können, für deren Erlassung aber die Schaffung einer klaren und unzweideutigen Rechtsstellung der beiden Länder die unerläßliche Voraussetzung bildet, erstrecke ich die Rechte meiner Souveränität auf Bosnien und die Herzegowina und setze gleichzeitig die für mein Haus geltende Erbfolgeordnung auch für diese Länder in Wirksamkeit".

A) K. u. K. Gebietserwerb durch Teilannexion?

Zu prüfen ist daher, ob Österreich-Ungarn aufgrund der den Unterzeichnern des Berliner Vertrages durch Zirkularnote am 5.10.1908 kundgemachten Annexionserklärung betreffend Bosnien-Herzegowina, die Oberhoheit über die beiden osmanischen Provinzen erwarb.

---

[698] K. u. K. Ministerium des Äußeren: Diplomatische Aktenstücke betr. Bosnien und die Hercegovina, S. 3 ff.; auch Kaufmann: Das Wesen des Völkerrechts und die clausula rebus sic stantibus, S.31/32, Strupp: Urkunden zur Geschichte des Völkerrechts, Bd. II, S. 32 ff.; eine ähnliche Note wurde am 6.10.1908 der Hohen Pforte in Konstantinopel überreicht

Da im Berliner Vertrag weder eine Kündigungs- noch eine Rücktrittsklausel enthalten war, widersprach die einseitige Einverleibung sowohl der osmanischen Souveränität als auch dem im multilateralen Abkommen niedergelegten Willen der Unterzeichner. Festgestellt wurde auf der anderen Seite bereits, dass die klassische Völkerrechtsordnung die unter Missachtung fremder Souveränität bzw. gewaltsam betriebene Einverleibung fremden Territoriums legitimierte[699]. Zu erwägen ist daher, dass das Handschreiben des Kaisers nach den im „englischen Zeitalter" geltenden völkergewohnheitsrechtlichen Annexionsregeln einen österreichisch-ungarischen Erwerb Bosnien-Herzegowinas begründete.

l) Ansichten der neueren Literatur zur Rechtsgültigkeit der Teilannexion nach klassischem Völkerrecht

In der Literatur fällt einerseits die Verengung der völkerrechtlichen Frage der Wirksamkeit der k. u. k. Annexionserklärung auf die abstrakte Problematik der Bestandskraft einer Teilannexion nach klassischem Völkerrecht auf. Signifikant ist auf der anderen Seite, dass die Annahme einer Souveränität Österreich-Ungarns hinichtlich Bosnien-Herzegowina, trotz der gängigen Umschreibung der Periode nach dem 5.10.1908 als sog. bosnische Annexionskrise, in der Literatur selten unmittelbar auf den Erwerbsgrund der Teilannexion gestützt wurde. Während die Literatur mit Blick auf die klassische Völkerrechtsordnung die auf den Staat als Ganzen ausgerichtete Annexion unbestritten als Erwerbstitel anerkennt, zeichnet sie hinsichtlich der gegen den Willen des bisherigen Souveräns vollzogenen Einverleibung eines Teilgebiets ein sehr indifferentes Bild. Umstritten ist, ob die Teilannexion generell[700], nur bei nachfolgender vertraglicher Gebietsabtretung[701] oder auch einseitig, ohne Zustimmung des bisherigen und zu effektivem Widerstand auf lange Sicht unfähigen Souveräns[702], nach damaligen Verständnis völkerrechtlich anerkannt wurde.

---

[699] Zur Geltung der Annexion im damaligen Völkerrecht bereits S. 108

[700] Schätzel: Die Annexion im Völkerrecht, S. 22; Krülle: Die völkerrechtlichen Aspekte des Oder-Neiße-Problems, S. 133; Wengler: Völkerrecht, Bd. 2, S. 981

[701] Menzel: Das Annexionsverbot des modernen Völkerrechts und das Schicksal der deutschen Ostgebiete, S. 9

[702] Berber: Lehrbuch des Völkerrechts, Bd. 2, S. 363

1.) Anspruch auf Gebietsabtretung aus Eroberung

Nach Ansicht von Menzel galt sowohl für die totale als auch für die partielle Annexion des klassischen Völkerrechts der Grundsatz der Annexionsfreiheit nach erfolgter Debellierung[703]. Die Eroberung gab nach dieser Ansicht die tatsächliche und rechtliche Möglichkeit der Angliederung bisher fremder Gebietsteile an das eigene Staatsgebiet. Hiervon konnte der siegreiche Staat dadurch Gebrauch machen, dass er durch eine besondere Annexionserklärung, die ausschließlich in sein Ermessen gestellt war und keiner weiteren rechtlichen Voraussetzung bedurfte, seine Annexionsabsicht kundtat. Der Grundsatz der Annexionsfreiheit stellte es dem Sieger nach dieser Ansicht frei, den fremden Staat in seiner Gesamtheit zu annektieren
(Preußen-Hannover 1866) oder nur bestimmte Gebietsteile von ihm zu fordern (Preußen/Österreich–Dänemark 1864) oder auf jegliche territoriale Veränderung zu verzichten (Preußen–Österreich 1866)[704]. Bemerkenswert ist, dass Menzel trotz der Erkenntnis weitreichender Handlungsfreiheit des Eroberers auf die Evidenz des Willens des betroffenen Staates abhebt. In letzter Konsequenz trat nach klassischem Völkerrecht eine territoriale Schmälerung, trotz der grundsätzlichen Annexionsfreiheit des Eroberers im „englischen Zeitalter", erst durch eine Gebietsabtretung ein[705].

Danach führte die österreichisch-ungarische Annexionserklärung zu einer Beschränkung der Verfügungsbefugnis der Hohen Pforte bzgl. Bosnien- Herzegowina auf eine Zession zugunsten der Doppelmonarchie. Trotz dieser Restriktion änderte nach dieser Ansicht die einseitige k. u. k. Einverleibungserklärung an der völkerrechtlichen Zuweisung Bosnien-Herzegowinas unter die Suprematie des Osmanischen Reiches nichts.

---

[703] Menzel: Das Annexionsverbot des modernen Völkerrechts und das Schicksal der deutschen Ostgebiete, S. 9

[704] Menzel: a. a. O., S. 28

[705] Menzel: a. a. O., S. 9

2.) Rechtsgültigkeit der Teilannexion mit Unterwerfung der Staatsgewalt

Nach einer verbreiteten Ansicht war die effektive Teilannexion der Legitimation durch das Gebietsrecht des klassischen Völkerrechts zugänglich.
Scheuner qualifiziert unter Hinweis auf die Annexion von Tripolis durch Italien vom 5.11.1911 und der englischen bzgl. der Burenstaaten im Jahr 1900 die Annexion einer Provinz eines anderen fortbestehenden Staates nach erfolgter Besetzung, aber während der Fortdauer des Krieges als rechtsungültig[706]. Erst der Abschluss des Krieges durch einen Friedensvertrag oder durch die volle Unterwerfung des einen Teiles schaffe eine klare Rechtslage. Auch nach Ansicht von Scheuner kam aber nach klassischem Völkerrechtsverständnis eine Anerkennung einer Teilannexion ohne Zustimmung des bisherigen Gebietsherrn in Betracht, wenn der annektierende Staat auf dem Teilgebiet die Staatsgewalt vollständig in seinen Händen hielt. Hierbei kann sich nach Scheuner die Annexion auch bei gegebener Machtüberlegenheit der einen Seite in äußerlich friedlichen und sogar vertraglichen Formen abspielen. Er verweist u. a. ausdrücklich auf den österreichisch-ungarischen Erwerb von Bosnien-Herzegowina 1878/1909[707].

3.) Rechtsgültigkeit der Teilannexion mit effektiver Herrschaft nach innen und außen

Nach abweichender Ansicht hing die für die Wirksamkeit der Teilannexion notwendige Effektivität einer Gebietsherrschaft hingegen nicht ausschließlich von den auf dem annektierten Boden bestehenden Herrschaftsverhältnissen ab[708]. Nur eine im Zeitpunkt der Annexion im Inneren des annektierten Gebiets wie hinsichtlich seiner äußeren Machtlage effektive Staatsgewalt erfüllte die Voraussetzungen eines Gebietserwerbs durch Annexion.

---

[706] Scheuner: Die Annexion im modernen Völkerrecht, S. 88
[707] Scheuner: a. a. O., S. 81
[708] Dahm/Delbrück/Wolfrum: Völkerrecht, Bd. I/1, S.356/357

a) Legitimation der Teilannexion mit internationaler Anerkennnung

Zwar wurde die Effektivität der neuen Herrschaft nicht mangels nachträglicher Übereinkunft des Annektierenden mit dem bisherigen Souverän verneint, jedoch wurde dem Rückhalt der neuen Territorialverhältnisse in der Überzeugung der zeitgenössischen Staatengemeinschaft für den Gebietsübergang Evidenz beigemessen.
De Visscher ordnet für alle Erwerbsarten gleichermaßen unter die Effektivität nicht nur die rein materiellen Elemente des physikalischen Besitzes, sondern auch die Dauer, also zeitliche Elemente, und die Reaktion dritter Staaten ein[709].
Die direkten Reaktionen der Staaten auf das Handschreiben des Kaisers zur Ausdehnung seiner Erbfolgeordnung auch auf Bosnien-Herzegowina waren im Gegensatz zur positiven Haltung gegenüber der k. u. k. Mitteilung der vertraglichen Einigung zwischen Österreich-Ungarn und der Türkei vom 26. Februar 1909 deutlich ablehnend. Angesichts der Tatsache, dass die Annexion von Bosnien-Herzegowina zur furchtbarsten und für den europäischen Frieden gefährlichsten politischen Krise seit drei Jahrzehnten führte[710], scheint die Rechtfertigung der Teilannexion unter Bezugnahme auf die Reaktionen der Staaten daher zweifelhaft.

b) Rechtsgültigkeit der Teilannexion bei Aussichtslosigkeit ihrer Revision

Eine abweichende Ansicht bemisst die Effektivität der auf dem annektierten Territorium errichteten, neuen Herrschaft nach außen und ihre gebietsrechtliche Anerkennung nach der Aussicht der Wiedereinsetzung des alten Gebietsherrn. Nach der Auffassung von Mähler war für den Erwerbstitel der Annexion i. e. S. – die unmittelbare Herrschaftsausdehnung ohne Beachtung des Willens des ehemaligen Gebietsherrn auf einen Teil seines Gebietes – effektiver Besitz und die Verdrängung der

---

709 De Visscher: Les effectivités du droit international public, S.10; auch Dahm/Delbrück/Wolfrum: Völkerrecht, Bd. I/1, S. 357
710 Jellinek: Ausgewählte Schriften und Reden II, 1911, S. 508

bisherigen Staatsgewalt aus dem zu annektierenden Gebietsteil in einer die Wiedereinsetzung aussichtslos gestaltenden Weise erforderlich[711].

Verlagerte die vorangehende Auffassung den Schwerpunkt der Diskussion um die Bestandskraft der Teilannexion auf ihre Akzeptanz in der Staatengemeinschaft, so konzentrierte sich diese Richtung auf die Frage, ob der betroffene Staat nicht mehr in der Lage war, die besetzten Gebietsteile dem Sieger streitig zu machen[712]. Dies hing entscheidend von der inneren Verfassung sowohl des in seiner territorialen Integrität verletzten als auch des annektierenden Staates ab. Deshalb machte nach der Ansicht von Berber das klassische Völkerrecht von der Regel der Nichtanerkennung einer Teilannexion als wirksamen Erwerbstitel eine Ausnahme, wenn die Einverleibung gegenüber einem Staat ausgesprochen wurde, der nicht die innere Kraft besaß, sich ihr auf Dauer entgegenzustellen[713]. Angesichts der von einem Großteil dritter Staaten unterstützten Weigerung eines Staates, die zu seinen Ungunsten vorgenommene Annexion eines Gebietsteils durch einen anderen Staat hinzunehmen, ließ sich danach eine Annexion kaum mit Aussicht auf Erfolg durchsetzen[714].
Als historischer Beispielsfall einer erfolgreichen Teilannexion wird von Berber die Einverleibung des türkischen Gebietsteils von Tripolis und der Cyrenaika durch italienisches Dekret vom 5.11.1911 angeführt; der türkisch- italienische Krieg wurde durch den Friedensvertrag von Lausanne vom 18.10.1912 beendet, in dem die Türkei das virulente Territorium nicht an Italien abtrat, sondern sich lediglich zur Rückberufung der türkischen Truppen und Beamten aus Tripolis verpflichtete.
Inwieweit der Zerfall des Osmanischen Reichs auch die Wiedereinsetzung der türkischen Staatsgewalt in Bosnien und der Herzegowina auf Dauer ausschloss, sagt Berber nicht. Zweifel an der Übertragung der hinsichtlich des Zustands des Osmanischen Reiches im Jahre 1911 ge-

---

711 Mähler: Die völkerrechtliche Bedeutung des Kriegs- und Gewaltverbots durch Kellog-Pakt und UN-Satzung, S.99 in Anlehnung an Berber: Lehrbuch des Völkerrechts, Bd. 2, S. 362; so auch Hyde: International Law Bd. I, S. 396
712 Tobler: „Eroberung“, Wörterbuch des Völkerrechts, S. 438
713 Berber: Lehrbuch des Völkerrechts, Bd. 2, S. 363
714 Nach Mähler: Die völkerrechtliche Bedeutung des Kriegs- und Gewaltverbots durch Kellog-Pakt und UN-Satzung, S. 100 waren daher Annexionen i. e. S. sehr selten

troffenen Feststellung ergeben sich aber weniger wegen des geringfügigen Zeitunterschieds von drei Jahren zur k. u. k. Annexion vom 5.10.1908 als aus der Tatsache, dass Bosnien-Herzegowina für die Türkei in vielerlei Hinsicht ein wesentlich bedeutsameres Gewicht hatte als Tripolis. Nicht zu leugnen ist, dass die Größe wie geopolitische bzw. strategische Lage ihrer beiden südosteuropäischen Territorien für die Schlagkraft diplomatischer Agitation der Hohen Pforte durchaus eine Katalysatorwirkung hatte, die zur Rückgewinnung von Tripolis nicht zu verzeichnen war. Die innere Kraft des Osmanischen Reiches reichte neben einem über Österreich-Ungarn verhängten Handelsembargo immerhin zu einer diplomatischen Offensive, die jedenfalls mitursächlich zu einer breiten Ablehnung der k. u. k. Annexion im Ausland führte[715].
Alle Unterzeichner des Berliner Vertrages forderten eine neue Konferenz, um über eine Modifikation des durch Art. 25 festgesetzten völkerrechtlichen Status von Bosnien-Herzegowina zu beraten. Serbien protestierte gegen das k. u. k. Vorgehen und rief Reservisten ein. Montenegro sagte sich, auf die willkürliche Verletzung des Berliner Vertrages berufend, von allen seinen Verpflichtungen los. Einzig das Deutsche Reich versagte, trotz anfänglichem Befremden über das Unterlassen einer vertraulichen Information der Doppelmonarchie nicht die zur Abwehr, insbesondere slawischer Autonomiebegehrlichkeiten hinsichtlich Bosnien und der Herzegowina notwendige Solidarität.
Erst das deutsche Eintreten für die Anerkennung der österreichisch-ungarischen Ansprüche durch die Unterzeichner machte das weitere Streben nach einer Revision der neuen faktischen Territorialverhältnisse, notfalls mit militärischen Mitteln, zu einem unkalkulierbaren Risiko. Das trotz der Annexionserklärung auszumachende und in den Vertrag mit Österreich -Ungarn vom 26.2.1909 mündende Bestreben der k. u. k. Diplomatie, der Hohen Pforte eine Anerkennung der eigenen Souveränität bzgl. Bosnien- Herzegowinas abzuringen, verdeutlicht die Schlagkraft der türkischen Diplomatie. Die als Gegenleistung für die osmanische Abstandnahme von ihrem Souveränitätsrecht von Österreich-Ungarn an die Türkei gezahlten 54 Millionen Goldkronen widerlegen deutlich die These von der osmanischen Unfähigkeit zur effektiven Durchsetzung eigener Gebietsansprüche. Der sich im Synonym vom „kranken alten Mann am

---

[715] Zum Ganzen Bauer: Zwischen Halbmond und Doppeladler, S. 92

Bosporus" plastisch ausdrückende Verfall des Osmanischen Reiches war folglich auch im Herbst 1908 nicht soweit fortgeschritten, dass ein Wiederaufleben seines nudum ius hinsichtlich Bosnien-Herzegowina auf lange Sicht ausgeschlossen war.

4.) Generelle Unwirksamkeit von Teilannexionen nach überwiegender Ansicht

Nach überwiegender Auffassung galt aber bereits für das Völkerrecht des 19. Jahrhunderts, dass „solche einseitigen Annexionen trotz Effektivierung der neuen Staatsgewalt noch keinen rechtsamen Übergang der Gebietshoheit mit sich führen, bevor sie nicht von dem bisherigen Inhaber der Gebietshoheit durch Vertrag oder einseitigen Verzicht ... bestätigt werden[716]". Schon vor der Durchsetzung des Gewaltverbots im klassischen Völkerrecht war danach die Teilannexion unwirksam, wenn der betroffene Gebietsherr nicht zustimmte[717]. Grundsätzlich wurde angesichts der Abstinens eines Gewaltverbots die völkerrechtliche Anerkennung von Eroberungen nicht angezweifelt. Da mit der Annexion regelmäßig ein Akt der Missachtung fremder territorialer Integrität verbunden war, sahen sich die neuen Gewalthaber nach einer Teilannexion nicht nur im Inneren des annektierten Landes und im Ausland, sondern darüber hinaus auch von Seiten des fortbestehenden Souveräns einer zumindest latenten Befehdung ihrer Herrschaft ausgesetzt. Im Gegensatz zur vorgenannten Ansicht stand die Möglichkeit einer Revision des neuen Besitzstandes[718], insbesondere in einem neuen Krieg oder durch diplomatische Initiativen, durch die Wiedereinsetzung der ursprünglichen Staatsgewalt einer dauerhaften und effektiven Herrschaft des teilannektierenden Staates und dem Gebietserwerb schlechthin entgegen. Auch

[716] Wengler: Völkerrecht, Bd. II, 3. Teil, S. 981 spricht nur von einer im 19. Jahrhundert verbreiteten Meinung

[717] Dolzer: Der völkerrechtliche Status der Falkland-Inseln (Malvinas) im Wandel der Zeit, S. 104 Fn. 267; Krülle: Die völkerrechtlichen Aspekte des Oder-Neiße-Problems, S.133; Berber: Lehrbuch des Völkerrechts, Bd. 1, 2. Aufl.1975, S. 363 Anm. 54

[718] Wehberg: Krieg und Eroberung im Wandel des Völkerrechts, Völkerrecht und Politik Bd.1, 1953, S. 102; Schätzel: Die Annexion im Völkerrecht, Archiv des Völkerrechts, Bd. 2, 1950, S. 2 ff.; Kimminich: Einführung in das Völkerrecht, S. 116; Krülle, a.a.O., S. 128 ff.

nach internationaler Anerkennung blieb zwischen den beiden betroffenen Parteien ein völkerrechtlicher Streitfall bestehen. Erst wenn sich der Annektierende auch die Zustimmung des Verletzten verschafft hatte, wurde der Erwerb allseits unanfechtbar[719].

Danach änderte die k. u. k. Annexionserklärung am Fortbestand der osmanischen Oberhoheit über Bosnien-Herzegowina nichts. In letzter Konsequenz konnte nach der überwiegenden Meinung Österreich-Ungarn die Souveränität über Bosnien-Herzegowina erst mit türkischer Zustimmung zur Annexion erwerben.

Damit führt die Anwendung der Literaturansichten zur Rechtsgültigkeit der Teilannexion nach klassischem Völkerrechtsverständnis hinsichtlich des Fortbestands der türkischen Souveränität hinsichtlich Bosnien-Herzegowina nach der k. u. k. Annexionserklärung vom 5.10.1908 zu unterschiedlichen Ergebnissen.

5.) Diskussion der Ansichten

Fraglich ist, welche dieser Literaturansichten Inhalt und Rechtsfolgen der Teilannexion im klassischen Völkerrecht wiedergibt.

Die von Menzel vorgenommene Schlussfolgerung, von einer Annexionsfreiheit des englischen Zeitalters auf einen Anspruch des Eroberers auf Abtretung des annektierten Teilgebiets, ist abzulehnen, weil der Fortbestand der völkerrechtlichen Souveränität eines Staates hinsichtlich eines seiner freien Verfügungsbefugnis entzogenen Territoriums mit der untrennbaren Konnexität von Souveränität und dinglicher Rechtsmacht kollidierte. Nach überwiegender Auffassung handelt es sich bei der Gebietshoheit über ein bestimmtes Territorium um eine dingliche, absolute Rechtsmacht[720]. Das Recht, ein Gebiet einem anderen Staat abzutreten, ist Ausfluss dieser dinglichen Rechtsmacht des Gebietsherrn. Eine Gebietsherrschaft ohne diese Rechtsmacht war auch nach klassischem Völkerrecht nie souverän.

---

[719] Schätzel: Die Annexion im Völkerrecht, S.175, missverständlich S. 164

[720] Ipsen: Völkerrecht, S. 266

Für die Rechtsgültigkeit der Teilannexion nach klassischem Völkerrechtsverständnis könnte die damalige Akzeptanz des Krieges als legitimes Mittel zur Lösung zwischenstaatlicher Streitigkeiten sprechen.
Spätestens seit Mitte des 19. Jahrhunderts galten die Begrenzungen der Lehre vom gerechten Krieg nicht mehr. Der Grundsatz der Nichtanerkennung gewaltsamer Gebietserwerbungen i. S. d. Stimson- Doktrin war wiederum noch nicht normativ wirksam. An der Abstinenz eines Gewaltverbots i. S. d. modernen Völkerrechts änderten auch die unverkennbaren Ansätze der Staatengemeinschaft, der Art und Weise der Kriegsführung Beschränkungen aufzuerlegen, nichts.

Das Abkommen über die Gesetze und Gebräuche des Landkriegs vom 29.7.1899[721] sowie vom 18.10.1907[722] begrenzte zwar die Mittel der Kriegsführung, nicht jedoch auch die Berechtigung jedes Staates zur Anwendung militärischer Gewalt zur Durchsetzung eigener Interessen. Dem 19. und frühen 20. Jahrhundert schien die rechtliche Begrenzug der Wirkung des Krieges, insbesondere auf die Zivilbevölkerung, der rechte Weg, um Staatenkonflikte zu lösen. Auf den ersten Blick scheint weiterhin die Annahme, dass das klassische Völkerrecht einerseits den Krieg legitimierte, die Früchte einer Eroberung von Teilgebieten eines fremden Staates aber andererseits nicht rechtfertigte, systemwidrig. Welchen Zweck hätten ein Krieg und die Inbesitznahme feindlichen Gebietes noch, wenn das Völkerrecht erklären würde, dass diese militärische Gewalt für die rechtliche Zugehörigkeit des Gebietes gänzlich bedeutungslos wäre[723]?
Trotz der Abstinenz eines vorangehenden Krieges zwischen Österreich-Ungarn und dem Osmanischen Reich spricht auch für die völkerrechtliche Bestandskraft der k. u. k. Teilannexion bzgl. der beiden türkischen Provinzen die grundsätzliche Stringenz der Schlussfolgerung von der Legitimität der Kriegsführung auf eine grundsätzliche Annexionsfreiheit. Da das klassische Völkerrecht gar die unter militärischer Gewaltanwendung betriebene Einverleibung fremden Territoriums anerkannte, musste es erst Recht auch die ohne vorherige kriegerische Auseinandersetzung,

---

[721] Parry: a. a. O., Bd. 187, S. 429 ff.
[722] Parry: a. a. O., Bd. 205, S. 277 ff.
[723] Schätzel: Die Annexion im Völkerrecht, Archiv des Völkerrechts Bd. 2, 1949, S. 8

jedoch durch sonstige Missachtung widerstrebenden, fremden Staatswillens, durchgeführte Teilannexion legitimieren.
Auf der anderen Seite bestand bei der Teilannexion der Wille des besiegten Staates fort. Die staatliche Souveränität des in seiner territorialen Integrität verletzten Völkerrechtssubjektes umfasste auch das Recht, über sein Gebiet ausschließlich aufgrund eigener Willensentschließung zu verfügen. Die Annahme völkerrechtlicher Duldung einseitiger Einverleibung fremden Territoriums lässt sich danach nur durch die Überwindung des auch im „englischen Zeitalter" wirksamen Rechtsprinzips der souveränen Gleichheit aller Staaten begründen. Geht man hingegen von der Prämisse der überragenden Stellung des Prinzips der staatlichen Souveränität innerhalb der klassischen Völkerrechtsordnung aus, konnte der Wille des in seinem Hoheitsrecht verletzten Staates durch eine Teilannexion nicht überwunden werden und erst die Zustimmung des bisherigen Souveräns einen völkerrechtlich wirksamen Gebietsübergang begründen. Die völkerrechtliche Bewertung der Bestandskraft von Teilannexionen des frühen 20. Jahrhunderts hängt danach einerseits maßgeblich von der völkerrechtlichen Auflösung des Spannungsverhältnisses zwischen der Abstinenz eines Gewaltverbots und des souveränen Gleichheitsanspruchs des in seiner territorialen Integrität verletzten Staates ab[724].
Da nach dem Verständnis des klassischen Völkerrechts unbestritten die Eroberung des gesamten Staatsgebietes zum Übergang der Souveränität auf den Eroberer führte, akzeptierte es unverkennbar jedenfalls die zum Untergang der Völkerrechtssubjektivität führende Missachtung der souveränen Gleichheit. Zwar existierte mit der Eroberung des gesamten Staatsgebietes der Wille des untergegangenen Staates nicht mehr. Zweifelhaft ist aber, ob verglichen mit der Teilannexion ein geringerer Verstoss gegen den souveränen Gleichheitsanspruch des untergegangenen Staates vorlag, wenn der Eroberer einen Krieg bis zur totalen Vernichtung des Gegners fortsetzte und dann dessen ganzes Gebiet in Anspruch nahm. Die aus dem souveränen Gleichheitsanspruch folgenden Rechte eines Staates erweisen sich insoweit für das klassische Völkerrecht nicht zwingend als unüberwindbares Hindernis für die Rechtsgültigkeit einer Annexion. Soweit diese zur vollständigen Vernichtung der

---

[724] Dolzer: Der völkerrechtliche Status der Falkland-Inseln (Malvinas) im Wandel der Zeit, S. 96

fremden Staatsgewalt führte, bejahte das zeitgenössische Völkerrecht folglich einen Gebietserwerb. Die Evidenz des sich der Teilannexion widersetzenden Willens des bisherigen Gebietsherrn für ihre Rechtsgültigkeit könnte ebenso zu verneinen sein, wenn seine faktische Umsetzung durch Revision des neuen Besitzstandes ebenso aussichtslos war, wie die Wiederherstellung des status quo nach einer Eroberung des gesamten Staatsgebietes.

Dem könnte jedoch bereits der Fortbestand des bisherigen Souveräns entgegenstehen. Der von einer Literaturansicht[725] gegebene Hinweis, der Fortbestand des bisherigen Souveräns des teilannektierten Gebietes eröffne im Gegensatz zur Eroberung die stete Gefahr latenter Gebietsrevisionen durch den sich der Verletzung seines Hoheitsrechts widersetzenden Staat, ist nicht von der Hand zu weisen. Ohne den vollkommenen Untergang des bisherigen Souveräns des annektierten Gebiets hing die Wiederherstellung des Gebietsstatus quo ante insbesondere von der unwägbaren Entwicklung der Schlagkraft des Militärs des betroffenen Staates sowie der Haltung der Staatengemeinschaft zu den veränderten Gebietsverhältnissen ab. Die Unterschiedlichkeit der Stabilitätsprognose unter der Prämisse des Fortbestands des unterlegenen Staates und nach Untergang des vollständig besetzten Staates verdeutlicht auch die grundsätzlich nach der k. u. k. Annexionserklärung weiterhin virulente Bedrohung des südosteuropäischen Gebietszuwachses durch türkische Revisionsbestrebungen. Trotz der Zerfallserscheinungen des Osmanischen Reiches konnte anders als nach seinem völkerrechtlichen Untergang auch im Jahre 1908 das neuerliche Aufleben alter Größe des Osmanischen Reiches bzw. die Sammlung aller türkischen Kräfte und die Revision der in Bosnien-Herzegowina herrschenden Machtverhältnisse nicht vollkommen ausgeschlossen werden.

Einen Ausschlussgrund für den Erwerb souveräner Hoheitsbefugnisse über ein fremdes Territorium bildete die latente Revisionsgefahr jedoch nur, wenn die Gewissheit effektiver bzw. dauerhaft stabiler Etablierung einer Herrschaft in der klassischen Völkerrechtsordnung normativ wirk-

---

[725] Wehberg: Krieg und Eroberung im Wandel des Völkerrechts, Bd. 1, S. 102; Malanczuk: Das Golan-Gesetz im Lichte des Annexionsverbots und der occupatio bellica, S. 281; Schätzel: Die Annexion im Völkerrecht, Archiv des Völkerrechts, Bd.2, S. 2 ff.; Krülle: Die völkerrechtlichen Aspekte des Oder–Neiße-Problems, S. 128 ff.

same Bedingung für eine Einverleibung fremden Gebiets ohne Zustimmung des bisherigen Gebietsherrn war.
Die Frage, ob das klassische Völkerrecht bei der Beurteilung der Bestandskraft einer Teilannexion der Logik der Machtpolitik Vorrang vor der souveränen Gleichheit einräumte, verdichtet sich insoweit zum Problem der Geltung des Effektivitätsprinzips innerhalb des zeitgenössischen Annexionstatbestandes und seiner konkreten inhaltlichen Ausgestaltung.
In welcher Weise Effektivitätsbelange die zeitgenössischen Völkerrechtssätze zur Gültigkeit von Teilannexionen letztlich beeinflussten, ergibt sich danach aus der Rechtsüberzeugung der damaligen Lehre wie der Staatenpraxis zur Frage der Bestandskraft einer ohne Zustimmung des Souveräns erklärten Einverleibung fremden Staatsgebiets.

II) Die Teilannexion im Schrifttum des „englischen Zeitalters“

Auch das zeitgenössische Schrifttum nahm hierzu keinen einheitlichen Standpunkt ein.

1.) Gebietserwerb nach kriegerischer Eroberung

Nach einer im Schrifttum des 19. Jahrhunderts verbreiteten Ansicht bedeutete die kriegerische Eroberung eines Territoriums generell zugleich den völkerrechtlich gültigen Gebietserwerb des Eroberers. Huber führte im Jahre 1898 in Übereinstimmung mit der damals herrschenden Meinung aus:
„Das Völkerrechtssubjekt hat ein Recht, ein aus der Völkerrechtsgemeinschaft fließendes Individualrecht, andere Personen gleicher Art ganz oder teilweise zu vernichten, indem es Besitz ergreift von dem, worin sie zur körperlichen Erscheinung kommen, d. h. durch den Erwerb des Staatsgebietes. Die Zustimmung des so betroffenen Staates ist nicht einmal nötig, um den Vorgang zu legalisieren; das moderne Völkerrecht anerkennt diesen Satz, indem es das Eroberungsrecht zugibt[726]“.

---

[726] Huber: Die Staatensukzession, S. 20

Heffter betonte, dass die Souveränität besonders durch das Recht des Eroberers oder Siegers ganz unabhängig von dem Willen eines besiegten Volkes erworben werden könne[727]:

„Der eindringende Feind tritt nicht sofort durch die bloße Besitzergreifung des anderseitigen Gebiets oder eines Theiles desselben an die Stelle der bisherigen Staatsgewalt, so lange der letzteren noch eine Fortsetzung des Krieges, mithin auch eine Umkehr des Kriegsglückes möglich ist. Erst wenn eine vollständige Besiegung der bekriegten Staatsgewalt (debellatio) eingetreten und dieselbe zu fernerem Widerstand unfähig gemacht ist, kann sich der siegreiche Theil auch der Staatsgewalt bemächtigen, und nun ein eigenes, wiewohl usurpatorisches, Staatsverhältnis mit dem besiegten Volke beginnen ... Bis dahin findet lediglich eine thatsächliche Beschlagnahme der Rechte und des Vermögens der inzwischen suspendirten bisherigen Staatsgewalt statt[728]".

Die Eroberung als originäre Erwerbsart eines fremden Gebietsteils setzte danach lediglich voraus, dass die Staatsgewalt in dem eroberten Gebiet vollständig niedergeworfen war[729]. Solange der Gegner nicht vollständig niedergerungen war, weil geschlossene Verbände der Gegenpartei sich noch im Felde befanden, lag eine kriegerische Besetzung vor, die auch nach diesem Rechtsverständnis einen Gebietserwerb ausschloss. Das vollständige Niederringen der gegnerischen Kräfte auf dem annektierten Territorium begründete nach dieser Literaturansicht folglich eine souveräne Gebietsherrschaft des Eroberers.

Zweifel könnten sich daraus ergeben, dass die österreichisch-ungarische Annexion von Bosnien-Herzegowina jedoch während eines Friedenszustands zwischen Österreich-Ungarn und dem Osmanischen Reich erklärt wurde. Die 30 Jahre zurückliegende Inbesitznahme Bosnien-Herzegowinas beruhte zudem auf der Anordnung des Art. 25 des Berliner Vertrages.

---

[727] Heffter: Das Europäische Völkerrecht der Gegenwart auf den bisherigen Grundlagen, S. 114

[728] Heffter: Das europäische Völkerrecht der Gegenwart, S. 229; Martens: Précis du Droit des Gens Moderne, Bd. 2, S. 298 bejahte den Gebietsübergang erst mit einem Friedensvertrag

[729] V. Liszt: Das Völkerrecht, 9. Aufl., S. 92

a) Analoge Anwendung der für die kriegerische Eroberung geltenden Grundsätze auf die friedliche Teilannexion?

Bei einer kriegerischen Teileroberung konnte anders als bei einer friedlichen Teilannexion der Gebietszuwachs mit den Kriegsmühen und dem beiden Parteien bewussten Risiko eines Gebietsverlustes begründet werden. Daher bestand auch unter den grundsätzlichen Befürwortern des Gebietszuwachses durch Eroberung Uneinigkeit hinsichtlich ihrer Bewertung. V. Liszt maß nicht der Erklärung des Annektierenden, sondern erst dem aus dem jeweiligen Verhalten des Geminderten gefolgerten Verzicht rechtsbegründende Kraft bei[730]; insoweit erkannte er im Gegensatz zur kriegerischen Teileroberung die friedliche Teilannexion nicht als zeitgenössischen Gebietserwerbstitel an. Zum Teil wurden diese Fälle analog zur kriegerischen Annexion behandelt[731]. Dies drückt sich bei Stoerk etwa im Hinweis auf den „debellatorischen Charakter" der auf einem Plebiszit beruhenden Annexion von Avignon aus dem Jahre 1791 aus[732].

2.) Die Rechtsgültigkeit effektiver Teilannexionen

Ebenso wie in neueren Bewertungen zur Rechtswirksamkeit von effektiven Annexionen im englischen Zeitalter klang auch in Teilen der zeitgenössischen Literatur die gebietsrechtliche Anerkennung einer, trotz fehlender Zustimmung des Gebietsherrn, effektiven Teilannexion an; eine effektive Teilannexion folgerte Bluntschli aus Einflussfaktoren einer dauerhaft stabilen Herrschaft, die zugleich die Unfähigkeit und Unmöglichkeit des bisherigen Souveräns, den Kampf fortzusetzen oder zu erneuern, offenbarten[733]:
„Obwohl die Eroberung eines statlichen Gebietstheils im Krieg zunächst in der Form kriegerischer Gewalt vollzogen wird, so begründet sie dennoch die Statshoheit über das eroberte Gebiet und wird als rechtmäßige Erwerbsart betrachtet, insofern durch den Friedensschluß oder auch ohne solchen durch Aufhören des Widerstandes und Anerkennung von Sei-

---

[730] V. Liszt: Das Völkerrecht, 10. Aufl., 1915, S. 175
[731] Schätzel: Die Annexion im Völkerrecht, S. 163
[732] Stoerk: Option und Plebiszit bei Eroberungen und Gebietscessionen, S.103 Fn.11
[733] Bluntschli: Das moderne Völkerrecht der civilisirten Staten, 1868, S. 172

te der politisch berechtigten Bevölkerung die Fortdauer des neuen Statsverbandes als nothwendig sich darstellt[734]".

Auch nach Bluntschlis Kriterien effektiver und stabiler Machtverhältnisse gab die k. u. k. Herrschaft in Bosnien-Herzegowina, angesichts insbesondere des gegen die Doppelmonarchie verhängten osmanischen Handelsembargos sowie des massiven Protestes der Hohen Pforte gegen die k. u. k. Annexionserklärung, keine Gewähr für ihre Dauerhaftigkeit.

Schätzel forderte für einen Erwerb von Gebietsteilen durch Annexion neben der tatsächlichen Gewalt über das zu erwerbende Gebiet deren internationale Anerkennung[735]. Die Einverleibung von Gebietsteilen sei wie jede Annexion ein rechtswidriger Akt, der jedoch nach der allgemeinen Formel: rechtswidriger Akt – rechtmäßiger Zustand zu gültigem Gebietserwerb führen könne. Die internationale Gemeinschaft übe in diesem Falle gewissermaßen ein Richteramt aus, indem sie ihre Anerkennung erteile oder versage. Den Fall der k. u. k. Annexion von Bosnien und der Herzegowina stuft Schätzel als Beleg für einen wirksamen Erwerb von Gebietsteilen durch einseitigen Aneignungsakt unter der Bedingung seiner internationalen Anerkennung ein[736]. Die internationale Anerkennung liegt für ihn aber in der auf diplomatischem Wege gegebenen Zustimmung der übrigen Mächte zum einseitigen Aneignungsakt der Doppelmonarchie.

3.) Die Unwirksamkeit von Teilannexionen

Nach überwiegender Ansicht der Literatur des 19. und einsetzenden 20. Jahrhunderts schloss der Fortbestand des bisherigen Souveräns hingegen einen Gebietserwerb durch Annexion aus.

Saalfeld stellte 1809 fest, dass die Eigentumsrechte des Souveräns provisorisch an den Eroberer übergehen; zum Erwerb der Dispositionsbefugnis über dieses Eigentum bedurfte letzterer aber ebenso der Zustimmung des früheren Souveräns[737]. Der hiernach bis zur Zustimmung des Gebietsherrn virulente Mangel an Verfügungsbefugnis verdeutlicht, dass

---

[734] Bluntschli: Das moderne Völkerrecht der civilisirten Staten, 1868, S. 171
[735] Schätzel: Die Annexion im Völkerrecht, S. 164 ff.
[736] Schätzel: a. a. O., S. 26, 164
[737] Saalfeld: Grundriß eines Systems des europäischen Völkerrechts, S. 90, 92

der Eroberer durch die Annexionserklärung kein der Souveränität vergleichbares Vollrecht erwarb und die völkerrechtliche Zuordnung des Teilgebiets unverändert blieb.

Nach Strupp herrschte Einverständnis darüber, dass „Erwerb bisher anderen Staaten zugehörenden Gebiets nur dann vor dem Völkerrecht Anerkennung zu finden vermag, wenn entweder die bisherige Staatsgewalt vernichtet oder aber die Abtretung, (sei es ausdrücklich, sei es in verhüllter Form) in einem Vertrag erfolgt ist“ [738].

Auch bei von Martens klingt an, dass nur eine spätere Verfügung des Rechtsinhabers über sein Territorium einen völkerrechtlich gültigen Erwerb der Souveränität durch den die Annexion erklärenden Staat begründete. Die Notwendigkeit späterer Zustimmung, sei es durch einseitige Erklärung des Gebietsherrn oder in völkervertraglicher Form, wurde mit ihrer friedensstiftenden Wirkung begründet:

„A proprement parler, tout ce qui a donné lieu à la guerre devrait être décidé par la paix, ainsi que ce qui, discuté dans le cours de la guerre (b), pourrait laisser un germe de nouvelles mésintelligentes, que la paix doit couper, si on ne veut pas qu` elle soit plâtrée“[739].

Die Auswirkungen dieser Literaturansicht auf die Frage des Fortbestands der türkischen Souveränität bzgl. Bosnien – Herzegowinas nach der österreichisch–ungarischen Annexionserklärung werden von Wurmbrand verdeutlicht[740]. Dieser verwirft unmissverständlich die Haltbarkeit der Annahme, dass der völkerrechtliche Status von Bosnien-Herzegowina ohne Berücksichtigung des souveränen Willens der Hohen Pforte modifiziert werden konnte:

„Keineswegs aber war die österreichisch-ungarische Verwaltung in Bosnien und der Herzegowina allein imstande, den rechtlichen Grundcharakter der Okkupation zu verändern. ... Ein derartiger, allmählich sich vollziehender Wandel in den rechtlichen Grundlagen staatlicher Herrschaft und in der gesamten rechtlichen Struktur eines politischen Gebildes ohne Mitwirkung, ja sogar wider Willen der kompetenten rechtsbildenden Faktoren, ist juristisch unmöglich und würde den praktisch nicht minder

---

[738] Strupp: Die bedeutsamsten völkerrechtlichen Ereignisse des zweiten Halbjahres 1912, S. 579

[739] von Martens: Précis du Droit des Gens Moderne, Bd. 2, S. 298

[740] Wurmbrand: Die rechtliche Stellung Bosniens und der Herzegowina, S. 24/25

als theoretisch hoch anzuschlagenden Wert der Schärfe der juristischen Begriffe illusorisch machen".
Für Wurmbrand bildete folglich das osmanische Souveränitätsrecht den ausschlaggebenden Hinderungsgrund für einen österreichisch-ungarischen Gebietserwerb aufgrund der Annexionserklärung des Monarchen.

4.) Auswertung der zeitgenössischen Literatur

Auffällig ist, dass, mit zwar unterschiedlichen Rechtsfolgen für die Teilannexion innerhalb der zeitgenössischen Literatur, die Frage der Rechtsgültigkeit von Annexionen einheitlich an Einflussfaktoren effektiv durchgesetzter und stabiler Gebietsherrschaft bemessen wurde. Sowohl die Forderung der Zustimmung des Gebietsherren als auch der allgemeinen Aufgabe des Widerstands gegen die Teilannexion bzw. ihrer Anerkennung seitens der politisch berechtigten Bevölkerung appellieren an die Stabilität der neuen Territorialverhältnisse.

Das Herausstreichen der Friedensfunktion der Einigung zwischen annektierendem Staat und Verfügungsberechtigtem über die völkerrechtliche Zuweisung des umstrittenen Teilgebiets zum Eroberer durch von Martens[741] repräsentiert ebenso die von der zeitgenössischen Literatur erkannte enge Verknüpfung völkerrechtlicher Anerkennung des neuen faktischen Machthabers mit der Stabilität bzw. Effektivität der neuen Herrschaft. Selbst die den souveränen Gleichheitsanspruch des unterlegenen Staates vollkommen ignorierende Auffassung forderte generell zur völkerrechtlichen Bestandskraft einer Annexion „eine vollständige Niederwerfung der Staatsgewalt in dem eroberten Gebiet".
Der in der Diskussion der heutigen Literaturansichten zur virulenten Problemstellung bereits herausgearbeitete Befund, die Antwort des klassischen Gebietsrechts auf die Frage der Hinnahme der Teilannexion, in der Frage nach Geltung und Inhalt eines Effektivitätsprinzips im Annexionstatbestand zu finden, wird insofern auch durch die Haltung der zeitgenössischen Rechtsauffassung bestätigt.

---

[741] V. Martens: Précis du Droit des Gens Moderne, 1831, Bd. 2, S. 298

Der Rückgriff der zeitgenössischen Literatur auf Gesichtspunkte der Stabilität wie der allgemeinen Anerkennung des Souveränitätsanspruchs des annektierenden Staates indiziert, dass das klassische Völkerrecht anhand gewisser Effektivitätskriterien die Rechtsgültigkeit der Teilannexion beurteilte.
Ob sich die Bedeutung effektiver Gebietsherrschaft für die Beurteilung der Rechtsgültigkeit der Teilannexion im Extremerfordernis einer absoluten Befriedung des Gebietsstreites durch Zustimmung des bisherigen Souveräns oder beispielsweise lediglich in der Forderung der vollständigen Niederwerfung des Gegners auf dem eroberten Territorium niederschlug, vermag die theoretische Auseinandersetzung aber abschließend nicht zu beantworten. Inwieweit die Teilannexion vom zeitgenössischen Völkerrecht als Erwerbsgrund anerkannt wurde, hängt letztlich davon ab, welche Literaturansicht in der zeitgenössischen Staatenpraxis verwurzelt war.

III) Die Rechtsansicht der zeitgenössischen Staatenpraxis zur Teilannexion

Eine ausdrückliche völkervertragliche Übereinkunft zu den Voraussetzungen und Rechtsfolgen einer Teilannexion lässt sich in der zeitgenössischen Staatenpraxis nicht ausmachen.

1.) Art. 42 der Haager Landkriegsordnung v. 29.7.1899 bzw. v. 18.10.1907

Trotz seiner schwerpunktmäßigen Konzentration auf Bestimmungen zum humanitären Kriegsvölkerrecht könnte insbesondere das Erste und Zweite Abkommen über die Gesetze und Gebräuche des Landkriegs vom 29.7.1899 bzw. vom 18.10.1907 eine verbreitete Haltung der Signatarstaten zur virulenten gebietsrechtlichen Fragestellung andeuten. Insbesondere die in Art. 42[742] enthaltene Regelung ist mit der von Teilen der zeitgenössischen Literatur vertretenen Annahme eines Erwerbs souve-

[742] Art. 42 der ersten und der zweiten Haager Landkriegsordnung sind inhaltlich gleichlautend, s. Parry: a. a. O., Bd. 187, S. 440 sowie Bd. 205, S. 295

räner Herrschaftsgewalt mit vollständiger Niederwerfung des Gegners auf einem eroberten Gebiet schwer in Einklang zu bringen.
Nach Art. 42 S.1 der Haager Landkriegsordnung gilt ein Gebiet als besetzt, „wenn es thatsächlich in der Gewalt des feindlichen Heeres steht“. Die Besetzung erstreckt sich nach Art. 42 S.2 überdies nur „auf die Gebiete, wo diese Gewalt hergestellt ist und ausgeübt werden kann“. Die diesem im Abkommen auferlegten Restriktionen, als auch die Beschränkung auf die Rechte eines Okkupanten verdeutlichen, dass das vollständige Niederringen des Gegners nicht bereits die Souveränität des Eroberers bzgl. des tatsächlich beherrschten Territoriums begründete[743]. Vielmehr begründete die Eroberung eines fremden Territoriums, nach der in Art. 42 dokumentierten Rechtsauffassung der zeitgenössischen Staatengemeinschaft, mithin ausschließlich einen Besatzerstatus, mit den in der Haager Landkriegsordnung genau umschriebenen Beschränkungen der Rechte und Pflichten des Besitzers. Die in der zeitgenössischen Literatur vereinzelt vertretene Ansicht, die Souveränitätsfrage hinsichtlich fremdstaatlich besetzten Gebiets beantworte sich ausschließlich aufgrund der militärischen Machtvollkommenheit des Eroberers, war mithin keineswegs in der Staatenpraxis verbreitet und bildete keinen im 19. und frühen 20. Jahrhundert gültigen Völkerrechtssatz.

a) Aussagekraft des Art. 42 HLkO für die Rechtsgültigkeit von Teilannexionen?

Fraglich ist, ob die in Art. 42 der Haager Landkriegsordnung[744] erkennbare Beschränkung der Rechte des Eroberers auf den Status des Besatzers auch eine weitergehende Wertung hinsichtlich der übrigen Literaturansichten zur Rechtsgültigkeit von Teilannexionserklärungen zuläßt.
Der belgische Kassationshof leitete in mehreren Entscheidungen im Rahmen der Frage des völkerrechtlichen Status einzelner Teile Belgiens nach der deutschen Annexion aus dem Jahre 1940 aus der Sektion III der Haager Landkriegsordnung vom 29.7.1899 bzw. vom 18.10.1907 ab, dass die Annexion eines Teilgebiets eines fremden Staates ohne die Zu-

---

[743] Auch Schätzel: Die Annexion im Völkerrecht, Archiv des Völkerrechts, 2. Bd., S. 24

[744] Cybichowski: Das völkerrechtliche Okkupationsrecht, S. 298 spricht sich bereits gegen die Allgemeingültigkeit der Normen des Haager Rechts aus

stimmung des Gebietsherrn oder eine Übereinkunft mit diesem nicht die Wirkungen eines Gebietsübergangs haben konnte[745].

Zu erwägen ist, dass Art. 42 der Haager Landkriegsordnung, der die Sektion III betreffend die Kompetenzen des Militärs auf Feindgebiet einleitet, einen verallgemeinerbaren Rechtsgedanken der Staatenpraxis beinhaltete, wonach völkerrechtliche Rechte und Pflichten eines Staates bzgl. eines gewaltsam okkupierten Territoriums stets an die dort konkretisierte Gewähr effektiver Gebietsgewalt des Herrschers gebunden und sonstige Effektivitätsanforderungen für die Gültigkeit einer Teilannexion nicht gegeben waren. Vor dem Hintergrund seines Vertragszwecks ist aber zweifelhaft, ob die in Art. 42 erwähnte Bedingung tatsächlicher Herrschaft des feindlichen Heeres auf dem besetzten Gebiet zugleich die Bedeutungslosigkeit externer Instabilitätsfaktoren, wie insbesondere den Fortbestand des bisherigen Souveräns, für den völkerrechtlichen Erwerb annektierten Territoriums und die grundsätzliche Akzeptanz der Teilannexion feststellen wollte. Die Tatsache der Anknüpfung des Art. 42 an Effektivitätskriterien überhaupt wie ihre inhaltliche Konkretisierung waren bedingt durch den spezifischen Schutzzweck dieses Abkommens. Die Haager Landkriegsordnung beabsichtigte den Schutz der Zivilbevölkerung durch Verdichtung der Rechte und Pflichten einer Besatzungsmacht. Die relative Weite ihres Art. 42 ergibt sich gerade aus diesem Bestreben, maximalen Schutz für die Bevölkerung des von der Okkupation betroffenen Gebiets zu erreichen. Der Vertragszweck wäre unterlaufen worden, wenn die Anwendbarkeit der Schutzbestimmungen bei mangelnder Anerkennung der neuen Herrschaft durch den unterlegenen Souverän wie durch die übrigen Staaten verneint worden wäre; schließlich barg gerade diese territoriale Konfliktlage eine erhöhte Gefahr der Missachtung des durch die Haager Landkriegsordnung geschützten humanitären Mindeststandards in sich. Zudem konnte eine Besatzungsmacht völkerrechtliche Verantwortlichkeit für einen humanitären Mindeststandard nur auf dem von ihr tatsächlich beherrschten Territorium garantieren. Die Effektivitätsanforderungen der Haager Landkriegsordnung waren insoweit unverbrüchlich mit der Erreichung ihres Vertrags-

---

[745] Bindels v. Administrations des Finances in Lauterpacht: Annual digest and Reports of Public International Law Cases, Year 1947, S. 45, 49; ebenso Deneffe v. Administration des Finances: a.a.O., Year 1948, S. 60

zwecks verknüpft und lassen keine Rückschlüsse auf die Rechtsansicht der Staaten zur Bestandskraft einer Teilannexion zu.

Auch aus der Tatsache, dass Sektion III der Haager Landkriegsordnung den Besatzer von Feindgebiet in seiner Okkupationsausübung Beschränkungen unterwirft, kann entgegen der Rechtsauffassung der belgischen Gerichte nicht auf eine völkerrechtliche Absage an die Bestandskraft einer Teilannexion geschlossen werden. Die Auffassung des belgischen Gerichts verkennt, dass sich die von den Art. 42 ff. der Haager Landkriegsordnung behandelte Okkupation und die Teilannexion in einem wesentlichen Punkt unterscheiden. Die Annexion setzte auch nach klassischem Völkerrecht die Abgabe einer ausdrücklichen Annexionserklärung voraus. Die Art. 42 ff. der Haager Landkriegsordnung behandeln nach ihrem ausrücklichen Titel jedoch nur die bloße militärische Besetzung von Feindesgebiet. Die bloße Okkupation ohne ausdrückliche Bekundung des Einverleibungswillens begründete, wie bereits erörtert, selbstverständlich keinen Souveränitätsübergang. Zur Frage der völkerrechtlichen Anerkennung der ausdrücklichen Annexionserklärung des Besatzers sagt damit auch die Sektion III der Haager Landkriegsordnung nichts aus.

2.) Die Nichtigkeit von durante bello bzw. „verfrühten“ Annexionserklärungen und ihre Aussagekraft für die Rechtsgültigkeit von Teilannexionen

In der zeitgenössischen Staatenpraxis war überdies eine gefestigte Übung auszumachen, eine Annexion erst nach vollständiger Niederwerfung des Inhabers der Territorialgewalt zu erklären.
Die Stetigkeit mit der die Annexionserklärungen den Zeitpunkt der Durchsetzung und Etablierung der zivilen und militärischen Kräfte des annektierenden Staates auf dem eroberten Territorium abwarteten, bildete den absoluten Regelfall der Annexionen der Völkerrechtsgeschichte des 19. und 20. Jahrhunderts und legt das Befolgen eines völkerrechtlich wirksamen Rechtsgrundsatzes nahe. Die Praxis des Widerspruchs der neutralen Staaten gegen sog. „verfrühte“ Annexionen unter Berufung auf deren Rechtswidrigkeit beweist überdies die Verdichtung der allgemeinen Übung zur zeitgenössischen Rechtsregel.

Die britische Annexion des Oranjefreistaates im Mai, von Transvaal im September 1900, trotz Beendigung des Krieges zwischen England und den Burenstaaten erst 1902, hielt man in der damaligen Staatengemeinschaft überwiegend für rechtswidrig, da sie „verfrüht", d. h. vor endgültiger Niederwerfung des Gegners ausgesprochen wurde[746]. Ebensowenig erkannte diese die Annexionserklärungen von Tripolitanien durch Italien während des türkisch – italienischen Krieges im November 1911 sowie bzgl. Zypern durch Großbritannien vom 5. November 1914[747], mithin nach Ausbruch des 1. Weltkrieges, als Rechtstitel eines Gebietserwerbs an. Im Falle der internationalen Verweigerung der Anerkennung der durch königliches Dekret vom 5. November 1911 erklärten italienischen Annexion der zum Osmanischen Reich gehörigen Provinzen Tripolis und der Cyrenaika wurde neben dem Fortdauern des italienisch-türkischen Krieges die fehlende Besetzung weiter Teile des beanspruchten Territoriums als Grund für die Ablehnung der Wirksamkeit der Annexion vorgebracht[748]. Das neutrale Ausland, dem die Annexion notifiziert wurde, nahm, angesichts der italienischen Besetzung nur einiger Küstenstädte, von ihr keine Notiz und behandelte Tripolis und Cyrenaika nach wie vor als türkische Gebiete. Ebensowenig wurde die italienische Annexion von Albanien im Jahre 1917 von der Staatengemeinschaft, mangels tatsächlicher Gewalt über das zu erwerbende Gebiet, als rechtsverbindlich betrachtet[749]. Auch die Proklamation eines von Russland unabhängigen Königreiches Polens durch einen Erlass der verbündeten Monarchen von Deutschland und Österreich-Ungarn vom 5. November 1916 führte zu russischen und französischen Protesten[750]. Zwar hatten diese zuvor durch ihre Streitkräfte das Gebiet besetzt und die Verfassung und Verwaltung des besetzten Gebietes grundlegend umgestaltet, jedoch widersprach der Kampf der Entente gegen die Okkupationsmächte, nach dem

---

746 Cybichowski: Das völkerrechtliche Okkupationsrecht, S. 298

747 Zimmer: Gewaltsame territoriale Veränderungen und ihre völkerrechtliche Legitimation, S. 134

748 Schätzel: Die Annexion im Völkerrecht, S. 27, 164/165, dort auch Abdruck der den Mächten zugestellten türkischen Protestnote, die gegen die italienische Annexionserklärung insbesondere den Kriegszustand zwischen beiden Staaten anführte

749 Schätzel: a. a. O., S. 166

750 Ziehen: Vollendete Tatsachen bei Verletzungen der territorialen Unversehrtheit, S.45/46

Rechtsverständnis Frankreichs und Russlands, einer Befugnis zur Errichtung eines neuen Staatsgebildes innerhalb des annektierten Gebietes.
Aus der steten Praxis, die Einverleibung erst nach vollständiger Niederwerfung des Inhabers der Territorialgewalt zu bekunden, sowie „verfrühte“ Annexionserklärungen zu verurteilen, ergibt sich die Nichtigkeit der vor vollständiger Besetzung des annektierten Territoriums und vor Beendigung des Krieges[751] durch alle gegnerischen Streitkräfte erklärten Annexion.

Fraglich ist, welche Erkenntnis aus der Geltung dieses Rechtssatzes für die Frage der Bestandskraft der k. u. k. Annexion bzgl. Bosnien und der Herzegowina gewonnen werden kann? Der Appell der Staatengemeinschaft an die vollständige Niederwerfung der Streitkräfte des Inhabers der Territorialgewalt und seiner Alliierten vor Erklärung der Annexion dokumentiert zunächst die der dauerhaften Stabilität der neuen Territorialverhältnisse und dem Effektivitätsprinzip für die Begründetheit gebietsrechtlicher Ansprüche zukommende Bedeutung[752]. Aus dem Nachweis eines Beispiels für die Nichtanerkennung einer Besetzung als souveräne Gebietshoheitsausübung, aufgrund mangelnder Perspektive dauerhafter Etablierung der neuen Herrschaft, kann nicht auf die fehlende normative Wirksamkeit weitergehender Anforderungen an die Effektivität und Dauerhaftigkeit der Stabilität einer auf annektiertem Territorium errichteten Herrschaft geschlossen werden. Führt man die Nichtigkeit „verfrühter“ Annexionen i. S. d. klassischen Völkerrechts auf die, aus einer fehlenden vollständigen Niederwerfung des Inhabers der Territorialgewalt, folgende latente Gefahr für die Stabilität einer Gebietsherrschaft zurück, so liegt vielmehr die Erwägung nahe, dass aufgrund des der Teilannexion charakteristischen Fortbestands des bisherigen Territorialrechtsträgers bereits das klassische Völkerrecht ihre regelmäßige Ungültigkeit anordnete. Schließlich besaß dieser auch nach Niederwerfung der bisher auf dem annektierten Gebiet wirksamen Gewalt nur dort keine Streitkräfte bzw. keine eigene intakte Staatsgewalt mehr; auf seinem verbliebenen

---

[751] Bindschedler, „Annexion“, Wörterbuch des Völkerrechts, S. 69; v. Liszt: Das Völkerrecht, 9. Aufl. 1913, S. 92
[752] Malanczuk: Das Golan-Gesetz im Lichte des Annexionsverbots und der occupatio bellica, S. 281

Staatsgebiet besaß er jedoch weiterhin eine souveräne Herrschaftsgewalt, die ihm die Haltung einer Armee wie ihre jederzeitige Ausrichtung gegen die annektierende Macht ermöglichte. Ebenso wie die mangelnde Beendigung des Kampfgeschehens den von der Annexion betroffenen Staat zu effektivem Widerstand und zum Rückerwerb der Gebietsherrschaft befähigte, barg auch der Fortbestand des bisherigen Souveräns die Gefahr der Revision der Territorialverhältnisse. Auf der anderen Seite ist nicht zu verkennen, dass die von einer, mit eigenen oder alliierten Streitkräften auf dem annektierten Gebiet noch im Kampf befindlichen Macht ausgehende Gefahr ungleich größer war, als die Bedrohung durch einen aus dem annektierten Territorium gänzlich vertriebenen Staat.
In welchem Ausmass jedoch Belange der Effektivität bzw. Prognosen bzgl. ihrer Dauerhaftigkeit auf die Bewertung der gebietsrechtlichen Anerkennung einer unter Missachtung fremder Oberhoheit herbeigeführten Herrschaft durchschlugen, vermag man durch Interpretation der Staatenpraxis zu „verfrühten" Annexionen daher nicht abschließend zu beantworten. Die Staatenpraxis zur „verfrühten" Annexionserklärung gab insbesondere keinen Aufschluss, ob auch externe Instabilitätsfaktoren, wie der Fortbestand des bisherigen Souveräns und die internationale Ablehnung der einseitigen Vorgehensweise nach dem Inhalt eines damals geltenden Effektivitätsprinzips, die Bestandskraft einer Teilannexion konterkarierten.

3.) Staatenpraxis zu „vollendeten" Teilannexionen des „englischen Zeitalters"

Diesen Nachweis dokumentiert die Haltung der beteiligten sowie in besonderem Maße der Drittstaaten zu Teilannnexionserklärungen nach vollständiger Besetzung sowie nach Abschluss etwaiger kriegerischer Auseinandersetzungen zwischen den Parteien des Gebietsstreits und ihren Alliierten.

Zu prüfen ist insbesondere, inwieweit die zeitgenössische Staatenpraxis dem Willen des bisherigen Gebietsherrn auch nach einer Teilannexionserklärung bei der Zuweisung des völkerrechtlichen Status des annektierten Territoriums Bedeutung zuerkannte.

a) Annexion ohne vertragliche Anerkennung durch den Gebietsherrn

Aufschluss über die gebietsrechtliche Akzeptanz des mit der Teilannexion geschaffenen Zustands können zunächst die Versuche einzelner Staaten geben, fremdes Teilgebiet ohne Berücksichtigung des staatlichen Willens des bisherigen Souveräns alleine mittels faktischer, insbesondere militärischer Machtüberlegenheit bzw. Gewalt einzuverleiben. Denkbar ist, im Verzicht des annektierenden Staates auf jegliche Auseinandersetzung mit dem bisherigen Territorialrechtsträger, die dem Willen des faktisch unterlegenen Souveräns für die Bemessung des Gebietsstatus beigemessene Bedeutungslosigkeit zu erkennen.
Die Literatur weist für das „englische Zeitalter" sowohl die britische Einverleibung der vormals unter argentinischer Suprematie stehenden Falkland- Inseln[753] als auch die italienische Besetzung des unter der Souveränität des Sultans stehenden Gebiets von Massaua[754] als einseitige Inkorporation fremden Teilgebiets ohne nachträgliche einvernehmliche Lösung des Gebietsstreits zwischen den Parteien aus.

aa) Die englische Teilannexion der Falkland–Inseln v. 2.1.1833

Das Einholen der argentinischen und das Aufhissen der eigenen Flagge vom 2. Januar 1833 durch den von der britischen Regierung autorisierten Kapitän Onslow, begleitet von der an die argentinische Mannschaft unter Gewaltandrohung ergehenden Aufforderung, die Falkland-Inseln zu verlassen[755], bildete, objektiv betrachtet, den Versuch, trotz Fortbestand des bisherigen Territorialrechtsträgers ohne dessen Zustimmung fremdes Teilgebiet dem eigenen Staatsverband einzuverleiben.
Ein Rückschluss von der steten englischen Weigerung, dem staatlichen Willen Argentiniens bei der Einordnung des völkerrechtlichen Status der Falkland-Inseln Evidenz beizumessen, auf die Bedeutungslosigkeit der Rechte des bisherigen Souveräns für die Zuordnung des annektierten Territoriums durch das klassische Gebietsrecht, verkennt, dass England diese als herrenlos ansah und keine Vollmachten der Vertreter Argenti-

---

[753] Dolzer: Der völkerrechtliche Status der Falkland-Inseln (Malvinas) im Wandel der Zeit, S. 82 ff.
[754] Schätzel: „Massaua", Wörterbuch des Völkerrechts und der Diplomatie, S. 18
[755] Dolzer: a. a. O., S.80/81

niens anerkannte[756]. Aufgrund irriger Information durch seinen Gesandten in Buenos Aires ging Großbritannien zum Zeitpunkt der Übernahme der Macht Anfang August 1832 davon aus, dass die argentinische Siedlung auf den Falkland-Inseln vollständig aufgelöst worden war und Argentinien seine Ansprüche auf die Inseln aufgegeben hatte[757]. Deshalb beruht die Abstandnahme Englands von Rückgriffen auf die Regeln über die Annexion fremden Staatsgebiets nicht auf der Rechtsüberzeugung der Unwirksamkeit einer Teilannexion, sondern auf dem Irrtum über die Besiedelung und Präsens argentinischer Streitkräfte auf den Falkland-Inseln.

Evident ist aber, dass sich England auch nach Kenntniserlangung der wahren Umstände nicht darauf berufen hat, die Inseln 1832/1833 mittels Ausübung von Gewalt gegenüber Argentinien erworben zu haben. Bereits ein Rechtsgutachten der Rechtsberater des Königs aus dem Jahre 1835 zum Jurisdiktionsbereich der englischen Krone im Jahre 1833 räumte unmissverständlich sowohl die vormalige Besiedelung der Falkland-Inseln mit Ausländern als auch die fremde Herrschaft ein:

„...it is submitted that after the possession taken by Commodore Onslow the Settlement in Berkeley Soind became a part of and within the Dominions of His Majesty and thus these individuals (altho` Foreigners and originally settled there under a Foreign Dominion) being resident within the King`s Dominion and therefore entitled to the King`s protection and owing allegiance to him became subjects of His Majesty within the meaning of the Statute“[758].

Auch nach Kenntniserlangung von den objektiven Gebietsverhältnissen berief sich die britische Seite folglich ausschließlich darauf, dass mit der Besitzergreifung die Bevölkerung ein Teil der Herrschaft des englischen Königs wurde. Der argentinischen Einlassung, den Fortbestand seiner Oberhoheit über die „Malvinas“ am Maßstab der Vorschriften über den gewaltsamen Erwerb von Territorium zu bemessen, entgegnete Großbritannien lediglich mit dem Hinweis, dass bei der Übernahme der Macht kein einziger Schuss gefallen sei[759].

---

[756] Hierzu Dolzer: a. a. O., S. 91
[757] Näher bei Dolzer: a. a. O., S.74-77
[758] Dolzer: a. a. O., S. 94
[759] Zuletzt in einem Memorandum des Foreign Office aus dem Jahre 1964, entnommen bei Dolzer: a. a. O., S. 82

Warum versuchte Großbritannien aber auch nach Kenntnis von den tatsächlichen Umständen, in offensichlich rechtsirriger Ansicht, den eigenen Hoheitsanspruch in Anspielung auf den Okkupationstatbestand mit der Besetzung der mit Zivilbevölkerung sowie argentinischen Soldaten besiedelten Falkland-Inseln zu rechtfertigen? Angesichts der tatsächlichen Umstände hätte es sich geradezu aufgedrängt, sich auf ein Recht zur einseitigen Annexion von Teilen eines fremden Territoriums zu berufen. Eine stringente Erklärung für dieses Argumentationsmuster liefert nur der Umkehrschluss, dass die Teilannexion nach englischer Erkenntnis keinen Rechtfertigungsgrund für einen Gebietserwerb bildete. Die britischen wie die argentinischen Einlassungen im Falkland-Inseln-Streit sprechen somit dagegen, dass eine gewaltsame Einverleibung eines fremden Teilgebiets in den eigenen Staatsverband, ohne vertragliche Zustimmung des bisherigen Teritorialherrn, vom klassischen Gebietsrecht legitimiert wurde.

bb) Die italienische Teilannexion von Massaua

Mit gleicher Vorgehensweise und Verteidigungsstrategie wie Großbritannien hinsichtlich der Falkland-Inseln versuchte auch die italienische Besatzungsmacht Ende des 19. Jahrhunderts die osmanische Oberhoheit über Massaua zu beseitigen. Seit der türkischen Eroberung von 1557 gehörte Massaua dem Osmanischen Reich an. Diese Herrschaft dokumentierte sich vor der italienischen Besetzung 1885 in einem türkischen Gouverneur und osmanischer Besatzung[760]. Auch an der Vernehmbarkeit des osmanischen Hoheitsanspruchs bzgl. Massaua im Ausland konnte überdies, angesichts der Erteilung des Exequatur, von der Türkei kein Zweifel bestehen. Der osmanische Gebietsherr hatte folglich zu keinem Zeitpunkt das Gebiet von Massaua geräumt und ebenso wenig zu erkennen gegeben, dass er keine Gebietsherrschaft mehr auszuüben gedachte.

Trotz der gewaltsamen Beseitigung jeglicher türkischer Gebietsherrschaft stützte die von Italien im internationalen Verkehr vertretene Rechtsauffassung den Erwerb der Oberhoheit über Massaua auf den

---

[760] Schätzel: „Massaua“, Wörterbuch des Völkerrechts und der Diplomatie, S. 17

Erwerbstitel der Okkupation[761]. Die hierfür notwendige Herrenlosigkeit der an der Westküste des Roten Meeres gelegenen Hafenstadt versuchte Italien mit einer faktisch unhaltbaren Behauptung der türkischen Dereliktion von Massaua zu begründen. Das Gesamtbild italienischer Abneigung gegen den Gedanken der Legitimation einer auf ein fremdes Teilgebiet begrenzten Annexion durch das klassische Völkerrecht wird durch die Einlassungen der eigenen Völkerrechtler zum Massaua-Fall abgerundet. So begründete Catellani den Übergang des Souveränitätsanspruchs auf Italien mit der internationalen Anerkennung des Gebietszuwachses[762].

Die italienische Unterstellung eines zum Verlust der Souveränität des Sultans führenden türkischen Verzichts auf Ausübung der Gebietshoheit in Massaua wirft die Frage auf, warum Italien nie die von den tatsächlichen Umständen her naheliegende Einverleibung erklärt und damit bewusst keine annexionsrechtliche Argumentationsgrundlage gelegt hatte. Die italienische Einlassung alleine mit einer Unkenntnis der Fakten zu erklären, verkennt, dass die offensichtlichen Hinweise auf den Fortbestand osmanischer Herrschaft in Massaua auch der italienischen Seite nicht verborgen blieben[763]. Naheliegend ist vielmehr, dass Italien, aufgrund seines fehlenden Rückhalts in der zeitgenössischen Staatenpraxis, auf die Begründung verzichtete, die einseitige Annexion des osmanischen Gebietsteiles von Massaua führe zum Übergang der Oberhoheit auf den annektierenden Staat.

Die offensichtliche Abwegigkeit der im Massaua-Fall von italienischer sowie im Falkland-Inseln-Fall von englischer Seite offiziell vorgebrachten Argumentation mit den auf ein derelinquiertes Territoriums anwendbaren Grundsätzen sowie ihr Verzicht auf annexionsrechtliche Begründungsmuster vertiefen den Eindruck, dass das klassische Völkerrecht die einseitige Einverleibung fremden Teilgebiets auch nach vollständiger Besei-

[761] Dolzer: Der völkerrechtliche Status der Falkland-Inseln (Malvinas) im Wandel der Zeit, S. 105

[762] Catellani: Les possessions africaines et le droit colonial de l`Italie, S. 419

[763] Der italienische Völkerrechtler Catellani: a. a. O., gibt zu: „L`occupation de Massaua par l`Italie ne fut au debut qu`un acte d`intervention, ..."

tigung der bisherigen Staatsgewalt im annektierten Gebietsteil nicht legitimierte[764].

b) Praxis vertraglicher Auseinandersetzungen zwischen Gebietsherrn und annektierendem Staat

Nicht zu leugnen ist, dass im 19. und frühen 20. Jahrhundert eine regelmäßige Übung des annektierenden Staates bestand, nach der Abgabe der Teilannexionserklärung mit dem sich dem Erklärungsinhalt energisch widersetzenden territorialen Souverän eine einvernehmliche Regelung über das annektierte Territorium zu suchen. Eine der Weite der umfangreichen Staatenpraxis gerecht werdende Darstellung zu den Fällen vertraglicher Anerkennung von Teilannexionen durch den Gebietsherrn kann im Rahmen dieser Arbeit nicht geleistet werden. Diese wurde bereits durch die noch während dem 1. Weltkrieg verfassten Werke von Philippson und Schätzel hinlänglich erbracht[765].

aa) Praxis vertraglicher bzw. einseitiger Zustimmung des bisherigen Souveräns zum Gebietsübergang

Einerseits führten die diplomatischen Diskurse zwischen dem Gebietsherrn und dem annektierenden Staat zu Vertragsgestaltungen bzw. einseitigen Erklärungen des Souveräns, welche Verzichtserklärungen des bisherigen Gebietsherrn bzgl. des Souveränitätsrechts bzw. Zustimmungen zum Gebietswechsel beinhalteten. So verzichtete Peru, nach insoweit auch in der Literatur einhelliger Interpretation[766], im Vertrag von Lima vom 3. Juni 1929[767] förmlich und endgültig auf seine nominellen Souveränitätsrechte hinsichtlich des im chilenisch-bolivianischen Friedensvertrag vom 20.10.1904[768] bereits Chile zugewiesenen Territoriums von

[764] Auch Dolzer: Der völkerrechtliche Status der Falkland-Inseln (Malvinas) im Wandel der Zeit, S. 105
[765] Philippson: Termination of War and Treaties of Peace; Schätzel: Die Annexion im Völkerrecht, S. 13 ff.
[766] Zimmer: Gewaltsame territriale Veränderungen und ihre völkerrechtliche Legitimation, S. 109
[767] League of Nations Treaty Series, Bd. XCIV (1929), S. 402 ff.
[768] Parry: a. a. O., Bd. 196, S. 403 ff.

Arica. Auch die chilenische Verpflichtung zur Zahlung von 6 Millionen Dollar an Peru lassen sich aussschließlich i. S. e. Entschädigung für die endgültige Abtretung Aricas interpretieren.
Ebenso beinhaltete der italienisch-türkische Frieden zu Lausanne vom 18. Oktober 1912[769] eine Gebietszession hinsichtlich des von Italien am 5. November 1911 sowie am 25.2.1912 annektierten Territoriums von Tripolis und der Cyrenaika[770]. Nach Schätzel erlangte Italien das Gebiet völkerrechtlich zwar erst mit dem einseitigen türkischen Verzicht auf die Gebiete vom 26.10.1912[771]. Auch diese Einordnung der Lösung des Streits um die teilannektierten Gebiete von Tripolis und der Cyrenaika verdeutlicht, dass ein einseitiger Erwerb fremden Teilgebiets im frühen 20. Jahrhundert nicht möglich war und vielmehr erst die souveräne Entscheidung des türkischen Souveräns, die Oberhoheit über das besetzte Territorium aufzugeben, einen italienischen Gebietserwerb bewirkte.

bb) Praxis vertraglicher „Anerkennung“ der Teilannexion durch den Gebietsherrn

Nach Teilen der Literatur waren überdies auch jene Vertragsgestaltungen, die die „Anerkennung“ der Teilannexionen durch den bisherigen Souverän aussprachen, als Beleg für ihre Rechtsungültigkeit nach klassischem Völkerrechtsverständnis heranzuziehen.
So wurde der Streit um den Fortbestand der türkischen Oberhoheit über Zypern nach der britischen Annexionserklärung vom 5. November 1914[772] aufgrund der in Art. 20 des Friedens von Lausanne vom 24. Juli 1923[773] enthaltenen vertraglichen Übereinkunft des Osmanischen Reiches mit Großbritannien beigelegt. Danach erklärte die Türkei, „daß sie die am 5. November 1914 von der britischen Regierung verkündete Annexion Zyperns anerkennt“. Auch die vertragliche Vereinbarung zwischen der Türkei und Österreich-Ungarn vom 26. Februar 1909 wurde als Beweis eines gescheiterten k. u. k. Versuchs, seinen Machtanspruch

---

769 Parry: a. a. O., Bd. 217, S. 160 ff.
770 Strupp: Die bedeutsamsten völkerrechtlichen Ereignisse des zweiten Halbjahres 1912, V. Der Friede von Lausanne, S. 580
771 Schätzel: Die Annexion im Völkerrecht, S. 165
772 Strupp: Aktenstücke zur orientalischen Frage, S. 128
773 Toynbee: Major Peace Treaties of Modern History (1648-1967), Bd. IV, S. 2310

über die beiden osmanischen Provinzen einseitig durchzusetzen, gewertet[774]. Die in diesem Abkommen enthaltene Anerkennung des durch die k. u. k. Annexion geschaffenen Zustands lasse erkennen, dass erst die türkische Zustimmung zur endgültigen rechtlichen Lösung führen könne. Ebenso enthielt Art. II des chilenisch-bolivianischen Friedensvertrages vom 20. Oktober 1904[775] lediglich eine Anerkennung der absoluten und dauerhaften Herrschaft Chiles über die von ihm auf Grund Art. II des Waffenstillstandsvertrages vom 4. April 1884 besetzten Küstengebiete Boliviens.

Fraglich ist aber, ob auch dieses Bemühen des annektierenden Staates um eine bilaterale Einigung mit dem bisherigen Territorialrechtsträger i. S. d. Erkenntnis der Erfolglosigkeit des Versuchs, einseitig eine völkerrechtlich wirksame Inkorporation des fremden Gebiets in seinen Staatsverband herbeizuführen, interpetiert werden kann. Zwar verdeutlicht das Bestreben der Staaten, ihr Handeln durch eine nachfolgende Anerkennung des in seiner territorialen Integrität verletzten Völkerrechtssubjekts bestätigen zu lassen, das Unbehagen, die Gebietsherrschaft ausschließlich auf die eigene einseitige Erklärung zu stützen.
Betrachtet man sich den Bedeutungsgehalt der „Anerkennung" jedoch genauer, ergeben sich Zweifel, ob die nachträgliche vertragliche Anerkennung der Teilannexion eine fehlende Verwurzelung eines eigenständigen Erwerbsgrunds der Annexion fremden Teilgebiets im klassischen Völkerrecht indizierte.
Dolzer folgert aus der in nahezu allen Teilannexionsfällen des „englischen Zeitalters" gewählten friedensvertraglichen „Anerkennung" des Gebietswechsels pauschal auf die Notwendigkeit einer Zustimmung des betroffenen Staates für den Erwerb eines Teilgebiets[776]. Während einer Übertragung rechtsgestaltende Wirkung zukommt, ist der von Dolzer erwähnte Anerkennungsakt jedoch in der Regel als ausschließlich formale Bestätigung einer eingetretenen tatsächlichen oder rechtlichen Situation zu qualifizieren[777]. Obwohl Dolzer die sog. Anerkennungspraxis gerade

---

[774] Dolzer: Der völkerrechtliche Status der Falkland-Inseln (Malvinas) im Wandel der Zeit, S. 104
[775] Parry: a. a. O., Bd. 196, S.403 ff.
[776] Dolzer: a. a. O., S.102/106
[777] Kempen: Der völkerrechtliche Status der Inselgruppe Spitzbergen, S. 35; zur

zum Nachweis für den Gebietsübergang erst durch die in der nachfolgenden Zession enthaltene Zustimmung des Gebietsherrn anbringen wollte, stösst er den Betrachter auf die Frage, ob die Fälle nur deklaratorischer[778] Anerkennungen der Teilannexionen nicht vielmehr für den Übergang der Souveränität bereits mit Abgabe der einseitigen Annexionserklärung sprachen.

(1) „Anerkennung" der Souveränität Chiles bzgl. des Litoral gem. Art. II des Vertrages v. 20.10.1904

Nachdem Chile durch Gesetz vom 12. Juli 1888[779] eine aus chilenischem sowie bolivianischem Staatsgebiet bestehende chilenische Provinz Antofagasta gebildet und damit seine Absicht, das Territorium des Litoral nicht mehr an Bolivien herausgeben zu wollen, deutlich bekundet hatte, deutete jedenfalls die in Art. II des Friedensvertrages vom 20.10.1904[780] niedergelegte Betonung der „Anerkennung" der chilenischen Souveränität den Bestand der Oberhoheit Chiles bereits vor dem Vertragsschluss an.
Trotz einer der Anerkennung grundsätzlich zugewiesenen deklaratorischen Wirkung sprach Art. II des Friedensvertrages vom 20.10.1904 jedoch keine Bestätigung der im Zeitpunkt der Kundgabe der Erklärung bereits bestehenden chilenischen Souveränität hinsichtlich der Küstengebiete aus.
Hinsichtlich des richtigen völkerrechtlichen Verständnisses ist vielmehr zu vergegenwärtigen, dass die Anerkennungserklärung des Art. II des Friedensvertrages vom 20.10.1904[781] lediglich Bezug nahm auf die „Okkupationsgebiete" i. S. d. Waffenstillstandsvertrages vom 4. April 1884. Es wurde bereits herausgearbeitet[782], dass die, nach dem im „englischen Zeitalter" maßgeblichen völkerrechtlichen Begriffsverständnis einer Besatzungsmacht zustehenden, begrenzten Befugnisse keineswegs mit der

[778] zur völkerrechtlichen Bedeutung von Anerkennungen auch Ziehen: Vollendete Tatsachen bei Verletzung der territorialen Unversehrtheit, S. 104 ff.
[779] Zimmer: Gewaltsame territoriale Veränderungen und ihre völkerrechtliche Legitimation, S. 90 ff.
[780] Parry: a. a. O., Bd. 196, S. 403 ff., S.403-406
[781] Parry: a. a. O., Bd. 196, S. 403 ff., S.403-406
[782] bereits oben S. 62/63

Inhaberschaft souveräner Rechtsmacht korrelierten, sondern vielmehr der Okkupant auch nach der Okkupation die fortbestehende fremdstaatliche Souveränität zu beachten hatte.

Auch die Bolivien von Chile gem. Art. II dieses Vertrages[783] für die Anerkennung der chilenischen Souveränität hinsichtlich der Okkupationsgebiete eingeräumten beträchtlichen Entschädigungen und Zugeständnisse verdeutlichen, dass trotz der deutlichen Bekundung Chiles, das Litoral nie mehr herausgeben zu wollen, die bolivianische Souveränität weiterhin seine Wirksamkeit entfaltete. Diese Interpretation des Art. II des Friedensvertrages stimmt auch überein mit den im zwischenstaatlichen Verkehr zum Ausdruck kommenden Beteuerungen, dass die durch den Waffenstillstandsvertrag anerkannte bolivianische Souveränität von der chilenischen Regierung in gebührender Weise respektiert werde[784].

Daher war Art. II des Friedensvertrages vom 20.10.1904 trotz seiner Betonung der Anerkennung der chilenischen Souveränität erstens als Gebietszessionsbestimmung und zweitens als Beweis für den Fortbestand der bolivianischen Souveränität auch nach dem chilenischen Gesetz vom 12. Juli 1888 zu interpretieren. Folglich ging auch aus Art. II des bolivianisch-chilenischen Friedensvertrages vom 20.10.1904 die Ablehnung eines völkerrechtlich bestandskräftigen Erwerbs fremden und vollständig besetzten Teilgebiets aufgrund einseitiger Einverleibungserklärung hervor.

(2) „Anerkennung“ der britischen Annexion bzgl. Zypern durch Art. 20 des Vertrages zu Lausanne v. 24.7.1923

Ebenso ist fraglich, ob die in Art. 20 des Friedens zu Lausanne enthaltene Anerkennung der Annexion der britischen Regierung hinsichtlich Zypern vom 5. November 1914 auf den Erklärungsgehalt einer rein deklaratorischen Bestätigung reduziert werden kann. Auch der in Art. 20 nie-

---

[783] Parry: a. a. O., Bd. 196, S. 403 ff., S.403-406

[784] So Antwortnote der chilenischen Regierung v. 7.2.1887, s. Zimmer: Gewaltsame territoriale Veränderungen und ihre völkerrechtliche Legitimation, S.90/91; ebenso die sog. „Note König“ der chilenischen Regierung v. 13. 8.1900, wonach für die endgültige „Abtretung“ des bolivianischen Küstengebiets beträchtliche Entschädigungen angeboten wurden, Zimmer: a.a.O., S.96/184

dergelegte Hinweis auf die Anerkennung der Annexion der Mittelmeerinsel ist im Gesamtzusammenhang der übrigen Bestimmungen des Friedensvertrages zu Lausanne sowie der nachfolgenden Übung der Vertragsparteien zu werten.
Auch das trotz Scheitern des Vertrages von Sèvres und 9 Jahre nach der Annexionserklärung intensiv verfolgte Bemühen Englands um einen Ausgleich mit der Türkei verdeutlicht die hohe Wertigkeit, die dem Verzicht[785] der Hohen Pforte auf die Mittelmeerinsel von britischer Seite beigemessen wurde. Ebenso dokumentierte die Verleihung des offiziellen Status einer britischen Kronkolonie nicht bereits nach Abgabe der Annexionserklärung, sondern erst nach türkischer Unterzeichnung des Vertrages zu Lausanne, dass sich Großbritannien ohne die osmanische Zustimmung zur Abtretung Zyperns gehindert sah, endgültige Gebietsverhältnisse zu schaffen.

Die auf den ersten Blick als deklaratorische Anerkennungen erscheinenden türkischen wie bolivianischen Erklärungen hinsichtlich Zypern bzw. des Litoral waren damit letztlich völkerrechtliche Gebietszessionen.

Folglich bestätigten auch diese „Anerkennungen“ das von den Vertragsparteien vertretene Rechtsverständnis unverändertem Fortbestands der Souveränität des bisherigen Gebietsherrn trotz vorangehender Annexionserklärung.

(3) Die Haltung der Staatengemeinschaft zur k. u. k. Annexion v. 5.10.1908

Die von den europäischen Mächten gegen die k. u. k. Annexionserklärung erhobenen Protestnoten spiegeln die beträchtlichen Widerstände der zeitgenössischen Staatengemeinschaft gegen den einseitigen österreichisch- ungarischen Einverleibungsversuch hinsichtlich des weiterhin osmanischen Gebietsteils von Bosnien – Herzegowina wider.
Nicht außer Frage gestellt werden soll, dass die der österreichisch-ungarischen Annexion zugrundeliegenden politischen Motive den euro-

[785] Ebenso Zimmer: Gewaltsame terrritoriale Veränderungen und ihre völkerrechtliche Legitimation, S.184/185

päischen Mächten durchaus einleuchteten. Die Verdienste Österreich-Ungarns um den wirtschaftlichen und kulturellen Aufschwung Bosnien-Herzegowinas wurden von den Unterzeichnern des Berliner Vertrages nicht bestritten. So nahm Russland die Note der Hohen Pforte mit der Bemerkung entgegen, dass „deren Motivierung vollkommen anerkannt werde"[786]. Nach ebenso einhelliger Ansicht rechtfertigten diese moralischen und politischen Erwägungen aber keine einseitige Modifikation des durch den Berliner Vertrag zugewiesenen Gebietsstatus durch die Doppelmonarchie. Der durch die k. u. k. Annexionserklärung vermittelten Rechtsüberzeugung einseitiger Abänderbarkeit der völkerrechtlichen Gebietszuordnung wurde von den europäischen Mächten mit der einhelligen Forderung nach einer neuen Staatenkonferenz zur Frage der Modifikation des Art. 25 des Berliner Vertrages entgegengetreten[787].

Auch aus der von der Staatengemeinschaft gegenüber der k. u. k. Note vom 5.10.1908 eingenommenen Position ging folglich die fehlende völkerrechtliche Akzeptanz eines Gebietswechsels mit Abgabe einer Teilannexionserklärung hervor.

IV) Ergebnis

Die Analyse der Staatenpraxis des 19. und frühen 20. Jahrhunderts ergibt daher, dass dem Versuch, einseitig seinen Machtanspruch über fremdes Teilgebiet durchzusetzen, regelmäßig und teilweise, trotz eigener langandauernder, gefestigter Gebietsherrschaft, das intensive Bemühen um ein Einvernehmen mit dem bisherigen Souverän über den Status des annektierten Territoriums zu entnehmen war. Versuche, fremdes Teilgebiet ohne Zustimmung des Souveräns einzuverleiben, sind äußerst selten und wurden, wie im Massaua und Falkland-Inseln-Fall gezeigt, überdies nicht auf annexionsrechtliche Begründungsmuster gestützt. Die zusätzliche Verpflichtung insbesondere der mit Aussicht auf gewisse Dauerhaftigkeit auf dem annektierten Territorium herrschenden Großmächte des „englischen Zeitalters" zu beträchtlichen finanziellen

---

[786] I. d. S. auch Frankreich, Kaufmann: Das Wesen des Völkerrechts und die clausula rebus sic stantibus, S. 34

[787] Hierzu näher Bauer: Zwischen Halbmond und Doppeladler, S. 88 ff. und im nachfolgenden Kapitel

Leistungen - auch die österreichisch-ungarische Monarchie zahlte aufgrund des Vertrages vom 26.2.1909[788] nicht weniger als zweieinhalb Millionen türkischer Pfund in Gold - gegenüber dem bisherigen Gebietsherrn verdeulicht die Rechtsüberzeugung der Staatengemeinschaft, dass der Erwerb fremden Teilgebiets der Zustimmung des betroffenen Souveräns bedurfte.

Ob es jedoch letztlich das Effektivitätsprinzip oder vielmehr das Legitimitätsprinzip war, welches den subjektiven Willen des betroffenen Staates zum unabdingbaren Element völkerrechtlich bestandskräftigen Gebietserwerbs machte, lässt sich dennoch nicht mit letzter Gewissheit beantworten. Einerseits sind jene Stimmen nicht zu widerlegen, die aufgrund der fehlenden Zustimmung des fortbestehenden Souveräns die stets latent schwellende Gefahr territorialer Revision durch den bisherigen Gebietsherrn in den Vordergrund stellten und die Unwirksamkeit der Teilannexion im „englischen Zeitalter" an der Nichterfüllung der Voraussetzungen eines Effektivitätsprinzips festmachten. Andererseits ist auch der Rückschluss von der fehlenden Berücksichtigung des Willens des bisherigen Souveräns auf die Ungültigkeit der Teilannexion aus Gründen der Nichterfüllung eines Legitimitätsprinzips insbesondere angesichts der völkerrechtlichen Wirksamkeit des souveränen Gleichheitsanspruchs aller Staaten auch im „englischen Zeitalter" nicht von der Hand zu weisen. Letztlich kann diese Frage jedoch dahinstehen.
Teilannexionen führten nach bereits vor Einführung des Gewaltverbotes in das Völkerrecht gewohnheitsrechtlich wirksamen Rechtssätzen, trotz der Effektivierung der neuen Staatsgewalt auf dem annektierten Territorium, keinen Übergang der Souveränität herbei. Die Machtfülle der österreichisch-ungarischen Okkupationsmacht auf dem osmanischen Teilgebiet von Bosnien-Herzegowina konnte noch so groß sein, der Fortbestand des bisherigen Souveräns und seines souveränen Willens stand dem Übergang der Souveränität auf die Doppelmonarchie nach klassischem Völkerrechtsverständnis entgegen.

---

[788] Parry: a. a. O., Bd. 208, S. 355 ff.; zur Bedeutung insbesondere der Anordnungen des Art. II eingehend im eigenen Kapitel zur Auslegung des Vertrages auf S. 217 ff.

Die Bewertung der k. u. k. Annexionserklärung vom 5.10.1908 ausschließlich am Maßstab annexionsrechtlicher Grundsätze ergibt folglich, dass ein Erwerb des osmanischen Teilgebiets von Bosnien-Herzegowina aufgrund einseitiger Einverleibungsbekundung Österreich-Ungarns nicht möglich war.

B) Rechtfertigung der k. u. k. Annexion aufgrund der clausula rebus sic stantibus?

Fraglich ist aber, ob ausnahmsweise eine Rechtfertigung der k. u. k. Annexion nach den Grundsätzen einer clausula rebus sic stantibus in Betracht kommt.

Zur Begründung ihrer Annexion führte von Ährenthal in der Zirkularnote vom 5.10.1908 die wesentliche Veränderung der dem Berliner Vertrag zugrundeliegenden Verhältnisse an. Die evidente Modifikation der Vertragsumstände erkannte die Zirkularnote in der Erfüllung des Zwecks des durch den Berliner Vertrag erteilten europäischen Mandates. Dank der österreichisch-ungarischen Verwaltung seien beide Provinzen nunmehr zu einer Höhe materieller und intellektueller Kultur gelangt, die es notwendig mache, ihnen die Wohltaten einer autonomen und konstitutionellen Regierung zu gewähren. Hierzu sei es nötig, das Verhältnis dieser Provinzen zu Österreich-Ungarn in einer entsprechend eindeutigen Weise zu regeln und sich von den fortdauernden Vorbehalten der zu Konstantinopel geschlossenen Konvention vom 21.4.1879 freizumachen. Im Gegensatz zur überwiegenden Ansicht[789] wurde diese Argumentation von Kaufmann zum Anlass genommen, die k. u. k. Annexion durch die Grundsätze einer clausula rebus sic stantibus zu stützen und durch sie zu rechtfertigen[790].

---

[789] Gegen die völkergewohnheitsrechtliche Geltung dieses Beendigungsgrundes vor der Ratifikation der Wiener Vertragesrechtskonvention Zimmer: Gewaltsame territoriale Veränderungen und ihre völkerrechtliche Legitimation, S. 127

[790] Kaufmann: Das Wesen des Völkerrechts und die clausula rebus sic stantibus, S. 31 ff.

Fraglich ist bereits, ob der von Kaufmann erkannten Option der Parteien zur einseitigen Auflösung der Bindung an Bestimmungen eines Vertrages mit einem grundlegenden Wandel der diese tragenden tatsächlichen Umstände zuzustimmen ist. Dem Wortlaut des Berliner Vertrages war jedenfalls weder eine Kündigungs- noch eine Rücktrittsklausel zu entnehmen.

Zu erwägen ist aber, ob entweder die Vertragsauslegung die Möglichkeit einer Abstandnahme vom Vertrag durch Kündigung sowie Rücktritt ergab oder die Lösungsmöglichkeit bei wesentlicher Änderung der Vertragsumstände jedem völkerrechtlichen Abkommen beilag und das Erlöschen gem. den Grundsätzen einer clausula rebus sic stantibus im damaligen Völkerrecht gewohnheitsrechtlich verankert war.

I) Auslegung des Berliner Vertrages bzgl. einer Option zur einseitigen Vertragsauflösung?

Alleine die Überlegung, dass die Regelungen eines Abkommens mit der wesentlichen Veränderung grundlegender Vertragsumstände wegen ihrer Distanz zur sozialen Wirklichkeit keine Beachtung mehr durch die Unterzeichner fanden und damit eine tiefgehende Desavouierung ihrer Effektivität eintrat, beweist jedenfalls nicht die zwingende Beendigung der Vertragsbindung bei grundlegender Modifikation der Umstände. Denn auf der anderen Seite ist Bluntschli darin zuzustimmen, dass mittels dieses Rechtssatzes eine erhebliche Gefahr für den Rechtsfrieden heraufbeschworen würde. Die Annahme generellen Erlöschens der Vertragsbindung „würde alles Vertragsrecht ganz unsicher machen, da alle öffentlichen Zustände sich fort und fort mit der Zeit ändern[791]“. Die Gefahren eines automatischen Erlöschens der Vertragspflichten aufgrund der vorgeblichen wesentlichen Veränderung der tatsächlichen Umstände für den Rechtsfrieden zeigen sich besonders deutlich an den bis zur Vorwegnahme des 1. Weltkriegs ausufernden Reaktionen der Staaten[792] auf die österreichisch-ungarische Annexionserklärung.

---

[791] Bluntschli: Das moderne Völkerrecht der civilisirten Staten, 1868, S. 256
[792] Näher bei Bauer: Zwischen Halbmond und Doppeladler, S. 90

Das mit der k. u. k. Annexionserklärung einsetzende Szenario wirft ernsthafte Zweifel an der Geltung eines Rechtssatzes, der eine einseitige Auflösung eines Vertrages unter Berufung auf veränderte Umstände legitimierte, auf. Der Aufruhr den die Annexion auf osmanischer, russischer, italienischer und serbischer Seite heraufbeschworen hatte, hing vorrangig mit dem österreichisch-ungarischen Infragestellen der durch den Berliner Kongress nach langen Verhandlungen gefundenen Gebietszuordnungen zusammen. Da jedes Infragestellen territorialer Zuordnungen zwangsläufig zu einer existentiellen Frage der hiervon betroffenen Staaten wurde[793], bedeutete auch die Anwendung der von den Befürwortern der clausula rebus sic stantibus erkannten Rechtsfolge des Erlöschens der Vertragsbindung auf die Bestandskraft der Vertragsverpflichtungen der Unterzeichner des Berliner Vertrages gleichzeitig eine Gefahr für den Frieden und widersprach deren mutmaßlichem Interesse; zentrales Anliegen der Teilnehmerstaaten des Berliner Kongresses war gem. den in der Präambel angedeuteten Zielen auch, die auf dem Balkan durch den Zerfall des Osmanischen Reiches verursachten offenen Territorialfragen zu lösen und stabile Verhältnisse auf dem Balkan herbeizuführen. Das Entlassen eines Unterzeichnerstaates aus seiner Bindung an diese Abmachungen stellte hingegen den gesamten Kompromiss infrage und konterkarierte den von der Präambel umfassten Friedenszweck des Berliner Vertrages. Selbst von einzelnen k. u. k. Diplomaten wurde daher in Beratungen zur Annexion erkannt, dass ohne Zustimmung der übrigen Signatarmächte der Berliner Vertrag zerrissen wird und deshalb nur eine „Annexion“ unter Zustimmung der Türkei, Russlands, Italiens und Englands möglich sei[794]. Auch das Fehlen einer Rücktritts- bzw. Kündigungsoption innerhalb des Berliner Vertrages ist ein weiteres wesentliches Indiz gegen die Möglichkeit eines einseitigen Rückzugs aus dem Abkommen.

Zu erwägen ist aber, mit einer im „englischen Zeitalter“ vertretenen Mindermeinung, über die offensichtliche Interessenwidrigkeit der Anwendung etwaiger clausula rebus sic stantibus Grundsätze auf den Berliner

---

[793] Deshalb verneint Klein: Statusverträge im Völkerrecht, S. 293 generell eine Geltung der clausula bzgl. Zessionsverträgen

[794] Unter ihnen auch der k. u. k. Botschafter in Konstantinopel Markgraf Pallavicini, Bauer: Zwischen Halbmond und Doppeladler, S. 88

Vertrag hinwegzusehen, wenn man die Wirksamkeit jedes völkerrechtlichen Vertrages und die daraus folgenden Bindungen unter die Prämisse gleichbleibender tatsächlicher Umstände stellt[795]. Jellinek konstatierte, dass nur eine dem Zweck und die geschichtliche Funktion des Rechts vergessende Theorie dem Staat eine unauflösbare Verbindlichkeit auferlegen könne[796]. Der Zweck des Rechts bestehe in der Erhaltung der Bedingungen des menschlichen Gemeinlebens. Zu diesen Bedingungen zähle vor allem die staatliche Organisation in ihrer freien Entwicklung. Deshalb könne, was diese hemmt, nimmermehr Recht sein.
Zu untersuchen ist daher, ob von der zeitgenössischen Staatenpraxis die clausula rebus sic stantibus als Beendigungsgrund völkerrechtlicher Verträge einhellig akzeptiert wurde.

II) Die Staatenpraxis zur Vertragsauflösung wegen veränderter Umstände

Aufklärung über die Geltung und den Inhalt eines Rechtsatzes der clausula rebus sic stantibus im Völkerrecht des „englischen Zeitalters" gibt letztlich nur die Reaktion der zeitgenössischen Staatenpraxis auf die Geltendmachung wesentlich veränderter Vertragsumstände durch einen Staat. Auffällig ist, dass von den Staaten die clausula nur insoweit herangezogen wurde als sie eigenes Handeln legitimieren oder einen Rechtsanspruch begründen sollte. Die von von Aehrenthal zur Rechtfertigung der k. u. k. Annexion vorgebrachte Argumentation bildete hierbei keine Ausnahme. Soweit die mit ihr verknüpften Rechtsfolgen den politischen Interessen des Staates nicht genehm waren, modifizierte sich die Argumentation hinsichtlich der Konsequenzen grundlegend veränderter Umstände für die Verbindlichkeit von Vertragsbestimmungen.

---

[795] Näher Schmidt: Über die völkerrechtliche clausula rebus sic stantibus, S. 37 ff.
[796] Jellinek: Die Lehre von den Staatenverbindungen, S. 102 ff.

1.) Die Lösung des Pontus-Falles durch den Londoner Vertrag v. 13.3.1871

Der Einseitigkeit des österreichisch-ungarischen Vorgehens hinsichtlich Bosnien-Herzegowina wurde von englischer und[797] russischer Seite mit dem Hinweis auf die Analogie zum sog. Pontusfall von 1871 begegnet. Durch den Hinweis auf die im Pontus-Fall von der Staatengemeinschaft gefundene einverständliche Lösung der Staatengemeinschaft sollte der von von Aehrenthal in seiner Zirkularnote vorgebrachten Rechtfertigung des k. u. k. Erwerbs von Bosnien-Herzegowina mit der wesentlichen Veränderung der Vertragsverhältnisse der Boden entzogen werden.

Russland verlangte, man müsse, wie 1871 ohne vorherige Bindungen auf einer neuen Konferenz eine formelle Revision des Berliner Vertrages vornehmen[798]. Im Gegensatz zu dieser Rechtsansicht hatte Russland im Rahmen einer Zirkularnote vom 31.10.1870[799] noch versucht, die Beschränkungen, die der Ausübung seiner Souveränität im Schwarzen Meer durch den Pariser Frieden und die Annex-Konvention mit der Türkei jeweils vom 30.3.1856 in Anlehnung an die Londoner Meerengenkonvention vom 13.7.1841[800] auferlegt wurden, durch die Berufung auf Argumente der Veränderung der grundlegenden Vertragsumstände, als obsolet darzustellen. In seiner Zirkularnote an die übrigen Signatarmächte des Pariser Friedens wies der russische Außenminister auf die Veränderungen hin, denen die völkerrechtlichen Grundlagen des Gleichgewichts der Kräfte in den der russischen Initiative vorangehenden Jahren unterworfen worden waren und schließt auf ein Entfallen der russischen Bindung an den mit der Türkei geschlossenen Pariser Vertrag vom 30.3.1856:
„Insoweit die Verpflichtungen des Pariser Vertrages mit der Türkei vom 30.3.1856 seine Souveränitätsrechte im Schwarzen Meer einschränken, könne sich Seine Kaiserliche Majestät nicht länger mehr gebunden erachten und glaubt sich berechtigt und verpflichtet, die Spezial- und Zusatzkonvention zu dem besagten Vertrag zu kündigen, die die Zahl

---

[797] K. u. K. Ministerium des Äußeren: Diplomatische Aktenstücke betr. Bosnien und die Hercegovina, S.49/50 (England), S. 57 ff. (Russland)
[798] K. u. K. Ministerium des Äußeren: Diplomatische Aktenstücke betr. Bosnien und die Hercegovina, S. 56, 59, 63, 99
[799] Grewe: Fontes Historiae Iuris Gentium, Bd. III/1, S. 473-477
[800] Parry: a. a. O., Bd. 92, S. 8 ff.

satzkonvention zu dem besagten Vertrag zu kündigen, die die Zahl und die Größe der Kriegsschiffe, welche die beiden Ufermächte im schwarzen Meer zu besitzen sich vorbehalten, feststellt[801]".

Auf der anderen Seite zeugt bereits die russische Zirkularnote von einer Unsicherheit gegenüber der Haltbarkeit der Rechtsansicht, sich einseitig aufgrund veränderter Umstände von einem völkerrechtlichen Vertrag lösen zu können. Jedenfalls deutet die Betonung der Bereitschaft zur Verständigung mit den Unterzeichnerstaaten[802] bereits an, mit dieser Rechtsansicht innerhalb der zeitgenössischen Staatenpraxis eine Mindermeinung zu repräsentieren. Insbesondere die Reaktionen der Staaten auf die durch Zirkularnote des Außenministers Gortschakow mitgeteilte, einseitige Lossagung Russlands von einzelnen Bestimmungen des Pariser Vertrages vom 30. März 1856 bestätigen die reservierte Haltung gegenüber einer Aufhebung der Vertragsbindung aufgrund grundlegender Modifikation der beim Vertragsschluss gegebenen Umstände. Das im Gortschakow-Telegramm vertretene Erlöschen der Bestimmungen des türkisch-russischen Pariser Vertrages über die Neutralisierung des Schwarzen Meeres vom 30.3.1856 durch einseitige Erklärung wurde von den Unterzeichnerstaaten des Pariser Vertrages über die Beendigung des Krimkrieges jedoch bereits im Londoner Protokoll vom 17. Januar 1871[803] verworfen. Danach war eine Lösung wie eine Modifikation von Vertragsvereinbarungen nur durch Zustimmung der vertragsschließenden Parteien auf dem Weg einer freundschaftlichen Verständigung möglich. Das vollständige Schweigen von dem Falle „veränderter Umstände" ist umso charakteristischer, weil der unmittelbare Anlass zur Abfassung des Protokolls eben in einer auf die clausula gestützten Vertragskündigung bestand[804]. Die fehlende Verankerung einer clausula rebus sic stantibus im damaligen Völkerrecht verdeutlicht auch die letztliche Unterzeichnung des Londoner Protokolls vom 17. Januar 1871 durch Russland, obwohl die ganze Aktion Russlands in der Frage des neutralisierten Schwarzmeeres dem dort ausgesprochenen Prinzip widersprach. Die

801 Grewe: Fontes Historiae Iuris Gentium, Bd. III/1, S. 476
802 Grewe: Fontes Historiae Iuris Gentium, Bd. III/1, S. 477
803 Text bei Rousseau: Droit international public Bd. I, 4. Aufl., S. 227
804 Schmidt: Über die völkerrechtliche clausula rebus sic stantibus sowie einige verwandte Völkerrechtsnormen, S. 43 Fn.2

ablehnende Haltung der damaligen Staaten gegenüber einer einseitigen Lösungsoption aufgrund einer clausula rebus sic stantibus dokumentiert ebenso, dass Russlands Revisionswünsche erst durch die Aufhebung und Neuregelung der einschlägigen Art. des Pariser Friedensvertrages gem. Art. 1 des zwischen denselben Parteien geschlossenen Londoner Vertrages vom 13.3.1871[805] betreffend die Meerengen und das Schwarze Meer legitimiert wurden. Offensichtlich scheiterte damit das Bestreben Russlands, sich durch einseitige Vorgabe der Änderung der Vertragsumstände von den Anordnungen der Pariser Verträge zu lösen, an der abweichenden Rechtsauffassung der Signatarmächte.

2.) Die Bewertung der russischen Aufhebung von Art. 59 des Berliner Vertrages

Russland versuchte überdies, den durch Art. 59[806] des Berliner Vertrages eingeräumten Freihafenstatus von Batum am Schwarzen Meer durch einseitige Erklärung vom 23. Juni 1886[807] zu beseitigen. Neben weiteren Argumenten berief sich Russland abermals auf die inzwischen eingetretene Veränderung der Umstände. England protestierte gegen die einseitige Aufhebung des Art. 59 des Berliner Vertrages. In seiner Einlassung hob es die Verletzung des Londoner Protokolles vom 17.1.1871 hervor; keine Macht könne sich ihrer vertragsmäßigen Verbindlichkeiten anders entledigen als unter Zustimmung ihrer Vertragspartner[808]. Diese Sicht steht auch in Einklang mit dem Gewicht, welches die Staatenpraxis der Effektivität in den Annexionsfällen zusprach. Ebenso wie die Effektivität einer Herrschaft in den Teilannexionsfällen wegen des latenten Revisionsstrebens des fortbestendenen Souveräns verneint wurde, war auch die Dauerhaftigkeit und Effektivität des einseitig unter Berufung auf die wesentliche Änderung der Umstände zustandegekommenen Rechtszu-

---

[805] Parry: a. a. O., Bd. 143, S.100 ff., russisch-türkischer Aufhebungsvertrag v. 13.3.1871 in Parry: a. a. O., Bd. 143, S. 106 ff.

[806] Parry: a. a. O., Bd. 153, S. 189

[807] V. Martens: Noveau Recueil Général de traités, II. Série, Bd. XIV, I, S. 169 ff.

[808] abgedruckt bei Schmidt: Über die völkerrechtliche clausula rebus sic stantibus, S. 53 An. 4

stands nicht in ausreichendem Maße gewährleistet, wenn nicht zumindest der bisherige Souverän der Aufhebung zugestimmt hatte[809].

Die dargestellten Fälle repräsentieren die den seltenen Berufungen auf Argumente der clausula rebus sic stantibus entgegengebrachte, abweisende Haltung der Staatengemeinschaft. Die Beispiele der Berufung auf die clausula erfüllten folglich unzweifelhaft nicht die an eine gewohnheitsrechtliche Geltung dieses Beendigungsgrundes hinsichtlich Dauer, Verbreitung und Einheitlichkeit der Übung zu stellenden Anforderungen[810].
Letztlich widerlegt Österreich-Ungarn seine anläßlich der kaiserlichen Annexionserklärung vorgebrachtete Rechtsansicht durch ihre, allen Unterzeichnern des Berliner Vertrages nach Abschluss des Vertrages zu Konstantinopel vom 26.2.1909 notifizierte[811] Bitte um Zustimmung zur Aufhebung des Art. 25. Die Zustimmungserklärungen aller Vertragsstaaten wären nicht notwendig gewesen, wenn bereits die einseitige Berufung auf die wesentliche Veränderung der politischen Wirklichkeit Bosnien-Herzegowinas gegenüber den bei Vertragsschluss bestehenden tatsächlichen Umständen völkerrechtlich wirksam zu einer Aufhebung geführt hätte.

Der von Österreich-Ungarn anfänglich behauptete Automatismus von wesentlicher Veränderung der grundlegenden Vertragsumstände und einem Erlöschen der aus dem Berliner Vertrag folgenden Pflichten entsprach somit nicht dem im „englischen Zeitalter“ geltenden Völkerrecht.

III) Das Erlöschen des k. u. k. Verwaltungs- und Besetzungsrechts als Rechtsfolge der clausula rebus sic stantibus

Selbst, soweit man die Existenz einer clausulla rebus sic stantibus unterstellt, steht die Annahme eines österreichisch-ungarischen Gebietserwerbs auf der Grundlage dieses Rechtsinstituts überdies nicht in Einklang mit der von seinen Befürwortern angenommenen Rechtsfolge.

---

809 Auch Klein: Statusverträge im Völkerrecht, S. 272
810 Ipsen: Völkerrecht, S. 173
811 Strupp: Urkunden zur Geschichte des Völkerrechts, Bd. II, S. 30 ff.

Die wesentliche Veränderung der dem Vertrag zugrundeliegenden Umstände führte entweder zum Erlöschen des gesamten Vertrages oder einzelner der durch ihn begründeten Rechte und Pflichten[812].
Zuzustimmen ist der österreichisch-ungarischen Einlassung zwar darin, dass zum Zeitpunkt der Annexionserklärung der wesentliche Grund für die Übertragung der Verwaltung und des Besetzungsrechts auf Österreich- Ungarn weggefallen war. In seiner Note vom 5.10.1908 begründete die österreichisch-ungarische Seite die wesentliche Veränderung der dem Berliner Vertrag zugrundeliegenden Umstände damit, dass zum Zeitpunkt des Berliner Vertrages die Türkei durch Kriege geschwächt und darum unfähig gewesen sei, selbst Ruhe und Ordnung im Sandschak aufrechtzuerhalten. Da sie ihre Kräfte gesammelt habe, sei sie nunmehr imstande, aus eigener Kraft die Ordnung dort aufrechtzuerhalten und ohne fremde Hilfe die Aufgabe zu erfüllen. Insoweit lag nahe, dass sich die für die Verwaltungs- und Besetzungsanordnung tragenden Umstände der Berliner Vertragsparteien wesentlich verändert hatten und die Belastung der osmanischen Souveränität betreffend Bosnien-Herzegowina mit der österreichisch-ungarischen Gebietshoheitsausübung nicht mehr tragbar war. Aufgrund rechtsirriger Einstufung der vermeintlichen Rechtsfolgen der clausula fragte man sich von österreichisch-ungarischer Seite hingegen nicht, ob mit wirtschaftlicher wie politischer Konsolidation der beiden osmanischen Provinzen das mit Art. 25 verfolgte, zeitlich unbestimmte Ziel erreicht und die völkervertragliche Rechtfertigung der Präsens der Doppelmonarchie entfallen war. Inkonsequenterweise zog die Doppelmonarchie die Erkenntnis der Konsolidation des Osmanischen Reiches ausschließlich zur Legitimation des Rückzugs der k. u. k. Truppen aus dem Sandschak von Novibazar heran. Bosnien- Herzegowina wurde jedoch gleichsam seit langem von keinen Aufständen mehr heimgesucht; mit der markanten Hebung der wirtschaftlichen Verhältnisse breiter Bevölkerungsschichten des Landes nahmen dort auch die Plünderungen deutlich ab. Damit kann durchaus von einer wesentlichen Veränderung der tatsächlichen Umstände der Verwaltungs- und Besetzungsanordnung des Art. 25 S. 1 des Berliner Vertrages gesprochen werden. Das hiermit eintretende Erlöschen des Berliner Vertrages ändert aber nichts an der Unterwerfung Bosnien-

---

[812] Bluntschli: Das Völkerrecht der civilisirten Staten, 1868, S. 255 Rdnr. 456

Herzegowinas unter die Suprematie des Osmanischen Reiches. Es lebte dann vielmehr der vor dem Berliner Vertrag bestehende gebietsrechtliche Status der beiden osmanischen Provinzen auf. Folglich konnte die clausula allenfalls zum Erlöschen der türkischen Verbindlichkeit, Österreich-Ungarn die Besetzung und Ausübung der Verwaltungstätigkeit einzuräumen, führen und ausschließlich ein Wiederaufleben vollkommener türkischer Herrschaftsausübung in Bosnien-Herzegowina begründen. Die in der österreichisch-ungarischen Note vom 5.10.1908 unter Berufung auf die clausula rebus sic stantibus vertretene Begründung eigener Souveränität hingegen kehrte nicht nur zu dem vor dem Berliner Vertrag bestehenden völkerrechtlichen Status nicht zurück, sondern drehte diesen vollkommen um. Da die clausula rebus sic stantibus niemals mehr Rechte vermitteln kann, als durch den Vertrag eingeräumt wurden[813], kommt ein österreichisch-ungarischer Erwerb Bosnien-Herzegowinas auf ihrer Grundlage auch aus diesen Gründen nicht in Betracht.
Folglich scheidet auch aus diesem Gesichtspunkt ein k. u. k. Gebietserwerb mit Abgabe der Annexionserklärung vom 5.10.1908 aus.

C) K. u. K. Gebietserwerb durch Ersitzung?

Nicht zu verkennen ist jedoch, dass das k. u. k. Handschreiben vom 5.10.1908 den Endpunkt eines Entwicklungsprozesses bildete, in dessen Verlauf die Stabilität und Effektivität der österreichisch-ungarischen Herrschaft in Bosnien-Herzegowina stetig mit der Dauer ihres Fortbestands wuchs und ein Wiederaufleben osmanischer Gebietshoheitsausübung umso unrealistischer wurde.
Hierzu trug bei, dass Österreich-Ungarn Bosnien-Herzegowina bereits nach kurzer Anwesenheit zu ökonomischer wie politischer Stabilität geführt und damit einen Brandherd auf dem Balkan gelöscht hatte. Nach dem Ende der Aufstände gegen die, von den Unterzeichnern des Berliner Vertrages befehdete, Aushebung der männlichen Bevölkerung Bosnien-Herzegowinas zugunsten der k. u. k. Armee im Frühjahr 1882 zog weder die Staatengemeinschaft noch die Mehrheit der einheimischen Bevölkerung daher eine Rückkehr der beiden Provinzen unter die osma-

---

[813] auch Zimmer: Gewaltsame territoriale Veränderungen und ihre völkerrechtliche Legitimation, S. 127

nische Herrschaftsausübung ernsthaft in Betracht. Der Zeitablauf bildet insoweit einen nicht zu unterschätzenden, eigenständigen Grund für die Stabilität der österreichisch- ungarischen Herrschaft in Bosnien-Herzegowina.

Zu prüfen ist, ob sich das klassische Völkerrecht, soweit der Befund effektiver fremdstaatlicher Gebietsherrschaft für Jahrzehnte Gültigkeit besaß, an diese historisch gewachsene politische Wirklichkeit anpasste und ein Gebietserwerb Österreich-Ungarns aufgrund ungestörter, langandauernder Hoheitsausübung mit der im k. u. k. Handschreiben vom 5.10.1908 zum Ausdruck gebrachten Beanspruchung Bosnien-Herzegowinas eintrat.

I) Die Ersitzung als Gebietserwerbstitel des klassischen Völkerrechts?

Zunächst verwundert nicht, dass Österreich-Ungarn sich im Anschluss an seine Annexionserklärung zur Rechtfertigung des eigenen Gebietserwerbs auf eine Analogie zur Ersitzung nach bürgerlichem Recht berief[814].

Der Bestand einer völkerrechtlichen Ersitzungsregel wird von der überwiegenden Ansicht der Literatur abgelehnt[815]. Die Gegenansicht verlangt bei gleichzeitigem Streit über die weiteren Voraussetzungen allgemein für einen Gebietserwerb durch Ersitzung, dass sich das Territorium eine beachtliche Zeit hindurch und unumstritten im Besitz des Ersitzers befand und dieses Gebiet als Bestandteil des eigenen Staatsgebiets betrachtete[816].

Trotz fehlendem besonderen Rechtstitel und ungehindert einer anfänglich gewaltsamen bzw. völkerrechtswidrigen Besitznahme, wurde nach Bluntschli der ursprüngliche Gewaltzustand von der reinigenden Macht der Zeit in den entsprechenden Rechtszustand umgewandelt, wenn der

---

[814] Seidl-Hohenveldern: Völkerrecht, S. 208

[815] V. Holtzendorff: Handbuch des Völkerrechts, Bd. II (1887), S. 255; v. Liszt-Fleischmann: Völkerrecht, S. 241

[816] Dahm/Delbrück/Wolfrum: Völkerrecht, Bd. I/1, S. 366; Ipsen: Völkerrecht, S. 268; für Ersitzung als Rechtssatz mit Ausnahmecharakter Krieger: Das Effektivitätsprinzip im Völkerrecht, S. 471

Besitzstand so lange Zeit ruhig fortdauerte, dass derselbe vom Bewusstsein des Volks als fortdauernd notwendig anerkannt wurde[817].

Fournier legitimierte die k. u. k. Annexion von Bosnien-Herzegowina explizit unter Berufung auf das Ersitzungsargument[818]:

„Es war eben die Überzeugung des ganzen Weltteils geworden, daß hier, wie so oft in der Geschichte, aus neuen tatsächlichen Verhältnissen, denen völkerrechtlich unbegrenzte Dauer verbürgt war, ein neuer staatsrechtlicher Zustand erwuchs, mit dem man fortan zu rechnen hatte".

Im Hinblick auf eine völkergewohnheitsrechtliche Geltung der Ersitzung ist zu prüfen, ob in der zeitgenössischen Staatenpraxis und in der internationalen Rechtsprechung ein Nachweis übereinstimmender Übung und Rechtsüberzeugung hinsichtlich der Existenz und Voraussetzungen zu finden ist.

1.) Die internationale Rechtsprechung zur Ersitzung

Die internationale Rechtsprechung vermied es, in Gebietsstreitigkeiten die Souveränität auf eine langandauernde Hoheitsausübung zu stützen. Urteile, die eine unmittelbare rechtsbegründende Wirkung des Zeitablaufs erkennen ließen, sind zwar auszumachen. Trotz der Häufigkeit des langandauernden Auseinanderfallens des Souveränitätsrechts und der Ausübung der Gebietshoheit bildet die unmissverständliche Begründung eines Rechtserwerbs mit der Erfüllung eines Ersitzungstatbestands die Ausnahme. Der Ständige Internationale Gerichtshof hat im Schiedsspruch zum Ostgrönland-Fall[819] dänische Rechte hinsichtlich Grönland mit der spätestens seit dem 17. Jahrhundert vernehmbaren Ausübung der Hoheitsgewalt über Grönland begründet. Der über längere Zeit von dänischer Seite praktizierte und von anderen Staaten unwidersprochene Abschluss von Verträgen mit Wirkung für Grönland dokumentiere die Umwandlung eines dauerhaften Zustands in eine völkerrechtlich legiti-

---

[817] Bluntschli: Das moderne Völkerrecht der civilisirten Staten, 1868, S. 172

[818] Fournier: Wie wir zu Bosnien kamen, S. 82 / 83; ebenso Blociszewski: L`annexion de la Bosnie et de l`Herzégovine, etude historique et juridique, S. 442; a. A. Krunsky: L`annexion de la Bosnie et de l`Herzégovine en 1908, S. 123

[819] Permanent Court of International Justice, A/B Nr. 53, S. 19 ff.

mierte Herrschaft Dänemarks. Ebenso hatte der IGH im norwegisch-britischen Fischereistreit die unangefochtene Anwendung der von ihm vertretenen Methode für die Bestimmung der Küstengewässer über einen Zeitraum von sechzig Jahren als Grundlage rechtmäßigen Handelns erachtet[820].
Charakteristisch für die Haltung der Rechtsprechung zur Geltung eines Ersitzungstitels ist die Behandlung der Problematik in der Chamizal-Entscheidung des IGH. Der IGH umging den Nachweis eines Ersitzungstatbestands im damaligen Völkerrecht zunächst durch den Hinweis, dass diese Frage kontrovers sei[821]. Letztlich konnte er die Frage dahinstehen lassen, weil er sich zudem außerstande sah, einen ungestörten, ununterbrochenen oder nicht herausgeforderten amerikanischen Besitz von El Chamizal zwischen 1848 und 1895 festzustellen.
Diese Unstetigkeit der Rechtsprechung führte zu unterschiedlichen Interpretationen der Entscheidungen durch die Literatur. Während Ziehen[822] die Rechtsprechung i. S. d. Geltung eines Verjährungstitels interpretiert, lehnt Zimmer[823] eine klare und einheitliche Auslegung der Jurisdiktion in dieser Frage ab.

2.) Die Staatenpraxis zur Ersitzung

Ebenso auffällig ist die in Gebietsstreitigkeiten zu verzeichnende Unstetigkeit der Rechtsposition der Staaten zur virulenten Rechtsfrage, die häufig davon abhing, ob mittels des Ersitzungsarguments eine eigene, langwährende Herrschaft legitimiert werden konnte oder ein fremdes Ersitzungsargument konterkariert werden sollte. Die USA fundierten in einem Streit mit Mexiko ihren Anspruch auf den Chamizal-Trakt auf einen Ersitzungstatbestand[824], dessen Geltung sie aber im Palmas-Fall verneinten[825]. Dort traten die Vereinigten Staaten vielmehr dem niederländi-

---

[820] International Court of Justice, Reports Judgements, Advisory Opinions and Orders 1951, S. 116, 138 ff.
[821] United Nations Reports of International Arbitral Awards Bd. XI,S. 328
[822] Ziehen: Vollendete Tatsachen bei Verletzung der territorialen Unversehrtheit, S. 140
[823] Zimmer: Gewaltsame territoriale Veränderungen und ihre völkerrechtliche Legitimation, S. 59
[824] United Nations Reports of International Arbitral Awards Bd. XI,S. 328/329
[825] Zimmer: a. a. O., S. 58

schen Nachweis tatsächlicher Ausübung der Gebietsherrschaft seit langer Zeit mit dem Argument der Fortwirkung der eigenen, ursprünglichen Entdeckung entgegen. Während England sich 1910 im Nordatlantik-Fischereistreit[826] gegenüber den USA auf Ersitzung berief, verwarf es ein Jahr später im Alaska-Grenzstreit[827] die Rechtserheblichkeit fremder dauerhafter, ungestörter Hoheitsausübung. Die Staatenpraxis in den Inselfällen bzw. zu Streitigkeiten hinsichtlich unbewohntem oder geringfügig besiedeltem Territorium zeichnet insoweit keineswegs das Bild einer durchgängig geteilten Rechtsüberzeugung.

a) Aussagekraft der langfristigen Verwaltungs- und Pachtzessionen für die Ersitzung?

Fraglich ist, ob die zeitgenössische Vertragspraxis[828] der zeitlich unbegrenzten Einräumung der Gebietshoheitsausübung durch einen fremden Staat die Geltung des Ersitzungstatbestands in der damaligen Völkerrechtsordnung belegen kann. Die Aussagekraft dieser Vertragsregelungen für die Frage der Geltung eines Ersitzungstatbestands ist aber zweifelhaft, weil sich eine durch Ersitzung erworbene Souveränität nicht von derjenigen des Staates ableitet, der bis zu diesem Zeitpunkt territoriale Souveränität über das betreffende Gebiet besaß[829].

Zwar verpachtete China die Bucht von Kiautschou dem Deutschen Reich auf 99 Jahre und sank in dieser Zeit die Souveränität Chinas auf das Maß eines nudum ius; jedoch änderte dies nichts daran, dass die deutsche Gebietshoheitsausübung stets eine vertraglich von der chinesischen Souveränität abgeleitete und damit gebundene Rechtsausübung blieb. Ebenso blieb die durch Art. 3 des Hay-Verilla-Vertrages[830] eingeräumte, zeitlich unbegrenzte, amerikanische Hoheitsgewaltausübung bzgl. der Panama-Kanal -Zone von der auf das Maß eines nudum ius herabgesunkenen panamaischen Souveränität abhängig.

Auf den ersten Blick ist man geneigt mit Seidl-Hohenveldern die Ersitzung Bosnien-Herzegowinas aus demselben Grund zu verwerfen, weil

---

[826] United Nations Reports of International Arbitral Awards Bd. XI, S. 173 ff.
[827] Corbett: Law and Society in the Relations of States, S. 98-100
[828] Hierzu insbesondere die auf S. 154 ff. dargestellten Fälle
[829] Seidl-Hohenveldern: Völkerrecht, S. 212
[830] Parry: a. a. O., Bd. 194, S. 263 ff., 264

die Besetzung und Verwaltung auf Art. 25 des Berliner Vertrages beruhte. Eine Analogie zur privatrechtlichen Ersitzung lag seiner Ansicht nach nicht vor, da Österreich-Ungarn zwischen 1878 und 1908 das Gebiet nicht als „Eigentum“ beanspruchen konnte und für die Türkei auch keine Veranlassung bestand, durch Geltendmachung ihres eigenen Anspruchs, „Eigentümer“ dieser Gebiete zu sein, die Ersitzung des „Besitzers“ zu unterbrechen[831]. Unbestreitbar blieb die Ausübung der administrativen Befugnisse während der „Herrschaft“ des Berliner Vertrages von der türkischen Souveränität abgeleitete Verwaltungsrechtsausübung. Die langanhaltende völkerrechtswidrige Praxis der Aushebung der einheimischen Bevölkerung zugunsten der k. u. k. Armee wie die geschilderte, vielschichtige Inanspruchnahme der auswärtigen Gewalt durch die k. u. k. Legislativakte stand jedoch in krassem Widerspruch zu Art. 25 des Berliner Vertrages. Gerade diese Rechtsetzungsmaßnahmen und ihre Umsetzung waren es jedoch, die die enge faktische Anbindung der beiden osmanischen Provinzen an die Doppelmonarchie ausmachten und die effektive k. u. k. Herrschaft erst begründeten. Diese dauerhaft wirkenden, konkludent den Anspruch eigener Gebietshoheit erhebenden und letztlich in der Annexionserklärung vom 5.10.1908 gipfelnden Akte waren insoweit nicht vom Berliner Vertrag ableitbar. Ob sich hieraus hinsichtlich einer Ersitzung Bosnien-Herzegowinas eine abweichende Beurteilung durch das klassische Völkerrecht ergab, vermögen daher die oben erwähnten Vertragsbestimmungen nicht zu beantworten. Diese beinhalteten nur die Rechtsauffassung der Vertragsparteien, dass die den Fortbestand der fremden Souveränität achtende, langandauernde Hoheitsausübung nicht zum Gebietserwerb führte.
Wesentlich aufschlussreicher ist vielmehr, wie die langanhaltende, völkerrechtswidrige „Umsetzung“ einer Verwaltungszession durch Inanspruchnahme der, auch nach Vertragsschluss nur dem Souverän vorbehaltenen Kompetenzen, durch die damalige Staatenpraxis beurteilt wurde.

[831] Seidl-Hohenveldern: Völkerrecht, S. 208

a) Der Vertrag v. 20.10.1904 bzgl. des bolivianischen Litoral

Ebenso wie die Maßnahmen der k. u. k. Okkupationsmacht in Bosnien-Herzegowina zeichnete sich auch die Umsetzung der durch Art. II des bolivianisch-chilenischen Waffenstillstandvertrages vom 4. April 1884[832] völkervertraglich eingeräumten Befugnis Chiles zur Hoheitsausübung auf dem zwischen dem 23. Breitengrad und der Mündung des Rio Loa in den Pazifik belegenen Gebiet dadurch aus, die faktische Vorherrschaft der Besatzungsmacht über das fremde Territorium zu konsolidisieren und den Einfluss des (bolivianischen) Souveräns zu minimieren.

Das bereits erwähnte, am 12. Juli 1888 verabschiedete Gesetz[833] über die Schaffung der Provinz Antofagasta bildet hierbei die zentrale chilenische Maßnahme zur Schaffung unumstößlicher faktischer Machtverhältnisse hinsichtlich des bolivianischen Litoral. Mittels der Errichtung der Provinz Antofagasta wurde das bolivianische Litoral Bestandteil einer chilenischen Provinz. Der Gesamtzuschnitt der mit der Neubildung der Provinz Antofagasta aus Teilen chilenischen und bolivianischen Staatsgebiets verbundenen Maßnahmen[834] kam einer Inkorporation in den Staatsverband Chiles gleich. Die Eingliederung bolivianischen Gebiets in die chilenische Provinz war ebenso offensichtlich völkerrechtswidrig wie die Übertragung des Verfügungsrechts über das öffentliche Eigentum sowie Vermögen des Litorals auf chilenische Köperschaften, wurde hiermit doch die Befugnis zur endgültigen Veränderung von Rechtspositionen des besetzten Landes in Anspruch genommen[835].
Die Beantwortung der Frage der völkerrechtlichen Zugehörigkeit des Litoral wurde insoweit ebenso wie die Bosnien-Herzegowinas durch die Faktoren effektiver, fremdstaatlicher und in der Umsetzung eines völkerrechtlichen Vertrages vereinzelt völkerrechtswidrig agierender Gebietsherrschaft bestimmt. Einer endgültigen Lösung wurde der bolivianisch-

---

[832] Parry: a. a. O., Bd. 163, S. 424 ff., 425/426 (span. Text), S. 433 (engl. Übersetzung)
[833] Zimmer: Gewaltsame territoriale Veränderungen und ihre völkerrechtliche Legitimation, S. 90 ff.
[834] Hierzu bereits oben S. 120/121
[835] Zu den Gründen der Völkerrechtswidrigkeit des chilenischen Gesetzes Bluntschli: das Völkerrecht der civilisirten Staten, 1868, S.172, auch die Protestnote der bolivianischen Regierung v. 12.11.1888, wiedergegeben bei Zimmer: a. a. O., S. 91 ff., 93

chilenische Konflikt durch den Friedens- und Freundschaftsvertrag vom 20.10.1904 zugeführt. Die Bolivien von Chile gem. Art. II dieses Vertrages[836] für die Anerkennung der chilenischen Souveränität hinsichtlich der Okkupationsgebiete eingeräumten beträchtlichen Entschädigungen und Zugeständnisse verdeutlichen, dass auch nach 25- jähriger effektiver, durch ihre Rechtsetzungspraxis überdies eigene Gebietsansprüche dokumentierende Fremdherrschaft, die bolivianische Souveränität weiterhin ihre Wirksamkeit entfaltete. Obwohl Chile nicht nur die volle, unumschränkte Gebietshoheit ausgeübt hatte, sondern durch seine Legislativakte zu erkennen gab, diese nicht mehr an Bolivien herausgeben zu wollen, hielt es die formelle Abtretung für den endgültigen Erwerb dieses Küstengebiets für unerlässlich.

Nicht zu verkennen ist aber auf der anderen Seite, dass Bolivien während des Streits mit Chile um das Litoral kontinuierlich die Verletzung seiner Souveränität durch substantiierte Darlegung seiner Rechtsansicht gerügt hatte[837]. Unterstellt man die Ungestörtheit der Hoheitsausübung als Tatbestandsvoraussetzung einer Ersitzung, so könnte ein chilenischer Rechtserwerb auch am beständigen Widerstand des bolivianischen Rechtsinhabers gegen die Inanspruchnahme seiner Kompetenzen gescheitert sein. Daher wird die Aussagekraft der vertraglichen Beilegung des Konflikts um das bolivianische Litoral durch diese beständige Protestpraxis relativiert; diese könnte ebenso auf die von der bolivianischen Regierung erkannte Gefahr der völkerrechtlichen Ersitzungswirkung bei Verzicht auf einen wirksamen Protest gegen die Maßnahmen der chilenischen Okkupationsmacht zurückzuführen sein.

b) Der Vertrag zu Lima v. 3.6.1929 bzgl. Tacna und Arica

Durch eine gezielte Politik der „Chilenisierung“ und Besiedelung Tacnas und Aricas[838] verhinderte die chilenische Okkupationsmacht jegliche peruanische Ausübung ihrer Staatsgewalt. Die extensive Umsetzung der

---

[836] Parry: a. a. O., Bd. 196, S. 403 ff., S.403-406
[837] Zimmer: Gewaltsame territoriale Veränderungen und ihre völkerrechtliche Legitimation, S. 93
[838] Eingehend Zimmer: a. a. O., S. 101 ff.

durch Art. III des Friedensvertrages zu Ancón vom 20. Oktober 1883[839] eingeräumten Gesetzgebungs- und Verwaltungsbefugnisse spiegelte insbesondere der chilenisch – bolivianische Friedensvertrag vom 20.10.1904[840] wider. Die chilenische Einverleibung der Gebiete von Tacna und Arica durch die in Art. II enthaltene Beschreibung des Grenzverlaufs zu Bolivien, die Verpflichtung zum Bau einer Eisenbahnlinie von La Paz nach Arica gem. Art. III und die Einräumung unbefristeter Vorrechte, insbesondere eines Freihafens, den Bau einer vorgeschobenen Zollstation in Arica zugunsten von Bolivien gem. Art. III, VII, X und XI dokumentieren einerseits den erfolgreichen chilenischen Versuch, unumstößliche faktische Gebietsverhältnisse zu schaffen. Auf der anderen Seite verstießen diese Akte ohne Zweifel gegen die peruanische Souveränität und dokumentierten überdies in konkludenter Form den chilenischen Gebietsanspruch.

Die Zustimmung Chiles zum Vertrag von Lima vom 3. Juni 1929[841], der einen Rückfall Tacnas an Peru sowie eine beträchtliche Entschädigung in Höhe von 6 Millionen Dollar für die endgültige Abtretung Aricas beinhaltete, verfestigt jedoch den Eindruck, dass trotz der Verabschiedung mehrerer völkerrechtswidriger Legislativakte der Okkupationsmacht[842] und den Bestimmungen des chilenisch-bolivianischen Vertrages vom 20.10.1904, in denen sich Chile konkludent zum Souverän über die fremden Provinzen erhoben hatte, die peruanische Oberhoheit fortbestand. Markant ist daher, dass Peru im Vertrag von Lima erst fast ein halbes Jahrhundert nach Besetzung von Arica förmlich und endgültig auf seine nominellen, nach allen Richtungen unausgeübten Souveränitätsrechte verzichtete. Ebenso beachtlich ist, dass Chile den Bestimmungen zustimmte, obwohl es 49 Jahre die uneingeschränkte Gebietshoheit in beiden Provinzen wahrgenommen hatte und sich seit der Note vom 15. März 1905[843] überdies ausdrücklich auf eigene Souveränitätsrechte berufen hatte. Die Vertragslösung im Tacna und Arica-Streit spricht folglich gegen die Annahme eines Ersitzungstatbestands.

---

839 Parry: a. a. O., Bd. 162, S. 455/459

840 Parry: a. a. O., Bd. 196, S. 403 ff.

841 League of Nations Treaty Series, Bd. XCIV (1929), S. 402 ff.

842 Hierzu Zimmer: Gewaltsame territoriale Veränderungen und ihre völkerrechtliche Legitimation, S. 106

843 Hierzu Zimmer: a. a. O., S. 106

c) Britische Annexion Zyperns v. 5.11.1914 und der Vertrag zu Lausanne v. 24.7.1923

Mit der Ausdehnung der britischen Herrschaft hinsichtlich Zypern auf die Administrativ-, Gesetzgebungs-, Rechtsprechungs-, Steuererhebungs- und die Vertragsabschlussgewalt erreichte diese ein ähnlich effektives Maß wie die k. u. k. Ausübung der Gebietshoheit in Bosnien-Herzegowina. Großbritannien übte in Zypern praktisch ohne jede Einmischung der Hohen Pforte alle Staatsgewalt aus[844].
Neben der unmittelbaren zeitlichen Nähe weist der zypriotische Fall aber darüber hinaus eine weitere wesentliche Parallelität zur effektiven Herrschaft Österreich-Ungarns hinsichtlich Bosnien-Herzegowina auf.
Großbritannien interpretierte seine ihm durch den geheimen Beistandspakt vom 4.6.1878[845] sowie das Zusatzabkommen vom 14.8.1878[846] durch die Türkei eingeräumten Befugnisse bzgl. der Mittelmeerinsel extensiv. Ebenso wie die österreichisch-ungarische Verwaltungspraxis schenkte auch die britische Besatzungsmacht der nominellen Souveränität des Osmanischen Reiches geringe Beachtung. Neben den oben[847] bereits erwähnten, im Widerspruch zur türkischen Souveränität betreffend Zypern stehenden Maßnahmen, fällt das Errichten von Befestigungsanlagen durch die britische Besatzungsmacht ins Auge, welches gegen den Grundsatz verstieß, dass die Besatzungsmacht als provisorische Gewalt sich aller auf Dauer ausgerichteter und unveränderbarer Maßnahmen zu enthalten habe[848]. Auch die britische Politik der Aushöhlung der osmanischen Souveränität hinsichtlich Zypern durch die wiederholte und völkerrechtswidrige Inanspruchnahme, ausschließlich der Hohen Pforte vorbehaltene Kompetenzen gipfelte in einer ausdrücklichen Annexionserklärung vom 5. November 1914[849].
Trotzdem dokumentierte auch Großbritannien durch sein gesamtes Verhalten die Rechtsauffassung, dass die in der vorangegangenen 36 – jährigen Okkupation gesetzten Legislativakte und ihre zu effektiver Stabilität

---

844 Dendias: La question cypriote aux points de vue historique et de droit international, S. 170/172
845 Parry: a. a. O., Bd. 153, S. 68 ff.
846 Parry: a. a. O., Bd. 153, S. 73
847 S. 122/123
848 Bluntschli: Das moderne Völkerrecht der civilisirten Staten, 1868, S. 306
849 Dischler: Die Zypernfrage, Dokumente, S. 73

der englischen Gebietsherrschaft führenden Umsetzungsmaßnahmen noch nicht den Erwerb Zyperns begründet hatten.
Im Hinblick auf die Geltung eines Ersitzungstatbestands in damaliger Zeit ist ebenso markant, dass die bereits bei der Lösung des Gebietsstreits um das peruanische Tacna bzw. Arica und das bolivianische Litoral markante endgültige Bereinigung des Gebietskonflikts erst mit der völkervertraglichen Anerkennung des seit Jahrzehnten sein Hoheitsrecht nicht mehr ausübenden Souveräns auch im britisch-osmanischen Streit um Zypern zu verzeichnen war. Auch die durch Art. 20 des Vertrages zu Lausanne vom 24.7.1923[850] von der Türkei ausgesprochene Verzichtserklärung bzgl. Zypern belegt die Rechtsüberzeugung der damaligen Staatenpraxis, dass auch die über lange Zeit effektive, zum Teil durch völkerrechtswidrige Inanspruchnahme der Kompetenzen des osmanischen Souveräns ausgeübte britische Fremdherrschaft nach dem klassischen Völkerrecht keinen Gebietserwerb begründete.
Erst nach dem Vertrag zu Lausanne vom 24. Juli 1923 zeichnete sich zudem die britische Herrschaft über Zypern auch in letzter Konsequenz durch eine Äquivalenz der Behandlung der Mittelmeerinsel mit anderen Kolonien der Krone aus. Die Verleihung des Status einer britischen Kronkolonie erst nach dieser vertraglichen Einigung mit der Hohen Pforte, bekundet die einem vollkommen freien und souveränen Obwalten über die Mittelmeerinsel von englischer Seite, aufgrund des Fortbestands der osmanischen Souveränität, entgegengebrachte Skepsis[851].
Die Türkei blieb also der territoriale Souverän Zyperns, obgleich dort Großbritannien über nahezu ein halbes Jahrundert nicht nur allein die Gebietshoheit effektiv ausgeübt hatte, sondern die tatsächliche Machtposition zudem durch gegen die osmanische Souveränität gerichtete Maßnahmen untermauert hatte.
In der zeitgenössischen Staatenpraxis wie in der Rechtsprechung konnte somit keine regelmäßige Beachtung eines Ersitzungstatbestands nachgewiesen werden.

Die Haltung der Staaten in den untersuchten Fällen zeigt vielmehr, dass nach der überwiegenden Rechtsüberzeugung des ausgehenden 19. und

---

[850] Toynbee: Major Peace Treaties of Modern History (1648-1967), Bd. IV, S. 2310
[851] Weitere Beispiele bei Zimmer: Gewaltsame territoriale Veränderungen und ihre völkerrechtliche Legitimation, S. 135

einsetzenden 20. Jahrhunderts auch eine rechtswidrige, ungestörte sowie effektive Herrschaftsausübung auf fremdem Territorium keinen Gebietserwerb des faktischen Herrschers begründete. Im damaligen Völkergewohnheitsrecht lässt sich somit ein Gebietserwerbstitel der Ersitzung nicht nachweisen[852].

II) Vorliegen einer ungestörten k. u. k. Hoheitsausübung?

Nicht unerwähnt bleiben soll überdies, dass ein k. u. k. Gebietserwerb aufgrund Ersitzung überdies mangels Erfüllung der von den Befürwortern angenommenen Tatbestandsvoraussetzungen ausscheidet.
Über die Voraussetzungen einer Ersitzung herrscht unter den Befürwortern Uneinigkeit. Durchgängige Ansicht ist zwar, dass eine völkerrechtliche Ersitzung keine dem innerstaatlichen Recht vergleichbare konkrete Verjährungsfrist kennt[853]. Obwohl ein Zeitraum von 30 Jahren die von den Befürwortern eines Ersitzungstatbestands überwiegend angenommene Mindestdauer repräsentiert[854], wird die Fristdauer zwar ebenso einhellig von den Verhältnissen des Einzelfalls abhängig gemacht und insoweit als unbestimmt qualifiziert.
Abhängig von der Einstufung der Ersitzung als Tatbestand objektiver oder subjektiver Elemente divergieren jedoch insbesondere die Kriterien für die Annahme einer ungestörten Hoheitsausübung. Die Ersitzung dient nach der objektiven Lehre der Sicherung des Rechtsfriedens[855]. Ersitzung kommt danach in Betracht, wenn ein objektiv gefestigter Besitzstand vorliegt. Der Zeitpunkt des Rechtsübergangs durch Ersitzung hängt danach davon ab, wann ein hinsichtlich seiner Dauer nicht generalisierbarer dauerhafter, zukünftig gefestigt erscheinender Besitzstand gegeben war[856]. Für alle Autoren, die die Ersitzung i. S. d. subjektiven Ansatzes von Verzicht, Zustimmung oder Verschweigen abhängig machen, ist die Ersitzungsfrist hingegen nicht mehr als die Zeit, die bis zur

---

[852] Auch Zimmer: a. a. O., S. 59
[853] Satow: Die Ersitzung in der völkerrechtlichen Theorie und Praxis, S. 79
[854] Rousseau: Droit international public, 4. Aufl., S. 151 spricht sich für einen Zeitraum zwischen 30 Jahren und 4 Jahrhunderten aus
[855] Ipsen: Völkerrecht, S. 268 Rdz. 60
[856] Krieger: Das Effektivitätsprinzip im Völkerrecht, S. 434

Abgabe der entsprechenden Erklärung vergeht bzw. vergehen muss, damit Verschweigen angenommen werden kann[857].
Unbestreitbar kann zwar im Einzelfall weder ein dauerhafter Besitzstand noch eine Abstandnahme des bisherigen Souveräns von der Erhebung eigener Ansprüche nach 30 Jahren ausgeschlossen werden. Hinsichtlich des von Österreich-Ungarn okkupierten Bosnien-Herzegowina waren jedoch selbst nach 30 – jähriger Ausübung der Gebietshoheit weder die objektiven noch die subjektiven Kriterien erfüllt.

1.) Ungestörte Hoheitsausübung i. S. d. objektiven Lehre?

Folgert man mit den mehrheitlichen Vertretern der objektiven Lehre[858] Existenz und Voraussetzungen der Ersitzung aus dem Bedürfnis nach Rechtssicherheit und der Friedensfunktion des Völkerrechts ergibt sich die Antwort auf die Frage ausreichenden Zeitablaufs bzgl. der k. u. k. Machtposition in Bosnien-Herzegowina ebenso aus der Aussicht langfristig unumkehrbarer Herrschaftsverhältnisse. Die Staatenpraxis gibt hierbei wertvolle Hinweise hinsichtlich der gebotenen Dauer des Zeitablaufs. Die für die Ersitzung genannten Zeiträume von mindestens 30, häufiger jedoch von 50 oder gar 60 Jahren fanden in überwiegender Zahl auf den Rechtserwerb von geringfügig besiedelten, häufig in Insellage, zudem weit entfernt vom Kerngebiet des bisherigen Mutterlandes, lokalisierten Territorien Anwendung. Beim Schiedsvertrag vom 2. Februar 1897[859] zwischen Großbritannien und Venezuela über die Regelung des Streites um die Grenze von Britisch Guayana wurde von den Parteien beispielsweise eine Zeit von 50 Jahren als Voraussetzung eines Rechtstitels zugrundegelegt. Zur Errichtung eines gefestigten und dauerhaften Besitzstandes wird dem vermeintlichen Ersitzer bereits alleine aufgrund der geopolitischen Lage Bosnien-Herzegowinas eine wesentlich intensivere Vorbereitung seines Rechtserwerbs und damit ein länger andauernder ungestörter Besitz abverlangt als in den Fällen, in denen eine Ersitzung frühestens nach einem halben Jahrhundert in Betracht gezogen wurde. Gegen eine Ersitzung bereits nach 30 Jahren spricht auch, dass das

---

[857] Zimmer: Gewaltsame territoriale Veränderungen und ihre völkerrechtliche Legitimation, S. 52
[858] Ausführlich bei Zimmer: a. a. O., S. 49
[859] Parry: a. a. O., Bd. 184, S. 189 ff.

bosnisch-herzegowinische Gebiet über Jahrhunderte hinweg einen untrennbaren Konnex mit dem Osmanischen Reich bildete. Die lange und ununterbrochene Verknüpfung Bosnien-Herzegowinas mit seinem osmanischen Souverän legt nahe, dass die vor dem Hintergrund der Friedensfunktion der Ersitzung zu stellenden Anforderungen an die Dauer der faktischen Herrschaft unter Zugrundelegen des objektiven Ansatzes nach oben zu korrigieren sind. Schließlich steckt in ihr eine zusätzliche latente Quelle für das Streben sowohl der Einheimischen als auch der Hohen Pforte nach Rückkehr zur alten Herrschaftsausübung durch das Osmanische Reich. Die Verhängung von Repressalien gegen Österreich-Ungarn und die Einreichung einer Protestnote gegen die k. u. k. Annexionserklärung durch die Hohe Pforte stellen jedenfalls die in der Literatur[860] anzutreffende These, dass sich die Türkei mit einem dauerhaften Verbleib seiner beiden Provinzen bei der Doppelmonarchie abgefunden habe, in Frage.

Nicht zu vergessen ist schließlich, dass der Status Bosnien-Herzegowinas auf einer multilateralen Übereinkunft beruhte, die durch eine österreichisch-ungarische Ersitzung unterlaufen würde. Die bereits geschilderten Proteste der europäischen Mächte gegen die einseitige Annexion verdeutlichen die den Übereinkünften des Berliner Kongresses nach wie vor zugesprochene herausgehobene Bedeutung. Trotz der russischen Anerkennung der österreichisch-ungarischen Motivation zur Annexion und der französischen Abstandnahme von einer Beanstandung der Annexion überließen auch sie wegen der Modifikation des Berliner Vertrages die Entscheidung einer neuerlichen Konferenz der Mächte[861]. Diese Hinweise verdeutlichen, dass jedenfalls nach Ansicht der Unterzeichnerstaaten nicht die durch die Zeit herbeigeführte faktische Lage den völkerrechtlichen Status Bosniens und der Herzegowina vorgab, sondern die auf dem Berliner Kongreß gefundene Gebietsstatusregelung weiterhin Bestand hatte. Die allgemeine Ablehnung der einseitigen Annexionserklärung in der Staatengemeinschaft hindert aufgrund der mit ihr nach dem objektiven Ansatz verknüpften Friedensfunktion die Legitimation des kaiserlichen Handschreibens vom 5.10.1908 durch die Ersitzung. Die Differenzierung zwischen der nominellen Souveränität des Sul-

---

860 Zimmer: a. a. O., S. 130/131

861 Weitere Nachweise bei Kaufmann: Das Wesen des Völkerrechts und die clausula rebus sic stantibus, S. 34

tans und der faktischen Allmacht der Okkupationsmacht wurde auch aufgrund der 30-jährigen k. u. k. Herrschaftsausübung in Bosnien-Herzegowina von der Staatengemeinschaft nicht als obsolet angesehen. Wendet man die der objektiven Ersitzungslehre zugrundeliegenden Erklärungsversuche für einen entsprechenden Rechtstitel an, so sind keinerlei Gründe ersichtlich, die Ersitzung hinsichtlich dieses durch die multilaterale Regelung des Art. 25 des Berliner Vertrages in besonderem Maße „internationalisierten" Gebiets bereits aufgrund des Zeitablaufs von nur 30 Jahren anzunehmen.

2.) Ungestörte Hoheitsausübung i. S. d. subjektiven Lehre?

Weiterhin ist zweifelhaft, ob vom Standpunkt subjektiver Ersitzungslehren das nach der ausdrücklichen Annexionserklärung abgegebene Bekenntnis der europäischen Mächte zum Berliner Vertrag und zur Wahrung der Rechte der Hohen Pforte nicht zu spät kam, weil bereits im Zeitpunkt ihrer Abgabe eine stillschweigende Duldung der veränderten Herrschaftsverhältnisse durch die Staatengemeinschaft wie die Türkei eingetreten und damit die Ersitzungsfrist bereits abgelaufen war.
Für die subjektive Richtung, die die Ersitzung von Verzicht, Zustimmung oder Verschweigen abhängig macht, ist die Ersitzungsfrist nicht mehr als die Zeit, die bis zur Abgabe der entsprechenden Erklärung vergeht bzw. vergehen muß, damit Verschweigen der Staatengemeinschaft angenommen werden kann[862]. Die Frage, wieviele Jahre vergehen müssen, um Verschweigen oder stillschweigenden Verzicht zu begründen, wird auch von den Vertretern der subjektiven Lehre mit dem Hinweis auf die Umstände des Einzelfalles beantwortet[863]. Zum Zeitpunkt der k. u. k. Annnexionserklärung lag ein türkischer Verzicht nicht vor. In Betracht kommt nur die ungestörte Hoheitsausübung aufgrund Verschweigen. Umstritten ist, ob hierbei Verschweigen von Seiten des betroffenen Souveräns[864] oder der Staatengemeinschaft[865] zur Erfüllung des Ersitzungstatbestands ausreichend war.

---

[862] Zimmer: Gewaltsame territoriale Veränderungen und ihre völkerrechtliche Legitimation, S. 52
[863] Berber: Lehrbuch des Völkerrechts, Bd. I, S. 366
[864] Lauterpacht: Recognition in International law, S. 428
[865] Roche: The Minquiers and Ecrehos Case, S. 45/46

Die Ersitzungsfrist könnte mit der Verabschiedung der völkerrechtswidrigen, gegen die türkische Souveränität verstoßenden Legislativakte der Okkupationsmacht zu laufen begonnen haben.
Maßstab für die Erfüllung des Ersitzungtatbestands ist nach den Vertretern der subjektiven Lehre grundsätzlich, ob sich beim betroffenen Staat und/ oder der Staatengemeinschaft die allgemeine Überzeugung durchgesetzt hat, dass der gegenwärtige Sachstand mit den internationalen Anordnungen übereinstimmt[866].
Zweifelhaft ist aber, ob das Ausbleiben von Protesten sowohl der Hohen Pforte als auch der übrigen europäischen Mächte gegen Verletzungen der türkischen Souveränität durch die Rechtsetzungsakte der österreichisch-ungarischen Besatzungsmacht den Rückschluß auf eine allgemeine Akzeptanz der Unterordnung Bosnien-Herzegowinas unter die Suprematie der Doppelmonarchie zulässt.
Die Erhebung formeller Proteste war aber weder von dritten Staaten noch von der Türkei abzuverlangen, weil Österreich-Ungarn diesen jeglichen Grund hierzu aufgrund der eigenen, im Ausland vernehmbaren, auf die Bestimmungen des Berliner Vertrages zurückgreifenden Rechtfertigungsversuche genommen hatte.

Warum sollte die Hohe Pforte oder Unterzeichner des Berliner Vertrages eine Verwahrung seiner hinsichtlich Bosnien-Herzegowina bestehenden Rechte aussprechen, wenn selbst Österreich-Ungarn den Anspruch souveräner Herrschaft nicht nur nicht erhoben hatte, sondern zum Teil auch bestritten hatte? Die stetigen österreichisch-ungarischen Bekundungen, die Souveränität hinsichtlich Bosnien-Herzegowina nicht zu beanspruchen und die Oberhoheit des Sultans weiterhin anzuerkennen, erübrigte folglich jeglichen Protest. Erst die k. u. k. Annexionserklärung vom 5.10.1908 selbst hatte der Staatengemeinschaft keinerlei Zweifel mehr an der Ernsthaftigkeit und Endgültigkeit ihrer Entscheidung gelassen, Bosnien-Herzegowina in die Doppelmonarchie eingliedern zu wollen und zog sofort eine Welle förmlicher Proteste und Kriegsdrohungen nach sich. Vorher hatte nach dem subjektiven Ersitzungsverständnis die Ersitzungsfrist mangels Protestgrundes noch nicht zu laufen begonnen und

---

[866] Oppenheim-Lauterpacht: International Law, Bd. I, S. 576 ff.

ein Verschweigen ungestörter dauerhafter Hoheitsausübung lag auch danach nicht vor.

Eine Ersitzung Bosnien-Herzegowinas durch die Doppelmonarchie scheitert demnach auch an der Nichterfüllung der von den Vertretern der objektiven und der subjektiven Lehre angenommenen Tatbestandsvoraussetzung des dauerhaften und ungestörten Besitzes[867].
Folglich konnte weder ein Ersitzungstitel im zeitgenössischen Völkerrecht nachgewiesen werden noch lagen die von den Befürwortern angenommenen Tatbestandsvoraussetzungen der Ersitzung vor. Demnach begründete auch der Umstand dreizigjähriger effektiver Hoheitsausübung Österreich-Ungarns in den beiden osmanischen Provinzen keine Änderung des völkerrechtlichen Status von Bosnien-Herzegowina.

D) Gesamtergebnis

Zusammenfassend ist festzuhalten, dass Österreich-Ungarn weder durch die Annexionserklärung vom 5.10.1908 noch aufgrund 30 - jähriger Gebietsherrschaft durch eine Ersitzung die Oberhoheit über Bosnien-Herzegowina erworben hatte.
Vielmehr war Bosnien-Herzegowina trotz der wesentlichen Veränderung der für die Verwaltungs- und Besetzungsanordnung des Art. 25 S. 1 maßgeblichen Umstände auch nach dem kaiserlichen Handschreiben unverändert integraler Bestandteil des Osmanischen Reiches.

[867] Dies erkärt auch, wieso in der Literatur eine Ersitzung nur zur letztlich verneinten Legitimation der ausdrücklichen Annexionserklärung vom 5.10.1908 in Erwägung gezogen wurde.

Teil 6: Der völkerrechtliche Status Bosnien-Herzegowinas nach dem Vertrag zu Konstantinopel v. 26.2.1909

Österreich-Ungarn könnte Bosnien-Herzegowina aber aufgrund Art. II[868] der mit der Hohen Pforte am 26. Februar 1909 zu Konstantinopel geschlossenen Konvention erworben haben.

A) K. u. K. Gebietserwerb aufgrund Gebietszession gem. Art. II des Vertrages v. 26.2.1909

Der maßgebliche Art. II des Vertrages zu Konstantinopel lautete:
„La Convention du 21 avril 1879 ainsi que la protestation de la sublime Porte contre la décision du Gouvernement commun d` Autriche – Hongrie, concernant la Bosnie et l`Herzégovine et toutes les autres dispositions ou stipulations entre les Hautes Parties Contractantes et contraires à cette décision, sont abrogées et remplacées par le présent protocole qui constate que toute divergence au sujet de ces deux provinces est aplanie entre Elles et que le Gouvernement ottoman reconnaît de façon expresse, le nouvel état de choses en Bosnie – Herzégovine créé par la dite décision".

I) Ermittlung des Inhalts von Art. II

Über die Bedeutung von Art. II des Vertrages zu Konstantinopel vom 26.2.1909 herrschte sowohl unter den Vertragsparteien als auch in der Literatur Streit.

1.) Der Streit um die Interpretation des Art. II

Umstritten ist insbesondere, ob Art. II des Vertrages vom 26.2.1909 von einer im Zeitpunkt des Vertragsschlusses bereits bestehenden Souverä-

868 Parry: a. a. O., Bd. 208, S. 355/356

nität Österreich-Ungarns hinsichtlich Bosnien-Herzegowinas, die nur noch durch den früheren Souverän bestätigt werden sollte, oder von einer erst mit der Ratifikation des Abkommens Wirksamkeit erlangenden Gebietszession ausging.

a) Die Interpretationen der Vertragsparteien

Die österreichisch-ungarische Seite betonte kontinuierlich sowohl im Vorfeld des Abkommens zwecks Entgegnung auf die zunächst von Seiten der europäischen Mächte erhobene Konferenzforderung als auch in den Verhandlungen mit der Hohen Pforte und auch nach Vertragsschluss, dass ein Vertrag mit dem Osmanischen Reich nur die deklaratorische türkische Anerkennung der bereits durch die kaiserlichen Handschreiben vom 5.10.1908 erworbenen Souveränität beinhalten kann:
„Die Tätigkeit der Konferenz würde sich in diesem Belange darauf beschränken, unser Einvernehmen mit der Türkei zu konstatieren und den Art. 25 des Berliner Vertrages zu abrogieren[869]". Sie habe nur „die neue Situation", „die durch die Proclamation Seiner k. u. k. Apostolischen Majestät vom 5. Oktober d. J. für Bosnien und Herzegowina geschaffen" worden sei, anzuerkennen[870].

Die Hohe Pforte erkannte in Art. II hingegen eine Gebietszession.

b) Die Haltung der Literatur

Nach der Ansicht von Kaufmann wurde bis in die Einzelheiten der Formulierung darauf Bedacht genommen, dass die Annexion durch die einseitige „Entscheidung" Österreichs bereits vollendet war, und dass der Türkei in diesem „Protokoll" nichts mehr zu tun bleibt als ihren Widerspruch als zu Unrecht erfolgt zurückzuziehen und die durch österreichische Entscheidung geschaffene Situation anzuerkennen[871]. I. d. S. ver-

---

[869] K. u. K. Ministerium des Äußeren: Diplomatische Aktenstücke betr. Bosnien und die Hercegowina, S. 20

[870] K. u. K. Ministerium des Äußeren: Diplomatische Aktenstücke betr. Bosnien und die Hercegowina, S.57; auch S. 14, 19, 22

[871] Kaufmann: Das Wesen des Völkerrechts und die clausula rebus sic stantibus, S. 37

trat auch Schätzel, dass der Vertrag keine vertragsweise Abtretung, sondern die Anerkennung des durch die Annexion geschaffenen Rechtszustandes enthielt[872].
Überwiegend wird in der Literatur aber herausgehoben, dass die unausgeübte Souveränität der Türkei bis zur förmlichen Anerkennung durch den Vertrag vom 26.2.1909 weiterbestand[873].

2.) Auslegung von Art. II des Vertrages v. 26.2.1909

Für Kaufmanns Einschätzung könnte sprechen, dass das Abkommen Begriffe wählte, die im Völkerrecht weniger mit einer konstitutiven Rechtswirkung als mit einer deklaratorischen Aussagekraft verbunden werden. In Art. II ragt hierbei die Betonung, dass die ottomanische Regierung die neue, durch die k. u. k. Entscheidung in Bosnien-Herzegowina geschaffene Sachlage „anerkennt", heraus.

a) Die Bedeutung des Begriffs „reconnaît" im fachspezifischen Sprachgebrauch und im systematischen Zusammenhang des Art. II

Beim Anerkennungsakt handelt es sich im Gegensatz zur rechtsgestaltenden Wirkung einer Übertragung in der Regel um die rein formale Bestätigung einer bereits eingetretenen tatsächlichen oder rechtlichen Situation[874]. Dem Begriff „reconnaît" kommt insoweit nach seinem objektiven Bedeutungsgehalt grundsätzlich nur eine deklaratorische Wirkung zu. Die Bezeichnung der Übereinkunft als „Protokoll" verstärkt den Eindruck geringer Bedeutung des Dokuments für den völkerrechtlichen Status der beiden Provinzen. Auffällig ist ebenso, dass dieses nur feststellen („constate") wollte.
Art. II beschränkte sich weiterhin darauf, die Anerkennung der neuen, durch die benannte Entscheidung geschaffenen „Sachlage" („état de choses") auszusprechen. Die deklaratorische Begriffswahl von Art. II des Vertrages vom 26.2.1909 bezieht sich insoweit ausschließlich auf die

[872] Schätzel: Die Annexion im Völkerrecht, S. 26
[873] Zimmer: Gewaltsame territorale Veränderungen und ihre völkerrechtliche Legitimation, S. 130
[874] Ipsen: Völkerrecht, S. 222

tatsächlichen Verhältnisse. Die Abstandnahme von einer osmanischen Anerkennung einer durch die k. u. k. Erklärung vom 5.10.1908 kreierten „Rechtslage“ könnte daher zunächst den Umkehrschluss nahelegen, dass die Übereinkunft nur die durch die Annexionserklärung geschaffene faktische Lage anerkannte.

aa) Türkische Anerkennung eines völkerrechtlichen Ausschlusses des Anspruchs auf Wiederherstellung ursprünglichen Eigenbesitzes?

Die in Art. II herausgehobene deklaratorische Anerkennung der in Bosnien-Herzegowina im Zeitpunkt der Annexionserklärung herrschenden Sachlage
könnte lediglich die endgültige völkerrechtliche Unantastbarkeit des österreichisch-ungarischen Besitzes an den beiden weiterhin osmanischen Provinzen konstatieren.
Die Anerkennung der neuen Sachlage i. S. d. Art. II stellte nach dieser Interpretation nur die der allumfassenden k. u. k. Hoheitsausübung in Bosnien-Herzegowina völkerrechtlich wirksam bereits zum 5.10.1908 zugutekommende Bestands- bzw. Ewigkeitsgarantie klar und änderte an der osmanischen Oberhoheit nichts. Der damit gleichzeitig verbundene Ausschluss eines osmanischen Anspruchs auf Wiederherstellung des vor Abschluss des Berliner Vertrages bestehenden Status von Bosnien-Herzegowina kollidierte aber mit der bereits oben festgestellten[875] Bindung der k. u. k. Administration und Okkupation an den in der Präambel des multilateralen Vertragswerks allgemeingültig niedergelegten Befriedungszweck. Dieser begründete einen Anspruch der Hohen Pforte auf Wiederaufleben seiner vollen Hoheitsausübung mit Wiederherstellung geordneter und dauerhaft stabiler Verhältnisse in seinen beiden osmanischen Provinzen.

Zweifelhaft ist aber, ob ein Ausschluss des Art. 25 für den Fall der Vertragszweckerfüllung beiliegenden türkischen Anspruchs auf Wiederherstellung der vor Abschluss des Berliner Vertrages in Bosnien-

---

[875] Hierzu S. 81 ff.

Herzegowina herrschenden Besitzverhältnisse nach klassischem Völkerrecht in Betracht kam.
Grundsätzlich war die Abänderung dieser Bestimmung des multilateralen Vertragswerks zu Berlin unter zwei Gesichtspunkten denkbar:
Die Vertragsbestimmung war erloschen, wenn die Parteien sie über einen längeren Zeitraum einvernehmlich nicht mehr anwandten, sog. desuetudo[876], oder wenn sich gegenüber dem älteren Vertrag eine neue Regel des Völkergewohnheitsrechts herausgebildet hatte, die der Vertragsnorm widersprach[877].

(1) Zimmers Lehre vom Ausschluss des Restitutionsanspruchs nach langandauernder effektiver Fremdherrschaft

Für Zimmer repräsentiert insbesondere die Lösung des bosnisch-herzegowinischen Streitfalles durch den Vertrag zu Konstantinopel vom 26.2.1909 und die Haltung der Signatare des Berliner Vertrages zu dieser Übereinkunft die in der zeitgenössischen Staatenpraxis zum Ausdruck gelangende Rechtsüberzeugung, wonach die effektive und langandauernde, fremdstaatliche Hoheitsausübung den Anspruch des Souveräns auf Restitution des ursprünglichen Eigenbesitzes ausschloss.
Zimmer hebt heraus, dass die Türkei das Recht auf die Wiederherstellung ihrer Hoheit über Bosnien und die Herzegowina bereits vor Abschluss des Vertrages zu Konstantinopel vom 26.2.1909 verloren habe[878]. Die langandauernde faktische Gebietszugehörigkeit habe zwar nach Völkergewohnheitsrecht keinen Einfluss auf den Fortbestand des Titels der territorialen Souvenität; sie gewinne jedoch entscheidende Bedeutung für die Frage, ob der Souverän die Wiederherstellung der ursprünglichen Besitzverhältnisse selbst nach Jahrzehnten noch geltend machen könne[879]. Staatenpraxis, Rechtsprechung und die Mehrheit der

---

[876] Ipsen: Völkerrecht, S. 136, hiergegen jedoch die Ansicht des IGH in: International Court of Justice, Reports of Judgements, Advisory Opinions and Orders 1992, S. 585 ff. wonach selbst eine einvernehmliche, im Widerspruch zum Wortlaut stehende nachfolgende Übung aller Vertragsparteien zur Auslegungsfrage nicht berücksichtigt werden darf

[877] Ipsen: a. a. O., S. 218; Seidl-Hohenveldern: Völkerrecht, S. 114

[878] Zimmer: Gewaltsame territoriale Veränderungen und ihre völkerrechtliche Legitimation, S. 194

[879] Zimmer: a. a. O., S. 203/204

Lehre erkenne an, dass mit fortschreitendem Andauern und der damit einhergehenden Konsolidierung der faktischen Herrschaftsverhältnisse ein Zustand entstehen könne, dessen Abänderung sich nunmehr die gewohnheitsrechtliche Regel „quieta non movere" widersetze. Daher lasse sich aus der Staatenpraxis in Verbindung mit der Rechtsprechung die Existenz eines völkergewohnheitsrechtlichen Rechtssatzes ableiten, der folgendermaßen formuliert werden könne[880]:
„Hat ein Staat lange Zeit über Gebietsteile eines anderen Staates die uneingeschränkte tatsächliche Hoheit mit dem Willen ausgeübt, sich das Gebiet endgültig einzuverleiben, so erlischt, falls die langandauernde Hoheitsausübung effektiv zu einer neuen, dauerhaften territorialen Ordnung geführt hat und die Aufrechterhaltung dieser Ordnung zur Wahrung der Rechtssicherheit oder aus anderen rechtlichen Gründen erforderlich ist, der Anspruch des Souveräns auf Wiederherstellung seines ursprünglichen Besitzstandes.
Der Souverän kann jedoch für die Übertragung seiner weiterbestehenden, rechtlich wie praktisch immer noch bedeutsamen Souveränität Entschädigung verlangen".

Diesem Rechtssatz liege die allgemeine Rechtsüberzeugung zugrunde, dass das Völkerrecht an einem im Laufe von Jahren und Jahrzehnten entstandenen Zustand nicht vorbeigehen könne, dass es eine tatsächliche Ordnung, die sich als dauerhaft und lebensfähig erwiesen hat, nicht einfach hinwegfingieren könne, ohne den Zusammenhang mit der Realität zu verlieren und sich damit selbst in Frage zu stellen[881]. Habe sich das Völkerrecht als unfähig erwiesen, die Gerechtigkeit durchzusetzen, so siegen nach Zimmers Auffassung im Laufe der Zeit die Bedürfnisse der Rechtssicherheit, der Stabilität und des Friedens. Es genüge, dass es sich um einen „ruhigen Besitzstand" handele, dass der Eintritt der

---

[880] Zimmer: Gewaltsame territoriale Veränderungen und ihre völkerrechtliche Legitimation, S. 190
[881] A. a. O.

Ruhelage geduldet wurde, dass über Jahre und Jahrzehnte nichts geschah, was seine tatsächliche Verfestigung hätte verhindern können[882].

(2) Kritische Würdigung der Literaturauffassung

Sowohl die Annahme eines Erlöschens des osmanischen Wiederherstellungsanspruchs im Zuge der sog. desuetudo als auch aufgrund der Herausbildung abweichenden Gewohnheitsrechts nach den von Zimmer erkannten Grundsätzen lässt sich anhand der von den Signataren des Berliner Vertrages praktizierten Rechtsauffassung zum Bestand des türkischen Besitzanspruchs hinsichtlich Bosnien-Herzegowina nach 30- jähriger Fremdherrschaft verifizieren.
Aufschluss über den Fortbestand des türkischen Anspruchs auf Wiederherstellung des vor dem Berliner Vertrag bzgl. Bosnien-Herzegowina herrschenden Besitzstandes geben zunächst Verhalten und Stellungnahmen der Unterzeichner nach Kenntniserlangung von der k. u. k. Annexionserklärung.

(a) Das Verhalten der europäischen Diplomaten nach der k. u. k. Annexionserklärung

Einerseits wird in der zeitgenössischen zwischenstaatlichen Diskussion um die Bewertung des kaiserlichen Handschreibens vom 5.10.1908 daran erinnert, dass Österreich-Ungarn durch seine Arbeit und seine Leistungen in den beiden osmanischen Provinzen Ruhe und Ordnung geschaffen und geordnete wirtschaftliche Verhältnisse hergestellt hat. Andererseits wird jedoch in der Literatur hervorgehoben, dass weder die übrigen Mächte noch die Türkei mit einer Restitution osmanischer Ho-

---

[882] zur Unterstützung seiner Position verweist Zimmer: a. a. O., S. 194 auf die Annahme der Vertreter nomineller Souveränitätsrechte der Türkei bzgl. Bosnien-Herzegowina, dass die Doppelmonarchie durch ihre Opfer und die von ihr in den beiden Provinzen geleistete Arbeit ein Recht auf endgültige Einverleibung erworben habe; etwa Jellinek: Balkankrise und Völkerrecht, S. 509 für den der moralische Anspruch, den sich Österreich-Ungarn durch die ein Menschenalter hindurch geführte Verwaltung erworben hat, sogar groß genug war, um aus ihm ein Recht auf die definitive Erwerbung der bisherigen Okkupationsländer abzuleiten

heitsausübung in Bosnien-Herzegowina gerechnet hätten[883]. Zuzugestehen ist, dass eine unmissverständliche Forderung nach Wiederherstellung der türkischen Hoheitsausübung in Bosnien und der Herzegowina im frühen 20. Jahrhundert, trotz der dort ohne Zweifel mittlerweile vorherrschenden wirtschaftlichen wie politischen Stabilität, von den Teilnehmern des Berliner Kongresses jedenfalls nicht erhoben wurde. Ob hieraus auf einen einvernehmlichen Abänderungswillen hinsichtlich des Restitutionsanspruchs der Hohen Pforte nach Erfüllung des Befriedungszwecks durch die k. u. k. Okkupationsmacht sowie auf die staatengemeinschaftliche Rechtsauffassung völkerrechtlichen Ausschlusses der Wiederherstellung des ursprünglichen Besitzstandes zu schließen war, erscheint aber zweifelhaft.

Zumindest mit letzter Gewissheit vermag man aus der negativen Prognose vieler Staaten hinsichtlich der Wiederherstellung voller Gebietshoheitsausübung der Türkei in Bosnien-Herzegowina weder auf eine Abänderung des vertraglichen Restitutionsanspruchs der Hohen Pforte noch auf einen völkergewohnheitsrechtlichen Ausschlusstatbestand zu schließen. Für die Abänderung der vertraglichen Bestimmung durch dauerhafte Nichtanwendung ist ebenso wie für die Etablierung völkergewohnheitsrechtlicher Rechtssätze die Rückführbarkeit des zwischenstaatlichen Handelns auf eine entsprechende Rechtsüberzeugung der Staaten erforderlich.

Zweifelhaft ist aber, ob die mangelnde Vernehmbarkeit staatlicher Forderungen nach Restitution türkischen Eigenbesitzes über Bosnien-Herzegowina aufgrund der umfassenden Befriedung und Beruhung der Verhältnisse in den beiden Provinzen Ausfluß völkerrechtlicher Überzeugungen war. Zumindest hing die von der Staatengemeinschaft geteilte Prognose fortdauernder österreichisch-ungarischer Hoheitsausübung auch nach der Annexionserklärung keineswegs zwingend mit der spezifisch völkerrechtlichen Anerkennung eines Ausschlusses eines Wiederherstellungsanspruchs nach langandauernder, effektiver Gebietsherrschaft zusammen. Ebenso zu erwägen ist, die Prognose mit einer Ein-

---

[883] Wurmbrand: Die rechtliche Stellung Bosniens und der Herzegowina, S. 26; Lamp: Die Verfassungen von Bosnien und der Herzegowina vom 27. Februar 1910, S. 166; Koyitch: L`annexion de la Bosnie et de l` Herzégovine et le droit international public,
S. 111

schätzung der im frühen 20. Jahrhundert vorherrschenden Machtverhältnisse zu erklären und vielmehr als Spiegelbild der Aussichtslosigkeit der Forderung nach Aufhebung der k. u. k. Administration und Besatzung von Bosnien-Herzegowina anzusehen:
Wie bereits dargestellt führte auf der einen Seite die Verletzung der türkischen Souveränität bzgl. Bosnien-Herzegowina durch die k. u. k. Annexionserklärung vom 5.10.1908 zu heftigen Reaktionen der Staatengemeinschaft und einer ernsthaften internationalen Krise. Wer unterstellt, es hätte im frühen 20. Jahrhundert eine reelle Chance zur Aufhebung der k. u. k. Besatzung von Bosnien und der Herzegowina ohne Heraufbeschwören eines Krieges mit Österreich-Ungarn gegeben, gibt sich aber auf der anderen Seite ebenso realitätsfremden Illusionen hin. Bereits das anfängliche Insistieren der Staatengemeinschaft auf den Hoheitsanspruch der Hohen Pforte hatte Europa an den Rand eines Weltkriegs geführt[884]. Erst das deutliche Eintreten des Deutschen Reiches für seinen österreichisch-ungarischen Bündnispartner belehrte die gegen die Annexion aufbegehrenden Groß- und Kleinstaaten, dass die Forderung der Wiederherstellung des vor der Annexion bestehenden Besitzstandes machtpolitisch nicht durchsetzbar war. Die weitere Forderung nach Aufhebung des österreichisch-ungarischen Besitzes über Bosnien und die Herzegowina wäre für die Doppelmonarchie unter keinen Umständen hinnehmbar gewesen. Angesichts der handschriftlich notifizierten Erklärung des Kaisers, fortan die Souveränität über Bosnien-Herzegowina ausüben zu wollen, wäre die ernsthafte Forderung der Wiederherstellung des status quo ante und die Beseitigung jeglicher österreichisch-ungarischer Gebietshoheitsausübung einer Kriegserklärung gleichgekommen. Vor diesem Hintergrund erscheint äußerst fragwürdig, ob das mangelnde Vorbringen der Aufhebung der k. u. k. Administration i. S. e. von Rechtsüberzeugung getragenen Staatenpraxis zu interpretieren war. Vielmehr liegt nahe, dass die Konzentration der Proteste der Staatengemeinschaft auf die Hervorhebung des Fortbestands der türkischen Oberhoheit über Bosnien-Herzegowina diplomatischer Zurückhaltung geschuldet war. Im Hinblick auf die staatengemeinschaftliche Abstandnahme von der Forderung der Wiederherstellung des status quo ante ist folglich der Feststellung Kleinwaechters zuzustimmen, „daß es sich in

---

[884] Kleinwaechter: Die Annexion Bosniens und der Herzegowina, S. 147

der ganzen Debatte nicht um die Lösung einer Rechtsfrage, sondern einer Machtfrage gehandelt hat[885]".

Das Unterlassen der Restitutionsrüge durch die übrigen Mächte läßt daher weder eine Schlussfolgerung auf einen einheitlichen Abänderungswillen der Unterzeichner hinsichtlich des nach Erfüllung des Okkupationszwecks virulenten und durch den Berliner Vertrag geschützten türkischen Restitutionsanspruchs noch einen Rückschluss auf eine generelle staatengemeinschaftliche Rechtsüberzeugung vom Ausschluß eines Anspruchs auf Wiederherstellung des ursprünglichen Besitzstandes nach langandauernder und effektiver Gebietshoheitsausübung durch einen fremden Staat zu.

(b) Die Staatenpraxis beträchtlicher Ausgleichszahlungen an den nominellen Souverän

In der Vertragspraxis des 19. und frühen 20. Jahrhunderts ist eine auffällige Neigung der bereits seit Jahrhunderten effektiv über fremdes Territorium herrschenden Staaten festzustellen, an den nominellen Souverän beträchtliche Geldzahlungen zu leisten. Der Vertrag zu Lima vom 3. Juni 1929[886] verpflichtete Chile zugunsten Perus zu einer beträchtlichen Entschädigung in Höhe von 6 Millionen Dollar für das bereits seit fast einem halben Jahrhundert besetzte Gebiet von Arica. Auch die Bolivien von chilenischer Seite gem. Art. II des Vertrages vom 20.10.1904[887] für das seit langer Zeit von Chile besetzte Litoral eingeräumten beträchtlichen Entschädigungen sind in diesem Zusammenhang hervorzuheben. Der Vertrag zu Konstantinopel vom 26.2.1909 unterwarf Österreich-Ungarn ebenso zur Zahlung von 2,5 Millionen Goldpfund an den türkischen Staat. Denkbar ist, die in der zeitgenössischen Staatenpraxis[888] auffällige Verpflichtung zur Zahlung beträchtlicher Summen an den nominellen Souverän als Argument gegen eine völkergewohnheitsrechtliche Geltung des

---

[885] Kleinwaechter: a. a. O., S. 138

[886] League of Nations Treaty Series, Bd. XCIV (1929), S. 402 ff.

[887] Parry: a. a. O., Bd. 196, S. 403 ff., S.403-406

[888] Ebenso kaufte Chile das Litoral 1904 von Bolivien für einen Gegenwert von 2,5 Millionen Pfund Sterling sowie das peruanische Arica für 6 Millionen Dollar trotz jahrzehntelanger eigener effektiver Hoheitsausübung, hierzu Zimmer: a. a. O., S. 186

Ausschlusses des Wiederherstellungsanspruchs des Souveräns nach langandauernder effektiver, fremdstaatlicher Hoheitsausübung heranzuziehen.

Auf den ersten Blick verwundert, wieso Österreich-Ungarn der Türkei trotz des Ausschlusses des türkischen Restitutionsanspruchs bzgl. des bereits in uneingeschränktem Eigenbesitz stehenden Territoriums von Bosnien-Herzegowina die beträchtliche Summe von 2,5 Millionen Goldpfund zugestanden hatte. Denkbar ist, die mit wesentlicher Belastung des Staatshaushalts verbundene Zahlung als Gegenleistung für den endgültigen Verzicht des Souveräns auf seinen Restitutionsanspruch zu interpretieren. Dagegen spricht jedoch, dass auch ohne den Fortbestand des osmanischen Wiederherstellungsanspruchs eine äquivalente Gegenleistung der Hohen Pforte für die Zahlung dieser beträchtlichen Summe durch die Doppelmonarchie gegeben war.

Zu erwägen ist insbesondere, dass der Souverän für die Übertragung seiner weiterbestehenden, rechtlich wie praktisch immer noch bedeutsamen Souveränität Entschädigung verlangen konnte[889]. Unbestreitbar ist der beträchtliche Wert des Gebietstitels grundsätzlich nicht von der Hand zu weisen[890]. Die Tatsache, dass die Staaten auch nach jahrzehntelanger effektiver eigener Gebietsherrschaft bereit waren für diesen Rechtstitel schwerwiegende Belastungen ihrer Staatshaushalte einzugehen und beträchtliche Summen an den nominellen Souverän zu zahlen, lag zu einem wesentlichen Anteil an der mit dieser Rechtsmacht verknüpften Verfügungsbefugnis des Souveräns. Diese barg die stete Gefahr völkerrechtlich wirksamer Abtretung des effektiv besetzten Gebiets an einen dritten Staat.

Diese Bedeutung kam dem Gebietstitel auch dann noch zu, wenn der Besitzrestitutionsanspruch des Souveräns aufgrund langandauernder, effektiver Gebietshoheitsausübung durch einen fremden Staat völkergewohnheitsrechtlich ausgeschlossen war. Nach dem auch im klassischen Völkerrecht gültigen Grundsatz „nemo plus iuris ad alium transferre potest quam ipse habet“ konnte die Hohe Pforte zwar ausschließlich diese

---

[889] Zimmer: Gewaltsame territoriale Veränderungen und ihre völkerrechtliche Legitimation, S. 190

[890] Krunsky: L`annexion de la Bosnie et de l`Herzégovine en 1908, S. 50 ff. nimmt hingegen an, dass die Monarchie nicht die „Souveränität“, sondern das Staatseigentum am Gebiet „erkauft“ habe.

Verfügungsbefugnis über Bosnien-Herzegowina übertragen. Auf den ersten Blick ist die Frage, was der osmanische Souverän effektiv von seiner Verfügungsbefugnis noch hatte, wenn das Recht, das er noch übertragen konnte, ein bloßes „nullum" war und insoweit angesichts der Bestandsgarantie der effektiven k. u. k. Gebietsherrschaft für jeden potentiellen Gebietserwerber mit einem wesentlichen „Makel" behaftet war, durchaus berechtigt. Dennoch ist nicht zu leugnen, dass die Vorstellung eines völkerrechtlich wirksamen Erwerbs des Gebietstitels durch einen dritten Staat ein schlüssiges Argument für einen Abkauf der nominellen Souveränität durch den effektiven Gebietsherrscher bildete.

Vor diesem Hintergrund kann nicht ausgeschlossen werden, dass trotz des bereits völkergewohnheitsrechtlich wirksamen Ausschlusses des türkischen Restitutionsanspruchs eine äquivalente türkische Gegenleistung für die beträchtlichen k. u. k. Zahlungen an das Osmanische Reich in der Übertragung des die Verfügungsbefugnis umfassenden Souveränitätsrechts zu erkennen war.

Die in der zeitgenössischen Staatenpraxis[891] auffällige Verpflichtung zur Zahlung beträchtlicher Summen an den nominellen Souverän spricht damit nicht mit letzter Gewissheit gegen die völkergewohnheitsrechtliche Geltung des Ausschlusses des Wiederherstellungsanspruchs des Souveräns nach langandauernder effektiver, fremdstaatlicher Hoheitsausübung.

(c) Aufhebung des Art. 25 durch formelle Zustimmungserklärung aller Unterzeichner

Die Aufhebung des Art. 25 durch formelle Zustimmungserklärung aller Unterzeichner verdeutlicht zunächst unmissverständlich die seinen Bestimmungen nach Auffassung der Parteien auch 30 Jahre nach Abschluss des Berliner Vertrages zukommende praktische Bedeutung. Sie dokumentiert jedenfalls die Rechtsauffassung der Parteien, dass die Bestimmungen des Art. 25, einschließlich des türkischen Restitutionsanspruchs, nicht durch längerfristige Nichtanwendung im Zuge der desue-

---

[891] Ebenso kaufte Chile das Litoral 1904 von Bolivien für einen Gegenwert von 2,5 Millionen Pfund Sterling sowie das peruanische Arica für 6 Millionen Dollar trotz jahrzehntelanger eigener effektiver Hoheitsausübung, hierzu Zimmer: a. a. O., S. 186

tudo bereits erloschen waren, sondern hierfür eine formelle Suspendierung durch alle Unterzeichner notwendig war. Wäre der osmanische Restitutionsanspruch bereits durch seine Nichtanwendung seitens der Unterzeichner während der 30- jährigen k. u. k. Okkupation untergegangen, so wäre schließlich die formale Zustimmung zur Aufhebung des Art. 25 des Berliner Vertrages vielmehr überflüssig gewesen.

Die endgültige Bereinigung der mit der k. u. k. Annexionserklärung bzgl. Bosnien und der Herzegowina vom 5.10.1908 hereinbrechenden internationalen Krise durch formelle Zustimmungsnoten aller Unterzeichner des Berliner Vertrages zum österreichisch-ungarischen Ersuchen um Aufhebung der Bestimmungen des Art. 25 spricht überdies auch gegen die völkergewohnheitsrechtliche Geltung eines Ausschlusses des Wiederherstellungsanspruchs des Souveräns nach langandauernder unangefochtener Gebietshoheitsausübung im 19. und frühen 20. Jahrhundert.
Für die Bewertung dieser zwischenstaatlichen Übung ist zunächst in Erinnerung zu rufen, dass Art. 25 nicht nur die k. u. k. Befugnis zur Verwaltung und Besetzung Bosnien-Herzegowinas begründete, sondern zugleich die Legitimation der Okkupationsmacht auf die zur Befriedung der beiden osmanischen Provinzen notwendige Zeitspanne begrenzte.
Die Verwaltungszession des Art. 25 dokumentierte darüberhinaus eine klare inhaltliche Abgrenzung zur Gebietszession. Über die Hervorhebung des Fortbestands der türkischen Obhut über Bosnien-Herzegowina implizierte diese auch den Verbleib aller weiteren Gebietshoheitskompetenzen beim osmanischen Souverän. Art. 25 war damit zugleich jene Bestimmung, die nicht nur den Eigentumsanspruch der Hohe Pforte, sondern darüber hinaus auch ihren völkervertraglich fortbestehenden Anspruch auf Ausübung wesentlicher Hoheitskompetenzen, insbesondere wesentlicher Teile der Legislativ-, Judikativ- und auswärtigen Gewalt, aufrechterhielt.
Soweit dieser Anspruch bereits mit der langen fremdstaatlichen Ausübung der Gebietshoheit kraft Völkergewohnheitsrecht erloschen war, musste seine vertragliche Grundlage nicht noch durch einvernehmliche Erklärungen aller Unterzeichner aufgehoben werden. Mit der Geltung des von Zimmer vertretenen Rechtssatzes eines Ausschlusses des Restitutionsanspruchs ist diese einhellige Übung aller Signatare des Berliner Vertrages nicht in Einklang zu bringen, weil jede dieser Zustimmungser-

klärungen im Hinblick auf die Aufhebung des Art. 25 nicht bloß deklaratorische Wirkung, sondern vielmehr konstitutive Wirkung entfaltete.
Die einvernehmliche Praxis der Zustimmung durch Austausch diplomatischer Noten[892] belegt zwar, dass die Signatarstaaten von ihrer ursprünglichen Forderung, zwecks multilateraler Auseinandersetzung über die Frage der Aufhebung bzw. Abänderung des Art. 25 eine neue Konferenz einzuberufen, abrückten[893]. Die in ihrer Formulierung nahezu deckungsgleichen Zustimmungsnoten der Staaten beweisen, dass trotz des Verzichts auf streitige Verhandlung über das österreichisch-ungarische Aufhebungsbegehren im Rahmen einer Staatenkonferenz keine Verpflichtung der Staaten zur Zustimmung bestand. Selbst die Zustimmungsnote der Österreich-Ungarn durch Bündnisvertrag wohlgesonnenen deutschen Regierung trägt die Annahme einer Verpflichtung zur Anerkennung des Aufhebungsbegehrens nicht:
„Nachdem die k. u. k. österreichisch-ungarische Regierung der kaiserlich deutschen Regierung Kenntnis von der Unterzeichnung des mit der Hohen Pforte vereinbarten Protokolls bezüglich Bosnien und der Hercegovina gegeben und nunmehr die Bitte um Zustimmung zur Aufhebung des Artikels XXV des Berliner Vertrages ausgesprochen hat, ist der unterzeichnete kaiserlich deutsche Botschafter von seiner hohen Regierung beauftragt und beehrt sich, Seiner Exzellenz dem k. u. k. Minister des kaiserlichen Hauses und des Aeussern, Herrn Freiherrn von Aehrenthal, ganz ergebenst mitzutheilen, daß die kaiserliche Regierung formell und ohne Rückhalt der Aufhebung des Artikels XXV des Berliner Vertrages ihre Zustimmung erteilt[894]".
Die einhellige Einordnung des Ersuchens der k. u. k. Regierung als Bitte um Zustimmung zur Aufhebung des Art. 25 widerlegt die Annahme des Ausschlusses des osmanischen Anspruchs auf Wiederherstellung uneingeschränkten Besitzes über Bosnien und die Herzegowina im Zeitpunkt der Zustimmungserklärungen ebenso wie die Verknüpfung der italienischen Zustimmung zur Aufhebung des Art. 25 mit der Forderung nach Abänderung des Art. 29 des Berliner Vertrags, der der Doppelmo-

---

[892] K. u. K. Ministerium des Äußeren: Diplomatische Aktenstücke betr. Bosnien und die Hercegovina, S. 14 (Deutsches Reich), 10 (England), 11 (Frankreich); auch Strupp: Urkunden zur Geschichte des Völkerrechts, Bd. II, S. 30 ff.
[893] Näher bei Bauer: Zwischen Halbmond und Doppeladler, S. 92 ff.
[894] Strupp: Urkunden zur Geschichte des Völkerrechts Bd. II, S. 30

narchie gewisse Vorrechte in Montenegro eingeräumt hatte[895]. Italien stimmte erst nach Erfüllung seiner Forderungen als letzter Staat am 12. Mai 1909 der Aufhebung zu.
Demzufolge dokumentierten Form und Inhalt der Zustimmungserklärungen die staatengemeinschaftliche Rechtsüberzeugung vollkommen freier Entscheidungsgewalt über die Frage der Suspendierung der Bestimmung des u. a. den türkischen Restitutionsanspruch implizierenden Art. 25 des Berliner Vertrages.
Folglich konnte in der Staatenpraxis kein Rechtssatz nachgewiesen werden, der einen Anspruch des Souveräns auf Wiederherstellung des ursprünglichen Besitzstandes nach langandauernder, fremdstaatlicher effektiver Hoheitsausübung ausschloss.
Vielmehr zeugte die freier und ungebundener Willensbildung entspringende Aufhebung des Art. 25 des Berliner Vertrages durch jeden Unterzeichner von der seinen Bestimmungen und Grenzen beigemessenen besonderen Bedeutung; der türkische Anspruch auf Wiederherstellung des ursprünglichen Besitzstandes hinsichtlich Bosnien-Herzegowina war daher auch nicht durch langandauernde Nichtanwendung des Art. 25 seitens der Signatare des Berliner Vertrages aufgrund sog. desuetudo erloschen.

Somit bestand im Zeitpunkt der Unterzeichnung des Vertrages zu Konstantinopel der Anspruch der Hohen Pforte auf Wiederherstellung ihres ursprünglichen, vor Abschluß des Berliner Vertrages bestehenden, Besitzstandes bzgl. Bosnien-Herzegowina kraft klassischem Völkerrecht fort.

Überdies widerspricht auch die Auslegung der Anerkennung der neuen Sachlage im systematischen Zusammenhang des Art. II ihrer Interpretation i. S. e. Anerkennung eines im Zeitpunkt des Vertragsschlusses bereits völkergewohnheitsrechtlich wirksamen Ausschlusses des türkischen Restitutionsanspruchs. Art. II erstreckte die Anerkennung der ottomanischen Regierung ausschließlich auf die durch die k. u. k. Erklärung vom 5.10.1909 („... créé par la dite décision".) geschaffene neue Sachlage. Die Verfestigung der Besitzverhältnisse zu einer völkergewohnheits-

[895] Eingehender Bauer: Zwischen Halbmond und Doppeladler, S. 94

rechtlich unantastbaren österreichisch-ungarischen Gebietsherrschaft begründete nach dem von Zimmer erkannten Rechtssatz nicht das k. u. k. Handschreiben vom 5.10.1908; vielmehr ergab sich die Bestandsgarantie nach der Rechtsüberzeugung Zimmers aus der bereits drei Jahrzehnte währenden effektiven und umfassenden Okkupation und Besetzung Bosnien-Herzegowinas.

Folglich ist Art. II des Vertrages zu Konstantinopel nicht als türkische Anerkennung eines im Zeitpunkt der Ratifikation völkerrechtlich unantastbaren österreichisch-ungarischen Besitzes von Bosnien-Herzegowina zu interpretieren.

bb) Türkische Zustimmung zu unabänderlicher k. u. k. Gebietshoheitsausübung?

Denkbar ist weiterhin in der vertraglichen Anerkennung der neuen Sachlage durch die ottomanische Regierung die Zustimmung zur effektiven und dauerhaft gefestigten österreichisch-ungarischen Besitzposition zu erkennen. Weitreichender als noch Art. 25 des Berliner Vertrages, der lediglich einen klar begrenzten Ausschnitt der Gebietshoheit der österreichisch-ungarischen Verantwortung unterstellt hatte, könnte Art. II eine Zession des gesamten Besitzes an den beiden osmanischen Provinzen zugunsten der Doppelmonarchie implizieren.

Danach bildete die von der Hohen Pforte abgegebene Zusage unbefristeter Gebietshoheitsausübung die Gegenleistung zur österreichisch-ungarischen Zahlung der beträchtlichen Summe von 2,5 Millionen Goldpfund. Angesichts der hiermit verbundenen schweren Belastung des österreichisch-ungarischen Staatshaushalts und der ohnehin bereits vor Vertragsschluss unverkennbar omnipotenten k. u. k. Machtposition hinsichtlich des Okkupationsgebiets kommen an der Äquivalenz der jeweiligen Vertragsleistungen ernsthafte Zweifel auf.

Aus dem Verbleib des souveränen Verfügungsrechts bei der Hohen Pforte erwuchs Österreich-Ungarn überdies die stete Gefahr einer osmanischen Gebietszession zugunsten eines Drittstaates, der zudem an das der Doppelmonarchie im Vertrag zu Konstantinopel gewährte Besitzversprechen nicht gebunden war.

Die Anerkennung der ottomanischen Regierung gem. Art. II erstreckte sich zudem ausschließlich auf die durch die k. u. k. Erklärung vom 5.10.1908 geschaffene neue Sachlage. Problematisch ist bereits, welche Veränderung die k. u. k. Erklärung in tatsächlicher Hinsicht bewirkte. Zu erwägen ist allenfalls, ob mit der durch die k. u. k. Erklärung vom 5.10.1908 geschaffenen neuen Sachlage die Vertiefung der tatsächlichen Vorherrschaft der Doppelmonarchie über Bosnien-Herzegowina zu einer allgegenwärtigen Machtposition gemeint war. Hinsichtlich der im frühen 20. Jahrhundert unzweifelhaft zu verzeichnenden Stabilität der tatsächlichen k. u. k. Herrschaft über Bosnien-Herzegowina war die Annexionserklärung jedoch keineswegs ursächlich. Die Verfestigung der Besitzverhältnisse zu einer dauerhaft gefestigten österreichisch-ungarischen Gebietsherrschaft wurde vielmehr durch die bereits drei Jahrzehnte währende effektive und umfassende Okkupation begründet.
Auch die Auslegung der Anerkennung der neuen Sachlage im systematischen Zusammenhang des Art. II widerspricht daher ihrer Interpretation i. S. e. ausschließlichen Besitzzession.
Im Hinblick auf die österreichisch-ungarische Besitzposition bzgl. Bosnien-Herzegowina erwies sich folglich sowohl die konstitutive Interpretation des Art. II i. S. e. türkischen Zustimmung zur unabänderlicher k. u. k. Gebietshoheitsausübung als auch die Auslegung i. S. e. deklaratorischen Anerkennung des bereits völkerrechtlich gesicherten Besitzstandes als nicht tragfähig.
Damit steht fest, dass der Bedeutungsgehalt des Art. II entgegen seinem Wortlaut keine Aussage zu den Besitzverhältnissen beinhaltete.

cc) Interpretation der Anerkennung i. S. e. Gebietszession

Somit reduziert sich die Frage nach dem Bedeutungsgehalt von Art. II des Vertrages zu Konstantinopel auf die Untersuchung, ob lediglich deklaratorisch die Anerkennung einer im Zeitpunkt des Vertragsschlusses bereits bestehenden österreichisch-ungarischen Souveränität klargestellt oder eine konstitutive Gebietsübertragung vereinbart wurde.
Zunächst ist man geneigt, die Anerkennung der neuen, durch die Annexionserklärung geschaffenen Sachlage als Anerkennung der im Handschreiben vom 5.10.1908 zum Ausdruck gelangenden und rechtlicher Wertung entspringenden k. u. k. Entscheidung, Bosnien und die Herzegowina dem eigenen Staatsverband einzuverleiben, zu werten.

Gegen die Interpretation des Art. II i. S. e. bloßen Klarstellung einer im Zeitpunkt des Vertragsschlusses bereits völkerrechtlich feststehenden österreichisch-ungarischen Souveränität spricht aber, dass sich ein Gebietserwerb der Doppelmonarchie weder unter ersitzungs- noch unter annexionsrechtlichen Gesichtspunkten als tragfähig erwiesen hatte und der Gebietstitel bzgl. Bosnien-Herzegowina nach klassischem Völkerrechtsverständnis vielmehr weiterhin der Hohen Pforte zufiel. Insoweit würde eine deklaratorische Anerkennung auf einen völkerrechtlich nicht existenten Gebietsstatus abzielen und zu einer sinnlosen Erklärung.
Einen völkerrechtlich stimmigen Aussagegehalt erlangt die Anerkennung der neuen Sachlage folglich ausschließlich unter Zugrundelegen konstitutiver Wirkung dieser Bestimmung.

Betrachtet man zudem die Hervorhebung der Anerkennung im systematischen Zusammenhang des gesamten Art. II der Konvention vom 26.2.1909 wird die auf den ersten Blick auf eine bloß deklaratorische Aussagekraft deutende k. u. k. Annexionserklärung zu einer völkerrechtlich konstitutiven Willenserklärung.
Wenn bereits durch die k. u. k. Zirkularnote nach beiderseitigem Einverständnis die Souveränität hinsichtlich der beiden osmanischen Provinzen auf die Doppelmonarchie übergegangen war, fragt sich überdies, warum dann die Konvention vom 21. April 1879 noch aufgehoben werden musste? In diesem Falle war die in ihrer Präambel u. a. hervorgehobene Souveränität des Sultans doch bereits ein Teil der bosnisch-herzegowinischen Rechtsgeschichte und insoweit ohne Einfluss auf deren aktuellen völkerrechtlichen Status. Eine Aufhebung der Aprilkonvention wegen ihrer weiteren Regelungen war überflüssig, weil die dort konkretisierten osmanischen Rechte hinsichtlich Bosnien-Herzegowina als Ausfluss der Souveränität des Sultans dann mit dem k. u. k. Erwerb erloschen waren und die Bestimmungen zu den Rechten der Okkupationsmacht ebenso obsolet wurden. Die Aufhebung der Konvention gab hingegen Sinn, wenn man in Art. II des Vertrages vom 26. Februar 1909 eine Gebietszession erkannte.
Gegen einen ausschließlich deklaratorischen Bedeutungsgehalt des Art. II spricht auch die fachspezifische Bedeutung der Anordnung der Aufhebung einzelner, den Gebietsstatus der beiden osmanischen Provinzen betreffender Dokumente und zu ihrem Ersetzen durch die Regelungen des „Protokolls“.

b) Die Bedeutung des Begriffs „abrogées" im fachspezifischen Sprachgebrauch und im systematischen Zusammenhang des Art. II

Zu prüfen ist, welche Bedeutung dem Ausdruck „abrogées" im allgemeinen Sprachgebrauch zukam. Ins Deutsche wird das Verb „abrogér" mit „aufheben" übersetzt[896]. Im französischen Verwaltungsrecht liegt diesem aber ein wesentlich differenzierterer Bedeutungsgehalt, der durch die deutsche
Übersetzung verdeckt wird, bei. Abweichend vom deutschen Verwaltungsrecht wird im französischen Verwaltungsrecht einer langen, über das 19. Jahrhundert hinausreichenden Tradition folgend nicht nach der Rechtswidrigkeit (Rücknahme) und der Rechtmäßigkeit (Widerruf), sondern nach der zeitlichen Wirkung eines Verwaltungsakts differenziert. Bei der Aufhebung für die Zukunft (ex nunc) spricht man von „abrogation", bei rückwirkender Aufhebung (ex tunc) hingegen von „retrait"[897]. Legt man die im fachspezifischen Sprachgebrauch geläufige Bedeutung des Begriffs Art. 2 des Vertrages zugrunde, so ergibt sich die Aufhebung der Konvention vom 21. April 1879 sowie des Einspruchs der Hohen Pforte gegen die Entscheidung der Gemeinsamen Regierung von Österreich-Ungarn und aller anderer Verfügungen oder Bestimmungen zwischen den vertragsschließenden Parteien, die der Annexionserklärung zuwiderliefen, mit der Wirkung ex nunc. Art. 2 ordnete also die Aufhebung aller von den Parteien abgegebenen Willenserklärungen, die auf der osmanischen Souveränität über Bosnien-Herzegowina basierten, erst zum 26.2.1909 an. Diese Willenserklärungen wurden ersetzt durch das sog. Protokoll vom 26.2.1909 („remplacées par le présent protocole"), welches u. a. das Ausräumen aller hinsichtlich Bosnien-Herzegowina bestehenden Differenzen feststellte. Anlaß zu dem Vertragsverhandlungen gaben die durch die einseitige Einverleibung der beiden Provinzen neuerlich und mit besonderer Härte entfachten Auseinandersetzungen um deren gebietsrechtliche Zuordnung. Diese Differenzen konnten nur mittels der Zuweisung Bosnien-Herzegowinas entweder zu Österreich-Ungarn oder zur Türkei behoben werden. Da alle die osmanische Ober-

---

[896] Abrogation auch Abschaffung, Lindbergh: Internationales Rechtswörterbuch, S. 3
[897] Hübner/Constantinesco: Einführung in das französische Recht, S. 95; auch Sonnenberger/Autexier: Einführung in das französische Recht, S. 87

hoheit implizierenden Dokumente aufgehoben wurden, beinhaltete deren Ersetzen durch das „Protokoll“ die Zession der Souveränität hinsichtlich Bosnien-Herzegowina auf die Doppelmonarchie.
Sowohl die Auslegung des Art. II des Vertrages zu Konstantinopel vom 26.2.1909 nach seinem objektiven Bedeutungsgehalt als auch die Deutung seiner Bestimmungen im systematischen Zusammenhang tragen daher ausschließlich die Interpretation i. S. e. Gebietszession.

II) Verfügungsbefugnis der Hohen Pforte

Nach Abschluss des Vertrages zu Konstantinopel bemühte sich die österreichisch-ungarische Regierung in ihren, über das mit der Hohen Pforte vereinbarte „Protokoll“ und die in ihm enthaltene Aufhebung des Art. 25 des Berliner Vertrages informierenden, formellen Noten zwar um die Zustimmung aller Vertragsstaaten zur Suspendierung dieser Bestimmung. Für die Wirksamkeit der türkischen Verfügung über Bosnien-Herzegowina waren die Zustimmungen der Unterzeichner des Berliner Vertrages zur Aufhebung des Art. 25[898] jedoch ohne Belang.

Das Osmanische Reich war im Zeitpunkt des Vertragsschlusses zur Verfügung über sein bosnisch-herzegowinisches Staatsgebiet berechtigt.

Sonstige Wirksamkeitshindernisse sind nicht ersichtlich.

III) Gesamtergebnis

Folglich erwarb Österreich-Ungarn aufgrund der Gebietszession vom 26.2.1909 die territoriale Souveränität bzgl. Bosnien und der Herzegowina. Die Bevölkerung Bosnien-Herzegowinas stand mit Unterzeichnung des Vertrages zu Konstantinopel am 26.2.1909 unter österreichisch-ungarischer Personalhoheit.

---

[898] Italien stimmte am 12.5.1909 als letzter Unterzeichnerstaat des Berliner Vertrages der Abänderung des Art. 25 zu, näher bei Bauer: Zwischen Halbmond und Doppeladler, S. 94

Teil 7: Zusammenfassung

Für die vorliegende Untersuchung zum völkerrechtlichen Status von Bosnien-Herzegowina nach dem Berliner Vertrag vom 13. Juli 1878 war das zeitgenössische Völkerrecht maßgeblich.
Moderne Erkenntnisse der Rechtswissenschaft zum Inhalt von Rechtsbegriffen waren insoweit zu berücksichtigen als sie im vergangenen Recht einen günstigen und vorherbestimmten Boden fanden.
Die völkerrechtliche Zuweisung Bosnien-Herzegowinas zu einem Herrschaftsverband bzw. Staat wurde auf die sich aus der Ermittlung des maßgeblichen Souveränitätsverständnisses ergebende Frage nach der höchsten, völkerrechtsunmittelbaren, d. h. alleine dem klassischen Völkerrecht unterstehenden Herrschaft über Gebiet wie Bevölkerung Bosnien-Herzegowinas verengt.

Nachdem Bosnien-Herzegowina seit seiner erstmaligen Erwähnung im Jahre 948 unter byzantinischer, dann wechselnd sowohl unter ungarischer bzw. kroatischer als auch unter venezianischer Oberhoheit stand, fiel es aufgrund der türkischen Eroberung im ausgehenden 15. und frühen 16. Jahrhundert, nur durch kurzzeitige österreichische sowie venezianische Herrschaftsphasen unterbrochen, bis zum Berliner Kongress unter die Suprematie des Osmanischen Reiches.

Die in Art. 25 S. 1 des Berliner Vertrages vom 13. Juli 1878 angeordnete Besetzung und Administration Bosnien-Herzegowinas durch Österreich-Ungarn implizierte den Fortbestand der osmanischen Souveränität ebenso wie die Begrenzung der Kompetenzen der k. u. k. Besatzungsmacht auf die Rechte eines Verwaltungsrechtszessionars i. e. S.. Sowohl objektive als auch subjektive Vertragsauslegung tragen ausschließlich die Auslegung i. S. e. Verwaltungsrechtszession. Im Gegensatz zu teilweise in der Wissenschaft und in inoffiziellen Stellungnahmen einzelner Staatsvertreter kolportierten Hinweisen auf eine „verdeckte Gebietsabtretung“, lehnten die Teilnehmer des Berliner Kongresses auch nach ihrem nicht im Vertragswortlaut zum Ausdruck gelangenden Willen eine Gebietszession ab.

Ausdrückliche Bestätigung fand die Interpretation des Art. 25 i. S. d. Fortbestands der Souveränität des Sultans durch die zwischen der Hohen Pforte und Österreich-Ungarn geschlossene Konvention vom 21.4.1879.
Die Prüfung der völkerrechtlichen Bestandskraft einer k. u. k. Annexion aufgrund der völkerrechtswidrigen Inanspruchnahme osmanischer Hoheitskompetenzen durch mehrere Rechtsetzungsakte der Okkupationsmacht erübrigte sich bereits mangels Tatbestandsmäßigkeit konkludenter Tatbestandserklärungen. Eine Gleichbehandlung schlüssiger Bekundungen des Einverleibungswillens hinsichtlich fremden Gebiets mit ausdrücklichen Annexionserklärungen konnte in der Rechtsüberzeugung der Staatenpraxis des 19. und frühen 20. Jahrhunderts nicht nachgewiesen werden. Der im „englischen Zeitalter" geltenden Annexionsfreiheit der Besatzungsmacht widersprach es vielmehr, schlüssiges Verhalten bzw. konkludente Willensbekundungen als Annexionserklärung zu werten

Auch die bereits nach geringer Okkupationsdauer erreichte umfassende, die Aussicht auf Dauerhaftigkeit gewährende Machtfülle der Besatzungsmacht auf der einen und das Herabsinken der türkischen Souveränität auf das Maß eines nudum ius auf der anderen Seite änderte an der Unterwerfung Bosnien – Herzegowinas unter die Suprematie des Osmanischen Reiches nichts. Ebensowenig beeinträchtigte das langanhaltende Auseinanderfallen von Gebietshoheit und ihrer Ausübung nach dem im „englischen Zeitalter" völkergewohnheitsrechtlich wirksamen Rechtssatz den Fortbestand der türkischen Souveränität bzgl. der beiden Provinzen.

Trotz drei Jahrzehnte währender, vollkommener österreichisch-ungarischer Gebietshoheitsausübung änderte auch die ausdrückliche k. u. k. Annexionserklärung vom 5.10.1908 nichts an der türkischen Oberhoheit über Bosnien – Herzegowina.
Obwohl für das klassische Völkerrecht eine grundsätzliche Annexionsfreiheit nachgewiesen werden konnte, dokumentierte die Praxis der Gebietszession nach ausdrücklicher Annexionserklärung, die auch unter den europäischen Großmächten geteilte Erkenntnis, dass die einseitige Annexionserklärung keinen Gebietswechsel begründete und der Gebietstitel erst mit der Zustimmung des bisherigen Gebietsherrschers überging.

Die äußerst erfolgreiche, in internationaler Ablehnung des einseitigen k. u. k. Vorgehens kulminierende, diplomatische Offensive der Hohen Pforte gegen die Annexionserklärung des österreichisch-ungarischen Monarchen dokumentierte, dass der osmanische Wille zum Schutz seines territorialen Bestandes in der Staatengemeinschaft auch im frühen 20. Jahrhundert noch wahrgenommen und effektiv verteidigt wurde. Die von Teilen der Literatur für den ausnahmsweisen Erwerb teilannektierten Gebiets geforderte Prognose der vollkommenen Aussichtslosigkeit eines Rückerwerbs durch den betroffenen Gebietsherrn konnte auch nach 30 - jähriger k. u. k. Herrschaft hinsichtlich der Aussicht einer türkischen Revision der in Bosnien-Herzegowina bestehenden österreichisch-ungarischen Herrschaft nicht abgegeben werden.

Die Berufung Österreich-Ungarns auf die mit Herbeiführung stabiler politischer und wirtschaftlicher Verhältnisse in Bosnien-Herzegowina eingetretene wesentliche Veränderung der für die Verwaltungs- und Besetzungsanordnung des Art. 25 des Berliner Vertrages tragenden tatsächlichen Umstände konnte die k. u. k. Annexion vom 5.10.1908 ebensowenig legitimieren. Neben der mangelnden Verankerung einer clausula rebus sic stantibus im Rechtsbewußtsein der damaligen Staatengemeinschaft zog diese nach der von den Befürwortern erkannten Rechtsfolge ausschließlich das Erlöschen der türkischen Verbindlichkeit, Österreich-Ungarn die Besetzung und Ausübung der Verwaltungstätigkeit zu überlassen, sowie das Wiederaufleben vollkommener osmanischer Hoheitsausübung nach sich.

Die Tatsache der bereits drei Jahrzehnte andauernden, langfristig gefestigten und sich wiederholt durch konkludente Bekundung uneingeschränkten Gebietsherrschaftswillens auszeichnende k. u. k. Dominanz über Bosnien-Herzegowina führte auch unter dem Gesichtspunkt einer Ersitzung zu keinem völkerrechtlichen Erwerb des osmanischen Teilgebiets, weil die Beachtung eines Ersitzungstatbestands der zwischenstaatlichen Übung des „englischen Zeitalters“ nicht entnommen werden konnte und überdies eine ungestörte Hoheitsausübung Österreich-Ungarns hinsichtlich Bosnien-Herzegowinas sowohl nach der objektiven als auch nach der subjektiven Ersitzungslehre nicht gegeben war.

Die im Vertrag zu Konstantinopel vom 26.2.1909 erfolgte „Anerkennung“ der durch die k. u. k. Annexion vom 5.10.1908 herbeigeführten neuen Sachlage verkörpert, anders es als der Wortlaut dieser Formulierung nach dem ersten Eindruck vermuten ließ, eine Gebietszession zugunsten Österreich-Ungarns.

Deshalb unterfiel Bosnien-Herzegowina erst mit der Ratifikation des Vertrages zu Konstantinopel vom 26.2.1909 der österreichisch-ungarischen Oberhoheit.

Die Annahme eines völkergewohnheitsrechtlich verankerten Ausschlusses des türkischen Anspruchs auf Wiederherstellung der ursprünglichen Besitzverhältnisse aufgrund der langandauernden, effektiven k. u. k. Hoheitsausübung widersprach der Rechtsüberzeugung der Unterzeichner des Berliner Vertrages.
Vielmehr blieb die österreichisch-ungarische Besatzungs- und Verwaltungsbefugnis des Art. 25 aufgrund des in der Präambel des Berliner Abkommens verewigten Vertragszwecks der Herbeiführung stabiler Gebietsordnungen auf den für die dauerhafte Befriedung und Stabilisierung Bosnien-Herzegowinas notwendigen Zeitraum beschränkt.

Quellen- und Literaturverzeichnis

A) Quellen

I) Staatsverträge, Gesetzessammlungen und sonstige Urkunden

Dischler, Ludwig:	Die Zypernfrage, Dokumente, Heft 33, hrsg. von der Forschungsstelle für Völkerrecht und ausländisches öffentliches Recht der Universität Hamburg, Frankfurt a. M., Berlin 1960
Grewe, Wilhelm G. (Hrsg.):	Fontes Historiae Iuris Gentium, Quellen zur Geschichte des Völkerrechts, Bd. III/1 und 2: 1815-1945, Berlin-New York 1992
Derselbe:	Fontes Historiae Iuris Gentium, Quellen zur Geschichte des Völkerrechts, Bd. II: 1493-1815, Berlin-New York 1988
K. u. K. Ministerium des Äußeren:	Diplomatische Aktenstücke betreffend Bosnien und die Hercegovina, Wien 1909
League of Nations:	Recueil des traités et des engagements internationaux enregistrés par le Secrétariat de la Societe des Nations, Genf 1920-1946

Martens, Georg Friedrich von/ Hopf, Jules/Samwer, Charles: Nouveau Recueil général de traités et autres actes relatifs aux rapports de droit international, 2ème série, Bd. I-XXXV, 1776-1907, Göttingen, Leipzig 1876-1908

Martens, Georg Friedrich von/ Triepel, Heinrich: Nouveau Recueil général de traités et autres actes relatifs aux rapports de droit international, 3ème série, Bd. I-XLI, 1799-1944, Leipzig 1908-1944

Mayrhofers Handbuch für den politischen Verwaltungsdienst in den im Reichsrathe vertretenen Königreichen und Ländern mit besonderer Berücksichtigung der diesen Ländern gemeinsamen Gesetze und Verordnungen. 2. Band, 5. Auflage, 1896, II. Bd.

Novotny, Alexander: Quellen und Studien zur Geschichte des Berliner Kongresses 1878, I. Band: Österreich, die Türkei und das Balkanproblem im Jahre des Berliner Kongresses, Graz-Köln 1957

Österreichisches Haus-, Hof-, Staatsarchiv zu Wien: Politisches Archiv Liasse I (Akten betreffend Bosnien-Herzegowina, 1877-1883)

Österreichisches Haus-, Hof-, Staatsarchiv zu Wien: Politisches Archiv Liasse III, (Preußen 1848-918)

Österreichisches Haus-, Hof-, Staatsarchiv zu Wien:	Politisches Archiv Liasse VI/1, (Türkei) 1878
Österreichisches Haus-, Hof-, Staatsarchiv zu Wien:	Politisches Archiv Liasse VI/2 (Türkei), 1879
Österreichisches Haus-, Hof-, Staatsarchiv zu Wien:	Politisches Archiv Liasse XXXX, (insbesondere Akten des Gemeinsamen Ministerrats)
Österreichisches Haus-, Hof-, Staatsarchiv zu Wien:	F. 8. (Konsulate), Staaten B-D, Consularwesen, k. u. k. Consular-Sitze in der Levante, 1870-1879
Österreichisches Haus-, Hof-, Staatsarchiv zu Wien:	F 30, Staaten 1883-1918, Gerichtswesen
Parry, Clive (Hrsg.):	The Consolidated Treaty Series, 243 Bände, Dobbs Ferry, New York 1969-1981
Reichsgesetzblatt:	für die im Reichsrathe vertretenen Königreiche und Länder, Jahrgang 1879 ,1882
Sammlung der für Bosnien und die Hercegovina erlassenen Gesetze, Verordnungen Und Normalweisungen:	1878-1880, I. Bd., Allgemeiner Theil, Politische Verwaltung, hrsg. von der Landesregierung für Bosnien und die Hercegovina, Sarajevo 1906

Sammlung der für Bosnien und die Hercegovina erlassenen Gesetze, Verordnungen und Normalweisungen:	1878-1880, I. Bd., Allgemeiner Theil, Politische Verwaltung, Wien 1880
Sammlung der für Bosnien und die Hercegovina erlassenen Gesetze, Verordnungen und Normalweisungen:	1878-1880, II. Bd. -Justizverwaltung-, Wien 1881
Sammlung der für Bosnien und die Hercegovina erlassenen Gesetze, Verordnungen und Normalweisungen:	1878-1880, III. Bd., -Finanzverwaltung- 1. Teil, Wien 1881
Sammlung der für Bosnien und die Hercegocina erlassenen Gesetze, Verordnungen Und Normalweisungen:	1878-1880, III. Bd. -Finanzverwaltung- 2. Teil, Wien 1881
Sammlung der Gesetze und Verordnungen für Bosnien und die Hercegovina:	Jahrgang 1881, Sarajevo 1881
Sammlung der Gesetze und Verordnungen für Bosnien und die Hercegovina:	Jahrgang 1881, II. Aufl., Sarajevo 1906
Sammlung der Gesetze und Verordnungen für Bosnien und die Herzegovina:	Jahrgang 1882, Sarajevo 1882

Sammlung der Gesetze und Verordnungen für Bosnien und die Hercegovina: Jahrgang 1883, Sarajevo 1883

Strupp, Karl: Urkunden zur Geschichte des Völkerrechts, Bd. II, vom Berliner Kongreß bis 1911, Gotha 1911

Derselbe: Urkunden zur Geschichte des Völkerrechts, Bd. I, 2. Aufl., Gotha 1923

Derselbe: Ausgewählte diplomatische Aktenstücke zur orientalischen Frage, Gotha 1916

Derselbe: Die bedeutsamsten völkerrechtlichen Ereignisse des zweiten Halbjahres 1912, V. Der Friede von Lausanne, in: Zeitschrift für Völkerrecht und Bundesstaatsrecht, Bd. 6, Breslau 1913, S. 578-581

Toynbee, Arnold: Major Peace Treaties of Modern History (1648-1967), with an introductory essay, commentaries by Emmanuel Chil, Bd. IV, New York 1967 (hrsg. von Fred L. Israel)

Ungarische Akademie der Wissenschaften (Hrsg.): Vorabdruck unveröffentlichter, stenotypisierter Protokolle des Gemeinsamen Ministerrats der Jahre 1880, 1882

Verosta, Stephan/
Seidl-Hohenveldern, Ignaz: Die völkerrechtliche Praxis der Donaumonarchie von 1856 bis 1918, eine Auswahl von Dokumenten, Bd. I, Wien 1996

Verosta, Stephan/
Seidl-Hohenveldern, Ignaz: Die völkerrechtliche Praxis der Donaumonarchie von 1859 bis 1918, eine Auswahl von Dokumenten, Band II, Wien 1996

II) Völkerrechtliches Schrifttum früherer Epochen

Aquin, Thomas von: Summa theologica, lat./dt., mit umfass. Kommentierung, hrsg. von der Albertus-Magnus-Akademie Walberberg bei Köln, Salzburg/Heidelberg 1933

Aubin, Hermann: Zur Frage der historischen Kontinuität im allgemeinen, in: Historische Zeitschrift 1943, S. 229-262

Berber, Friedrich: Lehrbuch des Völkerrechts, I. Band, Allgemeines Friedensrecht, 2. Auflage, München 1975

Derselbe: Lehrbuch des Völkerrechts, II. Band „Kriegsrecht“, 2. Auflage, München 1969

Bernatzik, Edmund: Das Annexionsgesetz und die staatsrechtlichen Verhältnisse Bosniens u. der Herzegowina, in: Neue Freie Presse, Wien 21.9.1909, Morgenbl., S. 1/2

Blociszewski, Joseph: L` annexion de la Bosnie et de l` Herzégovine, Etude historique et juridique, Revue Générale de Droit International Public Bd. 17 (1910), S. 417-449

Bluntschli, Johann-Caspar: Allgemeines Statsrecht, Erster Band, 4. Aufl., München 1868

Derselbe: Das moderne Völkerrecht der civilisirten Staten als Rechtsbuch dargestellt, Nördlingen 1868

Derselbe: Das moderne Völkerrecht der civilisierten Staten als Rechtsbuch dargestellt, 3. Aufl., Nördlingen 1878

Derselbe: Die Bedeutung und die Fortschritte des modernen Völkerrechts, in: Sammlung gemeinverständlicher wissenschaftlicher Vorträge herausgegeben von Rud. Virchow und Fr. v. Hotzendorff, I. Serie, Heft 2, Berlin 1866

Derselbe: Le congrès de Berlin et sa portée au point de vue du droit international in: Revue de droit international et de législation comparée, Bd. XIII, Brüssel 1881, S. 571-586

Bodin, Jean: De Republica libri sex, ins lateinische übersetzte und überarbeitete Ausgabe, Paris 1586

Derselbe: Les six livres de la République, avec l` Apologie de R. Herpin, Faksimiledruck der Ausgabe Paris 1583, erschienen bei scientia Aalen 1961

Derselbe: Sechs Bücher über den Staat, Bücher I-III, deutsche Übersetzung von Wimmer, B., München 1981

Brunswik, Benoit: Le traité de Berlin annoté et commenté, Paris 1878

Calvo, Charles: Le droit international thèorique et pratique, précédé d`un exposé historique des pregrès de la science du droit des gens, Bd. I, Paris 1880

Castellani, M. E.: Les possessions africaines et le droit colonial de l`Italie, in: Revue de droit international et de législation comparée, Bd. XXVII, Bruxelles 1895, S. 418-462

Cybichowski, Siegmund.: Das völkerrechtliche Okkupationsrecht, in: Zeitschrift für Völkerrecht, Bd. 18/1934, S. 295 ff.

Dantscher von Kollesberg, Theodor: Der monarchische Bundesstaat Oesterreich-Ungarn und der Berliner Vertrag nebst der Bosnischen Vorlage, Wien 1880

Dickinson, E. D.: The equality of states in international law, Cambridge 1920

Duguit, Léon: L`État, le droit objectiv et la loi positive, Paris, Fortemoing 1901

Esperson, M. Pierre: L` Angleterre et les capitulations dans l'île de Chypre au point de vue du droit international, Revue de droit international et de législation comparée, Bd. X, 1878, S. 587-594

Gerber, Carl Friedrich Wilhelm von: Grundzüge des deutschen Staatsrechts, 3. Aufl., Leipzig, Tauchnitz 1880

Gutzwiller, Max: Der Geltungsbereich der Währungsvorschriften, Umrisse eines Internationalrechts der Geldverfassungen, Freiburg in der Schweiz 1940

Heffter, August Wilhelm: Das europäische Völkerrecht der Gegenwart auf den bisherigen Grundlagen, Berlin 1881

Heydte, Friedrich August von der: Discovery, Symbolic Annexation and Virtual Effectiveness in International Law, in: The American Journal of International Law Bd. 29, 1935

Hobbes, Thomas: elementa philosophica de cive, Amsterdam 1647

Derselbe: Leviathan, London 1651

Holtzendorff, Franz von: Eroberungen und Eroberungsrecht, in: Sammlung gemeinverständlicher wissenschaftlicher Vorträge, 6. Serie, Heft 144, Berlin 1871, S. 87-126

Derselbe: Handbuch des Völkerrechts, 2. Bd., Die völkerrechtliche Verfassung und Grundordnung der auswärtigen Staatsbeziehungen, Hamburg 1887

Huber, Max: Beiträge zur Kenntnis der soziologischen Grundlagen des Völkerrechts und der Staatengesellschaft, in Jahrbuch des öffentlichen Rechts der Gegenwart, Bd. IV, Tübingen 1910, S. 56-134

Derselbe: Die soziologischen Grundlagen des Völkerrechts, in: Internationalrechtliche Abhandlungen Bd. 2, Berlin-Grunewald 1928

Derselbe: Die Staatensuccession, Leipzig 1898

Jellinek, Georg: Allgemeine Staatslehre, 3. Aufl., Berlin 1914

Derselbe: Balkankrise und Völkerrecht, Ausgewählte Schriften und Reden, Bd. 2, Berlin 1911, auch in: Neue Freie Presse vom 25.12.1908, Morgenblatt, S. 3

Derselbe: Die Lehre von den Staatenverbindungen, Wien 1882

Kaufmann, Erich: Das Wesen des Völkerrechts und die clausula rebus sic stantibus, rechtsphilosophische Studie zum Rechts-, Staats- und Vertragsbegriffe, Tübingen 1911

Kelsen, Hans: Reine Rechtslehre, 1. Aufl., Genf 1934

Kleinwaechter, Friedrich: Die Annexion Bosniens und der Herzegowina, Zeitschrift für Politik, III. Band, 1910, S. 138 ff.

Kohler, Josef: Die Dardanellenfrage, Zeitschrift für Völkerrecht und Bundesstaatsrecht V. Bd., Breslau 1911

Koyitch, D. – S.: L`annexion de la Bosnie et de l` Herzégovine et le droit international public, Paris 1910

Krabbe, H.: Die Lehre der Rechtssouveränität, Beitrag zur Staatslehre, Groningen 1905

Derselbe: Die moderne Staats-Idee, Deutsche Ausgabe, Den Haag 1919

Krunsky, Bernhard: L`annexion de la Bosnie et de l`Herzégovine en 1908, Diss. Paris 1912

Laband, Paul: Das Staatsrecht des Deutschen Reiches, Erster Band, Tübingen 1876

Lasson, Adolf: Prinzip und Zukunft des Völkerrechts, Berlin 1871

Lingg, Emil: Die staatsrechtliche Stellung Bosniens und der Herzegowina, ein Beitrag zur Kritik der Lehre von den Staatenverbindungen, in: Archiv des Öffentlichen Rechts Bd. V, Freiburg i. Brsg. 1890, S. 480-528

Liszt, Franz von: Das Völkerrecht, 4. Aufl., Berlin 1898

Derselbe: Das Völkerrecht, 5. Aufl., Berlin 1906

Liszt, Franz von – Fleischmann, Max: Das Völkerrecht, 12. Auflage, Berlin 1925

Löwenthal, Josef Freiherr von: Die rechtliche Natur von Österreich-Ungarn, eine Analyse der gemeinsamen Angelegenheiten, Österreichische Zeitschrift für öffentliches Recht und Völkerrecht, III. Jahrgang, 1918, S. 611-655

Martens, Friedrich von: Völkerrecht - das Internationale Recht der civilisirten Nationen, 1. Band, Berlin 1883, deutsche Ausgabe von Carl Bergbohm

Derselbe: Traité de droit international, Bd. 1–3, Berlin 1883-1886

Martens, Georg Friedrich von: Précis du Droit des Gens moderne de l`Europe, enrichie de nouvelles Notes et mise au courant des événements contemporains, Bd.1, 2, Göttingen 1821, 1864

Moore, John Bassett: A Digest of International Law, as embodied in diplomatic discussions, treaties and other international agreements, international awards, the decisions of municipal courts, and the writings of jurists, and especially indocuments, published and unpublished, issued by presidents and secretaries of state of the United States, the opinions of the attorneys-General, and the decisions of courts, federal and state, 8. Bd. , Washington 1906

Neumann, Léopold: Grundriss des heutigen europäischen Völkerrechts, Wien 1885

Derselbe: L`empire Austro-Hongrois, La Bosnie et l` Herzégovine, deux lettres de M. Neumann au Rédacteur-en-chef de la Revue, in: Revue de droit international et de Législation comparée, Bd. XI, 1879, S. 38-44

Nussbaum, Arthur: Das Geld in Theorie und Praxis des deutschen und ausländischen Rechts, Tübingen 1925

Paradisi, Bruno: Storia del diritto internazionale nel Medio evo, L`Età di transizione, Napoli 1954

Redslob, Robert: Abhängige Länder (eine Analyse des Begriffs von der ursprünglichen Herrschergewalt; zugleich eine staatsrechtliche und politische Studie über Elsaß-Lothringen, die österreichischen Königreiche und Länder, Kroatien-Slavonien, Bosnien-Herzegowina, Finnland, Island, die Territorien der nordamerikanischen Union, Kanada, Australien, Südafrika), von Veit, Leipzig 1914

Resch, Peter: Europäisches Völkerrecht der Gegenwart, Leipzig 1885

Saalfeld, Friedrich: Grundriß eines Systems des europäischen Völkerrechts, Göttingen 1809

Schmidt, Bruno: Über die völkerrechtliche clausula rebus sic stantibus sowie einige verwandte Völkerrechtsnormen, in: Staats- und völkerrechtliche Abhandlungen, 6. Bd., Leipzig 1907

Schneller, Hans: Die staatsrechtliche Stellung von Bosnien und der Herzogowina, zugl. Diss. Leipzig 1892

Spalaikovitch, M.-J.: La Bosnie et l` Herzégovine, Etude d` histoire diplomatique et de droit international, Diss. Paris 1897

Steinbach, Gustav: Die Annexion Bosniens und der Herzegowina, Jahrbuch des öffentlichen Rechts 1910, S. 479 ff.

Stoerk, Felix: Option und Plebiszit bei Eroberungen und Gebietscessionen, Leipzig 1879

Strupp, Karl: Wörterbuch des Völkerrechts und der Diplomatie, Erster Band, Aachen-Lynchfall, begonnen von Julius Hatschek, Berlin und Leipzig 1924

Tchomacoff, St.: De la souveraineté en général et des restrictions conventionnelles qu`elle comporte. Etude spéciale de la condition juridique de la Bosnie et l` Herzégovine et de l`ile de Chypre, Diss. Paris 1901

Ullmann, Emanuel von: Völkerrecht, Bd. III, auf der Grundlage der 1. Auflage (Tübingen, 1898), 2. Auflage, Tübingen 1908

Vattel, Emer de: Le droit des gens au principes de la loi naturelle: appliqués à la conduite et aux affaires des nations et des souverains, das Völkerrecht oder Grundsätze des Naturrechts, deutsche Übersetzung von Wilhelm Euler, in: Schätzel, Walter (Hrsg.): Die Klassiker des Völkerrechts in modernen deutschen Übersetzungen, Bd. III, Tübingen 1959

Verdross, Alfred: Die Einheit des rechtlichen Weltbildes als Grundlage der Völkerrechtsverfassung, Tübingen 1923

Derselbe: Die Verfassung der Völkerrechtsgemeinschaft, Berlin und Wien 1926

Vitoria, Francisco de: De Indis recenter inventis et de jure belli Hispanorum in Barbaros, 1537, Relectiones, Vorlesungen über die kürzlich entdeckten Inder und das Recht der Spanier zum Krieg gegen die Barbaren, lat. Text nebst deutscher Übersetzung, in: Walter Schätzel (Hrsg.): Die Klassiker des Völkerrechts in modernen deutschen Üersetzungen, Bd. 2, Tübingen 1952

Derselbe: Relectiones, de potestate ecclesiae I, hrsg. von Horst, Ulrich/Justenhoven, Heinz-Gerhard/Stüben, Joachim, Stuttgart, Berlin, Köln 1995

Wächter, Carl Georg: Die Entscheidungsgründe zu dem Schiedsspruche in der Berlin-Dresdener Eisenbahnsache, ein Beitrag zur Lehre von der Auslegung der Verträge, Festschrift zur vierten Säcularfeier der Universität Tübingen, Leipzig 1877

Wurmbrand, Norbert: Die rechtliche Stellung Bosniens und der Herzegowina, Wiener staatswissenschaftliche Studien Bd. 12, Heft 2, Wien und Leipzig 1915

B) Literaturverzeichnis

Baade, Hans W.: Intertemporales Völkerrecht, in: Jahrbuch für Internationales Völkerrecht 7. Band, S. 229 ff.

Bauer, Ernest: Zwischen Halbmond und Doppeladler, 40 Jahre österreichische Verwaltung in Bosnien-Herzegowina, Wien 1971

Baumgart, Winfried : Vom Europäischen Konzert zum Völkerbund, Friedensschlüsse und Friedenssicherung, von Wien bis Versailles, Darmstadt 1987

Derselbe: Der Friede von Paris 1856, Studien zum Verhältnis von Kriegsführung, Politik und Friedensbewahrung, München, Wien 1972, zugl. Habil. Bonn 1972

Bellini, Vincenzo: Il principio generale dell `effettività nell` ordinamento internazionale, Annuario 27, 1951, S. 225 ff.

Bernhardt, Rudolf (Hrsg.): Encyclopedia of Public International Law Bd. II, North-Holland 1995

Betti, Emilio: Allgemeine Auslegungslehre als Methodik der Geisteswissenschaften, gekürzte Übersetzung der 1955 erschienen Originalausgabe Teoria generale della interpretazione, Tübingen 1967

Derselbe: Das Problem der Kontinuität im Lichte der rechtshistorischen Auslegung, in: Vorträge des Instituts für europäische Geschichte Mainz, Nr.18, Rom 1957, S. 1-42

Derselbe: Die Hermeneutik als allgemeine Methodik der Geisteswissenschaften, in: Philosophie und Geschichte, eine Sammlung von Vorträgen und Schriften aus dem Gebiet der Philosophie und Geschichte, Tübingen 1962, Nr.78/79

Derselbe: Jurisprudenz und Rechtsgeschichte vor dem Problem der Auslegung, in: Archiv für Rechts- und Sozialphilosophie, 40. Band, 1952/53, S. 354-374

Derselbe: Methode und Wert des heutigen Studiums des roemischen Rechts – Die rechtsdogmatische Methode, in: Tijdschrift voor Rechtsgeschiedenis 1937, S. 137-171

Derselbe: Moderne dogmatische Begriffsbildung in der Rechts-, und Kulturgeschichte, Studium Generale 1959, 12. Jahrgang, S. 87-96

Derselbe: Zur Grundlegung einer allgemeinen Auslegungslehre, in: Antikes Recht und allgemeine Rechtslehre, Festschrift für Ernst Rabel, Band II, hrsg. von Doll, Hans Julius und Kunkel, Wolfgang, S. 79-168

Derselbe: Zur Grundlegung einer allgemeinen Auslegungslehre, Tübingen 1988

Bindschedler, Rudolf L.: Betrachtungen über die Souveränität, Recueil d`études de droit international, en hommage à Paul Guggenheim, Hrsg.: Faculté de droit de l`université de Genève-Institut universitaire de hautes études internationales, Genève 1968, S. 167-183

Brauneder, Wilhelm: Österreichische Verfassungsgeschichte, 8. Aufl., Wien 2001

Bleckmann, Albert: Allgemeine Staats- und Völkerrechtslehre, vom Kompetenz- zum Kooperationsvölkerrecht, Köln, München 1995

Bothe, Michael/ Vitzthum, Wolfgang: Völkerrecht, 2. Aufl., Berlin 2001

Brockhaus: Die Enzyklopädie, 20. Aufl., 14. Bd., Leipzig, Mannheim 1998

Bydlinski, Franz: Juristische Methodenlehre und Rechtsbegriff, 2. Auflage, Wien 1991

Dahm, Georg/ Delbrück, Jost/ Wolfrum, Rüdiger: Völkerrecht, Bd. I/1: Die Grundlagen, die Völkerrechtssubjekte, 2. Aufl., Berlin; New York 1988

Deutsch , Engelbert: Andrassy und die Okkupation Bosniens und der Hercegovina, Untersuchung mit besonderer Berücksichtigung der österreichisch-ungarischen Konsulatsberichte, in: Österreichische Osthefte 1970, S. 18-36

Dolzer, Rudolf: Der völkerrechtliche Status der Falkland- Inseln (Malvinas) im Wandel der Zeit, Heidelberg 1986

Džaja, Srecko M.: Konfessionalität und Nationalität Bosniens und der Herzegowina, voremanzipatorische Phase 1463-1804, München 1984

Engisch, Karl: Die Idee der Konkretisierung in Recht und Rechtswissenschaft unserer Zeit, 2. Aufl., Heidelberg 1968

Fine, John V. A.: The late Medieval Balkans: A critical Survey from the Late Twelfth Century to the Ottoman Conquest, Michigan 1987

Fournier, August: Wie wir zu Bosnien kamen, eine historische Studie, Wien 1909

Gadamer, Hans-Georg: Wahrheit und Methode, Grundzüge einer philosophischen Hermeneutik, 4. Aufl., Tübingen 1975

Geiger, Rudolf: Die völkerrechtliche Beschränkung der Vertragsschlußfähigkeit von Staaten, zugl. Habil. München, Berlin 1979

Geiss, Imanuel: Der Berliner Kongress-Eine historische Retrospektive, in: Der Berliner Kongreß von 1878: Die Politik der Großmächte und die Probleme der Modernisierung in Südosteuropa in der zweiten Hälfte des 19. Jahrhunderts; hrsg. von Ralph Melville und Hans-Jürgen Schröder, Wiesbaden 1982, S. 31- 49

Derselbe: Der Berliner Kongreß 1878, Protokolle und Materialien, Fritz T. Epstein zum 80. Geburtstag, Boppard a. Rh. 1978

Georgiev, Georgi S.: Der russisch-türkische Krieg 1877/78 und die Weltöffentlichkeit, Sofia 1987

Gnesa, Edi: Die von Israel besetzten Gebiete im Völkerrecht, eine besetzungsrechtliche Analyse, Schweizer Studien zum internationalen Recht, Bd. 25, Zürich 1981, zugl. Diss. Freiburg i. Brsg. 1981

Goebel, Julius: The Struggle for the Falkland Islands. A study in legal and diplomatic history, New Haven 1927, reprinted Washington, New York, London 1971

Görres-Gesellschaft (Hrsg.): Staatslexikon, Recht, Wirtschaft, Gesellschaft in fünf Bänden, fünfter Band, 7. Auflage, Freiburg i. Brsg. 1989

Grewe, Wilhelm G.: Die Epochen der modernen Völkerrechtsgeschichte, Zeitschrift für die gesamte Staatswissenschaft, 103. Band, 1943, Erster Teil: S. 38-66, Zweiter Teil: S. 260-294

Derselbe: Epochen der Völkerrechtsgeschichte, 2. Auflage, Baden-Baden 1988

Gunst, Dietrich Wilhelm: Der Begriff der Souveränität im modernen Völkerrecht, Berlin 1953

Hagemann, Ludwig/ Lellek, Oliver: Lexikon der islamischen Kultur, Mannheim 1999; deutsche Übersetzung von Thoraval, Yves: „Dictionnaire de civilisation musulmane"

Hatschek, Julius: Lehrbuch des deutschen und preußischen Verwaltungsrechts, hrsg. von Paul Kurtzig, 7. u. 8. Aufl., Leipzig 1931

Hauptmann, Ferdinand: Die österreichisch-ungarische Herrschaft in Bosnien und der Hercegovina 1878-1918, Wirtschaftspolitik und Wirtschaftsentwicklung, Graz 1983

Hellenbach, Lazar von: Die Occupation Bosniens und deren Folgen, Wien 1878

Herzog, Roman/ Kunst, Herrmann/ Schlaich, Wilhelm/ Schneemelcher, Wilhelm, (Hrsg.): Evangelisches Staatslexikon, Band II, 3. Auflage, Stuttgart 1987

Heydte, Friedrich August von der: Völkerrecht, Bd. 1, Göttingen 1958

Derselbe: Ein Beitrag zum Problem der Macht im „klassischen" und im „neuen" Völkerrecht, Rechtsfragen der Internationalen Organisation, in: Festschrift für Hans Wehberg zu seinem 70. Geburtstag (1956), S. 172-199

Hobe, Stephan/ Kimminich, Otto: Einführung in das Völkerrecht, 7. Aufl., Tübingen 2000

Honigsheim, Paul: Türkenkrieg, Türkenbündnis und Türkengleichberechtigung in Renaissance und Absolutismus, in: Die Friedenswarte Bd. 55, 1959, S. 239-259

Hösch, Edgar: Geschichte der Balkanländer, von der Frühzeit bis zur Gegenwart, München 1988

Hübner, Ulrich/ Constantinesco, Vlad:	Einführung in das französische Recht, Schriftenreihe der Juristischen Schulung, Bd. 16, 4. Aufl., München 2001
Hughes, Thomas Patrick:	Lexikon des Islams, übersetzt aus dem Englischen von Norbert Geldner, München 2000
Hyde, Charles Cheney:	International Law, chiefly as interpreted and applied by the United States, Bd. I, 2. Aufl., Boston 1947
Ipsen, Knut:	Völkerrecht, 3. Aufl., Bochum 1990
Derselbe:	Völkerrecht, 4. Aufl., Bochum 1999
Jellinek, Walter:	Verwaltungsrecht, unveränderter Neudruck der 3. Aufl. von 1931, Bad Homburg 1966
Kelsen, Hans/ Tucker, Robert W.:	Principles of International Law, 2. Aufl., New York 1966
Kelsen, Hans:	Allgemeine Theorie der Normen, hrsg. von Ringhofer, Kurt/Walter, Robert, Wien 1979
Derselbe:	Reine Rechtslehre, mit einem Anhang: das Problem der Gerechtigkeit, 2. vollst. neu bearb. und erw. Aufl., Wien 1960
Kempen, Barbara:	Der völkerrechtliche Status der Inselgruppe Spitzbergen, Berlin 1995, zugleich Diss. Köln 1994

Kißling, Hans Joachim: Militärisch-politische Problematiken zur Türkenfrage im 15. Jahrhundert, in: Bohemia, Jahrbuch des Collegium Carolinum, Band 5, Prag 1964, S. 108-136

Derselbe: Rechtsproblematiken in den christlich-muslimischen Beziehungen, vorab im Zeitalter der Türkenkriege, in: Kleine Arbeitsreihe des Instituts für Europäische und vergleichende Rechtsgeschichte an der Rechts- und Staatswissenschaftlichen Fakultät der Universität Graz 1974, Heft 7, S. 7-28

Klaic, Vjekoslav: Geschichte Bosniens von den ältesten Zeiten bis zum Verfalle des Königreiches, übers. von Ivan von Bojnicic, Leipzig 1885

Klein, Eckart: Statusverträge im Völkerrecht, Rechtsfragen territorialer Sonderregime, Heidelberg 1980

Knittel, Wilhelm: Der völkerrechtliche Status der Oder-Neiße-Gebiete nach dem Potsdamer Abkommen, in Juristische Schulung 1967, Heft 1, S. 8 ff.

Komlos, John: Die Habsburgermonarchie als Zollunion, Die Wirtschaftsentwicklung Österreich-Ungarns im 19. Jahrhundert, Wien 1986

Komlóssy, Ferencz von: Das Rechtsverhältnis Bosniens und der Herzegowina zu Ungarn: Mit besonderer Berücksichtigung auf das Mittelalter", aus dem Ungarischen übersetzt v. E. K., Budapest 1909

Kornrumpf, Hans-Jürgen: Territorialverwaltung im östlichen Teil der europäischen Türkei vom Erlass der Vilayetsordnung (1864) bis zum Berliner Kongreß (1878) nach amtlichen osmanischen Veröffentlichungen, Freiburg 1976

Krause-Ablaß, Wolf-Dietrich: Intertemporales Völkerrecht. Der zeitliche Anwendungsbereich von Völkerrechtsnormen, in: varia iuris publici Bd. 50, Hamburg 1970

Krieger, Heike: Das Effektivitätsprinzip im Völkerrecht, Berlin 2000, Diss. Göttingen 1998

Krüger, Herbert: Das Prinzip der Effektivität, oder: Über die besondere Wirklichkeitsnähe des Völkerrechts, Grundprobleme des internationalen Rechts, in: Festschrift für Jean Spiropoulos, Bonn 1957

Krülle, Siegrid: Die völkerrechtlichen Aspekte des Oder-Neiße-Problems, Schriften zum Völkerrecht, Band 10, Berlin 1970

Kruse, Hans: Die Begründung der islamischen Völkerrechtslehre, in: Saeculum Bd. 5/1954, S. 221-241

Derselbe: Islamische Völkerrechtslehre, (für die völkerrechtliche Theorie und Praxis der islamischen Welt), 2. Aufl., Bochum 1979 zugl. Diss. Göttingen 1953

Kunz, Josef L.: Die Staatenverbindungen, Handbuch des Völkerrechts, Zweiter Band, Vierte Abteilung, Stuttgart 1929

Larenz, Karl/ Canaris, Claus- Wilhelm: Methodenlehre der Rechtswissenschaft, 3. Aufl. München 1995

Lindbergh, Ernest: Internationales Rechtswörterbuch, deutsch, englisch, französisch, Neuwied; Kriftel; Berlin 1993

Lovrenovic, Ivan: Bosnien und Herzegowina, eine Kulturgeschichte, aus dem Kroatischen von Klaus Detlef Olof, Wien/Bozen 1998

M. St ... r: Ungarn und Bosnien, Österreichische Rundschau, Bd. XVIII, Heft 5. vom 1. März 1909, S. 347-53

Mähler, Hans-Georg: Die völkerrechtliche Bedeutung des Kriegs- und Gewaltverbots durch Kellog-Pakt und UN-Satzung insbesondere im Hinblick auf das Neutralitätsrecht, die Bestrafung von Staatsorganen wegen „Verbrechens gegen den Frieden“ und das Recht des Gebietserwerbs, Diss. München 1965

Maiwald, Serge: Der Berliner Kongress und das Völkerrecht, Die Lösung des Balkanproblems im 19. Jahrhundert, Stuttgart 1948

Malanczuk, P.: Das Golan-Gesetz im Lichte des Annexionsverbots und der occupatio bellica, Zeitschrift für ausländisches öffentliches Recht und Völkerrecht 1982, S. 260-294

Malcolm, Noel: Geschichte Bosniens, aus dem Englischen übersetzt von Ilse Strasmann, Frankfurt a. M. 1996

Marek, Krystyna: Identity and Continuity of States in Public International Law, zugl. Diss. Genf 1954

Markert, Werner/ Maurach, Reinhart: Buchbesprechung zu Maiwald, Serge: Der Berliner Kongreß 1878 und das Völkerrecht, Stuttgart 1948, in: Archiv des Völkerrechts 2. Band, 1949/50, S. 382

Martins, Rudolf: Die religiöse Vielfalt in Südosteuropa, Gedanken zum bosnisch-herzegowinischen Mittelalter, seine Auswirkungen auf die Gegenwart, Wien 1983

Mayer, Otto: Deutsches Verwaltungsrecht, Nachdruck Erster Band, 1895/96, Nachdruck Berlin 1969

Medlicott, William Norton: The Congress of Berlin and after, a diplomatic history of the Near Eastern settlement 1878-1880, London 1938

Mengel, Hans-Joachim: Der entscheidungsrelevante Zeitpunkt für die völkerrechtliche Beurteilung von Streitigkeiten territorialer Souveränität, in: German Yearbook of International Law, Bd. 24, 1981, S. 92-113

Menzel, Eberhard: Das Annexionsverbot des modernen Völkerrechts und das Schicksal der deutschen Ostgebiete, in: Das östliche Deutschland, ein Handbuch, hrsg. vom Göttinger Arbeitskreis, Würzburg 1959, S. 3-56

Menzel, Eberhard/Ipsen, Knut: Völkerrecht, 2. Aufl., München 1979

Miehsler, Herbert: Südtirol als Völkerrechtsproblem, Graz 1962

Milobar, Franz: Der Berliner Kongreß und die Bosnische Frage, Diss. Zürich 1902

Mosler, Hermann: Die Großmachtstellung im Völkerrecht, Heidelberg 1949

Mössner, Manfred: Einführung in das Völkerrecht, Hamburg 1977

Münch, Fritz: Brauch und Missbrauch der normativen Kraft des Faktischen, Würzburg 1965, Sonderdruck aus dem Jahrbuch der Albertus-Universität zu Königsberg/Pr., Band XV/1965

Münzel, Frank: Läßt sich die Unabhängigkeit Kosovas völkerrechtlich begründen?, in: Dardania, Zeitschrift für Geschichte, Kultur, Literatur und Politik, Bd. 2, Wien 2001, S. 81-120

Nietzsche, Friedrich: Fröhliche Wissenschaft, Chemnitz 1882

Oppenheim, Lassa Francis Lawrence/ Lauterpacht, Hersch: International Law, Bd. I, London-New York, Toronto, 8. Aufl. 1955

Phillipson, Coleman: Termination of War and Treaties of Peace, London 1916

Preiser, Wolfgang: Besprechung von Waser, Hans: Quellen zur Schiedsgerichtsbarkeit im Grafenhause Savoyen 1251 bis 1300, in: Zeitschrift der Savigny-Stiftung für Rechtsgeschichte, Germanistische Abteilung, 79. Band, S. 319-324

Derselbe: Die Völkerrechtsgeschichte, ihre Aufgaben und ihre Methode, in: Sitzungsberichte der wissenschaftlichen Gesellschaft an der Johann Wolfgang Goethe-Universität Frankfurt/Main, Band 2, Jahrgang 1963 Nr. 2, S. 28-66

Quaritsch, Helmut: Bodins Souveränität und das Völkerrecht, in: Archiv des Völkerrechts, 17. Band, 1977/78, 3.-4. Heft, S. 257-273

Derselbe: Staat und Souveränität, Die Grundlagen, Bochum 1968

Radbruch, Gustav: Einführung in die Rechtswissenschaft, 10. Aufl., Stuttgart 1961

Randelzhofer, Albrecht: Staatsgewalt und Souveränität, in: Isensee, Josef/Kirchhof, Paul: Handbuch des Staatsrechts der Bundesrepublik Deutschland, Bd. I, Grundlagen von Staat und Verfassung, S. 691 ff.

Reibstein, Ernst: Völkerrecht, eine Geschichte seiner Ideen in Lehre und Praxis, Bd. I (Von der Antike bis zur Aufklärung), Freiburg 1958

Derselbe: Völkerrecht, eine Geschichte seiner Ideen in Lehre und Praxis, Bd. II (Die letzten zweihundert Jahre), Freiburg/München 1963

Reuter, Paul: Droit International Public, 4. Aufl., Paris 1973

Roche, Alexander George: The Minquiers and Ecrehos Case, Diss. Paris 1959

Ross, Alf: Lehrbuch des Völkerrechts, Stuttgart und Köln 1951

Rothenbücher, Karl: Über das Wesen des Geschichtlichen und die gesellschaftlichen Gebilde, Tübingen 1926

Rousseau, Charles: Droit international public, 4. Aufl., Paris 1968

Derselbe: Droit international public, 5. Aufl., Paris 1970

Rutkowski, Ernst R.: Der Plan für eine Annexion Bosniens und der Herzegovina aus den Jahren 1882/83, in: Mitteilungen des Oberösterreichischen Landesarchivs, 5. Bd., Serie Staat und Land, Graz-Köln 1957

Satow, Maria: Die Ersitzung in der völkerrechtlichen Theorie und Praxis, in: Internationales Recht und Diplomatie 1964, S. 72-79

Schätzel, Walter: Das Recht des völkerrechtlichen Gebietserwerbs, Internationales Recht, Bd. 1, Röhrscheid 1959

Derselbe: Die Annexion im Völkerrecht, in Archiv des Völkerrechts 1949, 1950, 2. Band, 1. Heft, August 1949, S. 1-28

Scheuner, Ulrich: Die Annexion im modernen Völkerrecht, Die Friedenswarte, Bd. 49, 1949, S. 81-93

Schlaeppi, David: Österreich-Ungarn in Bosnien und der Hercegovina von 1878-1914, Bern 1921

Schmid, Ferdinand: Bosnien und die Herzegovina unter der Verwaltung Österreich-Ungarns, Leipzig 1914

Schmitz, Gerald: Tibet und das Selbstbestimmungsrecht der Völker, Berlin 1998

Schulthess, Theodor (Hrsg.): Europäischer Geschichtskalender, 19. Jahrgang 1878, Nördlingen 1879

Derselbe: Europäischer Geschichtskalender, 20. Jahrgang 1879, Nördlingen 1880

Derselbe: Europäischer Geschichtskalender, 21. Jahrgang 1880, Nördlingen 1881

Derselbe: Europäischer Geschichtskalender, 22. Jahrgang 1881, Nördlingen 1882

Derselbe: Europäischer Geschichtskalender, 23. Jahrgang 1882, Nördlingen 1883

Schulz, G.: Die Entwicklung des völkerrechtlichen Annexionsverbots, Sonderdruck aus dem Jahrbuch der Albertus-Universität zu Königsberg/ Preußen, Bd. XII, 1962

Schwarz, Fritz: Begriffsanwendung und Interessenwertung im klassischen römischen Recht, in: Archiv für die civilistische Praxis 152. Band, 1952, S. 201-215

Seidl-Hohenveldern, Ignaz: Völkerrecht, 9. Aufl., Wien 1997

Simma, Bruno: Das Reziprozitätselement im Zustandekommen völkerrechtlicher Verträge, Gedanken zu einem Bauprinzip der internationalen Rechtsbeziehungen, in: Schriften zum Völkerrecht Bd. 23, Innsbruck 1972

Sørensen, Max: Le problème dit du droit intertemporel dans l 'ordre international, Rapport définitif, Annuaire de l'Institut de Droit International Bd. 55 (1973), S. 85-100

Stein, Lorenz von: Die Lehre von dem Heerwesen, Stuttgart, Gotha 1872

Stern, Klaus: Das Staatsrecht der Bundesrepublik Deutschland, Band I: Grundbegriffe und Grundlagen des Staatsrechts, Strukturprinzipien der Verfassung, 2. Auflage, Köln 1984

Ströher, Doris: Die Okkupation Bosniens und der Herzegowina und die öffentliche Meinung Österreich-Ungarns, ungedr. phil. Diss., Wien 1949

Strupp, Karl/ Schlochauer, Hans-Jürgen: Wörterbuch des Völkerrechts, Erster Band, Berlin 1960

Strupp, Karl/ Schlochauer, Hans-Jürgen: Wörterbuch des Völkerrechts, Dritter Band, Rapallo-Vertrag bis Zypern, Berlin 1962

Sujew, W.: Das Prinzip der staatlichen Souveränität-das wichtigste Prinzip des Völkerrechts, Neue Justiz, 5.Jahrgang, Nr. 3, Berlin Mitte 1951

Tezner, Friedrich: Österreichisches Staatsrecht in Einzeldarstellungen für den praktischen Gebrauch/Der Kaiser, Wien 1909

Tolstoi, Graf Leo R.: Die Annexion Bosniens und der Herzegowina, nach dem russischen Manuskript übersetzt von Edmund Rot, Berlin 1909

Touscoz, Jean: Le principe d`effectivité dans l`ordre international, Diss. Paris 1964

Triepel, Heinrich: Die Hegemonie, ein Buch von führenden Staaten, Tübingen 1938

Ulbrich, Joseph: Österreichisches Staatsrecht, Freiburg i. Brsg. 1892

Vajay, Szabolcz de: Das „Archiregnum Hungaricum" und seine Wappensymbolik in der Welt des Mittelalters, in: Farkas, Josef Gerhard (Hrsg.): Überlieferung und Auftrag, Festschrift für Michael de Ferdinandy, Wiesbaden 1972, S. 646-667

Verdross, Alfred/ Simma, Bruno/ Geiger, Rudolf: Territoriale Souveränität und Gebietshoheit, zur völkerrechtlichen Lage der Oder-Neiße-Gebiete, Bonn 1980

Verdross, Alfred/ Simma, Bruno: Universelles Völkerrecht, Theorie und Praxis, 3. Aufl., Berlin 1984

Verdross, Alfred: Die völkerrechtliche und politische Souveränität der Staaten, in: Um Recht und Freiheit, Festschrift für Friedrich August Freiherr von der Heydte zur Vollendung des 70. Lebensjahres, hrsg. von Kipp, Heinrich/Mayer, Franz/Steinkamm, Armin, Erster Halbband, S. 703-710

Derselbe: Völkerrecht, 2. Auflage, Wien 1950

Verosta, Stephan: Gebietshoheit und Gebietserwerb im Völkerrecht, in: Österreichische Juristenzeitung, 9. Jahrgang (1954), Heft 10, S. 241-245

Derselbe: Theorie und Realität von Bündnissen, Heinrich Lammasch, Karl Renner und der Zweibund (897-1914), Wien 1971

Visscher, Charles de: Les éffectivités du droit international public, Paris 1967

Wertheimer, Eduard von: Graf Julius Andrassy, sein Leben und seine Zeit , 3. Band, letzte Lebensjahre, Charakteristik Andrássys, Stuttgart 1913

Wach, Joachim: Religionswissenschaft, Prolegomena zu ihrer wissenschaftstheoretischen Grundlegung, Leipzig 1924

Wagner, Walter: Geschichte des k. u. k. Kriegsministeriums, II. Bd. 1866-1888, Wien, Köln, Graz 1971

Wedel, Heidi: Der türkische Weg zwischen Laizismus und Islam: Zur Entwicklung des Laizismusverständnisses in der türkischen Republik, Opladen 1991

Wehberg, Hans: Die Stimson-Doktrin, in: Festschrift für Spiropoulos, Grundprobleme des internationalen Rechts, Bonn 1957, S. 433 ff.

Derselbe: Die Unterscheidung zwischen Natur- und Völkerrecht in der Lehre von Hugo Grotius, in: Festschrift für Herbert Kraus, Mensch und Staat in Recht und Geschichte, Kitzingen/Main 1954, S. 227-232

Derselbe: Krieg und Eroberung im Wandel des Völkerrechts, in: Schätzel, Walter und Wehberg, Hans, (Hrsg.): Völkerrecht und Politik, Bd. 1, Frankfurt a. M., Berlin 1953

Wengler, Wilhelm: Völkerrecht, Bd. I, Erster und Zweiter Teil, Berlin-Göttingen-Heidelberg 1964

Derselbe: Völkerrecht, Bd. II, 3. Teil, Berlin-Göttingen-Heidelberg 1964

Wessely, Kurt: Die wirtschaftliche Entwicklung in Bosnien-Herzegowina (1878-1918), Der Donauraum, 19. Jahrgang 1974, S. 182-188

Wieacker, Franz: Zur praktischen Leistung der Rechtsdogmatik, in: Festschrift für Gadamer, zweiter Band, Aufsätze II: Sprache und Logik, Theorie der Auslegung und Probleme der Einzelwissenschaften, Tübingen 1970, hrsg. von Rüdiger Bubner, Konrad Cramer, Reiner Wiehl, Hermeneutik und Dialektik, S. 311 ff.

Willoweit, Dietmar: Deutsche Verfassungsgeschichte, vom Frankenreich bis zur Teilung Deutschlands, 2. Auflage, München 1992

Ziegler, Karl-Heinz: Völkerrechtliche Beziehungen zwischen der Habsburgermonarchie und der Hohen Pforte, in: Zeitschrift für Neuere Rechtsgeschichte 1996, S. 177-195

Derselbe: Völkerrechtsgeschichte, Hamburg 1994

Ziehen, Ursula: Vollendete Tatsachen bei Verletzungen der territorialen Unversehrtheit, eine völkerrechtliche Untersuchung, Beihefte zum Jahrbuch der Albertus-Magnus-Universität Königsberg/Pr., Bd. 20, Dissertation Göttingen 1962

Zimmer, Gerhard: Gewaltsame territoriale Veränderungen und ihre völkerrechtliche Legitimation, zugl. Diss. Köln 1970, in: Schriften zum Völkerrecht, Bd. 18, Berlin 1971

Entscheidungsverzeichnis

Case concerning the Land and Maritime frountier dispute: (El Salvador v. Honduras, intervening: Nicaragua)	International Court of Justice, Reports of judgements, advisory opinions and orders, judgement of 11. September 1992, S. 585 ff.
Exchange of greek and turkish population:	Permanent Court of International Justice, Ser. B, No. 10, January 30 th, 1923, S. 1 ff.
Affaire de L`Ile de Clipperton : (Mexiko v. France)	United Nations (ed.), Reports of Arbitral Awards, sentence de 28 Janvier 1931, Bd. II, S. 1105 ff.
Aegean Sea Continental Shelf Case: (Greece v. Turkey)	International Court of Justice, Reports of judgements, advisory opinions and orders 1978, S. 3 ff.
Case concerning the Sovereignty over Certain Frontier Land: (Belgium v. Netherlands)	International Court of Justice, Reports, judgements, advisory opinions and orders, judgement of 20.6.1959, S. 209 ff.
Bindels v. Administrations des Finances:	Lauterpacht, Hersch: Annual digest and Reports of Public International Law Cases, Year 1947, S. 45 ff.

The Chamizal Case: (Mexico v. United States of America)	United Nations (ed.), Reports of International Arbitral Awards Bd. XI, S. 309 ff.
Deneffe v. Administration des Finances:	Lauterpacht, Hersch: Annual digest and Reports of Public International Law Cases, Year 1948, S. 60 ff.
Case concerning rights of nationals of the United States of America in Morocco: (France v. United States of America)	International Court of Justice, Reports, judgements, advisory opinions and orders 1952, S. 176 ff.
Affaire des Grisbadarna : (Norvège v. Suède)	United Nations (ed.), Reports of International Arbitral Awards Bd. XI, sentence de 23 octobre 1909, S. 147 ff.
Island of Palmas Case: (Netherlands v. United States of America)	United Nations (ed.), Reports of International arbitral awards, spezial agreement of January 23, 1925, Bd. 2 (1949), S. 829 ff.
Affaire des frontières Colombo-Vénézuéliennes : (Colombie v. Vénézuéla)	United Nations (ed.), Reports of International Arbitral Awards, Bd. I, sentence, Berne de 24 mars 1922, S. 223 ff.
Lighthouse in Crete and Samos:	Permanent Court of International Justice, Series A./B., judgments, orders and avisory opinions, October 8 th 1937, Fascicule No. 71, S. 94 ff.

Namibia-Case: International Court of Justice, Reports of Judgements, Advisory Opinions and Orders 1971, S. 31 ff.

Fisheries Case: (United Kingdom v. Norway) International Court of Justice, Reports of Judgements, Advisory Opinions and Orders 1951, S. 116 ff.

Legal Status of Eastern Greenland: Permanent Court of International, judgments, orders and avisory opinions of April 5 th, 1933, Justice, Series A./B. Fascicule Nr. 53, S. 22 ff.

OLG Frankfurt a. M. v. 12.8.1947: Höchstrichterliche Entscheidungen in Strafsachen, Bd. I

Privy Council: Appeal Cases 1919

Rechtsgutachten des Ständigen Internationalen Gerichtshofs über die Staatsangehörigkeitsdekrete in Tunis und Marokko: Permanent Court of International, judgments, orders and avisory opinions of 7.2.1923, Serie B, Nr. 4, S.1 ff.

Schmitz, Ernst/ Feller, A.H./ Stauffenberg, Berthold S. v./ Schwartzkoppen, E. von/ Elbe, J. von: Die Entscheidungen des deutschen Reichsgerichts in völkerrechtlichen Fragen 1879-1929, Berlin 1931

The Minquiers and Ecrehos Case: (United Kingdom v. France) International Court of Justice, Reports of Judgements, Advisory Opinions and Orders 1953, Bd. I, II, judgement of 17.11.1953

RECHTS- UND SOZIALWISSENSCHAFTLICHE REIHE

Herausgegeben von Wilhelm Brauneder

Band 1 Wilhelm Brauneder (Hrsg.): Grundlagen transatlantischer Rechtsbeziehungen im 18. und 19. Jahrhundert. 1992.

Band 2 Wilhelm Brauneder/Kaname Nishiyama (Hrsg.): Lorenz v. Steins "Bemerkungen über Verfassung und Verwaltung" von 1889. Österreichisch-japanische Rechtsbeziehungen I. 1992.

Band 3 Edmund Günther Primosch: Bilaterale völkerrechtliche Verträge zwischen Österreich und der Bundesrepublik Deutschland im Lichte statusrechtlicher Normen. 1992.

Band 4 Christian Sima: Österreichs Bundesverfassung und die Weimarer Reichsverfassung. Der Einfluß der Weimarer Reichsverfassung auf die österreichische Verfassung 1920 bis 1929. 1993.

Band 5 Erich Reiter: Österreichische Sicherheits- und Verteidigungspolitik. Aufsätze und Essays. 1993.

Band 6 Marlies Raffler: Bürgerliche Lesekultur im Vormärz. Der Leseverein am Joanneum in Graz (1819-1871). 1993.

Band 7 Gerte Reichelt (Hrsg.): Europäisches Kollisionsrecht. Die Konventionen von Brüssel, Lugano und Rom. Ausländische Erfahrungen und österreichische Perspektiven. 1993.

Band 8 Stefan Bremicker: Schleswig-Holstein als Kondominium. Die österreichische Verwaltung in den Elbherzogtümern. 1994.

Band 9 Lothar Höbelt (Hrsg.): Österreichs Weg zur konstitutionellen Monarchie. Aus der Sicht des Staatsministers Anton v. Schmerling. 1994.

Band 10 Wilhelm Brauneder (Hrsg.): Internationalität der Finanzkontrolle. 1995.

Band 11 Erwin A. Schmidl (Hrsg.): Freund oder Feind? Kombattanten, Nichtkombattanten und Zivilisten in Krieg und Bürgerkrieg seit dem 18. Jahrhundert. 1995.

Band 12 Wilhelm Brauneder (Hrsg.): Österreichisch-deutsche Rechtsbeziehungen I. Rechtsangleichung 1850-1938. 1996.

Band 13 Sven Bielefeldt: Österreichisch-deutsche Rechtsbeziehungen II. Rechtsvereinheitlichung im Privatrecht 1938-1945. 1996.

Band 14 Gerhard Oberkofler/Peter Goller: Geschichte der Universität Innsbruck (1669-1945). 1996. 2., unveränderte Auflage 1996.

Band 15 Heinrich Schneider: Europäische Sicherheitsarchitektur. Konzeptionen und Realitäten. 1996.

Band 16 Gunther Hauser: Der Parlamentarismus während der ÖVP-Alleinregierung 1966-1970. 1996.

Band 17 Erich Reiter (Hrsg.): Europas Sicherheitspolitik im globalen Rahmen. 1997.

Band 18 Peter Goller: Naturrecht, Rechtsphilosophie oder Rechtstheorie? Zur Geschichte der Rechtsphilosophie an Österreichs Universitäten (1848-1945). 1997.

Band 19 Gerhard Schulz: Entwicklung und Perspektiven des österreichischen Devisenrechts. Ein System im Umbruch. 1997.

Band 20 Kazuhiro Takii (Hrsg.): Lorenz von Steins Arbeiten für Japan. Österreichisch-japanische Rechtsbeziehungen II. 1998.

Band 21 Wilhelm Brauneder/Elisabeth Berger (Hrsg.): Repräsentation in Föderalismus und Korporativismus. 1998.

Band 22 Elisabeth Berger (Hrsg.): Eine Zivilrechtsordnung für Liechtenstein. Die Entwürfe des Landvogts Joseph Schuppler. 1999.

Band 23 Susanne Lichtmannegger: Die Rechts- und Staatswissenschaftliche Fakultät der Universität Innsbruck 1945-1955. Zur Geschichte der Rechtswissenschaft in Österreich im 20. Jahrhundert. 1999.

Band 24 Wilhelm Brauneder/Norbert Leser (Hrsg.): Staatsgründungen 1918. 1999.

Band 25 Clausdieter Schott (Hrsg.): Das Freiburger ABGB-Gutachten. Gutachten der vorderösterreichischen Juristenfakultät Freiburg im Breisgau zum "Entwurf eines allgemein bürgerlichen Gesetzbuches" (1797). 2000.

Band 26 Bernhard Schöniger-Hekele: Die österreichische Zivilprozeßreform 1895. Wirkung im Inland bis zum Ausbruch des Ersten Weltkrieges 1914. Ausstrahlung ins Ausland. 2000.

Band 27 Sascha Ferz: Ewige Universitätsreform. Das Organisationsrecht der österreichischen Universitäten von den theresianischen Reformen bis zum UOG 1993. 2000.

Band 28 Michael Axmann: Genese europäischer Rechtsetzungsverfahren. 2001.

Band 29 Elisabeth Berger: Erwerb und Änderung des Familiennamens. 2001.

Band 30 Peter Goller / Gerhard Oberkofler (Hrsg.): Österreichische Grundrechtsreform. Die Protokolle des Expertenkollegiums für Probleme der Grund- und Freiheitsrechte (1962-1965). Unter Mitarbeit von Hans R. Klecatsky. 2003.

Band 31 Antonio Martino: Spanien zwischen Regionalismus und Föderalismus. Entstehung und Entwicklung des Staates der Autonomien (*Estado de las Autonomías*) als historischer Prozeß. 2004.

Band 32 Lothar Classen: Der völkerrechtliche Status von Bosnien-Herzegowina nach dem Berliner Vertrag vom 13.7.1878. 2004.

www.ingramcontent.com/pod-product-compliance
Ingram Content Group UK Ltd.
Pitfield, Milton Keynes, MK11 3LW, UK
UKHW021927290926
8980IPUK00016B/1498

9 783631 523445